6193 kNo

«rororo opernbücher» sind Werkmonographien des Musiktheaters. Sie dokumentieren und interpretieren bedeutende Einzelwerke der Operngeschichte.

Außer dem Textbuch (bei fremdsprachigen Opern mit neuer wortgetreuer Übersetzung) enthalten die Bände ausgewählte Quellentexte, Zeugnisse der literarischen Rezeption und Bildmaterialien, die einen Überblick über die Entstehungs- und Wirkungsgeschichte der jeweiligen Oper vermitteln. Der eigens für jeden Band der Reihe von einem Fachautor verfaßte Essay interpretiert und kommentiert das Werk aus heutiger Sicht und stellt so die Verbindung her zwischen dessen historischen und aktuellen Aspekten.

Richard Wagner

Lohengrin

Texte, Materialien, Kommentare

Herausgegeben von Attila Csampai
und Dietmar Holland

Rowohlt

Originalausgabe
Zusammengestellt und
erläutert von
Attila Csampai und
Dietmar Holland
Redaktion
Beate Laura Menzel
Layout
Gabriele Boekholt
Schlußredaktion
Klaus Wegner
Fachmusikalische und
redaktionelle Mitarbeit:
RICORDI & CO.,
Bühnen- und Musikverlag
GmbH, München
Umschlaggestaltung
Ingeborg Bernerth-Arp
(Szenenfoto von
Sabine Toepffer aus
der Inszenierung der
Bayerischen Staatsoper
München, 1978,
von August Everding,
Ausstattung Ernst Fuchs)
Veröffentlicht im
Rowohlt Taschenbuch
Verlag GmbH,
Reinbek bei Hamburg,
Juli 1989
Copyright © 1989 by
Rowohlt Taschenbuch
Verlag GmbH,
Reinbek bei Hamburg
Satz Times (Lasercomp)
bei LibroSatz Kriftel
Gesamtherstellung
Clausen & Bosse, Leck
Printed in Germany
2280-ISBN 3 499 18466 4

«In Lohengrin gibt es viele blaue Musik. Wagner kennt die opiatischen und narkotischen Wirkungen und braucht sie gegen die ihm gut bewußte nervöse Zerfahrenheit seiner musikalischen Erfindungskraft.»

Friedrich Nietzsche
(Fragmente aus dem Nachlaß, 1881)

«Ich denke bei jenen ins kühn Dilettantische eingesprengten Sprachgenialitäten besonders an den ‹Ring des Nibelungen› und an den ‹Lohengrin›, der, als Wortschöpfung genommen, vielleicht das Reinste, Edelste und Schönste darstellt, was Wagner gelungen ist.»

Thomas Mann
(Leiden und Größe Richard Wagners, 1933)

«Über die Deutung des Werkes sind heute keine nennenswerten Kontroversen mehr erkennbar – auf der Bühne sowenig wie in Exegese und Kritik.»

Michael von Soden
(Von den Schwierigkeiten, Wagners Lohengrin zu verstehen, 1980)

Inhalt

Ulrich Schreiber

Weltflucht eines traurigen Helden

Richard Wagner und sein ‹*Lohengrin*›

Der Anfang der Oper wirkt wie ein psychedelischer Initiationsritus: auf daß jedem, der Ohren hat zu hören, die Sinne vergehen. Nach einem einfachen A-dur-Dreiklang der Violinen mit sanftem Flöten- und Oboenkolorit heben sich die Geigen mit einem Quartsprung in eine weltflüchtige Höhenlage, aus der sie alsbald in die Ausgangslage zurückkehren und mit einem großen Sekundschritt aufwärts, durch erneute rhythmische Punktierung den abgeflachten Bewegungshub ausgleichend, zu erneutem Aufstieg ansetzen. Es ist eine Musik von ätherischer Unstofflichkeit, ein Hauch mehr als ein Klang: unvergeß- lich wohl jedem, der ihn einmal gehört hat. Er beherrscht im wesent- lichen die lediglich fünfundsiebzig Takte des Vorspiels zu Richard Wagners ‹*Lohengrin*›, bleibt dem akustischen Gedächtnis stärker ver- haftet als die kurze dramatische Aufwallung, die nach fünfzig Takten mit einem Crescendo einsetzt, Akkordblöcke in D, h, Fis, h, A und D aneinanderreiht und durch Vorhalte sowie Modulationen in Terzver- wandtschaften steigert. Diese Steigerung, in einem Molto sostenuto gehalten, geht alsbald in ein Diminuendo mit aparten Registerwech- seln über und erlischt wie in einer filmischen Blende in dem vom dreifachen Pianissimo der hohen Geigen wiedergewonnenen A-dur des Anfangsteils. Zu tun haben wir es mit einer Programm-Musik, bewegungsgestisch in eine Rundform gehüllt. Die ätherischen Klänge schildern das Niederschweben des Grals auf die Erde, die Akkord- blöcke seine Enthüllung in der Gralsburg. Programmatisch aber ist das Vorspiel zu ‹*Lohengrin*› nicht nur in den ihm vom Komponisten zugeschriebenen Intentionen allein. Die Musik liefert mit dem Pro- gramm auch dessen Kommentierung. Völlig neuartig in der Ge- schichte der Oper ist Wagners Fähigkeit, einen Vorgang bis an den Rand der Immaterialität zu treiben; und schockierend banal ist sein Verfahren, ohne jede Kunst des geschliffenen modulatorischen Über- gangs den Inhalt des wundertätigen Gefäßes zu beschreiben: zu dürf- tiger Kenntlichkeit entstellt, verliert der Gral seine Zauberkraft auf den Hörer. Darin ergeht es ihm nicht anders als dem Titelhelden von Wagners letzter romantischer Oper: seines mythischen Zaubers ent- kleidet, zu rationaler Identität gebracht, verliert er allen Zauber und wird zu einer Art Mohr, der seine Schuldigkeit getan hat. Er muß die

9

verlassen, die aus der Teilhabe an seiner göttlichen Herkunft Erlösung von ihrer Drangsal erhoffen.

Die musikalische Beschreibungspotenz Wagners zeigt im ‹Lohengrin›-Vorspiel ein doppeltes Gesicht. Auf der einen Seite stehen jene durch die hohe Lage und die achtfache Teilung der Violinen zum Irisieren gebrachten Klangflächen, in denen – bis hin zu György Ligetis ‹Atmosphères› oder den minimal variierten Repetitionsklängen in der amerikanischen Minimal Music Vorbild avancierten Komponierens – thematische Entwicklung aufgegeben zu sein scheint zugunsten reiner Klanglichkeit, ja schon einer schieren Klangsinnlichkeit; auf der anderen Seite die Drohgebärde unerbittlich voranschreitender Akkordblöcke, die wie eine Übertragung von Registriertechniken im Orgelspiel auf das Orchester wirkt. Schon durch Franz Liszts kongeniale Deutung des ‹Lohengrin› schimmert diese Ambivalenz des Vorspiels durch, wenn er die flirrende Klangfläche als «Widerschein azurner Wellen, zurückgestrahlt von irisfarbenen Wolken» bezeichnet, die Akkordaufwallung aber als den Augenblick feiert, in dem zum «einzigen Momente der heilige Bau vor unseren geblendeten Augen in seiner ganzen leuchtenden und strahlenden Pracht erhoben»[1] wird. Dieser Gralsbau hat in der Tat etwas akustisch Blendendes an sich, die harmonischen Progressionen täuschen eine Bewegungsdynamik von einschüchternder Gewaltigkeit vor. Was Liszt «gewissermaßen personifizierte Ideen»[2] nannte, hat eine auffällige Tendenz zur Überinstrumentation, wobei paradoxerweise das Merkmal herkömmlicher Überinstrumentation: die Verdoppelung von Stimmen in Oktaven, auch den atmosphärischen, beinahe schon sphärenharmonischen Reiz der leisen Violinklänge bestimmt. Diese Verdoppelung steht jenem «Urphänomen des Wagnerschen Mischklangs»[3] entgegen, in dem Adorno «ein Element des Überflüssigen, Falschen und Aufgeschmückten» wahrnahm. Tatsächlich sind diese Klangflächen erstmals im Werk Wagners laut Adorno jenes produktiv-progressive Moment, «in dem das Subjekt auf Souveränität verzichtet, passiv sich dem Archaischen – dem Triebgrund – überläßt; dem Element, das gerade vermöge seiner Emanzipation den unerfüllbar gewordenen Anspruch preisgibt, den Zeitverlauf als sinnvoll zu gestalten»[4]. Durch solche Klanglichkeit war

---

1 Franz Liszt: Lohengrin. In: Gesammelte Schriften I und II. Leipzig 1910, S. 90; *im vorliegenden Band S. 146.*
2 Liszt, a. a. O., S. 92; *im vorliegenden Band S. 148.*
3 Theodor W. Adorno: Versuch über Wagner. München/Zürich ²1964, S. 84.
4 Ebd., S. 64.

für Adorno dialektischerweise «Zeit in den Raum festgebannt»[5], als Kolorit sozusagen dem Zeitfraß der voranschreitenden Musik entronnen. Daß Wagner in den flirrenden Klängen des ‹Lohengrin›-Vorspiels diese *recherche du temps perdu* über vergleichbare Orchesterstücke wie das Vorspiel zum ‹Rheingold›, den Feuerzauber in der ‹Walküre› oder das Waldweben in ‹Siegfried› hinaus hörbar machte, ist der zyklischen Rundung der Form des Vorspiels zu entnehmen: «nach und nach schwindet die Vision [des Grals; U. Sch.] in denselben vielfarbigen Dünsten, in deren Mitte es erschienen, womit das Stück mit den sechs ersten, nur noch ätherischer gewordenen Takten abschließt»[6].

Für diese ätherischen Streicherklänge gilt analog das, was Liszt in seinem Begleitaufsatz zur Uraufführung des ‹Lohengrin› 1850 von Wagners Behandlung der Bläser schrieb. Der «Parallelismus des Klangs»[7] besteht darin, daß ein Akkord von einer einzigen Instrumentengruppe oder – bei den Bläsern – Instrumentenfamilie gespielt wird. Das führt dazu, daß er «mit denselben Klangfarben gegeben und gehalten werden kann, was auf seine Instrumentation helle und nuancierte Streiflichter wirft, die er [Richard Wagner; U. Sch.] mit exquisiter Kunst verteilt und in einer ebenso neuen als ausdrucksvollen Weise mit der Deklamation in Einklang bringt, wodurch ihr Sinn auffallend zur Geltung kommt»[8]. Was Liszt allgemein formulierte, läßt sich im Vorspiel des ‹Lohengrin› mehr auf die Bläserakkorde Takt 51 ff als auf die reinen Streicherklänge beziehen, trifft aber in der Analyse beide Mal zu, und die von Liszt aufgeworfene Frage nach dem Sinn hat Wagner selbst in seiner Einleitung für ein Zürcher Konzert 1853 festgehalten. Wie zuvor Liszt, bemüht auch er für die Streicherklänge eine Farbmetapher. Nicht von azurnen Wellen, irisfarbigen Wolken spricht er, sondern von deren idealer Spiegelung: «Dem verzückten Blicke höchster, überirdischer Liebessehnsucht scheint im Beginne sich der klarste blaue Himmelsäther zu einer wundervollen, kaum wahrnehmbaren und doch das Gesicht zauberhaft einnehmenden Erscheinung zu verdichten.»[9] Was bei Liszt noch sachliche Beschreibung war, wenngleich alles andere als wertfrei, ist in Wagners eigener Deutung aus der Werkstruktur in eine Appellstruktur überführt: er spricht aus der Wahrnehmungsperspektive des Rezipienten. Doch was er mit dem

5 Adorno, a. a. O., S. 64.
6 Liszt, a. a. O., S. 90; *im vorliegenden Band S. 146.*
7 Ebd., S. 139.
8 Ebd.
9 Richard Wagner: Ausgewählte Schriften. Hg. von Dietrich Mack. Frankfurt am Main 1974, S. 158; *im vorliegenden Band S. 172.*

Begriff des Scheinens als mentalen Vorbehalt einsetzt, ist latente Demagogie: eine mit leisem Nachdruck gegebene Anweisung, wie die Musik aufzufassen sei. Und der solcherweise «bis in die innigste Tiefe des bebenden Herzens mit wunderbar heiliger Regung gefangen»[10] genommene Hörer erfährt in diesem weltlichen Gebet das zu dem Fortissimo der Bläser gesteigerte Crescendo als ein Sursum corda: in seiner Brust «schwellen alle erdrückten Keime der Liebe»[10], bis er in einem Ineins von Auflösungstrieb und Hingebungsdrang die Sinne verliert – «er sinkt nieder in anbetender Vernichtung»[11].

Von den «verklärten Sinnen»[12] des Wunderschauenden bis zu dem Augenblick, da ihm die Sinne schwinden, sind es gerade fünfzig Takte Musik: ein bündiger Vorgang der Transsubstantiation. Doch eben dessen Geschwindheit wirft Fragen auf. Was Wagner anläßlich der Zürcher Mai-Konzerte von 1853 noch beredt zu formulieren verstand: die Frage nach dem Sinn des ‹Lohengrin› (und nicht nur nach dem des Vorspiels), war ihm acht Jahre später schon zu einer Geheimbotschaft geworden, die sowohl dem Publikum als auch dem eigenen Bewußtsein zu verbergen sei. 1861 hatte er in Wien erstmals Gelegenheit gehabt, seinen ‹Lohengrin› ganz zu hören, am 11. Mai in einer Probe der Wiener Hofoper, vier Tage später in der stürmisch bejubelten Aufführung, die er mit einer Dankadresse ans Publikum aus seiner Loge beendete. Das war Balsam für die Wunden, die ihm Paris Anfang jenes Jahres mit den Theaterskandalen um die revidierte Fassung des ‹Tannhäuser› geschlagen hatte. Um so mehr überrascht es, daß Wagner den Triumph nicht vollständig auskostete. So wollte ihm der Wiener Akademische Gesangsverein nach einer Aufführung des ‹Fliegenden Holländer› am 18. Mai ein Ständchen bringen – doch Wagner sagte ab: erstaunlicherweise öffentlich, in einem von der *Wiener Presse* gedruckten Brief und mit dem Hinweis auf das zu wahrende Geheimnis seines ‹Lohengrin›: «Geehrte Herren! Glauben Sie mir, daß es mir fast eine wehmüthige Ueberwindung kostet, wenn ich Ihnen heute die dringende Bitte an das Herz lege, die mir zugedachte Ovation unterlassen zu wollen. Ich fühle, daß der Genuß einer so ungemeinen Ehrenbezeigung weit das Maß dessen überschreiten würde, was ich meinem noch so anerkennungsbegehrlichen Herzen gestatten darf. Auf einem flüchtigen Besuche in Wien, der keinen anderen Zweck hatte, als meine von mir noch nicht gehörte Oper ‹Lohengrin› mir vorgeführt zu sehen, habe ich nicht nur die erhebende Befriedigung gewonnen, einer ergrei-

10 Ebd., S. 159; *im vorliegenden Band S. 174.*
11 Ebd.
12 Ebd.

fend schönen Aufführung dieses Werkes beizuwohnen, sondern auf eine wirklich erschütternde Weise durfte ich auch inne werden, welch tiefe herrliche Sympathien für meine Kunst durch die empfehlendste Pflege derselben dem Publicum eingeprägt werden. An jenem Abend genoß ich, was der Künstler im schönsten Falle nur einmal im Leben genießen darf, und was um so bedeutender und erhabener ist, als er demüthig es sich selbst nicht auszusprechen wagt. Nehmen Sie nun, ich bitte Sie, die Versuchung von mir, diesem Gefühle, das wie eine göttliche Erscheinung nur in hochgeweihter ewig kurzer Stunde uns entzücken soll, allzu treulich nachzutrachten. Es ist namenlos schön, wenn der zarte Schleier, der es dem eigenen Bewußtsein verhüllt, unberührt bleibt. Für diesmal lassen Sie mich ruhig und tief beglückt aus Wien scheiden.»[13]

Man lasse sich weder durch Wagners Jargon der Eigentlichkeit noch durch seine auch bewußte Unwahrheiten einschließende Strategie vom Erkenntnispotential dieses Briefes ablenken. Natürlich war es nicht sein einziger Grund gewesen, wegen seines ‹Lohengrin› nach Wien zu reisen; tatsächlich war sein Hauptziel, dort Solisten für die in Karlsruhe geplante Aufführung von ‹Tristan und Isolde› vom Hoftheater zu gewinnen – was ebenso mißlang, wie sich die bei den Verhandlungen plötzlich aufscheinende Möglichkeit einer ‹Tristan›-Uraufführung in Wien zerschlug. Schwieriger ist die Frage zu beantworten, warum der Komponist mit dem notorisch anerkennungsbegehrlichen Herzen sich eine Huldigung wie die durch den Akademischen Gesangsverein geplante ausdrücklich verbat. Sicher ist, daß die erste Konfrontation mit dem ‹Lohengrin› zu einer namenlosen Ergriffenheit Wagners führte: namenlos in dem Sinn, daß er sie durch eine rationale Benennung so unberührt zu halten wünschte, wie sein Held Lohengrin sein Geheimnis zu wahren versuchte. Innerlich war er dem eigenen Werk, dessen Partitur er im April 1848 beendet hatte, im Jahre 1861 weit entrückt. Aber diese sozusagen kompositionstechnische Wegstrecke zwischen Lohengrin und dem auch schon zwei Jahre vorliegenden ‹Tristan› erklärt sein Wiener Verhalten nicht hinlänglich. Hinter der Metapher vom zarten Schleier, der sein Bewußtsein verhüllte, verbirgt sich zumindest im Unterbewußtsein des Komponisten eine Entfremdung ideologischer Art. Konzipiert worden war der ‹Lohengrin› in der Epoche des Vormärz als Idealentwurf einer revolutionären Gesellschaftsverfassung; in seiner akustischen Wirklichkeit und Vollständigkeit

---

13 Richard Wagner: Briefe. Die Sammlung Burrell. Hg. von John N. Burk. Frankfurt am Main 1953, S. 452 f.

erleben konnte Wagner die Oper aber erst, als sie sich repertoirefähig erwiesen hatte: in politisch reaktionären Zeiten, gefeiert in einem durchaus reaktionären Sinn vom Publikum. Der ‹Lohengrin› hatte jenen Zug der autoritären, antidemokratischen Deutschtümelei angenommen, wie ihn Heinrich Mann – bezeichnenderweise ohne jede Erwähnung der dialektischen Berührung der Sphären im Vorspiel – in seinem Roman ‹Der Untertan› 1914 als geistige Gefechtsbeilage des Wilhelminismus parodieren konnte.[14] Angesichts dieser Sachlage hatte Wagner wohl wenig Lust, sich als leibhaftiger Lohengrin von einem akademischen Sangesbund anhimmeln zu lassen. Und die Art, in der er diesen von seinem Wunsch informierte, legt den Schluß zwingend nahe, daß er selbst den ‹Lohengrin› aus seinem Bewußtsein zu verdrängen bemüht war. Sehr wahrscheinlich waren es mehr die politisch-ideologischen Implikationen des Werkes, die ihn zur Verdrängungsarbeit animierten als dessen ästhetische Erscheinungsform. Und die Arbeit gelang. Als Wagner vierzehn Jahre später an gleicher Stelle den von Hans Richter dirigierten ‹Lohengrin› inmitten seiner Kinder aus dem zweiten Rang erlebt, bedankt er sich anschließend bei den Künstlern, «der Vorhang geht dabei auf, Publikum und Sänger bejubeln ihn endlos!»[15] Diesmal bleibt bei der Huldigung kein Stachel zurück, keine peinliche Berührtheit durch die Wiederbegegnung. Und doch! In seinem letzten Lebensjahr erzählt er laut Cosimas Tagebuch von dem Vorschlag des Freiherrn Lüttichau, Tannhäuser in Rom Verzeihung finden und Elisabeth heiraten zu lassen. Doch soviel Versöhnung dem Helden Lohengrin zukommen zu lassen, ist er nicht einmal in einem Gedankenspiel bereit, er bezeichnet unter all seinen Stoffen den ‹Lohengrin› als den «traurigsten»[16].

War es wirklich nur der Stoff, der ihm so traurig vorkam? War es in Wirklichkeit nicht der Held selbst, der ihm als sein traurigster erschien, stimmte ihn im Alter nicht vor allem traurig, daß mit Lohengrin seine eigene Utopie einer erlösten, sich selbst nicht entfremdeten und in Selbstbestimmung lebenden Gesellschaft entschwunden war? Richard Wagner blieb es erspart zu erleben, wie sich Kaiser Wilhelm II. mit seiner Figur des Lohengrin identifizierte (von Adolf Hitlers Identifikation mit Siegfried ganz zu schweigen), aber gleichzeitig aus Protest gegen das aufgehobene Verbot von Gerhart Hauptmanns sozialkritischem Drama ‹Die Räuber› die kaiserliche Loge in Berlins Deutschem

---

14 *Vgl. S. 197 im vorliegenden Band.*
15 Cosima Wagner: Die Tagebücher, Bd. 2. Hg. von Martin Gregor-Dellin und Dietrich Mack. München/Zürich ²1982, S. 953.
16 Ebd., Bd. 4, S. 1088.

Theater aufkündigte und die Vergabe des Schiller-Preises an den Dichter verweigerte. Ein wenig von solcher Wirkungsgeschichte ist indes in der Werkstruktur des ‹Lohengrin› selbst angelegt, und biographisch markiert diese letzte romantische Oper Wagners den Abschied des Komponisten von seinem Barrikadenkämpfertum für die Revolution von 1848/49. Fortan widmet er sich nur noch der Revolutionierung der Oper, und zwar zunächst – neben seinen theoretischen Arbeiten –, indem er den Mythos in eine graue Urzeit verlegt, an deren Ende der Weltuntergang einer Götterdämmerung steht.

Die Entstehung des Werkes

Die Ur-Idee zur Komposition des ‹Lohengrin› hatte Wagner während seines ersten Paris-Aufenthalts 1839/42, wo er nicht nur den ‹Fliegenden Holländer› schrieb, sondern auch schon mit dem Sagenkreis um Tannhäuser Bekanntschaft machte. Der deutsche Philologe Samuel L. Lehrs, von Wagner in seiner Novelle ‹Ein Ende in Paris› porträtiert, machte den Komponisten mit der Abhandlung ‹Über den Krieg von Wartburg› (1838) des Christian Th. L. Lucas bekannt. Im gleichen Jahresheft der Königsberger Deutschen Gesellschaft fand Wagner in Fortsetzung des Wartburg-Aufsatzes, der eine der Inspirationsquellen zu seinem ‹Tannhäuser› wurde, eine Inhaltsangabe des mittelalterlichen ‹Lohengrin›-Epos: «Eine ganz neue Welt war mir hiermit aufgegangen, und fand ich zunächst noch nicht die Gestalt, in welcher ich auch den ‹Lohengrin› hätte bewältigen können, so lebte doch nun dieses Bild unverlöschlich in mir fort, so daß ich bei späterem Bekanntwerden mit den Zweigen der Lohengrinsage dieses Bild schnell mit gleicher Deutlichkeit in mir beleben konnte, wie jetzt zunächst mit dem ‹Tannhäuser› es der Fall war.»[17] So unzuverlässig Wagners Autobiographie ‹Mein Leben›, begonnen im Jahre 1865, auch sei, in einer Beziehung ist sie ein sicherer Weg: zur Erkenntnis eines Gedächtnisses, dessen mnemotechnische Mechanik staunenswert erscheint. Die Inkubationszeit jedenfalls, die jedweder Stoff in Wagners schöpferischer Phantasie benötigte, ist in diesen Lebenserinnerungen imposant festgehalten. Da dürfen wir sogar annehmen, daß er nach seiner Abreise von Paris am 7. April 1842 nicht nur den ‹Tannhäuser›-Stoff wiederaufnahm und schon dramaturgisch spezifizierte, als er an der Wartburg vorbeifuhr; ebenso dürfte ihm bei der Gelegenheit die Erinnerung

17 Richard Wagner: Mein Leben. Hg. von Martin Gregor-Dellin. München 1983, S. 224.

an die Lucassche Untersuchung zum Stoff mitsamt der im gleichen Buch erwähnten ‹Lohengrin›-Sage gekommen sein. Vertieft wurde seine Beziehung zu dieser im Juli 1845, als er einen fünfwöchigen Kuraufenthalt in Marienbad nahm: «Ich hatte mir vorgenommen, mich der gemächlichsten Lebensweise, wie sie andrerseits für die sehr aufregende Kur unerläßlich ist, hinzugeben. Sorgsam hatte ich mir die Lektüre hierzu mitgenommen: die Gedichte Wolfram von Eschenbachs in den Bearbeitungen von Simrock und San Marte, damit im Zusammenhange das anonyme Epos vom ‹Lohengrin› mit der großen Einleitung von Görres.»[18]

Im einzelnen handelt es sich bei Wagners Quellen um folgende Werke: Karl Simrocks Übertragung von Wolframs ‹Parzival› und ‹Titurel› aus dem Mittelhochdeutschen (1842); dasselbe in der Übertragung samt Einleitung von San-Marte (= Albert Schulz; 1836, Bd. I, 1841 Bd. II mit drei Abhandlungen über Leben und Werk Wolframs). Besonders wichtig war für Wagner die Einleitung, die Joseph Görres schon 1813 seiner Ausgabe des ‹Lohengrin, altteutsches Gedicht nach der Abschrift des Vatikanischen Manuscriptes von Ferdinand Gloeckle› vorangestellt hatte. Hinzu kamen Jacob Grimms ‹Weisthümer› (1842) und dessen Ausgabe der ‹Deutschen Sagen› (1816/18), aus denen er die Figur der Ortrud für seine Zwecke schuf. Die Aneignung der Quellen versetzte Wagner in einen Schaffensrausch, dem er nebenbei auch einen wichtigen Einfall zu den späteren ‹Meistersingern› und natürlich die Wissensbasis für den ‹Parsifal› verdankte. Am 3. August ist eine ausführliche Prosaskizze des Textes fertig[19], die gegenüber der Druckfassung der Oper teilweise weitergefaßt ist. So enthält sie zur Gralserzählung Lohengrins, der Entblößung seiner Identität, einen zweiten Teil, und am Ende hebt sogar der Schwan zu singen an, kurz bevor er in Elsas Bruder Gottfried zurückverwandelt wird. Dieser Gesang findet sich vertont in Wagners Kompositionsskizze, wird aber in einer eigenhändigen Bemerkung von ihm aus dramaturgischen Gründen zurückgezogen. Den zweiten Teil der Gralserzählung nahm Wagner in einem Brief an Liszt vom 2. Juli 1850, acht Wochen vor der Uraufführung des ‹Lohengrin›, ausdrücklich zurück und verlangte auch die Fortlassung der Passage im separat erscheinenden Textbuch.

Im November 1845, kurz nach der Dresdner Uraufführung des ‹Tannhäuser›, ist der Text fertiggestellt, am 17. liest Wagner ihn im Freundeskreis vor, darunter Gottfried Semper, Ferdinand Hiller und

18 Wagner, Mein Leben, a. a. O., S. 315.
19 In: Otto Strobel: Die Urgestalt des «Lohengrin». Bayreuther Festspielführer 1936.

Robert Schumann. Die Vorlesung macht Eindruck, wenngleich Schumann sofort begreift, daß dieses Libretto nicht mehr in das Gefäß der herkömmlichen Nummernoper zu fassen sei. Von anderer Seite wird das Ende kritisiert: Lohengrins Fortgang und Elsas Tod. Wagner läßt sich auf das Gedankenspiel ein, überlegt, «ob die grausame Trennung nicht erspart, das unerläßliche Fortziehen in die Ferne aber doch erhalten werden könnte. Ich suchte ein Mittel auf, Elsa mit Lohengrin fortziehen zu lassen, zu irgendwelcher Buße, welche sie ebenfalls der Welt entrückte.»[20] Zurückgeführt auf Wagners ursprüngliche Konzeption wird das Finale durch eine Bemerkung Ida von Lüttichaus, der Ehefrau des damaligen Dresdner Hofopernintendanten, der paradoxerweise in Wagners letztem Lebensjahr den schon erwähnten Vorstoß in die von seiner Frau 1845 tabuisierte Richtung unternehmen sollte. Einen weiteren erwähnt Wagner in seiner Autobiographie. Am 11. Mai 1851 besuchte der renommierte Altphilologe Adolf Stahr in Weimar die insgesamt fünfte Aufführung des ‹Lohengrin› und widmete dem Werk am 27. und 28. Mai des Jahres in der Berliner *National-Zeitung* zwei grundsätzliche Artikel, in denen er eine genaue Kenntnis von Liszts ‹Lohengrin›-Interpretation verrät.[21] Im Gegensatz zu dieser, die zunächst auf französisch geschrieben, von Hans von Bülow und dessen Studienfreund Karl Ritter übersetzt und von Wagner selbst redigiert worden war, ist Stahrs Interpretation die erste auf der Höhe des Gegenstands angesiedelte, die einem Werk Wagners außerhalb der sich allmählich herausbildenden Gemeinde gewidmet wird. In ihr darf man, komplementär zu der Liszts, den Beginn der eigentlichen Wagner-Forschung sehen. Stahrs scharfsinnige Bemerkungen beziehen sich vorrangig auf das Motivgefüge. In ihnen erscheint Lohengrin als ein ziemlich kalter Himmelssoldat, dessen seelische Unantastbarkeit in Inhumanität umschlägt. Als deren Opfer erscheint Elsa, weil Lohengrin «seinen Willen und sein Bewußtsein einzig in der Disziplin des Muß und in dem Stirnrunzeln seines göttlichen Kriegsherrn hat»[22] – eine erstaunlich frühe Analyse des autoritären Charakters Lohengrins.

Merkwürdigerweise fühlt sich Wagner wieder verunsichert und dankt Stahr in seinem Brief vom 31. Mai 1851 dafür, einen bislang unbeachtet gebliebenen Problempunkt des ‹Lohengrin› herausgearbeitet zu haben. Gleichzeitig aber wiegelt er ab und schreibt Liszt am

---

20 Wagner, Mein Leben, a. a. O., S. 339 f.
21 Abgedruckt in: Helmut Kirchmeyer, Situationsgeschichte der Musikkritik und des musikalischen Pressewesens in Deutschland, IV: Das zeitgenössische Wagner-Bild, Bd. 6, 1. Regensburg 1985, Sp. 153 ff.
22 Ebd., Sp. 156.

23. August 1851, nachdem dieser sich gegen Stahrs Interpretation gewandt hatte: «*Du* hast den Lohengrin *recht* verstanden – nicht *Stahr*. Ich nehme meine Zustimmung zu seinem Urtheil zurück, – sie war übereilt.»[23] In seiner Autobiographie münzt Wagner diese Aussage leicht um: «Stahr hat unrecht, Lohengrin hat recht»[24], und erklärt seine Verwirrbarkeit dadurch, daß er sich von der Stimmung, in der er den ‹Lohengrin› konzipiert hatte, «ziemlich aufregend ... entfernt» habe.[25] Die wenigen Jahre, die zwischen der Fertigstellung der Oper und Stahrs Artikel lagen, müssen Wagner als eine wahrhaft ontologische Differenz erschienen sein, als er seine Autobiographie schrieb. Das ist zu verstehen als Bestandteil seiner eigenen Verdrängungsarbeit am ‹Lohengrin›. Er, der aus gegebenen Umständen den Ort hatte verlassen müssen, an dem er die Revolutionierung der Gesellschaft betreiben wollte, muß sich in unwohler Gesellschaft mit dem Schwanenritter gefühlt haben, der als revolutionärer Träger eines neuen Herrschaftsprinzips erscheint und als Geschlagener die Stätte seines Wirkens aufgibt: ideologisch entmannt. Dieser Schwanenritter weckte im späteren Wagner Schuldgefühle ob seines eigenen Scheiterns; zugleich versuchte Wagner, sich durch eine bewußte Distanz zu seiner eigenen Figur von diesen Schuldgefühlen zu befreien. So läßt er Lohengrin in der Stahr-Diskussion nicht mehr als sein Geschöpf erscheinen, veränderbar als Kunstfigur, vielmehr wird sie von ihm so weit entäußert, daß er in seiner Autobiographie den Ritter zum Autoritätswesen ex cathedra machen konnte: Nicht er, Wagner, hatte mit der dramaturgischen Einrichtung des Finales recht, sondern Lohengrin selbst. Das Geschöpf hat sich von seinem Schöpfer gelöst, der sich nun in dem von diesem verbreiteten Glanz sonnen kann. Es ist eine Freisprechung ohne innere Legitimation. Die Sprünge und Würfe, in denen dieser Prozeß der Selbstexkulpation verläuft, machen die Fluchtlinie Wagners sichtbar. Sie muß ihn, wenn wir Cosimas Tagebucheintrag aus dem letzten Lebensjahr trauen dürfen, bis ans Ende seines Lebens im Unterbewußtsein Schmerzen verursacht haben.

23 Richard Wagner: Sämtliche Briefe. Hg. von Gertrud Strobel und Werner Welt, Bd. 4. Leipzig 1979, S. 88.
24 Wagner, Mein Leben, a. a. O., S. 340.
25 Ebd.

Kunst und Revolution

Zur Kompositionsarbeit am ‹*Lohengrin*› kommt Wagner erst im Frühjahr 1846, als die Direktion der Dresdner Hofoper ihm einen dreimonatigen Urlaub von seiner Kapellmeistertätigkeit einräumte. Mit der fertigen Skizze kehrt er im August nach Dresden zurück und beginnt am 9. September mit der Instrumentation. Wie schon beim ‹*Fliegenden Holländer*›, geht er auch diesmal von einem Kern aus, um den er das Ganze in unkonzentrischen Kreisen schafft. Was zuvor Sentas Ballade gewesen war, ist nun Lohengrins Erzählung «In fernem Land». Doch die Arbeit gerät ins Stocken, Verhandlungen über eine Drucklegung seiner früheren Werke kosten ihn viel Zeit und Geld, im Theater zwingt ihn die geplante Einstudierung von Glucks ‹*Iphigenie in Aulis*› zu einer grundlegenden Revision. Zur Arbeit am ‹*Lohengrin*› kommt er zwischen dem 11. Februar und dem 5. März, dann – in einer neuen Wohnung in der Dresdner Friedrichstadt – am 12. Mai. Bis zum 8. Juni ist die Orchesterskizze des ersten Aktes fertig, am 18. Juni beginnt er, den zweiten Akt als Orchesterskizze zu entwerfen, am 2. August ist der Umriß der Oper fertig, und am 28. August folgt das Vorspiel. In der Euphorie des Gelingens reist er nach Berlin, sucht Ludwig Tieck auf und hofft, gerade über den ‹*Lohengrin*› beim preußischen Königshaus ein national-musikalisches Interesse zu finden. Zwar kann er in Berlin seinen ‹*Rienzi*› dreimal dirigieren, alle anderen Hoffnungen aber werden gründlich enttäuscht. Am Neujahrstag 1848 beginnt er in Dresden mit der Reinschrift der Partitur. Sie ist in der erstaunlich kurzen Zeit bis zum 28. April fertig. Der aus seinem Brief an Liszt vom 2. Juli 1850 zu schließende Schaffensrausch läßt die vorangegangenen Skrupel als inexistent erscheinen und die späteren nicht einmal ahnen: «Ich habe dießmal mich bemüht, die musik in ein so sicheres, plastisches verhältniß zur dichtung und handlung zu setzen, daß ich meiner sache vollkommen sicher zu sein glaube. Verlaß dich auf mich, und halte es nicht für verliebtheit in mein eigencs werk.»[26]

Das plastische Verhältnis der Musik zu Text und Handlung des ‹*Lohengrin*› ließ Wagner das Angebot des Intendanten Lüttichau als realisierbar einschätzen, das Werk mit den Kräften der Dresdner Hofoper einzustudieren. Der Schauspieler, Regisseur und Kostümbildner Ferdinand Heine, ein alter Freund Wagners, schlug seinen gerade aus Paris heimgekehrten Sohn Ferdinand für die Ausstattung vor, Lüttichau akzeptierte. Doch von Heine erfuhr Wagner, ohne sich nach

26 Wagner, Sämtliche Briefe, a. a. O., Bd. 3. Leipzig 1975, S. 345.

näheren Umständen zu erkundigen (wenn wir dem Zeugnis seiner Autobiographie vertrauen dürfen), daß das Projekt plötzlich abgeblockt worden war. Ferdinands Schwester Marie hat im Jahre 1895 als Dreiundsechzigjährige die Ereignisse verläßlich geschildert und ein interessantes Stimmungsbild der Zeit entworfen: «Inzwischen stiegen die Wetterwolken am politischen Horizonte drohend empor. Die allgemeine Gährung ging auf Solche über, welche dem politischen Treiben sonst fern standen. Bei Wagner äußerten sich diese Triebe zur Andersgestaltung natürlich anfangs in Beziehung auf seine musikalische Thätigkeit. Der Zwang, welchen die Fügsamkeit gegen den Intendanten und dessen Anschauungen ihm auferlegten, machte sich mehr und mehr fühlbar. Hierdurch steigerte sich die Reizbarkeit, welche ohnehin in seiner Natur lag und machte ihn häufig verbittert ... Mißstimmung über das Hinausschieben seines ‹Lohengrin› trieb ihn mehr und mehr der Politik zu. Er entwarf Zukunftspläne für ideale Theaterzustände, die seinen Freunden ja unausführbar scheinen mußten. Wie oft gingen dann die Wogen hoch bei den freundschaftlichen Gesprächen!»[27]

Die monokausale Zuordnung Marie Schmoles, geborene Heine, Wagner habe sich 1848/49 zum Verfechter der Revolution gemacht, weil er seinen ‹Lohengrin› am Dresdner Theater nicht herausbringen konnte, entspricht den späteren Bayreuther Beschwichtigungslegenden. Unbestreitbar aber ist, daß Wagner in seinen diversen revolutionären Impulsen das Allgemeine mit dem Individuellen vermittelt sah: die erbärmlichen Zustände am zeitgenössischen Theater waren ihm ein direkter Spiegel, ja Ausfluß der Miserabilität in der gesamtgesellschaftlichen Befindlichkeit. Im Juli 1847 richtete er eine Eingabe an seinen Intendanten, in der er sich über das Cliquenwesen beklagte (mit besonderer Zielrichtung gegen Gutzkow). 1851 in der ‹Mitteilung an meine Freunde› sah er sich im Rückblick buchstäblich auf die ganze «Nichtswürdigkeit der politischen und sozialen Zustände hingetrieben, die aus sich gerade keine anderen öffentlichen Kunstzustände bedingen konnten, als eben die von mir angegriffenen»[28]. Am 23. November schreibt er einem Freund, wie er sich diese Nichtswürdigkeit zu verändern vorstellt: «Hier ist ein Damm zu brechen und das Mittel heißt: Revolution! Die positive Basis muß gewonnen werden; was wir für gut und recht halten, das muß das Gegebene, Feste und Unabänderliche werden, dann löst sich das jetzt herrschende Schlechte von

---

27 Wagner, Briefe. Die Sammlung Burrell, a. a. O., S. 184.
28 Richard Wagner: Eine Mitteilung an meine Freunde. *Im vorliegenden Band S. 162.*

selbst zur albernen, leicht besiegbaren Opposition auf. Ein einziger vernünftiger Entschluß des Königs von Preußen für sein Operntheater und alles ist mit einmal in Ordnung!»[29]

Königstreue

Dieser Brief an den Berliner Musikschriftsteller Ernst Kossak ist, in auffälligster Rechtfertigung des Psychogramms Wagners im Vormärz durch Marie Schmole, ein erstaunliches Selbstzeugnis. Wagners Politbewußtsein war immer am Determinantenpaar Königtum–Theater ausgerichtet, zu einer differenzierten Betrachtung des Republikanismus drang er ebensowenig vor wie in das Extrem des anarchistischen Widerstands. Darin unterschied er sich grundsätzlich von seinen Weggefährten Michail Bakunin, der im Frühjahr 1848 nach dem Prager Pfingstaufstand in Dresden erschien, und dem aus Österreich stammenden, unter ihm an der Hofoper tätigen Kapellmeister August Röckel, der unter Mitarbeit Wagners die sozialrevolutionären *Volksblätter* herausgab – im Gegensatz zu Wagner wurden beide 1849 gefangengenommen und verurteilt, während der Komponist nach Zürich fliehen konnte. Wagner, der nach der geschmäcklerischen Schilderung in seiner Autobiographie August 1844 für den sächsischen König unter Umgehung der Weisungsbefugnis seines Intendanten eine musikalische Massenhuldigung komponiert, einstudiert und vorgeführt hatte, war nach derselben Quelle noch 1848 so königstreu, daß er wie die leibhaftige Vorwegnahme des Heßling in Heinrichs Manns Roman ‹Der Untertan› hinter der Karosse des Königs herhechelte: «In größter Aufregung folgte ich seinen Begegnungen mit größeren Volksmassen, oft sogar im hastigsten Laufe, um zur rechten Zeit da einzutreffen, wo es mich nötig dünkte, daß ein besonders lebhafter Zuruf das Herz des Fürsten erfreuen und versöhnen sollte. Meine Frau war ganz erschrocken, als sie mich furchtbar ermüdet und mit völlig heisergeschriener Stimme spät wiederkehren sah.»[30]

Kaum hat Wagner letzte Hand an die Partitur des ‹Lohengrin› gelegt, dem König seine Ergebenheit zu demonstrieren versucht und einen ‹*Entwurf zur Organisation eines deutschen Nationaltheaters für das Königreich Sachsen*› eingereicht – wichtigster Punkt für ihn: Konzentration der musikalischen Verantwortung auf einen Kapellmei-

---

29 Wagner, Sämtliche Briefe, a. a. O., Bd. 2. Leipzig 1969, S. 578.
30 Wagner, Mein Leben, a. a. O., S. 374.

ster –, räsoniert er beim Dresdner Vaterlandsverein (14. Juni) über die ihm offenbar vordringliche Frage: «Wie verhalten sich republikanische Bestrebungen dem Königtume gegenüber?» Die Antwort lautet sinngemäß: untertänig, denn der König bleibt für ihn der erste aller Republikaner. So setzt er sich vom linken Flügel des Vereins ab, der zu radikaldemokratischen Ansichten neigte und Wagners allgemeine Anprangerung kapitalistischer Auswucherungen durch kommunistische Egalisierung von Erwerb und Besitz zu verfechten suchte. Im Juli 1848 reist er nach Wien und sucht dort, Gesinnungsfreunde für seine Pläne einer Theaterreform zu gewinnen: vergebens. Wieder in Dresden, arbeitet er an dem Dramenentwurf ‹Friedrich I.›, gibt ihn auf und spezifiziert seine Vorstellungen der Verbindung des Mythischen mit dem Historischen sozusagen in Fortführung seines ‹Lohengrin› in dem Aufsatz ‹Die Wibelungen. Weltgeschichte aus der Sage›. Darin werden der Hohenstaufenkaiser Friedrich I. («Barbarossa») zur Reinkarnation des heidnischen Siegfried, die Hohenstaufen als Geschlecht etymologisch von den Nibelungen (Wibelungen, Welfen, Wibellinen) abgeleitet. Parallel zu dieser Volksetymogelei schafft er sich eine ideengeschichtliche Collage, indem er den Hort der Nibelungen heilsgeschichtlich mit dem Gral, realhistorisch mit der Einführung des Besitzes (Kapitalismus) in Verbindung bringt: das ist die entscheidende Initialidee zum ‹Ring des Nibelungen›.

Das verbindende Glied zwischen Mythos, Sage und Geschichte ist für Wagner die fraglose Legitimation königlicher Gewalt. Räumt er in seinem Entwurf dem Volk noch eine – indes wenig spezifizierte – Freiheit ein, so gibt er dieses republikanische Relikt 1864 in seiner Schrift ‹Über Staat und Religion› endgültig auf. Jetzt wird für ihn die Stärke der Königsmacht zum gesellschaftlichen Grundgesetz schlechthin. Und wenig später differenziert er das Gewaltmonopol des Königs noch in Richtung auf das Gottesgnadentum: ‹Deutsche Kunst und deutsche Politik› (1867). Da ist es nur noch ein Schritt zur Einlösung seiner Ideen in der Revolution von oben: der Gründung des Deutschen Reiches durch Bismarck. Es ist dieser Zusammenhang von Kunst und Revolution bei Wagner, der Karl Marx nach der Eröffnung der Bayreuther Festspiele in einem Brief an Engels vom «Bayreuther Narrenfest des Staatsmusikanten Wagner»[31] sprechen ließ. Schon Robert Schumann hatte am 15. Mai 1849 das sowohl privatistische wie obrig-

---

31 Zitiert nach Hartmut Zelinsky: Richard Wagner – ein deutsches Thema. Eine Dokumentation zur Wirkungsgeschichte Richard Wagners 1876–1976. Frankfurt am Main 1976, S. 33.

keitsstaatlich geprägte Revolutionsziel Wagners unter der Kategorie der Theaterrepublik eingeordnet, und während der Arbeit an seinen grundlegenden Schriften nach der Flucht in die Schweiz schreibt Wagner am 12. November 1851 an den ihm ergebenen Musiker Theodor Uhlig, der den Klavierauszug des ‹Lohengrin› erstellt hatte, wie er sich nach der Revolution in seinem Sinn sein Kunstwerk der Zukunft – es geht um den ‹Ring des Nibelungen› – vorstellte: «Aus den trümmern rufe ich mir dann zusammen, was ich brauche: ich werde, was ich bedarf, *dann* finden. Am Rheine schlage ich dann ein theater auf, und lade zu einem großen dramatischen feste ein: nach einem jahre vorbereitung führe ich dann im laufe von *vier tagen* mein ganzes Werk auf: *mit ihm* gebe ich den menschen der Revolution dann die *bedeutung* dieser Revolution, nach ihrem edelsten sinne, zu erkennen. Dieses *publikum* wird mich verstehen: das jetzige kann es nicht.»[32]

Der einstmalige Revolutionär Wagner stilisiert sich nach der großen Wende in seinem Leben, der Flucht aus Dresden, zum Interpreten der Revolution von oben: als Ideologe der Macht. Er, der gerade für den ‹Lohengrin› aus Ludwig Feuerbachs Schriften entscheidende Anregungen gewonnen hatte, verfällt indes jener Fundamental-Kritik, die ein Karl Marx an Feuerbach übte: «Die Philosophen haben die Welt nur verschieden *interpretiert*, es kömmt darauf an, sie zu *verändern.*»[33] Hatte Feuerbach, damit Wagner den Weg in seine säkularisierte Religiosität weisend, das religiöse Wesen in das menschliche aufgelöst, so deckte Marx in seiner sechsten Feuerbach-These die Problematik dieser Transsubstantiationslehre auf. Denn er bestritt, daß dem Individuum das menschliche Wesen als innewohnendes Abstraktum eigne, in Wirklichkeit sei es vielmehr das Ensemble gesellschaftlicher Verhältnisse. Eben das aber interessierte Wagner am allerwenigsten. Für ihn waren seine revolutionären Impulse Wegmarken zu einer Privatmythologie, in der die späteren Schopenhauer-Reflexe von Weltverneinung und Entsagung Symptome eines wachsenden Realitätsverlustes werden. Sie sind indes wie die Symptome einer autoritätsgläubigen Machtanbetung schon in dem Werk angelegt, das in seiner der geschichtlichen Realität am engsten und heftigsten verflochtenen Lebensepoche fertig geworden war: ‹Lohengrin›.

---

32 Wagner, Sämtliche Briefe, a. a. O., Bd. 4. Leipzig 1979, S. 176.
33 Karl Marx: Thesen über Feuerbach (1845). In: Marx-Engels-Werke, Bd. 3. Berlin 1959, S. 7.

Das Lebenskunstwerk

So steht Wagners eigene Deutung des ‹Lohengrin› im Zentrum der Schrift, die zu der allgemeinen gattungsphilosophischen Abhandlung ‹Oper und Drama› ebenfalls im Jahre 1851 die individuelle Exemplifizierung liefert: ‹Eine Mitteilung an meine Freunde›[34]. Hier zieht der Komponist eine erste Lebensbilanz, hier gibt er seiner späteren Gemeinde die unverzichtbare Legende zu seinem vorliegenden Lebenswerk. Zu dem gehört auch seine revolutionäre Phase. Ohne das im Februar 1848 erschienene ‹Kommunistische Manifest› von Marx/ Engels zu erwähnen, legt Wagner großen Wert darauf, seinen Revolutionsbegriff von der Aufhebung des Privateigentums und dem Sieg des Proletariats zu trennen. Die Revolution ist für ihn vielmehr die Aufhebung der überlieferten Opernform auf der einen Seite, der Rückzug des Künstlers aus den Bedingtheiten des gesellschaftlichen Wesens zum anderen. So wird ihm die Kategorie der Vereinsamung zur Prämisse seiner Gottwerdung: «ich fühlte mich außerhalb der modernen Welt in einem klaren heiligen Ätherelemente, das mich in der Verzückung meines Einsamkeitsgefühles mit den wollüstigen Schauern erfüllte, die wir auf der Spitze der hohen Alpe empfinden, wenn wir, vom blauen Luftmeer umgeben, hinab auf die Gebirge und Täler blicken»[35]. Dort kommt er sich vor als «Gott, d. h. absoluter Künstler»[36], und in diesem Höhenrausch erscheint ihm die Diskussion um den Ausgang des ‹Lohengrin› so unangemessen, wie er es in seiner Autobiographie ‹Mein Leben› verkünden sollte. Die dort gegenüber Liszt[37] in die Person Lohengrins selbst verlegte Argumentation erfährt hier ihre Begründung: «Ich fand an dieser Erscheinung daher das Tragische des Charakters und der Situation Lohengrins als eine im modernen Leben tief begründete bestätigt: sie wiederholte sich an dem Kunstwerke und dessen Schöpfer ganz so, wie sie am Helden dieses Gedichts sich dartat.»[38]

Die Tragik der Personalunion Wagner–Lohengrin ist nicht nur im Scheitern des Versuchs zu sehen, ausschließlich und durch nichts als «das Gefühl rückhaltlos aufgenommen und verstanden zu werden»[39], also zu einer unmittelbar und zuverlässig kommunizierenden Gefühls-

---

34 Wagner, Eine Mitteilung . . ., a. a. O.; *im vorliegenden Band S. 162.*
35 Ebd.
36 Ebd.
37 Wagner, Mein Leben, a. a. O., S. 340.
38 Wagner, Eine Mitteilung . . ., a. a. O.
39 Ebd.

sprache[40] vorzudringen. Wagners Tragikbegriff impliziert ebenso seine wie Lohengrins Flucht aus einer zu verändernden Gesellschaft und gipfelt in einem ideologiegeschichtlich prekären Paradigmenwechsel. Das Frageverbot gegenüber Elsa markiert Wagners Grenzüberschreitung vom antifeudalistisch gesinnten Revolutionär zum Verfechter einer kollektiven Moral, in der die individuelle ausgelöscht wird: Elsas Vergehen besteht in der Verweigerung eines Kadavergehorsams, und ihre individuelle Verfehlung wird zu einer allgemeinen, da dem Volk der Brabanter und Sachsen mit Lohengrin die Führergestalt verlorengeht. Elsas Schuld liegt weniger in einer persönlichen Tabuverletzung, sondern in der Uneinsichtigkeit, daß ihr Vergehen zu einem an der Volksgemeinschaft wird. Obwohl Adolf Hitler den ‹Lohengrin› schon als Zwölfjähriger erstmals sah, hat er diese Lektion nie vergessen.

Diesen Paradigmenwechsel von der individuellen zur kollektiven Moral hat Wagner in seiner Mitteilung an die Freunde direkt ausgesprochen. Im Rausch der Selbstinterpretation wird ihm Elsas Tod nun zu einem Selbstmord, da sie ihr «Wesen dem hier noch Unverständnisvollen [Lohengrin und Wagner zur Zeit der Komposition; U. Sch.] an ihrem Untergange offenbart». Solche Selbstpreisgabe wird ihm zum Urbild des «wahrhaft Weiblichen». Eben dieses soll «aller Welt die Erlösung bringen», und zwar, «nachdem der männliche Egoismus, selbst in seiner edelsten Gestaltung, sich selbstvernichtend vor ihm gebrochen hat»[41]. Die im Individuum Elsas evident werdende Kollektivmoral, Prämisse der Welterlösung, ist der Kadavergehorsam bis zum Tode, und «diese notwendigste Wesensäußerung der reinsten sinnlichen Unwillkür . . . hat mich zum vollständigsten Revolutionär gemacht». Was Wagner damit meinte, war nicht seine eigene Verflochtenheit in eine reale Revolution[42], sondern sein Plädoyer für eine autoritäre Revolution von oben. In der erscheint ihm die tote, in einer mystischen Selbstaufopferung zu ihrer wahren Bestimmung vorge-

40 Zu Wagners Feuerbach-Aneignung in ‹Lohengrin› vgl. Michael Soden: Von den Schwierigkeiten, Wagners Lohengrin zu verstehen. In: Richard Wagner, Lohengrin. Hg. von M. v. Soden, Frankfurt am Main 1980, S. 67 ff.
41 Wagner, Eine Mitteilung . . ., a. a. O.
42 Deren bündigste Schilderung findet sich bei Eckart Kröplin: Die zinnoberrothe Republik. Dresden, Lohengrin und Wagner. In: Bayreuth 1987 – Rückblick und Vorschau. Hg. von den Bayreuther Festspielen 1987; vgl. ferner: Jörg Heyne, Richard Wagner und Karl August Röckel in weltanschaulicher und künstlerischer Auseinandersetzung unter den Bedingungen des kleinbürgerlichen Demokratismus der nachrevolutionären Periode. Maschinenschriftl. Dissertation, Halle/Saale 1965; ferner: Manfred Kreckel, Richard Wagner und die französischen Frühsozialisten. Frankfurt am Main 1986.

drungene Elsa als Ideal einer völkischen Treue bis zum Tode: «Sie war der Geist des Volkes, nach dem ich auch als künstlerischer Mensch zu meiner Erlösung verlangte.»[43] Das ist die Fluchtlinie, an der Wagner aus der Realwelt ausschert und in das totalitäre Reich des Gesamtkunstwerkes eintritt. In dem hat nicht nur die idealtypische Frau ihre Individualität einem kollektiven Gehorsam aufzuopfern, auch der Mann ist zur Selbstvernichtung seines Egoismus angehalten. Was Wagner damit unbewußt traf, offenbart das gegenüber dem ‹Fliegenden Holländer› und dem ‹Tannhäuser› in ‹Lohengrin› umgekehrte Erlösungsschema. Hier erscheint der Held aus einem gottnahen Ambiente, um die bedrängte Frau zu retten. Ihre Liebe gehört ihm schon vor seiner leiblichen Ankunft in Brabant, und obwohl auch er Elsa liebt, scheitert ihre Beziehung: «Es muß sich also, trotz scheinbarer Reziprozität des Liebeswunsches, etwas im Manne der Hingabe an die liebende Frau widersetzen.»[44]

Diese Angst Lohengrins ist zunächst zu umschreiben als die Sorge, daß er um seiner Liebe willen etwas ihm Wesensgemäßes einbüße: «Dein Lieben», so sagt er Elsa im Brautgemach, «muß mir hoch entgelten / für das, was ich um dich verließ» (III, 2). Dieses ihm Wesensgemäße ist vordergründig, zumindest im kommunikativen Verschweigen von Wagners Text und seinen Selbstkommentaren, die Aura des Schwanenritters. Elsas Wunsch, «Laß dein Geheimnis mich durchschauen», wird von ihm zurückgewiesen als unstatthafte Teilhabe an seiner Wesenheit. Hinter deren auratischer Erscheinung schimmert auch eine reale auf. Ortrud macht sie dingfest als männliche Potenz, wenn sie Telramund lehrt, wie die Aura des Zauberhaften zu deuten sei: «Jed' Wesen, das durch Zauber stark, / wird ihm des Leibes kleinstes Glied / entrissen nur, muß sich alsbald / ohnmächtig zeigen, wie es ist» (II, 1). Diesen Rat setzt Telramund im Dialog mit Elsa trotz Lohengrins warnender Frage «Elsa, mit wem verkehrst du da?» direkt um: «Laß mich das kleinste Glied ihm nur entreißen, / des Fingers Spitze, und ich schwöre dir, / was er dir hehlt, sollst frei du vor dir sehen» (II, 5). Die rhetorische Verlagerung des Glieds an den Finger läßt nicht in Zweifel geraten, daß die sexualsymbolischen Formulierungen «auf eine indirekte Depotenzierung Lohengrins durch die Frage nach Name und Herkunft hinzielen»[45]. Die Auratisierung der Gestalt Lohengrins, in dem Wagner sich ja selbst als absoluter Künst-

43 Wagner, Eine Mitteilung . , a. a. O.
44 Peter Dettmering: Dichtung und Psychoanalyse. Thomas Mann, Rainer Maria Rilke, Richard Wagner. Frankfurt am Main ²1976, S. 162; *im vorliegenden Band S. 228.*
45 Ebd., S. 164; *im vorliegenden Band S. 230.*

ler gespiegelt sah, muß verstanden werden als jene Form des kommunikativen Verschweigens, in der die Aura die Stelle der Realität einnimmt: konkretisiert, muß sie des Laien Auge fliehen. Auch der Rückzug Lohengrins auf die alles bestimmende Autorität seines Vaters Parzival ist eine solche Form des kommunikativen Verschweigens, der Autoritätsentlehnung im Unüberprüfbaren. Sie «deutet hin auf eine nicht fugenlos mit der Person verschmolzene Geschlechtsidentität, eine Loyalität dem Vater gegenüber, die sich mit heterosexuellem Verhalten nicht verträgt»[46]. Selbst wenn man nicht bereit ist, solchen tiefenpsychologischen Deutungsansätzen zu folgen, läßt sich nicht bestreiten, daß die Traurigkeit des Helden Lohengrin in mehrfacher Weise als defizitäre Erscheinung bilanziert werden muß: absolut muß der Künstler sich und seine Figur setzen, weil sie im Relativen versagt. Lohengrins trister Abschied von Schwan und Wirklichkeit des Scheldeufers ist, und im Unterbewußtsein Wagners hat sich das trotz aller Verdrängungen festgesetzt, auch ein trauriger Kommentar zu seinem eigenen Abschied von den antifeudalistisch gemeinten Vorstellungen vom Volkskönigtum, wie er sie kurz nach Fertigstellung der ‹Lohengrin›-Partitur am 14. Juni 1848 im Dresdner Vaterlandsverein entwickelte. Die zauberische Amtseinführung des aus dem Schwan zurückverwandelten Bruder Elsas ist nichts als die Wiedereinführung der alten Feudalstrukturen. Und die von Lohengrin dem Herzog übergebenen Machtrequisiten Horn, Schwert und Ring vererben seine Sakralaura auf den Jüngeren: «So verherrlicht die Handlung die unheilige Allianz von Altar und Thron.»[47] Richard Wagner steht am Wendepunkt seines Lebenskunstwerkes, wo die Flucht aus dem schlechten Bestehenden und die auratische Erscheinung einer Revolution von oben sich zu vermischen beginnen.

Musikalisches

Die Fluchtlinie von 1848/49 zeigt sich im ‹Lohengrin› auch rein musikalisch. Zwar ist diese «romantische Oper» auf ein Ideal der Durchkomposition hin angelegt, aber in Wirklichkeit sind doch Nummernfolgen zu konstatieren. So ist die erste Szene von der zweiten, dem

---

46 Ebd.; vgl. auch S. 165 *(im vorliegenden Band S. 230)*, wo der Tod Ortruds und Elsas in einem erhellenden Zusammenhang mit dem Kundrys in ‹*Parsifal*› gebracht wird.
47 Ulrich Siegele: Das Drama der Themen am Beispiel des Lohengrin. In: Richard Wagner – Werk und Wirkung. Hg. von Carl Dahlhaus. Regensburg 1971, S. 45.

Auftritt Elsas, durch eine Generalpause mit Fermate getrennt – und nicht nur durch den Wechsel der Tonalität von C nach As. Ähnlich konventionell ist im zweiten Akt das Duett zwischen Ortrud und Telramund von dem anschließenden zwischen Elsa und Ortrud getrennt, obwohl sich die Stimmen von Elsa, dem Chor und den beiden Gegenspielern in dieser nächtlichen Szene überschneiden – kein Gedanke «an das großartige Terzett, dieses wunderbare ‹psychologische Ensemble›, das Verdi ab der Epoche des ‹Rigoletto› aus einer ähnlichen Situation entwickeln wird»[48]. Es ist überhaupt auffällig, wie konventionell, geradezu ungeschickt – etwa im Vergleich mit dem ‹Meistersinger›-Quintett – die Ensembles gebaut sind. In den Massenszenen hingegen hängt Wagner nur noch äußerlich dem Schema der französischen *grand opéra* an, sie sind nun – besonders gelungen im Münsterbild – dramaturgisch in das Drama integriert, und im Gegensatz zum ‹Tannhäuser› werden in der Stimmführung auch die letzten Italianismen getilgt. Auch in der Differenzierung dès Orchesters geht Wagner über das bisher Erreichte weiter. Dabei findet die Vergrößerung der Mittel, die er weitgehend von der Gefahr der Vergröberung bewahren kann, vor allem im Holz statt. Schon im ‹Tannhäuser› der Dresdner Urfassung von 1845 hatte er den paarischen Bläsern eine dritte Flöte, mit Piccolo alternierend, nach dem Vorbild von Beethovens ‹Fidelio› zugesellt. Jetzt geht er systematisch weiter und baut das Orchester durch den Einbezug von Englischhorn und Baßklarinette zu jener «Zauberharfe» aus, die ihm in Dresden vorschwebte und die er im mystischen Mischklang des verdeckten Grabens in Bayreuth inthronisieren sollte. Das schon von Liszt zutreffend beschriebene Faszinosum seiner neuen Orchestersprache liegt in der Verbindung von hoher Differenzierung durch einzelne Stimmtimbres bzw. dem Zusammenklang von Instrumenten aus einer Familie mit einem Mischklangideal: nie drückt sich eine bestimmte Farbe analytisch in den Vordergrund. Das ist eine Absage an den «orchestralen Klassizismus, der eben das Prinzip gleicher Holzbläsermischung in vergleichbaren Fällen aufgestellt hatte, und ebenso an die Nostalgie der Reaktivierung eines vorklassischen Prinzips, in dem die Gegenüberstellung homogener Instrumentengruppen eins der charakteristischsten Artikulationsmittel war»[49]. In der Anlage seines Briefs an Franz Liszt vom 2. Juli 1850[50], die genaue szenische Anweisungen für die Uraufführung ent-

---

48 René Leibowitz: Histoire de l'opéra. Paris 1957, S. 235 (Übersetzung von U. Sch.).
49 René Leibowitz: Les fantômes de l'opéra. Paris 1972, S. 49 (Übersetzung von U. Sch.).
50 *Im vorliegenden Band S. 111.*

hält, verlangt Wagner für die vier Heeresfanfaren den Bau neuer, posaunenartiger Instrumente. Da ist die Krönung der klanglichen Spektralerweiterung durch die Wagnertuben im ‹Ring des Nibelungen› schon angelegt.

Vergleichbares läßt sich, etwa als Vorgriff auf Wagners späteres Prinzip einer musikalischen Prosa, von der Gliederung der Bewegungsabläufe noch nicht sagen. Weitgehend herrscht im ‹Lohengrin› eine strikt symmetrische Periodisierung vor. In Verbindung mit der unflexiblen Vier-Viertel-Rhythmisierung wirkt die Musik über weite Strecken noch formelhaft. Unterstrichen wird dieser Eindruck durch die tonalen Zentren, die den einzelnen Szenen etwas nummernartig Abgeschlossenes geben. Dennoch sind auch im tonalen Bereich Ansätze zu einer musikalischen Dramaturgie, zum Übergang von der romantischen Oper ins Musikdrama, zu konstatieren. Nach der Eingangsszene des ersten Aktes heben sich beispielsweise drei Blöcke heraus: Elsas Auftritt in As-dur; er schließt mit dem Lohengrin-Motiv in A-dur beim Erscheinen des Schwanenritters; doppelt so lang wie diese beiden Blöcke ist der folgende, der das Lohengrin-Motiv am Ende in B-dur zeigt. «Jeder Abschluß wird also um einen Halbton erhöht: ein Beweis dafür, daß Wagner diese drei weitgespannten Perioden wirklich als solche empfunden hat.»[51] Schnittpunkt dieser Perioden ist das Wunder der Ankunft Lohengrins. Hier gliedert Wagner den Chor, dessen halb kommentierende, halb agierende dramaturgische Funktion er intensiven Studien der attischen Tragödie verdankte, seiner instrumentalen Differenzierungstechnik ein. Die Masse wird, Reflex von Wagners sozialrevolutionären Vormärz-Ideen, individualisiert, indem er den Männerchor in zwei vierstimmige Gruppen unterteilt, die zunächst alternierend die Wundererscheinung kommentieren, bis sie sich im Fortissimo-Ruf «Ein Wunder! Ein Wunder» vereinen und den Einsatz der Frauen nach sich ziehen. Es ist ein harmonischer Durchbruch, da nach einem E-dur-Quintsextakkord unvermittelt F-dur und, nach der um einen Halbton angehobenen Wiederholung der achttaktigen Phrase, E-dur ertönt: jene Tonart, die Wagner im ‹Parsifal› dem Chor vorbehält, wenn im dritten Akt der Gral enthüllt wird («Höchsten Heiles Wunder»). Doch so grandios die Stelle komponiert ist: die Frauen werden nur knapp zum Wunder zugelassen, da der Einsatz des Frauenchors im Jubel der Männer fast untergeht.

Hier tut sich eine Unschärferelation innerhalb von Wagners Individualisierung der Masse auf, eine Zurückweisung der Frau angesichts

---

51 Curt von Westernhagen: Wagner. Zürich/Freiburg i. B. 1968, S. 110.

des Wunders, die später im Frageverbot für Elsa ihre Zuspitzung für ein weibliches Einzelwesen erfährt. Solche ideologische Zweifelhaftigkeit bringt indes den Gewinn eines klangfärberischen Zuwachses mit sich. So verschmilzt Wagner nach der Verabschiedung des Schwans durch Lohengrin («Wie faßt uns selig süßes Grauen!») Alt- und falsettierende Tenorstimmen im Pianissimo zu einer Gruppe, als wolle er mit dem verschleierten Klang die im Fortziehen des Schwans zur Gralsburg latente Bindung Lohengrins an Parzival zu einer Geschlechtsneutralität kolorieren. Es sind solche Uneindeutigkeiten, die den sensualistischen Reiz der ‹Lohengrin›-Partitur bestimmen. So färbt schon im fünften Takt des Vorspiels nach der leitmotivisch anhebenden Glaubens-Quart das fis-moll der Gegenwelt Ortrud/Telramund die A-dur-Helligkeit im Sekundschritt des Themas ein. Analoges gilt für Elsas Auftritt, dessen As-dur auf eine merkwürdige Weise in as-moll eingehüllt ist[52] und innerhalb der Tongeschlechtssymbolik des ‹Lohengrin› eine Schuldkomponente im weichen Unschuldsklang offenbart. Gegenüber solch progressiven harmonischen Einfärbungen ist das schiere C-dur der ersten Szene des Anfangsaktes ausgesprochen trivial, mit dem vielfach angereicherten C-dur der ‹Meistersinger› in nichts zu vergleichen. König Heinrichs Heerruf ist eine Klanggeste von «militantem Patriotismus . . . der sich im Säbelrasseln und tapferen Raufen erschöpft und damit alles Wesentliche getan zu haben»[53] vorgibt. «Diese Musik ist ebenso lärmend, blechbläser-klirrend und pathetisch wie nichtssagend: ihr Fanfarengeblase, ihre ständig wiederholten Trompeten- und Posaunen-Triolen und die in wildem Dräuen anrollenden Sechzehntel-Skalen der Geigen bilden zwar eine stolze Fassade, aber hinter ihr fehlt jegliche thematische Substanz.»[54]

Eine andere Klangwelt tut sich zu Beginn des zweiten Aktes auf, wenn Ortrud den durch das verlorene Gottesduell mit Lohengrin gedemütigten Telramund für eine Fortführung der Intrige zu gewinnen sucht. Fis-moll, als oppositionelle Paralleltonart zum A-dur der Gralswelt, wird nun in dem melodisch aufgeteilten Raum eines verminderten Septakkords als Umgarnungsmotiv Ortruds beherrschend, in den schon auf Brünhildes Zauberschlaf vorweisenden Akkordfolgen des Orchesters nutzt Wagner die hypnotische Klangwirkung der Baßklarinette und der in tiefster Lage spielenden Flöte aus. Bei Ortruds

---

52 Siegele, a. a. O., S. 47.
53 Kurt Overhoff: Die Musikdramen Richard Wagners. Eine thematisch-musikalische Interpretation. Salzburg 1967, S. 104.
54 Ebd., S. 104 f.

späteren Haßgesängen im zweiten und dritten Akt schlägt die brütende Musik nach Fis-dur um. Mit Lohengrins A-dur-Selbstoffenbarung im dritten Akt kann Wagner von dem Dur-Moll-Mischklang Abstand nehmen. Wenn der Schwanenritter sich zum stillen Gebet auf die Knie niederläßt, ertönt das Kopfmotiv des Vorspiels in Fis-dur. Die fis-moll-Gegenwelt ist durch das A-dur des Grals sozusagen gereinigt. Doch das Licht feiert einen Pyrrhussieg über die Finsternis, er geht zu Lasten der fortschrittlichen Harmonie und ist auch ideologiege-schichtlich prekär: «Indem Lohengrin über Ortrud siegt, siegt der Mythos über die Aufklärung.»[55] Denn zurück bleiben, nachdem die vier handelnden Hauptpersonen aus dem Drama eliminiert sind, nur noch Requisiten von Staat und Religion; selbst König Heinrich und erst recht Herzog Gottfried kommen als sichtbare Repräsentanten der Macht über die Funktion eines Requisits nicht hinaus: das Gemein-wesen ist einer verdinglichten Idee von Nation und Religiosität ausge-liefert. Das bei Lohengrins Entschwinden wieder in ätherischem Wohl-klang ertönende A-dur des Vorspiels verkündet ein Mysterium, das realgeschichtlich durch das Funktionieren reiner Machtmechanismen eingelöst wird.

Daß die ideologische Ambiguität des ‹Lohengrin› sich nicht nur in Wagners Verhältnis zu seinem eigenen Werk im allgemeinen, zu Schuld und Sühne Elsas im besonderen spiegelt, zeigt rein musikalisch auch die Zentralszene des zweiten Finales, der Ensemblesatz «Welch ein Geheimnis muß der Held bewahren». Es ist das einzige «psychologi-sche Ensemble»[56] des Werkes, das die unterschiedliche psychische Situation der Agierenden thematisiert. Wagner findet harmonisch da-für ein Changieren zwischen C-dur und c-moll, also eine der für den ‹Lohengrin› typischen Tongeschlechtsmischungen. Über das Atmo-sphärische der Ungewißheit hinaus erklärt sich das Verfahren vom Schluß her, ehe das Paar im allgemeinen C-dur-Jubel durch das Portal des Münsters schreitet. Das Ensemble endet nämlich, bevor König Heinrich direkt das Wort an Lohengrin richtet, verblüffend. Nach «dem f-moll des Frageverbots in übermächtigem Fortissimo steht in dünnem Pianissimo [der Holzbläser; U. Sch.] das C-dur des Schluß-akkords: ein substanzloses, ausgehöhltes, gleichsam unglaubwürdiges Dur»[57], in dem Wagner sich vor einer Reprise des patriotischen C-dur-

---

55 Siegele, a. a. O., S. 44.
56 Im Sinne von René Leibowitz, Histoire de l'opéra, a. a. O.
57 Carl Dahlhaus: Richard Wagners Musikdramen. Velber 1971, S. 46; *im vorliegenden Band S. 241.*

Lärmens aus der ersten Szene zu fürchten scheint. Tatsächlich ist das Frageverbot von dem Augenblick an, da Lohengrin es gegenüber Elsa verkündet, dominant. Dieses «Nie sollst du mich befragen, / noch Wissens Sorge tragen, / woher ich kam der Fahrt, / noch wie mein Nam' und Art» (I, 3) ist ein einzigartiger Fall in Wagners Motivtechnik: es wird nach seinem Erklingen Ton für Ton in den ersten beiden Takten wiederholt, ehe eine phrygische Kadenz die Formel abschließt. Dieser auffällige Rückfall in das Stadium der Operngeschichte vor Einführung der Wagnerschen Durchführungsmusik führt im Archaismus der klangformalen Erscheinung zur Selbstenthüllung des Mythos: Lohengrins Frageverbot gegenüber Elsa setzt der Frau eine dem biblischen Paradies analoge Schranke der Erkenntnis vor: sie darf den Schwanenritter nicht erkennen, auch nicht in seiner sexuellen Wirklichkeit. Das Frageverbot ist also zugleich ein Liebesverbot, und das «höchste Vertrauen», mit dem Lohengrin bei Elsa seine Unerkennbarkeit einfordert, entpuppt sich als ein Instrument der Repression weiblicher Sexualität. So gewinnt das in Wagners Musikdramen ebenso einzigartig wie die wörtliche Motivwiederholung im Frageverbotsmotiv dastehende Bekenntnis des Helden «Ich liebe dich», im direkten Anschluß an das Frageverbot ausgesprochen, einen prekären Unterton.

Mag Lohengrins betörender Liebesgesang in der Brautgemachszene («Das süße Lied verhallt»; III, 2) auch den Gedanken an bewußte Schauspielerei des Schwanenritters als absurd erscheinen lassen, so schwingt eine Zweideutigkeit doch in der Subtextur des Werkes mit. Als Wagner an der Jahreswende 1851/52 in dem von Theodor Uhlig fertiggestellten Klavierauszug des ‹Lohengrin› blätterte, fiel ihm auf, wie in Takt 7 bis 9 in der zweiten Szene des zweiten Aktes bei Elsas Erscheinen auf dem Söller im Bläservorspiel «zum ersten mal ein motiv sich zeigt, das später, als Elsa am hellen tage, im vollen glanze zur kirche zieht, ganz ausgebildet, breit und hell zur ausführung kommt. Hieran wurde mir recht klar, wie bei mir die themen erstehen, immer im zusammenhange und nach dem Charakter einer plastischen Erscheinung.»[58] Was Wagner dem Freund zum Zweck einer besseren Ausformulierung schildert, läßt sich kaum besser formulieren: nach den mehr tastenden Versuchen im ‹Fliegenden Holländer› hat er endgültig den Weg zum Musikdrama als einem Drama in Musik angetreten. Die Entwicklung des von ihm erwähnten Motivs vom B-dur-Bereich in der ersten Oboenintonation (auf dem Söller) bis hin zu

---

58 Wagner, Sämtliche Briefe, a. a. O., Bd. 4. Leipzig 1979, S. 241.

seiner E-dur-Klarinettenseligkeit in der Brautgemachszene läßt an Elsas Liebe zu Lohengrin keinen Zweifel aufkommen. Und eben diese Plastizität der Figur in ihrer musikalischen Erscheinung macht Wagner vollständig, wenn er Elsa als schuldig Gewordene im dritten Akt vor König Heinrich treten läßt. Da ertönt ihr Auftrittsthema aus dem ersten Akt, nun aber nicht mehr in der dur-moll-gemischten Tonalität von As, sondern in eindeutig bleibendem as-moll: ihre Schuldhaftigkeit ist im Gegensatz zu ihrem ersten Auftritt «nicht ein scheinbarer, sondern der wahre Zustand»[59]. Schlimmer noch: von dieser End-Schuld Elsas aus wird ihre scheinbare Vor-Schuld im ersten Akt als eine Ur-Schuld offenbar, und die ist allein als ihr Frau-Sein zu begreifen. Lohengrins durch das Frageverbot zum Dogma erhobene Unerkennbarkeit macht Elsas Individuation als ein auch geschlechtsbestimmtes Wesen unmöglich. In solcher Repressivität wird sie schuldlos schuldig.

So rundet sich vom Vorspiel der Kreis zu Elsas Tod, entpuppt sich die Heilskraft des Grals als Betrug am Menschen, an der irdischen Wirklichkeit. Das zeigt nicht nur der fis-moll-Einbezug in die stratosphärisch entschwindenden Geigenklänge des Gralsmotivs zu Beginn des Vorspiels, sondern auch die Parusie des Grals in dem Bläsercrescendo des Vorspiels. In ihm scheint für kurze Augenblicke zweimal D-dur auf, achsensymmetrisch zentriert durch die Tonalität des Hauptkonflikts: Fis und A (Takt 51 f). Doch hier haben wir es keineswegs mit einer Erscheinungform von Wagners «Tonart der Transzendenz»[60] zu tun, wie rudimentär erstmals in der Schlußapotheose des ‹Fliegenden Holländer›. Transzendent im Sinne einer Überschreitung der temperierten Stimmung in Richtung auf eine Harmonie aus natürlichen Obertönen wird D-dur in Wagners Werk viel später, und zwar als enharmonisch verwechseltes Eses-Dur: im «göttlich ewigen Urvergessen» des dritten ‹Tristan›-Aktes, im empor sich reckenden Arm des toten Siegfried, im Schweben des heiligen Gralspeers über Parsifal. Gegenüber solchen Momenten der Grenzüberschreitung ist Lohengrins Entschwinden die zweifelhafte Flucht eines traurigen Helden aus der Wirklichkeit.

---

59 Siegele, a. a. O., S. 58.
60 Overhoff, a. a. O., S. 28.

Gerd Uekermann

Inhalt der Oper

Erster Akt

Antwerpen in der ersten Hälfte des 10. Jahrhunderts. König Heinrich I. ist nach Brabant gekommen, um auch hier einen Heerbann gegen die Bedrohung durch die Ungarn auszurufen. Bei dieser Gelegenheit erfährt er, daß das Land führerlos ist: Der alte Herzog hatte kurz vor seinem Tod seine beiden Kinder Elsa und Gottfried der Vormundschaft des Grafen Friedrich von Telramund unterstellt und diesem auch das Recht auf die Hand seiner Tochter verliehen, die ihn jedoch abwies. Nun klagt Telramund Elsa an, ihren Bruder Gottfried ermordet zu haben, um auf diese Weise einem heimlichen Liebhaber die Herrschaft über Brabant zu verschaffen; deswegen, behauptet er, habe er seinem Recht auf Elsas Hand entsagt und Ortrud zur Frau genommen, die letzte aus dem Geschlecht des heidnischen Friesenfürsten Radbod, das vor der Christianisierung das Land beherrscht hatte.

Der König läßt Esla vorführen, die zu der Anklage nicht Stellung nimmt, sondern in träumerischer Verzückung einen gottgesandten Ritter beschreibt, der für sie kämpfen und ihre Unschuld erweisen wird; ihm will sie ihre Hand und die Herrschaft über ihr Land schenken. Telramund weigert sich, für seine Anklage einen Zeugen vorzuführen, und stellt sich zum Gottesgericht. Als die erste Aufforderung des Heerrufers ungehört bleibt, wiederholt er seinen Ruf nach einem Streiter für Elsa, die mit ihren Frauen zum Himmel um Hilfe fleht. Da erscheint auf dem Fluß ein Ritter in einem von einem Schwan gezogenen Boot. Er steigt ans Ufer und erklärt, er wolle Elsas Unschuld im Kampf erweisen und ihr Gatte werden, unter der Bedingung, daß sie niemals nach seinem Namen und seiner Herkunft fragt. Elsa vertraut sich ihm vorbehaltlos an. Auf ein Zeichen des Königs beginnt das

Gottesgericht; nach kurzem Kampf stürzt Telramund, aber der fremde Ritter schenkt ihm das Leben. Unter allgemeinem Jubel werden Elsa und ihr Erretter auf die Burg gebracht.

Zweiter Akt

Während in der Burg Elsas Rettung gefeiert wird, sitzen Telramund und Ortrud niedergeschlagen im nächtlichen Hof. Friedrich macht seiner Frau heftige Vorwürfe: Sie war es, die ihn als angebliche Zeugin von Elsas Brudermord zur Anklage verführt hatte; da sie ihm außerdem die bevorstehende erneute Herrschaft ihres Geschlechts prophezeit hatte, nahm er sie zur Frau. Ortrud steht zu ihren Behauptungen und erklärt, der fremde Ritter habe beim Gottesgericht durch bösen Zauber gesiegt; wenn er jedoch seinen Namen nennen müsse oder einen Teil seines Körpers verliere, sei seine Macht dahin. Mit List oder Gewalt will sie dem Schwanenritter sein Geheimnis entreißen, und Friedrich läßt sich überreden, ihr dabei zu helfen.

Als Elsa auf dem Söller erscheint, verbirgt sich Friedrich, und Ortrud fleht sie heuchlerisch an, die verstoßene Gattin des meineidigen Telramund zu sich zu nehmen. Während Elsa, von Mitleid erfaßt, in den Hof hinuntersteigt, bittet Ortrud die entweihten Germanengötter um Beistand bei ihrer Rache an den Christen. Arglos nimmt Elsa sie zu sich in die Kemenate, und Ortrud beginnt, ihren Glauben an den gottgesandten Ritter zu untergraben, indem sie darauf verweist, er könne ebenso unverhofft auf wundersame Weise verschwinden, wie er kam.

Bei Sonnenaufgang versammeln sich die Männer. Der Heerrufer verkündet die Ächtung Telramunds und gibt bekannt, daß heute die Hochzeit Elsas mit dem fremden Ritter gefeiert werden soll, der morgen das brabantische Heer gegen die Ungarn führen wird. Vier Gefolgsleute Telramunds beraten, wie man sich dem neuen Herrscher widersetzen könne, da tritt Friedrich heimlich zu ihnen und erklärt, er wolle den Fremden öffentlich der Zauberei anklagen. Die vier Edlen verbergen ihn rasch vor den Augen des Volkes.

Von Edelknaben und ihren Frauen geleitet, schreitet Elsa feierlich zum Münster, wo die Trauung vollzogen werden soll, da tritt Ortrud plötzlich vor und macht ihr als Gattin Telramund den Vortritt streitig; mit anzüglichem Hohn verweist sie auf die fragwürdige Herkunft von Elsas zukünftigem Gatten. Als der König und der Schwanenritter dazukommen, verstummt Ortrud, aber da tritt Telramund vor, bezichtigt den Fremden der Zauberei und fragt ihn vor allen Anwesenden nach Namen und Herkunft. Der Ritter erwidert, er sei allein Elsa Rechenschaft schuldig, und der König spricht sich öffentlich für den neuen Herrscher von Brabant aus. Elsa wird jedoch von Zweifeln gequält, und Telramund nutzt die Gelegenheit, ihr zuzuflüstern, er werde sich heute nacht in ihrer Nähe verbergen: Rufe sie ihn, wolle er dem Ritter einen winzigen Teil von seinem Körper abtrennen, dann sei der Zauber gebrochen, und der Fremde werde sie nie wieder verlassen. Nach längerem innerem Kampf ringt Elsa sich zu einer erneuten Bekräftigung ihres unbedingten Glaubens an ihren Retter durch. Der König führt das Brautpaar in das Münster.

Dritter Akt

1. Bild: In einem feierlichen Zug wird das Paar in das Brautgemach geleitet, wo Elsa zum erstenmal mit ihrem Ritter allein bleibt. Der Fremde erklärt ihr seine Liebe und weicht ihren zunächst noch zögernden Andeutungen auf das Frageverbot aus. Als sie jedoch immer stärker in ihn dringt und andeutet, er müsse vielleicht eine unehrenhafte Herkunft verschweigen, mahnt er sie nachdrücklich an ihr Versprechen und erklärt, er sei «aus Glanz und Wonne» zu ihr gekommen. Damit verstärkt er jedoch nur ihre Angst, er könne sie eines Tages unverhofft wieder verlassen, und in höchster Erregung stellt sie die verbotene Frage. In diesem Augenblick dringt Telramund mit den vier Edlen in das Gemach; er glaubt, durch Elsas Frage sei die Zauberkraft des Fremden geschwunden und greift ihn an, wird aber mit einem Streich getötet. Die vier Edlen tragen seine Leiche hinaus; auf den Befehl des Schwanenritters wird Elsa von den Frauen angekleidet und vor den König gebracht, wo sie den Namen ihres Gatten erfahren soll.

2. Bild: Am Ufer der Schelde begrüßt der König am nächsten Morgen die brabantischen Fürsten, die ihre Krieger zur Heeresfolge hergebracht haben. Der Schwanenritter erscheint und enthüllt die Leiche Telramunds; er beschreibt den nächtlichen Überfall und gibt dann bekannt, daß Elsa ihr Versprechen gebrochen und nach seinem Namen gefragt hat. Dann gibt er ihr vor allen Anwesenden Antwort: Er ist Lohengrin, der Sohn des Gralskönigs Parzival, ein Mitglied der Bruderschaft von Rittern, die vom Gral ausgesandt werden, um das Böse zu bekämpfen und die Tugend zu beschützen; dem Gralsritter werden vom Himmel übermenschliche Kräfte verliehen, die er aber verliert, wenn er seinen Namen nennen muß. Weder Elsas Flehen noch die Bitten des Königs und der Männer können Lohengrin bewegen, hierzubleiben; er prophezeit dem König den Sieg über die Ungarn, dann wendet er sich zum Fluß, auf dem der Schwan mit dem leeren Boot erschienen ist. Ehe er in den Nachen steigt, verspricht er Elsa die Rückkehr ihres totgeglaubten Bruders und läßt für ihn sein Schwert, sein Horn und seinen Ring zurück, dann nimmt er wehmütig Abschied von seiner Gattin. Plötzlich tritt Ortrud auf, die Elsa mit triumphierendem Hohn dafür dankt, daß sie den Ritter vertrieben hat: Der Schwan ist niemand anderer als der verzauberte Gottfried, den Ortrud selbst in diese Gestalt verwandelt hat. In wilder Ekstase erklärt sie ihr Werk für die Rache der alten Götter. Lohengrin kniet im Boot nieder und betet; vom Himmel schwebt eine Taube herab, der Schwan versinkt im Fluß, und Lohengrin hebt den entzauberten Gottfried aus dem Wasser, den er als neuen Herzog von Brabant vorstellt, dann verschwindet der Nachen, von der Taube geführt. Ortrud stürzt bei Gottfrieds Anblick zusammen; Elsa umarmt ihren Bruder, dann sinkt sie tot nieder.

Richard Wagner, Dresden 1849.
Buntstiftzeichnung von Ernst Benedikt Kietz.

Richard Wagner

Lohengrin

Romantische Oper
in drei Aufzügen

Uraufführung
am 28. August 1850
im Hoftheater Weimar

Textbuch (Wortlaut der Partitur)

Personen

Heinrich der Vogler, deutscher König	*Baß*
Lohengrin	*Tenor*
Elsa von Brabant	*Sopran*
Herzog Gottfried, ihr Bruder	*Stumme Rolle*
Friedrich von Telramund, brabantischer Graf	*Bariton*
Ortrud, seine Gemahlin	*Mezzosopran*
Der Heerrufer des Königs	*Baß*
Vier brabantische Edle	*Tenor und Baß*
Vier Edelknaben	*Sopran und Alt*

Sächsische und thüringische Grafen und Edle
Brabantische Grafen und Edle
Edelfrauen und Edelknaben
Mannen, Frauen, Knechte

Schauplatz der Handlung:
Erster Aufzug: Eine Aue am Ufer der Schelde bei Antwerpen.
Zweiter Aufzug: In der Burg von Antwerpen.
Dritter Aufzug: Das Brautgemach. Aue am Ufer der Schelde.
Zeit: Erste Hälfte des 10. Jahrhunderts.

Orchesterbesetzung:
3 Flöten (3. auch kleine Flöte), 2 Oboen, 1 Englischhorn, 2 Klarinetten, 1 Baßklarinette, 3 Fagotte
4 Hörner, 3 Trompeten, 3 Posaunen, 1 Baßtuba
Pauken, Becken, Triangel, 1 Tambourin
Harfe
Streicher (stark besetzt)

Auf dem Theater:
Erster Aufzug: 4 Trompeten
Zweiter Aufzug, erster Auftritt: kleine Flöte, 2 Flöten, 3 Oboen, 3 Klarinetten, 2 Fagotte, 3 Hörner, 3 Trompeten, 3 Posaunen, Pauken, Becken
Zweiter Aufzug, dritter und vierter Auftritt: 4 Trompeten
Zweiter Aufzug, fünfter Auftritt: 10 Trompeten, Orgel
Dritter Aufzug, erster Auftritt: 3 Flöten, 2 Oboen, 2 Klarinetten, 3 Fagotte, 4 Hörner, 2 Trompeten, Triangel, Harfe
Dritter Aufzug, zweiter Auftritt: 4 Trompeten, 4 Posaunen
Dritter Aufzug, dritter Auftritt: 12 Trompeten, Rührtrommel

Erster Aufzug

Eine Aue am Ufer der Schelde bei Antwerpen.

Der Fluß macht dem Hintergrunde zu eine Biegung, so daß rechts durch einige Bäume der Blick auf ihn unterbrochen wird und man erst in weiterer Entfernung ihn wieder sehen kann.

Erster Auftritt

(Im Vordergrunde links sitzt König Heinrich unter der Gerichtseiche: zu seiner Seite Grafen und Edle vom sächsischen Heerbann. Gegenüber brabantische Grafen und Edle, Reisige und Volk, an ihrer Spitze Friedrich von Telramund, zu dessen Seite Ortrud. Mannen und Knechte füllen die Räume im Hintergrunde. Die Mitte bildet einen offenen Kreis. – Der Heerrufer ist aus dem Heerbann des Königs in die Mitte geschritten: auf sein Zeichen blasen vier Trompeter des Königs den Aufruf.)

DER HEERRUFER   Hört! Grafen, Edle, Freie von Brabant!
Heinrich, der Deutschen König, kam zur Statt,
mit euch zu dingen nach des Reiches Recht.
Gebt ihr nun Fried' und Folge dem Gebot?
DIE BRABANTER   Wir geben Fried' und Folge dem Gebot.
(an die Waffen schlagend)
Willkommen, willkommen, König, in Brabant!
(Der König erhebt sich.)
KÖNIG HEINRICH   Gott grüß euch, liebe Männer von Brabant!
Nicht müßig tat zu euch ich diese Fahrt;
der Not des Reiches seid von mir gemahnt!
(feierliche Aufmerksamkeit)
Soll ich euch erst der Drangsal Kunde sagen,
die deutsches Land so oft aus Osten traf?
In fernster Mark hieß't Weib und Kind ihr beten:
«Herr Gott, bewahr uns vor der Ungarn Wut!»
Doch mir, des Reiches Haupt, mußt' es geziemen
solch wilder Schmach ein Ende zu ersinnen;
als Kampfes Preis gewann ich Frieden auf
neun Jahr – ihn nützt' ich zu des Reiches Wehr:
beschirmte Städt' und Burgen ließ ich baun,
den Heerbann übte ich zum Widerstand.
Zu End ist nun die Frist, der Zins versagt –

mit wildem Drohen rüstet sich der Feind.
(mit großer Wärme)
Nun ist es Zeit, des Reiches Ehr zu wahren;
ob Ost, ob West? Das gelte Allen gleich!
Was deutsches Land heißt, stelle Kampfes Scharen,
dann schmäht wohl Niemand mehr das deutsche Reich.

DIE SACHSEN *(an die Waffen schlagend)*
Wohlauf! Mit Gott für deutschen Reiches Ehr'!

KÖNIG *(nachdem er sich wieder gesetzt)*
Komm ich zu euch nun, Männer von Brabant,
zur Heeresfolg nach Mainz euch zu entbieten –
wie muß mit Schmerz und Klagen ich ersehn,
daß ohne Fürsten ihr in Zwietracht lebt!
Verwirrung, wilde Fehde wird mir kund;
drum ruf ich dich, Friedrich von Telramund!
Ich kenne dich als aller Tugend Preis –
jetzt rede, daß der Drangsal Grund ich weiß.

FRIEDRICH Dank, König, dir, daß du zu richten kamst!
Die Wahrheit künd ich, Untreu ist mir fremd.
Zum Sterben kam der Herzog von Brabant,
und meinem Schutz empfahl er seine Kinder,
Elsa die Jungfrau und Gottfried den Knaben;
mit Treue pflag ich seiner großen Jugend,
sein Leben war das Kleinod meiner Ehre.
Ermiß nun, König, meinen grimmen Schmerz,
als meiner Ehre Kleinod mir geraubt!
Lustwandelnd führte Elsa den Knaben einst
zum Wald, doch ohne ihn kehrte sie zurück;
mit falscher Sorge frug sie nach dem Bruder,
da sie, von ungefähr von ihm verirrt,
bald seine Spur, so sprach sie, nicht mehr fand.
Fruchtlos war all Bemühn um den Verlornen;
als ich mit Drohen nun in Elsa drang,
da ließ in bleichem Zagen und Erbeben
der gräßlichen Schuld Bekenntnis sie uns sehn.
Es faßte mich Entsetzen vor der Magd;
dem Recht auf ihre Hand, vom Vater mir
verliehn, entsagt' ich willig da und gern,
und nahm ein Weib, das meinem Sinn gefiel:
(Er stellt Ortrud vor, diese verneigt sich vor dem König.)
Ortrud, Radbods, des Friesenfürsten Sproß.
(Er schreitet feierlich einige Schritte vor.)
Nun führ ich Klage wider Elsa von
Brabant; des Brudermordes zeih' ich sie.
Dies Land doch sprech ich für mich an mit Recht,
da ich der Nächste von des Herzogs Blut,

43

mein Weib dazu aus dem Geschlecht, das einst
auch diesen Landen seine Fürsten gab.
Du hörst die Klage, König! Richte recht!

ALLE MÄNNER *(in feierlichem Grauen)*
Ha, schwerer Schuld zeiht Telramund!
Mit Grau'n werd ich der Klage kund!

KÖNIG Welch fürchterliche Klage sprichst du aus!
Wie wäre möglich solche große Schuld?

FRIEDRICH *(immer heftiger)*
O Herr, traumselig ist die eitle Magd,
die meine Hand voll Hochmut von sich stieß.
Geheimer Buhlschaft klag ich drum sie an:
(immer mehr einen bitter gereizten Zustand verratend)
sie wähnte wohl, wenn sie des Bruders ledig,
dann könnte sie als Herrin von Brabant
mit Recht dem Lehnsmann ihre Hand verwehren,
und offen des geheimen Buhlen pflegen.
*(Der König unterbricht durch eine ernste Gebärde Friedrichs
Eifer.)*

KÖNIG Ruft die Beklagte her!
(sehr feierlich)
                              Beginnen soll
nun das Gericht! Gott laß mich weise sein!
(Der Heerrufer schreitet feierlich in die Mitte.)

DER HEERRUFER Soll hier nach Recht und Macht Gericht gehalten sein?
*(Der König hängt mit Feierlichkeit den Schild an der Eiche
auf.)*

KÖNIG Nicht eh'r soll bergen mich der Schild,
bis ich gerichtet streng und mild.
*(Alle Männer entblößen die Schwerter; die Sachsen stoßen sie
vor sich in die Erde, die Brabanter strecken sie flach vor sich
nieder.)*

ALLE MÄNNER Nicht eh'r zur Scheide kehr das Schwert,
bis ihm durch Urteil Recht gewährt.

DER HEERRUFER Wo ihr des Königs Schild gewahrt,
dort Recht und Urteil nun erfahrt!
Drum ruf ich klagend laut und hell:
Elsa, erscheine hier zur Stell!

Zweiter Auftritt

*(Elsa tritt auf in einem weißen, sehr einfachen Gewande; sie
verweilt eine Zeitlang im Hintergrunde; dann schreitet sie sehr
langsam und mit großer Verschämtheit der Mitte des Vordergrundes zu: Frauen, sehr einfach weiß gekleidet, folgen ihr –,
diese bleiben aber zunächst im Hintergrunde an der äußersten
Grenze des Gerichtskreises.)*

ALLE MÄNNER Seht hin! Sie naht, die hart Beklagte.
(Elsa gelangt weiter in den Vordergrund.)
Ha! wie erscheint sie so licht und rein!
Der sie so schwer zu zeihen wagte –
wie sicher muß der Schuld er sein!

KÖNIG Bist du es, Elsa von Brabant?
(Elsa neigt das Haupt bejahend.)
Erkennst
du mich als deinen Richter an?
*(Elsa wendet ihr Haupt nach dem König, blickt ihm ins Auge
und bejaht dann mit vertrauensvoller Gebärde.)*
So frage
ich weiter, ist die Klage dir bekannt,
die schwer hier wider dich erhoben?
*(Elsa erblickt Friedrich und Ortrud, neigt traurig das Haupt
und bejaht.)*
Was
entgegnest du der Klage?
(Elsa durch eine Gebärde: «Nichts!»)
(lebhaft)
So bekennst
du deine Schuld?
(Elsa blickt eine Zeitlang traurig vor sich hin.)

ELSA Mein armer Bruder! . . .

DIE MÄNNER *(flüsternd)*
Wie wunderbar! Welch seltsames Gebaren!

KÖNIG *(ergriffen)*
Sag, Elsa! Was hast du mir zu vertraun?
(erwartungsvolles Schweigen)

ELSA *(ruhig vor sich hin blickend)*
Einsam in trüben Tagen
hab ich zu Gott gefleht,
des Herzens tiefstes Klagen
ergoß ich im Gebet: –
da drang aus meinem Stöhnen
ein Laut so klagevoll,
der zu gewalt'gem Tönen

45

weit in die Lüfte schwoll: –
ich hört ihn fernhin hallen,
bis kaum mein Ohr es traf;
mein Aug' ist zugefallen,
ich sank in süßen Schlaf!

DIE MÄNNER Wie sonderbar! Träumt sie? Ist sie entrückt?

KÖNIG *(als wolle er Elsa aus dem Traume wecken)*
Elsa, verteid'ge dich vor dem Gericht!
(Elsas Mienen gehen von dem Ausdruck träumerischen Entrücktseins zu dem schwärmerischer Verklärung über.)

ELSA In lichter Waffen Scheine
ein Ritter nahte da,
so tugendlicher Reine
ich keinen noch ersah:
ein golden Horn zur Hüften,
gelehnet auf sein Schwert –
so trat er aus den Lüften
zu mir, der Recke wert;
mit züchtigem Gebaren
gab Tröstung er mir ein –
(mit erhobener Stimme)
des Ritters will ich wahren,
er soll mein Streiter sein!
(schwärmerisch)
Er soll mein Streiter sein!

ALLE MÄNNER *(sehr gerührt)*
Bewahre uns des Himmels Huld,
daß klar wir sehen, wer hier schuld!

KÖNIG Friedrich, du ehrenwerter Mann,
bedenke wohl, wen klagst du an?

FRIEDRICH Mich irret nicht ihr träumerischer Mut;
(immer leidenschaftlicher)
ihr hört, sie schwärmt von einem Buhlen!
Wes ich sie zeih, des hab ich sich'ren Grund.
Glaubwürdig ward ihr Frevel mir bezeugt;
doch eurem Zweifel durch ein Zeugnis wehren,
das stünde wahrlich übel meinem Stolz!
Hier steh ich, hier mein Schwert: – wer wagt von euch
zu streiten wider meiner Ehre Preis?

DIE BRABANTER *(sehr lebhaft)*
Keiner von uns! Wir streiten nur für dich!

FRIEDRICH Und König, du? Gedenkst du meiner Dienste,
wie ich im Kampf den wilden Dänen schlug?

KÖNIG *(lebhaft)*
Wie schlimm, ließ ich von dir daran mich mahnen!
Gern geb ich dir der höchsten Tugend Preis;

in keiner andren Hut als in der deinen,
möcht ich die Lande wissen . . .
(mit feierlichem Entschluß)
      Gott allein
soll jetzt in dieser Sache noch entscheiden!

ALLE MÄNNER Zum Gottesgericht! Zum Gottesgericht! Wohlan!
(Der König zieht sein Schwert und stößt es vor sich in die Erde.)

KÖNIG Dich frag ich, Friedrich Graf von Telramund!
Willst du durch Kampf auf Leben und auf Tod
im Gottesgericht vertreten deine Klage?

FRIEDRICH Ja!

KÖNIG Und dich nun frag ich, Elsa von Brabant!
Willst du, daß hier auf Leben und auf Tod
im Gottesgericht ein Kämpe für dich streite?

ELSA *(ohne die Augen aufzuschlagen)*
Ja!

KÖNIG Wen wählest du zum Streiter?

FRIEDRICH *(hastig)*
Vernehmet jetzt
den Namen ihres Buhlen!

DIE BRABANTER Merket auf!
(Elsa hat ihre Stellung und schwärmerische Miene nicht verlassen; alles blickt mit Gespanntheit auf sie.)

ELSA *(fest)*
. . . Des Ritters will ich wahren,
er soll mein Streiter sein!
(ohne sich umzublicken)
Hört, was dem Gottgesandten
ich biete zu Gewähr: –
in meines Vaters Landen
die Krone trage er;
mich glücklich soll ich preisen,
nimmt er mein Gut dahin –
will er Gemahl mich heißen,
geb ich ihm, was ich bin!

ALLE MÄNNER *(für sich)*
Ein schöner Preis, stünd er in Gottes Hand!
(unter sich)
Wer um ihn stritt', wohl setzt' er schweres Pfand!

KÖNIG Im Mittag hoch steht schon die Sonne:
so ist es Zeit, daß nun der Ruf ergeh!
(Der Heerrufer tritt mit den vier Trompetern vor, die er den vier Himmelsgegenden zugewendet an die äußersten Grenzen des Gerichtskreises vorschreiten und so den Ruf blasen läßt.)

DER HEERRUFER Wer hier im Gotteskampf zu streiten kam

47

für Elsa von Brabant, der trete vor! Der trete vor!
(Gespanntes Stillschweigen. – Elsa, welche bisher in ununter-
brochen ruhiger Haltung verweilt, zeigt entstehende Unruhe
der Erwartung.)

ALLE MÄNNER Ohn Antwort ist der Ruf verhallt.
Um ihre Sache steht es schlecht!

FRIEDRICH *(auf Elsa deutend)*
Gewahrt, ob ich sie fälschlich schalt?
Auf meiner Seite bleibt das Recht!

ELSA *(etwas näher zum König tretend)*
Mein lieber König, laß dich bitten –
noch einen Ruf an meinen Ritter!
(sehr unschuldig)
Wohl weilt er fern und hört ihn nicht.

KÖNIG *(zum Heerrufer)*
Noch einmal rufe zum Gericht!
(Auf das Zeichen des Heerrufers richten die Trompeter sich
wieder nach den vier Himmelsgegenden.)

DER HEERRUFER Wer hier im Gotteskampf zu streiten kam
für Elsa von Brabant, der trete vor! Der trete vor!

ALLE MÄNNER In düstrem Schweigen richtet Gott!
(Elsa sinkt zu inbrünstigem Gebet auf die Knie. Die Frauen, in
Besorgnis um ihre Herrin, treten etwas näher in den Vorder-
grund.)

ELSA Du trugest zu ihm meine Klage,
zu mir trat er auf dein Gebot: –
O Herr! Nun meinem Ritter sage,
daß er mir helf in meiner Not!
(in wachsender Begeisterung)
Laß mich ihn sehn, wie ich ihn sah,
wie ich ihn sah,
(mit freudig verklärter Miene)
sei er mir nah!
(Die Männer, die dem Ufer des Flusses zunächst stehen, ge-
wahren zuerst die Ankunft Lohengrins, welcher in einem Na-
chen, von einem Schwan gezogen, auf dem Flusse in der Ferne
sichtbar wird. Die dem Ufer entfernter stehenden Männer im
Vordergrunde wenden sich, ohne zunächst ihren Platz zu verlas-
sen, mit immer regerer Neugier fragend an die dem Ufer näher
Stehenden; sodann verlassen sie in einzelnen Haufen den Vor-
dergrund, um selbst am Ufer nachzusehen.)

DIE MÄNNER *(erst einige, dann immer mehrere, je nachdem sie dem Ufer*
näher sind oder sich allmählich ihm nähern)
Seht! Seht! Welch ein seltsam Wunder! Wie?
Ein Schwan!
Ein Schwan zieht einen Nachen dort heran!

Ein Ritter drin hoch aufgerichtet steht.
Wie glänzt sein Waffenschmuck! Das Aug' vergeht
vor solchem Glanz! –
(Lohengrin ist in der Biegung des Flusses rechts hinter den Bäumen dem Auge des Publikums entschwunden; die Darstellenden jedoch sehen ihn rechts in der Szene immer näher kommen. – Auch die letzten eilen noch nach dem Hintergrund; im Vordergrunde bleiben nur der König, Elsa, Friedrich, Ortrud und die Frauen.)
Seht, näher kommt er an!
An einer goldnen Kette zieht der Schwan!
Seht hin! Er naht! Seht, er naht!
(In höchster Ergriffenheit stürzen alle nach vorn.)
Ein Wunder! Ein Wunder! Ein Wunder ist gekommen,
ein unerhörtes, nie geseh'nes Wunder!
(Von seinem erhöhten Platz aus übersieht der König alles: Friedrich und Ortrud sind durch Schreck und Staunen gefesselt; Elsa, die mit steigender Entzückung den Ausrufen der Männer gelauscht hat, verbleibt in ihrer Stellung in der Mitte der Bühne; sie wagt gleichsam nicht, sich umzublicken.)

DIE FRAUEN *(auf die Knie sinkend)*
Dank, du Herr und Gott, der die Schwache beschirmt!
(Der Blick aller wendet sich wieder erwartungsvoll nach dem Hintergrunde.)

Dritter Auftritt

(Elsa hat sich umgewandt und schreit bei Lohengrins Anblick laut auf. – Der Nachen, vom Schwan gezogen, erreicht in der Mitte des Hintergrundes das Ufer; Lohengrin, in glänzender Silberrüstung, den Helm auf dem Haupte, den Schild im Rücken, ein kleines goldenes Horn zur Seite, steht, auf sein Schwert gelehnt, darin. – Friedrich blickt in sprachlosem Erstaunen auf Lohengrin hin. – Ortrud, die während des Gerichtes in kalter, stolzer Haltung verblieben, gerät bei dem Anblick des Schwans in tödlichen Schreck. Alles entblößt in höchster Ergriffenheit das Haupt.)

DIE MÄNNER UND FRAUEN
Gegrüßt, du gottgesandter Held!
Sei gegrüßt, du gottgesandter Mann!
(Sowie Lohengrin die erste Bewegung macht, den Kahn zu verlassen, tritt bei allen sogleich das gespannteste Schweigen ein.)

LOHENGRIN *(mit einem Fuß noch im Nachen, neigt sich zum Schwan)*
Nun sei bedankt, mein lieber Schwan!
Zieh durch die weite Flut zurück,
dahin, woher mich trug dein Kahn,
kehr wieder nur zu unsrem Glück:
drum sei getreu dein Dienst getan!
Leb wohl! Leb wohl, mein lieber Schwan!
*(Der Schwan wendet langsam den Nachen und schwimmt den
Fluß zurück; Lohengrin sieht ihm eine Weile wehmütig nach.)*

DIE MÄNNER UND FRAUEN
(flüsternd)
Wie faßt uns selig süßes Grauen,
welch holde Macht hält uns gebannt!
*(Lohengrin verläßt das Ufer und schreitet langsam und feier-
lich in den Vordergrund.)*
Wie ist er schön und hehr zu schauen,
den solch ein Wunder trug an's Land!

LOHENGRIN *(verneigt sich vor dem König)*
Heil, König Heinrich! Segenvoll
mög' Gott bei deinem Schwerte stehn!
Ruhmreich und groß dein Name soll
von dieser Erde nie vergehn!

KÖNIG Hab Dank! Erkenn ich recht die Macht,
die dich in dieses Land gebracht,
so nahst du uns von Gott gesandt?

LOHENGRIN Zum Kampf für eine Magd zu stehn,
der schwere Klage angetan,
bin ich gesandt. Nun laßt mich sehn,
ob ich zurecht sie treffe an! –
(Er wendet sich etwas näher zu Elsa.)
So sprich denn, Elsa von Brabant:
wenn ich zum Streiter dir ernannt,
willst du wohl ohne Bang und Grau'n
dich meinem Schutze anvertraun?

ELSA *(die, seitdem sie Lohengrin erblickte, wie in Zauber regungslos
festgebannt war, sinkt, wie durch seine Ansprache erweckt, in
überwältigend wonnigem Gefühle zu seinen Füßen)*
Mein Held, mein Retter! Nimm mich hin!
Dir geb ich Alles, was ich bin.

LOHENGRIN *(mit größerer Wärme)*
Wenn ich im Kampfe für dich siege,
willst du, daß ich dein Gatte sei?

ELSA Wie ich zu deinen Füßen liege,
geb ich dir Leib und Seele frei.

LOHENGRIN Elsa, soll ich dein Gatte heißen,
soll Land und Leut ich schirmen dir –

soll nichts mich wieder von dir reißen,
mußt Eines du geloben mir: –
Nie sollst du mich befragen,
noch Wissens Sorge tragen,
woher ich kam der Fahrt,
noch wie mein Nam' und Art!

ELSA *(leise, fast bewußtlos)*
Nie, Herr, soll mir die Frage kommen!

LOHENGRIN *(gesteigert, sehr ernst)*
Elsa! Hast du mich wohl vernommen?
(noch bestimmter)
Nie sollst du mich befragen,
noch Wissens Sorge tragen,
woher ich kam der Fahrt,
noch wie mein Nam' und Art!

ELSA *(mit großer Innigkeit zu ihm aufblickend)*
Mein Schirm! Mein Engel! Mein Erlöser,
der fest an meine Unschuld glaubt!
Wie gäb es Zweifelschuld, die größer,
als die an dich den Glauben raubt?
Wie du mich schirmst in meiner Not,
so halt in Treu' ich dein Gebot!

LOHENGRIN *(Elsa an seine Brust erhebend)*
Elsa! Ich liebe dich.
(Beide verweilen eine Zeitlang in dieser Stellung.)

DIE MÄNNER UND FRAUEN
(leise und gerührt)
Welch holde Wunder muß ich sehn?
Ist's Zauber, der mir angetan?
(Lohengrin geleitet Elsa zum König und übergibt sie dessen Hut.)
Ich fühl das Herze mir vergehn,
schau ich den wonnevollen Mann!
(Lohengrin schreitet feierlich in die Mitte des Kreises.)

LOHENGRIN Nun hört! Euch, Volk und Edlen, mach ich kund:
frei aller Schuld ist Elsa von Brabant.
Daß falsch dein Klagen, Graf von Telramund,
durch Gottes Urteil werd es dir bekannt!

BRABANTISCHE EDLE
(leise zu Friedrich)
Steh ab vom Kampf! Wenn du ihn wagst,
zu siegen nimmer du vermagst!
Ist er von höchster Macht beschützt,
sag, was dein tapfres Schwert dir nützt?
Steh ab! Wir mahnen dich in Treu'!
Dein harret Unsieg, bittre Reu'!

FRIEDRICH *(der unverwandt sein Auge forschend auf Lohengrin geheftet hat, heftig)*
Vie lieber tot als feig!
Welch Zaubern dich auch hergeführt,
Fremdling, der mir so kühn erscheint;
dein stolzes Drohn mich nimmer rührt,
da ich zu lügen nie vermeint:
den Kampf mit dir drum nehm ich auf,
und hoffe Sieg nach Rechtes Lauf!

LOHENGRIN Nun, König, ordne unsren Kampf!
(Alles begibt sich in die erste Gerichts-Stellung.)

KÖNIG So tretet vor zu Drei für jeden Kämpfer,
und messet wohl den Ring zum Streite ab!
(Drei sächsische Edle treten für Lohengrin, drei brabantische für Friedrich vor: sie schreiten feierlich aneinander vorüber und messen so den Kampfplatz ab; als die sechs einen vollständigen Kreis gebildet haben, stoßen sie die Speere in die Erde.)

DER HEERRUFER *(in der Mitte des Kampfringes)*
Nun höret mich, und achtet wohl!
Den Kampf hier Keiner stören soll!
Dem Hage bleibet abgewandt,
denn wer nicht wahrt des Friedens Recht,
der Freie büß es mit der Hand,
mit seinem Haupte büß es der Knecht!

ALLE MÄNNER Der Freie büß es mit der Hand,
mit seinem Haupte büß es der Knecht!

DER HEERRUFER Hört auch, ihr Streiter vor Gericht!
Gewahrt in Treue Kampfes Pflicht!
Durch bösen Zaubers List und Trug
stört nicht des Urteils Eigenschaft: –
Gott richtet euch nach Recht und Fug –
so trauet ihm, nicht eurer Kraft!

LOHENGRIN UND FRIEDRICH
(zu beiden Seiten außerhalb des Kampfkreises stehend)
Gott richte mich nach Recht und Fug!
So trau' ich ihm, nicht meiner Kraft!
(Der König schreitet mit großer Feierlichkeit in die Mitte vor.)

KÖNIG Mein Herr und Gott, nun ruf ich dich!
(Alle entblößen das Haupt und lassen sich zur feierlichsten Andacht an.)
Daß du dem Kampf zugegen seist!
Durch Schwertes Sieg ein Urteil sprich,
das Trug und Wahrheit klar erweist.
Des Reinen Arm gib Heldenkraft,
des Falschen Stärke sei erschlafft:

so hilf uns, Gott, zu dieser Frist,
weil unsre Weisheit Einfalt ist.

ELSA UND LOHENGRIN
Du kündest nun dein wahr Gericht,
mein Gott und Herr, drum zag ich nicht!

FRIEDRICH Ich geh in Treu' vor dein Gericht!
Herr Gott, verlaß mein' Ehre nicht!

ORTRUD Ich baue fest auf seine Kraft,
die, wo er kämpft, ihm Sieg verschafft.

ALLE MÄNNER Des Reinen Arm gib Heldenkraft,
des Falschen Stärke sei erschlafft:
so hilf uns, Gott, zu dieser Frist,
weil unsre Weisheit Einfalt ist!
So künde nun dein wahr' Gericht,
du Herr und Gott, nun zögre nicht!

*(Alle treten unter großer, feierlicher Aufregung an ihre Plätze
zurück; die sechs Kampfzeugen bleiben bei ihren Speeren dem
Ringe zunächst; die übrigen Männer stellen sich in geringer
Weite um ihn her. Elsa und die Frauen im Vordergrund unter
der Eiche bei dem Könige. – Auf des Heerrufers Zeichen blasen
die Trompeter den Kampfruf: Lohengrin und Friedrich vollen-
den ihre Waffenrüstung. Der König zieht sein Schwert aus der
Erde und schlägt damit dreimal auf den an der Eiche aufge-
hängten Schild. Erster Schlag: Lohengrin und Friedrich treten
in den Ring. Zweiter Schlag: sie legen den Schild vor und ziehen
das Schwert. Dritter Schlag: sie beginnen den Kampf; Lohengrin greift zuerst an. Nach mehreren ungestümen Gängen
streckt Lohengrin mit einem weit ausgeholten Streiche Friedrich nieder. – Friedrich versucht sich wieder zu erheben, taumelt
einige Schritte zurück und stürzt zu Boden.)*

LOHENGRIN *(das Schwert auf Friedrichs Hals setzend)*
Durch Gottes Sieg ist jetzt dein Leben mein: –
(von ihm ablassend)
ich schenk es dir – mögst du der Reu' es weihn!

*(Alle Männer nehmen ihre Schwerter wieder an sich und stoßen
sie in die Scheiden; die Kampfzeugen ziehen die Speere aus der
Erde, der König nimmt seinen Schild von der Eiche. Alles stürzt
jubelnd nach der Mitte und erfüllt so den vorherigen Kampf-
kreis. Elsa eilt auf Lohengrin zu.)*

KÖNIG *(sein Schwert ebenfalls in die Scheide stoßend)*
Sieg!

MÄNNER UND FRAUEN
Sieg! Sieg! Heil dir, Held!

ELSA O fänd ich Jubelweisen,
deinem Ruhme gleich,
dich würdig zu preisen,

53

an höchstem Lobe reich!
In dir muß ich vergehen,
vor dir schwind ich dahin,
soll ich mich selig sehen,
nimm Alles, was ich bin!
(Sie sinkt an Lohengrins Brust.)

LOHENGRIN *(Elsa von seiner Brust erhebend)*
Den Sieg hab ich erstritten
durch deine Rein' allein:
nun soll, was du gelitten,
dir reich vergolten sein!

FRIEDRICH *(sich am Boden qualvoll windend)*
Weh, mich hat Gott geschlagen,
durch ihn ich sieglos bin!
Am Heil muß ich verzagen!
Mein Ruhm und Ehr' ist hin!

ORTRUD *(den finstren Blick unverwandt auf Lohengrin geheftet)*
Wer ist's, der ihn geschlagen?
Durch den ich machtlos bin?
Sollt ich vor ihm verzagen,
wär all mein Hoffen hin?

DER KÖNIG, ALLE MÄNNER UND FRAUEN
Ertöne, Sieges Weise,
dem Helden laut zum Preise!
Ruhm deiner Fahrt,
Preis deinem Kommen!
Heil deiner Art,
Schützer der Frommen!
Dich nur besingen wir,
dir schallen unsre Lieder!
Nie kehrt ein Held gleich dir
in diese Lande wieder!
Heil dir! Preis dir!
Heil deiner Fahrt!

(Junge Männer erheben Lohengrin auf seinen Schild und Elsa auf den Schild des Königs, auf welchen zuvor mehrere ihre Mäntel gebreitet haben: so werden beide unter Jauchzen davongetragen. – Friedrich sinkt zu Ortruds Füßen ohnmächtig zusammen.)

Zweiter Aufzug

In der Burg von Antwerpen.

Im Hintergrunde der Palas (Ritterwohnung), links im Vordergrunde die Kemenate (Frauenwohnung); rechts das Münster. Es ist Nacht.

Erster Auftritt

(Ortrud und Friedrich, beide in dunkler knechtischer Tracht, sitzen auf den Stufen des Münsters: Friedrich finster in sich gekehrt, Ortrud die Augen unverwandt auf die hellerleuchteten Fenster des Palas gerichtet. – Aus dem Palas hört man jubelnde Musik.)

FRIEDRICH *(erhebt sich rasch)*
Erhebe dich, Genossin meiner Schmach!
Der junge Tag darf hier uns nicht mehr sehn.

ORTRUD *(ohne ihre Stellung zu ändern)*
Ich kann nicht fort, hieher bin ich gebannt;
aus diesem Glanz des Festes unsres Feindes
laß saugen mich ein furchtbar tödlich Gift,
das unsre Schmach und ihre Freuden ende!

FRIEDRICH *(finster vor Ortrud hintretend)*
Du fürchterliches Weib, was bannt mich noch in deine Nähe?
(mit schnell wachsender Heftigkeit)
Warum laß ich dich nicht
allein – und fliehe fort, dahin, dahin,
(schmerzlich)
wo mein Gewissen Ruhe wieder fänd!
(im heftigsten Ausbruch schmerzlicher Leidenschaft und Wut)
Durch dich mußt ich verlieren
mein Ehr', all meinen Ruhm;
nie soll mich Lob mehr zieren,
Schmach ist mein Heldentum!
Die Acht ist mir gesprochen,
zertrümmert liegt mein Schwert;
mein Wappen ward zerbrochen,
verflucht mein Vaterherd! –
Wohin ich nun mich wende,
gebannt, gefemt bin ich;
daß ihn mein Blick nicht schände,

55

flieht selbst der Räuber mich.
O, hätt ich Tod erkoren.
(fast weinend)
da ich so elend bin!
(in höchster Verzweiflung)
Mein Ehr' hab ich verloren,
mein Ehr', mein Ehr' ist hin!
(Er stürzt, von wütendem Schmerz überwältigt, zu Boden. –
Musik aus dem Palas.)

ORTRUD   *(immer in ihrer ersten Stellung, während Friedrich sich erhebt)*
Was macht dich in so wilder Klage doch vergehn?

FRIEDRICH   Daß mir die Waffe selbst geraubt,
(mit einer heftigen Bewegung)
mit der ich dich erschlüg! . . .

ORTRUD   *(mit ruhigem Hohn)*
Friedreicher Graf
von Telramund, weshalb mißtraust du mir?

FRIEDRICH   Du fragst? War's nicht dein Zeugnis, deine Kunde,
die mich bestrickt, die Reine zu verklagen?
Die du im düstren Wald zu Haus, logst du
mir nicht, von deinem wilden Schlosse aus
die Untat habest du verüben sehn? –
Mit eignem Aug', wie Elsa selbst den Bruder
im Weiher dort ertränkt? Umstricktest du
mein stolzes Herz durch die Weissagung nicht,
bald würde Radbods alter Fürstenstamm
von neuem grünen und herrschen in Brabant?
Bewogst du so mich nicht, von Elsas Hand,
der reinen, abzustehn, und dich zum Weib
zu nehmen, weil du Radbods letzter Sproß?

ORTRUD   *(leise, doch grimmig)*
Ha, wie tödlich du mich kränkst!
(laut)
Dies alles, ja, ich sagt und zeugt es dir!

FRIEDRICH   *(sehr lebhaft)*
Und machtest mich, des Name hochgeehrt,
des Leben aller höchsten Tugend Preis,
zu deiner Lüge schändlichem Genossen?

ORTRUD   *(trotzig)*
Wer log?

FRIEDRICH   Du! Hat nicht durch sein Gericht
Gott mich dafür geschlagen?

ORTRUD   *(mit fürchterlichem Hohne)*
Gott?

FRIEDRICH   Entsetzlich!
Wie tönt aus deinem Munde furchtbar der Name!

ORTRUD Ha, nennst du deine Feigheit Gott?
FRIEDRICH Ortrud!
ORTRUD Willst du mir drohn? Mir, einem Weibe, drohn?
    O Feiger – hättest du so grimmig ihm
    gedroht, der jetzt dich in das Elend schickt –
    wohl hättest Sieg für Schande du erkauft!
    Ha, wer ihm zu entgegnen wüßt, der fänd
    ihn schwächer als ein Kind!
FRIEDRICH Je schwächer er,
    desto gewalt'ger kämpfte Gottes Kraft!
ORTRUD Gottes Kraft? Haha!
    Gib mir die Macht – und sicher zeig ich dir,
    welch schwacher Gott es ist, der ihn beschützt.
FRIEDRICH *(von Schauer ergriffen, mit leiser, bebender Stimme)*
    Du wilde Seherin, wie willst du doch
    geheimnisvoll den Geist mir neu berücken!
ORTRUD *(auf den Palas deutend, in dem das Licht verlöscht ist)*
    Die Schwelger streckten sich zu üpp'gen Ruh –
    setz dich zur Seite mir! Die Stund ist da,
    wo dir mein Seherauge leuchten soll.
    (Friedrich nähert sich Ortrud immer mehr und neigt sein Ohr
    aufmerksam zu ihr herab.)
    Weißt du, wer dieser Held, den hier
    ein Schwan gezogen an das Land?
FRIEDRICH Nein!
ORTRUD Was gäbst du doch, es zu erfahren,
    wenn ich dir sag, ist er gezwungen
    zu nennen wie sein Nam' und Art,
    all seine Macht zu Ende ist,
    die mühvoll ihm ein Zauber leiht.
FRIEDRICH Ha! Dann begriff ich sein Verbot.
ORTRUD Nun hör! Niemand hier hat Gewalt
    ihm das Geheimnis zu entreißen,
    als die, der er so streng verbot,
    die Frage je an ihn zu tun.
FRIEDRICH So gält' es Elsa zu verleiten,
    daß sie die Frag ihm nicht erließ?
ORTRUD Ha, wie begreifst du schnell und wohl!
FRIEDRICH Doch wie soll das gelingen?
ORTRUD Hör! –
    Vor Allem gilt's, von hinnen nicht
    zu fliehn; drum schärfe deinen Witz!
    Gerechten Argwohn ihr zu wecken,
    tritt vor, klag ihn des Zaubers an,
    mit dem er das Gericht getäuscht!
FRIEDRICH *(mit fürchterlich wachsender innerer Wut)*

Ha! Trug und Zaubers List! –
ORTRUD Mißglückt's,
so bleibt ein Mittel der Gewalt!
FRIEDRICH Gewalt?
ORTRUD Umsonst nicht bin ich in
geheimsten Künsten tief erfahren;
drum achte wohl, was ich dir sage!
Jed' Wesen, das durch Zauber stark –
wird ihm des Leibes kleinstes Glied
entrissen nur, muß sich alsbald
ohnmächtig zeigen, wie es ist!
FRIEDRICH *(sehr rasch)*
Ha, sprächst du wahr!
ORTRUD *(lebhaft)*
O hättest du
im Kampf nur einen Finger ihm,
ja, eines Fingers Glied entschlagen,
der Held – er war in deiner Macht!
FRIEDRICH Entsetzlich! Ha, was lässest du mich hören!
Durch Gott geschlagen wähnt' ich mich: –
(mit furchtbarer Bitterkeit)
Nun ließ durch Trug sich das Gericht betören –
durch Zaubers List verlor mein' Ehre ich!
Doch meine Schande könnt ich rächen,
bezeugen könnt ich meine Treu'?
Des Buhlen Trug, ich könnt ihn brechen,
und meine Ehr' gewänn ich neu!
O Weib, das in der Nacht ich vor mir seh –
betrügst du jetzt mich noch, dann weh dir! Weh!
ORTRUD Ha, wie du rasest! Ruhig und besonnen!
So lehr ich dich der Rache süße Wonnen!
(Friedrich setzt sich langsam an Ortruds Seite nieder.)
ORTRUD UND FRIEDRICH
Der Rache Werk sei nun beschworen
aus meines Busens wilder Nacht!
Die ihr in süßem Schlaf verloren
wißt, daß für euch das Unheil wacht!
(Die Tür zum Söller in der Kemenate öffnet sich.)

Zweiter Auftritt

(Elsa, in weißem Gewande, erscheint auf dem Söller, sie tritt an die Brüstung und lehnt den Kopf auf die Hand; Friedrich und Ortrud ihr gegenüber auf den Stufen des Münsters sitzend.)

ELSA Euch Lüften, die mein Klagen
so traurig oft erfüllt –
euch muß ich dankend sagen,
wie sich mein Glück enthüllt.

ORTRUD Sie ist es!

FRIEDRICH Elsa!

ELSA Durch euch kam er gezogen,
ihr lächeltet der Fahrt –
auf wilden Meereswogen
habt ihr ihn treu bewahrt.

ORTRUD Der Stunde soll sie fluchen,
in der sie jetzt mein Blick gewahrt!

ELSA Zu trocknen meine Zähren
hab ich euch oft gemüht;
wollt Kühlung nun gewähren
der Wang', in Lieb' erglüht!

ORTRUD Hinweg!
Entfern ein Kleines dich von hier!

FRIEDRICH Warum?

ORTRUD Sie ist für mich – ihr Held gehöre dir!
(Friedrich entfernt sich und verschwindet im Hintergrunde.)

ELSA Wollt Kühlung nun gewähren
der Wang' in Lieb' erglüht! In Liebe!

ORTRUD *(laut, mit klagendem Ausdruck)*
Elsa!

ELSA Wer ruft? – Wie schauerlich und klagend
ertönt mein Name durch die Nacht?

ORTRUD Elsa!
Ist meine Stimme dir so fremd?
Willst du die Ärmste ganz verleugnen,
die du ins fernste Elend schickst?

ELSA Ortrud – bist du's? Was machst du hier,
unglücklich Weib?

ORTRUD «Unglücklich Weib!» –
wohl hast du recht, so mich zu nennen!
In ferner Einsamkeit des Waldes,
wo still und friedsam ich gelebt –
was tat ich dir, was tat ich dir?
Freudlos, das Unglück nur beweinend,

59

das lang belastet meinen Stamm –
was tat ich dir, was tat ich dir?
ELSA Um Gott, was klagest du mich an?
War ich es, die dir Leid gebracht?
ORTRUD Wie könntest du fürwahr mir neiden
das Glück, daß mich zum Weib erwählt
der Mann, den du so gern verschmäht?
ELSA Allgüt'ger Gott! Was soll mir das?
ORTRUD Mußt ihn unsel'ger Wahn betören,
dich Reine einer Schuld zu zeihn –
von Reu' ist nun sein Herz zerrissen,
zu grimmer Buß ist er verdammt.
ELSA Gerechter Gott!
ORTRUD O, du bist glücklich! –
Nach kurzem, unschuldsüßem Leiden
siehst lächeln du das Leben nur;
von mir darfst selig du dich scheiden,
mich schickst du auf des Todes Spur –
daß meines Jammers trüber Schein
nie kehr' in deine Feste ein!
ELSA *(sehr bewegt)*
Wie schlecht ich deine Güte priese,
Allmächt'ger, der mich so beglückt,
wenn ich das Unglück von mir stieße,
das sich im Staube vor mir bückt!*
O nimmer! Ortrud! Harre mein!
Ich selber laß dich zu mir ein!
(Sie eilt in die Kemenate zurück. – Ortrud springt in wilder Begeisterung von den Stufen auf.)
ORTRUD Entweihte Götter! Helft jetzt meiner Rache!
Bestraft die Schmach, die hier euch angetan!
Stärkt mich im Dienste eurer heil'gen Sache!
Vernichtet der Abtrünn'gen schnöden Wahn!
Wodan! Dich Starken rufe ich!
Freia! Erhabne, höre mich!
Segnet mir Trug und Heuchelei,
daß glücklich meine Rache sei!
ELSA *(noch außerhalb)*
Ortrud, wo bist du?
(Elsa und zwei Mägde mit Lichten treten aus der unteren Tür auf.)

---

* *In der Urschrift der Dichtung (1845) lauten diese Verse:*
  «Allmächt'ger, den ich ewig preise,
  Wie hättest du mich so beglückt,
  Daß ich das Unglück von mir weise,
  Von meinem Glanz in Staub gedrückt?»

ORTRUD *(sich demütig vor Elsa niederwerfend)*
Hier – zu deinen Füßen.

ELSA *(bei Ortruds Anblick erschreckt zurücktretend)*
Hilf Gott! So muß ich dich erblicken,
die ich in Stolz und Pracht nur sah! –
Es will das Herze mir ersticken,
seh ich so niedrig dich mir nah!
Steh auf! O, spare mir dein Bitten!
Trugst du mir Haß – verzieh ich dir;
was du schon jetzt durch mich gelitten,
das, bitte ich, verzeih auch mir!

ORTRUD O habe Dank für so viel Güte!

ELSA Der morgen nun mein Gatte heißt,
anfleh' ich sein liebreich Gemüte,
daß Friedrich auch er Gnad erweist.

ORTRUD Du fesselst mich in Dankes Banden!

ELSA *(mit immer gesteigerter heiterer Erregtheit)*
In Frühn laß mich bereit dich sehn –
geschmückt mit prächtigen Gewanden,
sollst du mit mir zum Münster gehn: –
dort harre ich des Helden mein,
(freudig, stolz)
Vor Gott sein Ehgemahl zu sein!
(selig entzückt)
Sein Ehgemahl!

ORTRUD Wie kann ich solche Huld dir lohnen,
da machtlos ich und elend bin?
Soll ich in Gnaden bei dir wohnen,
stets bleibe ich die Bettlerin!
(immer näher zu Elsa tretend)
Nur eine Macht ist mir geblieben,
sie raubte mir kein Machtgebot –
durch sie vielleicht schütz ich dein Leben,
bewahr es vor der Reue Not.

ELSA *(unbefangen und freundlich)*
Wie meinst du?

ORTRUD *(heftig)*
Wohl daß ich dich warne,
(sich mäßigend)
zu blind nicht deinem Glück zu traun;
daß nicht ein Unheil dich umgarne,
laß mich für dich zur Zukunft schaun.

ELSA *(mit heimlichem Grauen)*
Welch Unheil?

ORTRUD *(sehr geheimnisvoll)*
Könntest du erfassen,

wie dessen Art so wundersam,
der nie dich möge so verlassen,
wie er durch Zauber zu dir kam!

ELSA *(von Grausen erfaßt, wendet sich unwillig ab; voll Trauer und
Mitleid wendet sie sich dann wieder zu Ortrud)*
Du Ärmste kannst wohl nie ermessen,
wie zweifellos mein Herze liebt?
Du hast wohl nie das Glück besessen,
das sich uns nur durch Glauben gibt? –
(freundlich)
Kehr bei mir ein! Laß mich dich lehren,
wie süß die Wonne reinster Treu'!
Laß zu dem Glauben dich bekehren:
es gibt ein Glück, das ohne Reu'.

ORTRUD *(für sich)*
Ha! Dieser Stolz – er soll mich lehren,
wie ich bekämpfe ihre Treu'!
Gen ihn will ich die Waffen kehren,
durch ihren Hochmut werd' ich Reu'!
*(Ortrud, von Elsa geleitet, tritt mit heuchlerischem Zögern
durch die kleine Pforte ein; die Mägde leuchten voran und
schließen, nachdem alle eingetreten. – Erstes Tagesgrauen. –
Friedrich tritt aus dem Hintergrunde vor.)*

FRIEDRICH So zieht das Unheil in dies Haus! –
Vollführe, Weib, was deine List ersonnen;
dein Werk zu hemmen fühl ich keine Macht.
Das Unheil hat mit meinem Fall begonnen –
nun stürzet nach, die mich dahin gebracht!
Nur Eines seh ich mahnend vor mir stehn:
der Räuber meiner Ehre soll vergehn!

Dritter Auftritt

*(Allmählicher Tagesanbruch. Zwei Wächter blasen vom Turm
das Morgenlied, von einem entfernteren Turme hört man antworten. – Friedrich, nachdem er den Ort erspäht, der ihn vor
dem Zulaufe des Volkes am günstigsten verbergen könnte, tritt
hinter einen Mauervorsprung des Münsters. – Während die
Türmer herabsteigen und das Tor erschließen, treten aus verschiedenen Richtungen der Burg Dienstmannen auf, begrüßen
sich, gehen ruhig an ihre Verrichtungen usw. Einige schöpfen
am Brunnen in metallenen Gefäßen Wasser, klopfen an der
Pforte des Palas und werden damit eingelassen. – Die Pforte
des Palas öffnet sich von neuem, die vier Trompeter des Königs
schreiten heraus und blasen den Ruf. Sie treten in den Palas*

zurück. – Die Dienstmannen haben die Bühne verlassen. – Die
Edlen und Burgbewohner treten, teils vom Stadtweg, teils aus
den verschiedenen Gegenden der Burg herkommend, nach und
nach immer zahlreicher auf.)

DIE EDLEN UND MANNEN

In Früh'n versammelt uns der Ruf,
gar viel verheißet wohl der Tag.
Der hier so hehre Wunder schuf,
manch neue Tat vollbringen mag.
(Der Heerrufer schreitet aus dem Palas, die vier Trompeter
ihm voran. – Alle wenden sich in lebhafter Erwartung dem
Hintergrunde zu.)

DER HEERRUFER *(auf der Höhe vor der Pforte des Palas)*
Des Königs Wort und Will' tu ich euch kund;
drum achtet wohl, was euch durch mich er sagt!
In Bann und Acht ist Friedrich Telramund,
weil untreu er den Gotteskampf gewagt: –
wer sein noch pflegt, wer sich zu ihm gesellt,
nach Reiches Recht derselben Acht verfällt.

DIE MÄNNER Fluch ihm, dem Ungetreuen,
den Gottes Urteil traf!
Ihn soll der Reine scheuen,
es flieh' in Ruh und Schlaf!
(Beim Rufe der Trompeten sammelt sich das Volk schnell
wieder zur Aufmerksamkeit.)

DER HEERRUFER Und weiter kündet euch der König an,
daß er den fremden, gottgesandten Mann,
den Elsa zum Gemahle sich ersehnt,
mit Land und Krone von Brabant belehnt;
doch will der Held nicht Herzog sein genannt –
ihr sollt ihn heißen: Schützer von Brabant!

DIE MÄNNER Hoch, der ersehnte Mann!
Heil ihm, den Gott gesandt!
Treu sind wir untertan
dem Schützer von Brabant!

DER HEERRUFER Nun hört, was Er durch mich euch sagen läßt:
heut feiert er mit euch sein Hochzeitsfest –
doch morgen sollt ihr kampfgerüstet nahn,
zur Heeresfolg' dem König untertan;
er selbst verschmäht, der süßen Ruh zu pflegen,
er führt euch an zu hehren Ruhmes Segen!

DIE MÄNNER *(mit Begeisterung)*
Zum Streite säumet nicht,
führt euch der Hehre an!
Wer mutig mit ihm ficht.

dem lacht des Ruhmes Bahn!
Von Gott ist er gesandt
zur Größe von Brabant!
(Der Heerrufer geht nach einiger Zeit mit den vier Trompetern in den Palas zurück. – Während das Volk freudig durcheinanderwogt, treten im Vordergrunde vier Edle, Friedrichs sonstige Lehnsmannen, zusammen.)

DER DRITTE EDLE

Nun hört, dem Lande will er uns entführen!

DER ZWEITE Gen einen Feind, der uns noch nie bedroht?

DER VIERTE Solch kühn Beginnen sollt ihm nicht gebühren.
(Friedrich ist unbemerkt unter sie getreten.)

DER ERSTE Wer wehret ihm, wenn er die Fahrt gebot?

FRIEDRICH Ich!
(Er enthüllt sein Haupt; sie fahren entsetzt zurück.)

DIE VIER EDLEN Ha! Wer bist du? – Friedrich! Seh ich recht?
Du wagst dich her, zur Beute jedem Knecht!

FRIEDRICH Gar bald will ich wohl weiter noch mich wagen,
vor euren Augen soll es leuchtend tagen!
Der euch so kühn die Heerfahrt angesagt,
der sei von mir des Gottestrugs beklagt!

DIE VIER EDLEN Was hör ich! Rasender! Was hast du vor?
Verlor'ner du, hört dich des Volkes Ohr!
(Sie drängen Friedrich nach dem Münster, wo sie ihn vor dem Blicke des Volkes zu verbergen suchen. – Vier Edelknaben treten aus der Tür der Kemenate auf den Söller, laufen munter den Hauptweg hinab und stellen sich vor dem Palas auf der Höhe auf. Das Volk, das die Knaben gewahrt, drängt sich mehr nach dem Vordergrund.)

VIER EDELKNABEN

(auf der Höhe vor dem Palas)
Macht Platz! Macht Platz für Elsa, unsre Frau:
die will in Gott zum Münster gehn!
(Sie schreiten nach vorn, indem sie durch die willig zurückweichenden Edlen eine breite Gasse bis zu den Stufen des Münsters bilden, wo sie dann sich selbst aufstellen. – Vier andere Edelknaben treten gemessen und feierlich aus der Türe der Kemenate auf den Söller und stellen sich daselbst auf, um den Zug der Frauen, den sie erwarten, zu geleiten.)

Vierter Auftritt

(Ein langer Zug von Frauen in prächtigen Gewändern schreitet langsam aus der Pforte der Kemenate auf den Söller; er wendet sich links auf dem Hauptwege am Palas vorbei und von da wieder nach vorn dem Münster zu, auf dessen Stufen die zuerst gekommenen sich aufstellen. – Elsa tritt im Zuge auf: die Edlen entblößen ehrfurchtsvoll die Häupter.)

DIE EDLEN UND MANNEN

Gesegnet soll sie schreiten,
die lang in Demut litt;
Gott möge sie geleiten,
Gott hüte ihren Schritt!

(Die Edlen, die unwillkürlich die Gasse wieder vertreten hatten, weichen hier vor den Edelknaben aufs neue zurück, welche dem Zuge, der bereits vor dem Palas angekommen ist, Bahn machen. – Elsa ist auf der Erhöhung vor dem Palas angelangt; die Gasse ist wieder offen, alle können Elsa sehen, welche eine Zeitlang verweilt.)

Sie naht, die Engelgleiche,
von keuscher Glut entbrannt!
Heil dir, o Tugendreiche!

(Von hier an schreitet Elsa aus dem Hintergrunde langsam nach vorn durch die Gasse der Männer.)

Heil Elsa von Brabant!

(Außer den Edelknaben sind auch die vordersten Frauen bereits auf der Treppe des Münsters angelangt, wo sie sich aufstellen, um Elsa den Vortritt in die Kirche zu lassen. – Als Elsa den Fuß auf die zweite Stufe des Münsters setzt, tritt Ortrud, welche bisher unter den letzten Frauen des Zuges gegangen, heftig hervor, schreitet auf dieselbe Stufe und stellt sich so Elsa entgegen.)

ORTRUD Zurück, Elsa! Nicht länger will ich dulden,
daß ich gleich einer Magd dir folgen soll!
Den Vortritt sollst du überall mir schulden,
vor mir dich beugen sollst du demutvoll!

DIE EDELKNABEN UND DIE MÄNNER

Was will das Weib?

(Ortrud wird von den Edelknaben nach der Mitte der Bühne zurückgedrängt.)

ELSA *(heftig erschrocken)*

Um Gott! Was muß ich sehn!
Welch jäher Wechsel ist mit dir geschehn?

ORTRUD Weil eine Stund ich meines Werts vergessen,
glaubest du, ich müßte dir nur kriechend nahn?

65

Mein Leid zu rächen, will ich mich vermessen,
(mit großer Kraft)
was mir gebührt, das will ich nun empfahn!
(lebhaftes Staunen und Bewegung aller)

ELSA Weh, ließ ich durch dein Heucheln mich verleiten!
Die diese Nacht sich jammernd zu mir stahl:
wie willst du nun in Hochmut vor mir schreiten –
du eines Gottgerichteten Gemahl?

ORTRUD *(mit dem Anschein tiefer Gekränktheit und stolz)*
Wenn falsch Gericht mir den Gemahl verbannte,
war doch sein Nam' im Lande hochgeehrt;
als aller Tugend Preis man ihn nur nannte,
gekannt, gefürchtet war sein tapfres Schwert.
Der Deine, sag! wer sollte hier ihn kennen,
vermagst du selbst den Namen nicht zu nennen!

MÄNNER UND FRAUEN
(in großer Bewegung)
Was sagt sie? Ha, was tut sie kund?
Sie lästert! Wehret ihrem Mund!

ORTRUD Kannst du ihn nennen, kannst du uns es sagen,
ob sein Geschlecht, sein Adel wohl bewährt?
Woher die Fluten ihn zu dir getragen,
wann und wohin er wieder von dir fährt?
Ha, nein! Wohl brächte ihm es schlimme Not –
der kluge Held die Frage drob verbot.

MÄNNER UND FRAUEN
Ha, spricht sie wahr? Welch schwere Klagen!
Sie schmähet ihn; darf sie es wagen?

ELSA *(nach großer Betroffenheit sich ermannend)*
Du Lästerin! Ruchlose Frau!
Hör, ob ich Antwort mir getrau!
(mit großer Wärme)
So rein und edel ist sein Wesen,
so tugendreich der hehre Mann,
daß nie des Unheils soll genesen,
wer seiner Sendung zweifeln kann!

DIE MÄNNER Gewiß! Gewiß!

ELSA Hat nicht durch Gott im Kampf geschlagen
mein teurer Held den Gatten dein?
(zum Volke)
Nun sollt nach Recht ihr Alle sagen,
wer kann da nur der Reine sein?

MÄNNER UND FRAUEN
Nur er! Nur er! Dein Held allein!

ORTRUD *(Elsa verspottend)*
Ha, diese Reine deines Helden,

wie wäre sie so bald getrübt,
müßt er des Zaubers Wesen melden,
durch den hier solche Macht er übt;
wagst du ihn nicht darum zu fragen,
so glauben Alle wir mit Recht,
du müssest selbst in Sorge zagen,
um seine Reine steh es schlecht!

DIE FRAUEN *(Elsa unterstützend)*
Helft ihr vor der Verruchten Haß!
(Der Palas wird geöffnet; die vier Trompeter des Königs schreiten heraus und blasen.)

DIE MÄNNER *(dem Hintergrund zu blickend)*
Macht Platz! Macht Platz! Der König naht!

Fünfter Auftritt

(Der König, Lohengrin und die sächsischen Grafen und Edlen sind in feierlichem Zuge aus dem Palas getreten; durch die Verwirrung im Vordergrunde wird der Zug unterbrochen. Der König und Lohengrin schreiten lebhaft vor.)

DIE MÄNNER Heil! Heil dem König!
Heil dem Schützer von Brabant!

KÖNIG Was für ein Streit?

ELSA *(sehr aufgeregt an Lohengrins Brust stürzend)*
Mein Herr! O mein Geliebter!

LOHENGRIN Was ist?

KÖNIG Wer wagt es, hier den Kirchengang zu stören?

DES KÖNIGS GEFOLGE
Welcher Streit, den wir vernahmen?

LOHENGRIN *(Ortrud erblickend)*
Was seh ich! Das unsel'ge Weib bei dir?

ELSA Mein Retter! Schütze mich vor dieser Frau!
Schilt mich, wenn ich dir ungehorsam war!
In Jammer sah ich sie vor dieser Pforte,
aus ihrer Not nahm ich sie bei mir auf: –
nun sieh, wie furchtbar sie mir lohnt die Güte,
sie schilt mich, daß ich dir zu sehr vertrau!

LOHENGRIN *(den Blick fest und bannend auf Ortrud heftend, welche vor ihm sich nicht zu regen vermag)*
Du fürchterliches Weib, steh ab von ihr!
Hier wird dir nimmer Sieg.
(Er wendet sich freundlich zu Elsa.)
Sag, Elsa, mir,
vermocht ihr Gift sie in dein Herz zu gießen?

(Elsa birgt ihr Gesicht weinend an seiner Brust. Lohengrin, sie aufrichtend und nach dem Münster deutend)

Komm, laß in Freude dort die Tränen fließen!

(Er wendet sich mit Elsa und dem König dem Zuge voran nach dem Münster; alle lassen sich an, wohlgeordnet zu folgen. – Friedrich tritt auf der Treppe des Münsters hervor; die Frauen und Edelknaben weichen entsetzt aus seiner Nähe.)

FRIEDRICH O König! Trugbetörte Fürsten! Haltet ein!

DER KÖNIG UND ALLE MÄNNER
Was will der hier? Verfluchter! Weich von dannen!

FRIEDRICH O hört mich an!

DIE MÄNNER Hinweg! Du bist des Todes, Mann!

FRIEDRICH Hört mich, dem grimmes Unrecht ihr getan!

DIE MÄNNER Hinweg! Weich von dannen!

FRIEDRICH Gottes Gericht, es ward entehrt, betrogen!
Durch eines Zaubrers List seid ihr belogen!

DIE MÄNNER Greift den Verruchten! Hört! Er lästert Gott!

(Sie dringen von allen Seiten auf ihn ein.)

FRIEDRICH *(mit der fürchterlichsten Anstrengung, um gehört zu werden, seinen Blick nur auf Lohengrin geheftet und der Andringenden nicht achtend)*

Den dort im Glanz ich vor mir sehe,
den klage ich des Zaubers an!

(Die Andringenden schrecken vor Friedrich zurück und hören endlich aufmerksam zu.)

Wie Staub vor Gottes Hauch verwehe
die Macht, die er durch List gewann!
Wie schlecht ihr des Gerichtes wahrtet,
das doch die Ehre mir benahm –
da eine Frag' ihr ihm erspartet,
als er zum Gotteskampfe kam!
Die Frage nun sollt ihr nicht wehren,
daß sie ihm jetzt von mir gestellt!

(in gebieterischer Stellung)

Nach Namen, Stand und Ehren
frag ich ihn laut vor aller Welt!

(Bewegung großer Betroffenheit unter allen)

Wer ist er, der an's Land geschwommen,
gezogen von einem wilden Schwan?
Wem solche Zaubertiere frommen,
des Reinheit achte ich für Wahn.
Nun soll der Klag' er Rede stehn;
vermag er's, so geschah mir Recht –
wo nicht, so sollet ihr ersehn,
um seine Reine steh es schlecht!

DER KÖNIG, ALLE MÄNNER UND FRAUEN
(alle blicken bestürzt und erwartungsvoll auf Lohengrin)
Welch harte Klagen! Was wird er ihm entgegnen?

LOHENGRIN Nicht dir, der so vergaß der Ehren,
hab Not ich Rede hier zu stehn;
des Bösen Zweifel darf ich wehren,
vor ihm wird Reine nie vergehn!

FRIEDRICH Darf ich ihm nicht als würdig gelten,
dich ruf ich, König hoch geehrt;
wird er auch dich unadlig schelten,
daß er die Frage dir verwehrt?

LOHENGRIN Ja, selbst dem König darf ich wehren,
und aller Fürsten höchstem Rat!
Nicht darf sie Zweifels Last beschweren,
sie sahen meine gute Tat!
Nur Eine ist's, der muß ich Antwort geben:
Elsa . . .
*(Lohengrin hält betroffen an, als er, sich zu Elsa wendend,
diese mit heftig wogender Brust in wildem innerem Kampfe vor
sich hin starren sieht.)*
Elsa – wie seh ich sie erbeben!
In wildem Brüten muß ich sie gewahren!
Hat sie betört des Hasses Lügenmund?
O Himmel, schirm ihr Herz vor den Gefahren!
Nie werde Zweifel dieser Reinen kund!

FRIEDRICH UND ORTRUD
In wildem Brüten darf ich sie gewahren,
der Zweifel keimt in ihres Herzens Grund.
Der mir zur Not in dieses Land gefahren,
er ist besiegt, wird ihm die Frage kund!

DER KÖNIG, DIE FRAUEN UND MÄNNER
Welch ein Geheimnis muß der Held bewahren?
Bringt es ihm Not, so wahr' es treu sein Mund!
Wir schirmen ihn, den Edlen, vor Gefahren;
durch seine Tat ward uns sein Adel kund!

ELSA *(der Umgebung entrückt, vor sich hin blickend)*
Was er verbirgt, wohl brächt es ihm Gefahren,
vor aller Welt spräch es hier aus sein Mund;
die er errettet, weh mir Undankbaren!
Verriet ich ihn, daß hier es werde kund!
Wüßt ich sein Los, ich wollt es treu bewahren!
Im Zweifel doch erbebt des Herzens Grund!

KÖNIG Mein Held, entgegne kühn dem Ungetreuen!
Du bist zu hehr, um, was er klagt, zu scheuen!

DIE MÄNNER *(sich an Lohengrin drängend)*
Wir stehn zu dir, es soll uns nicht gereuen,

69

daß wir der Helden Preis in dir erkannt!
Reich uns die Hand! Wir glauben dir in Treuen,
daß hehr dein Nam', auch wenn er nicht genannt!

LOHENGRIN Euch Helden soll der Glaube nicht gereuen,
werd euch mein Nam' und Art auch nie genannt.

*(Die Männer schließen einen Ring um Lohengrin; er empfängt
von jedem der Reihe nach den Handschlag. – Friedrich drängt
sich an Elsa, welche vor sich hin brütend, einsam im Vordergrunde zur Seite steht.)*

FRIEDRICH *(leise, mit leidenschaftlicher Unterbrechung)*
Vertraue mir! Laß dir ein Mittel heißen,
das dir Gewißheit schafft!

ELSA *(erschrocken, doch leise)*
Hinweg von mir!

FRIEDRICH Laß mich das kleinste Glied ihm nur entreißen,
des Fingers Spitze, und ich schwöre dir,
was er dir hehlt, sollst frei du vor dir sehn –
dir treu, soll nie er dir von hinnen gehn!

ELSA Ha! Nimmermehr!

FRIEDRICH Ich bin dir nah zur Nacht –
rufst du, ohn Schaden ist es schnell vollbracht!

LOHENGRIN *(schnell in den Vordergrund tretend)*
Elsa, mit wem verkehrst du da?
(mit fürchterlicher Stimme zu Ortrud und Friedrich)
Zurück von ihr, Verfluchte!
Daß nie mein Auge je
euch wieder bei ihr seh!

*(Friedrich macht eine Gebärde der schmerzlichsten Wut. –
Lohengrin wendet sich zu Elsa, welche bei seinem ersten Zuruf
wie vernichtet ihm zu Füßen gesunken ist.)*

Elsa, erhebe dich! In deiner Hand,
in deiner Treu' liegt alles Glückes Pfand!
Läßt nicht des Zweifels Macht dich ruhn?
Willst du die Frage an mich tun?

ELSA *(in heftigster innerer Aufregung und in schamvoller Verwirrung)*
Mein Retter, der mir Heil gebracht!
Mein Held, in dem ich muß vergehn –
(mit Bedeutung und Entschluß)
hoch über alles Zweifels Macht
soll meine Liebe stehn!

(Sie sinkt an seine Brust. – Orgel und Glockengeläute.)

LOHENGRIN Heil dir, Elsa! Nun laß vor Gott uns gehn!

DIE MÄNNER UND FRAUEN
(in begeisterter Rührung)
Seht, seht! Er ist von Gott gesandt! –

(Lohengrin führt Elsa feierlich an den Edlen vorüber zum König. Wo Lohengrin mit Elsa vorbeikommt, machen die Männer ehrerbietig Platz.)
Heil euch! Heil Elsa von Brabant!
(Von dem König geleitet, schreiten Lohengrin und Elsa dem Münster zu.)
Gesegnet sollst du schreiten!
Gott möge dich geleiten!
Heil dir, Tugendreiche!
Heil! Heil Elsa von Brabant!
(Der König hat mit dem Brautpar die höchste Stufe zum Münster erreicht; Elsa wendet sich in großer Ergriffenheit zu Lohengrin, dieser empfängt sie in seinen Armen. Aus dieser Umarmung blickt sie mit scheuer Besorgnis rechts von der Treppe hinab und gewahrt Ortrud, welche den Arm gegen sie erhebt, als halte sie sich des Sieges gewiß; Elsa wendet erschreckt ihr Gesicht ab. – Sowie Elsa und Lohengrin, wieder vom König geführt, dem Eingang des Münsters weiter zuschreiten, fällt der Vorhang.)

Dritter Aufzug

*Eine einleitende Musik schildert das prächtige
Rauschen des Hochzeitsfestes.*

Erster Auftritt

*(Das Brautgemach.
In der Mitte des Hintergrundes das reichgeschmückte Brautbett; rechts ein Erkerturm mit offenem Fenster. – Musik hinter
der Bühne; der Gesang ist erst entfernt, dann näher kommend.
In der Mitte des Liedes werden rechts und links im Hintergrunde Türen geöffnet: rechts treten die Frauen auf, welche
Elsa – links die Männer mit dem König, welche Lohengrin
geleiten; Edelknaben mit Lichtern voraus.)*

ALLE MÄNNER UND FRAUEN
(der Szene sich nähernd)
Treulich geführt ziehet dahin,
wo euch in Frieden die Liebe bewahr!
Siegreicher Mut, Minnegewinn
eint euch in Treue zum seligsten Paar.
Streiter der Tugend, schreite voran!
Zierde der Jugend, schreite voran!
Rauschen des Festes seid nun entronnen,
Wonne des Herzens sei euch gewonnen!
(Die Türen werden geöffnet.)
Duftender Raum, zur Liebe geschmückt,
nehm euch nun auf, dem Glanze entrückt.
Treulich geführt ziehet nun ein,
wo euch in Segen die Liebe bewahr!
Siegreicher Mut, Minne so rein
eint euch in Treue zum seligsten Paar!
*(Als die beiden Züge in der Mitte der Bühne sich begegneten, ist
Elsa von den Frauen Lohengrin zugeführt worden; sie umfassen
sich und bleiben in der Mitte stehen. – Acht Frauen umschreiten
feierlich Lohengrin und Elsa, während diese von den Edelknaben
ihrer schweren Obergewänder entkleidet werden.)*

ACHT FRAUEN *(nach dem Umschreiten)*
Wie Gott euch selig weihte,
zu Freuden weihn euch wir.
(Sie halten einen zweiten Umzug.)
In Liebesglücks Geleite
denkt lang der Stunde hier!

(Der König umarmt und segnet Lohengrin und Elsa. – Die Edelknaben mahnen zum Aufbruch: die Züge ordnen sich wieder, und während des folgenden schreiten sie an den Neuvermählten vorüber, so daß die Männer rechts, die Frauen links das Gemach verlassen.)

ALLE MÄNNER UND FRAUEN
Treulich bewacht bleibet zurück,
wo euch in Segen die Liebe bewahr.
Siegreicher Mut, Minne und Glück
eint euch in Treue zum seligsten Paar.
Streiter der Tugend, bleibe daheim!
Zierde der Jugend, bleibe daheim!
Rauschen des Festes seid nun entronnen,
Wonne des Herzens sei euch gewonnen!
Duftender Raum, zur Liebe geschmückt,
nahm euch nun auf, dem Glanze entrückt.
(Die Züge haben die Bühne gänzlich verlassen; die Türen werden von den letzten Knaben geschlossen. – Allmählich immer entfernter.)
Treulich bewacht bleibet zurück,
wo euch in Segen die Liebe bewahr!
Siegreicher Mut, Minne und Glück,
eint euch in Treue zum seligsten Paar.
(ganz verhallend)
Zum seligsten Paar.

Zweiter Auftritt

(Elsa ist, als die Züge das Gemach verlassen haben, wie überselig Lohengrin an die Brust gesunken. – Lohengrin setzt sich, während der Gesang verhallt, auf einem Ruhebett am Erkerfenster nieder, indem er Elsa sanft nach sich zieht.)

LOHENGRIN Das süße Lied verhallt; wir sind allein,
zum ersten Mal allein, seit wir uns sahn.
Nun sollen wir der Welt entronnen sein,
kein Lauscher darf des Herzens Grüßen nahn!
Elsa, mein Weib! Du süße, reine Braut!
Ob glücklich du, das sei mir jetzt vertraut!
ELSA Wie wär ich kalt, mich glücklich nur zu nennen,
besitz ich aller Himmel Seligkeit!
Fühl ich zu dir so süß mein Herz entbrennen,
atme ich Wonnen, die nur Gott verleiht.
LOHENGRIN *(feurig)*
Vermagst du, Holde, glücklich dich zu nennen,

73

gibst du auch mir des Himmels Seligkeit!
(zärtlich)
Fühl ich zu dir, so süß mein Herz entbrennen,
atme ich Wonnen, die nur Gott verleiht.

BEIDE   Fühl ich so süß, so süß mich entbrennen,
atme ich Wonnen, die nur Gott verleiht.

LOHENGRIN   Wie hehr erkenn ich unsrer Liebe Wesen!
Die nie sich sahn, wir hatten uns geahnt;
war ich zu deinem Streiter auserlesen,
hat Liebe mir zu dir den Weg gebahnt:
dein Auge sagte mir dich rein von Schuld –
mich zwang dein Blick zu dienen deiner Huld.

ELSA   Doch ich zuvor schon hatte dich gesehen,
in sel'gem Traume warst du mir genaht;
als ich nun wachend dich sah vor mir stehen,
erkannt ich, daß du kamst auf Gottes Rat.
Da wollte ich vor deinem Blick zerfließen,
gleich einem Bach umwinden deinen Schritt,
gleich einer Blume, duftend auf der Wiesen,
wollt ich entzückt mich beugen deinem Tritt!
Ist dies nur Liebe? – Wie soll ich es nennen,
dies Wort, so unaussprechlich wonnevoll,
wie, ach! dein Name – den ich nie soll kennen,
bei dem ich nie mein Höchstes nennen soll!

LOHENGRIN   *(schmeichelnd)*
Elsa!

ELSA   Wie süß mein Name deinem Mund entgleitet!
Gönnst du des deinen holden Klang mir nicht?
Nur wenn zur Liebesstille wir geleitet,
sollst du gestatten, daß mein Mund ihn spricht.

LOHENGRIN   Mein süßes Weib!

ELSA   Einsam, wenn niemand wacht: –
nie sei der Welt er zu Gehör gebracht.

LOHENGRIN   *(umfaßt Elsa freundlich und deutet durch das offene Fenster auf den Blumengarten)*
Atmest du nicht mit mir die süßen Düfte?
O, wie so hold berauschen sie den Sinn!
Geheimnisvoll sie nahen durch die Lüfte,
fraglos geb ihrem Zauber ich mich hin. –
(mit erhobener Stimme)
So ist der Zauber, der mich dir verbunden,
da ich zuerst, du Süße, dich ersah;
nicht deine Art ich brauchte zu erkunden,
dich sah mein Aug', mein Herz begriff dich da.
Wie mir die Düfte hold den Sinn berücken,
nahn sie mir gleich aus rätselvoller Nacht –

(feurig)
so deine Reine mußte mich entzücken,
traf ich dich auch in schwerer Schuld Verdacht.
(Elsa birgt ihre Beschämung, indem sie sich demütig an ihn schmiegt.)

ELSA Ach, könnt ich deiner wert erscheinen,
müßt ich vor dir nicht bloß vergehn;
könnt ein Verdienst mich dir vereinen,
dürft ich in Pein für dich mich sehn!
Wie du mich trafst vor schwerer Klage,
o wüßte ich auch dich in Not;
daß mutvoll ich ein Mühen trage,
kennt ich ein Sorgen, das dir droht!
Wär das Geheimnis so geartet,
das aller Welt verschweigt dein Mund?
(immer geheimnisvoller)
Vielleicht, daß Unheil dich erwartet,
würd aller Welt es offen kund?
Wär es so, und dürft ich's wissen,
dürft ich in meiner Macht es sehn –
durch Keines Drohn sei mir's entrissen,
für dich wollt' ich zum Tode gehn.

LOHENGRIN Geliebte!

ELSA *(immer leidenschaftlicher)*
O, mach mich stolz durch dein Vertrauen,
daß ich in Unwert nicht vergeh!
Laß dein Geheimnis mich durchschauen,
daß, wer du bist, ich offen seh!

LOHENGRIN Ach, schweige, Elsa!

ELSA *(immer drängender)*
Meiner Treue
enthülle deines Adels Wert!
Woher du kamst, sag ohne Reue –
durch mich sei Schweigens Kraft bewährt.

LOHENGRIN *(streng und ernst, einige Schritte zurücktretend)*
Höchstes Vertraun hast du mir schon zu danken,
da deinem Schwur ich Glauben gern gewährt;
wirst nimmer du vor dem Gebote wanken,
hoch über alle Fraun dünkst du mich wert. –
(Er wendet schnell sich wieder liebevoll zu Elsa.)
An meine Brust, du Süße, Reine!
Sei meines Herzens Glühen nah,
daß mich dein Auge sanft bescheine,
in dem ich all mein Glück ersah!
(feurig)
O gönne mir, daß mit Entzücken

ich deinen Atem sauge ein;
laß fest, ach, fest an mich dich drücken,
daß ich in dir mög glücklich sein!
Dein Lieben muß mir hoch entgelten
für das, was ich um dich verließ;
kein Los in Gottes weiten Welten
wohl edler als das meine hieß!
Böt mir der König seine Krone,
ich dürfte sie mit Recht verschmähn.
Das Einz'ge, was mein Opfer lohne,
muß ich in deiner Lieb' ersehn.
Drum wolle stets den Zweifel meiden,
dein Lieben sei mein stolz Gewähr!
Denn nicht komm ich aus Nacht und Leiden,
aus Glanz und Wonne komm ich her!

ELSA   Hilf Gott, was muß ich hören!
Welch Zeugnis gab dein Mund!
Du wolltest mich betören,
nun wird mir Jammer kund!
Das Los, dem du entronnen,
es war dein höchstes Glück;
du kamst zu mir aus Wonnen,
und sehnest dich zurück!
Wie soll ich Ärmste glauben,
dir g'nüge meine Treu'?
Ein Tag wird dich mir rauben
durch deiner Liebe Reu'!

LOHENGRIN   Halt ein, dich so zu quälen!

ELSA   Was quälest du mich doch!
Soll ich die Tage zählen,
die du mir bleibest noch?
In Sorg' um dein Verweilen
verblüht die Wange mir –
dann wirst du mir enteilen,
im Elend bleib ich hier!

LOHENGRIN   Nie soll dein Reiz entschwinden,
bleibst du von Zweifel rein!

ELSA   Ach, dich an mich zu binden,
wie sollt ich mächtig sein!
Voll Zauber ist dein Wesen,
durch Wunder kamst du her –
wie sollt ich da genesen,
wo fänd ich dein' Gewähr?
*(Sie schreckt in heftigster Aufregung zusammen und hält an,
wie um zu lauschen.)*
Hörtest du nichts? Vernahmest du kein Kommen?

LOHENGRIN Elsa!

ELSA *(vor sich hin starrend)*
Ach nein! . . . Doch dort – der Schwan – der Schwan!
Dort kommt er auf der Wasserflut geschwommen –
du rufest ihm – er zieht herbei den Kahn! –

LOHENGRIN Elsa! Halt ein! Beruh'ge deinen Wahn!

ELSA Nichts kann mir Ruhe geben,
dem Wahn mich nichts entreißt,
als – gelt es auch mein Leben –
zu wissen, wer du seist!

LOHENGRIN Elsa, was willst du wagen?

ELSA Unselig holder Mann,
hör, was ich dich muß fragen!
Den Namen sag mir an!

LOHENGRIN Halt ein!

ELSA Woher die Fahrt?

LOHENGRIN Weh dir!

ELSA Wie deine Art?

LOHENGRIN Weh uns! Was tatest du?
*(Elsa gewahrt Friedrich und seine vier Genossen, welche mit
gezückten Schwertern durch eine hintere Tür hereinbrechen.)*

ELSA *(nach einem Schrei)*
Rette dich! Dein Schwert, dein Schwert!
*(Sie reicht das am Ruhebett angelehnte Schwert hastig Lohen-
grin, so daß dieser schnell es aus der Scheide, welche sie hält,
ziehen kann; Lohengrin streckt Friedrich, welcher nach ihm
ausholt, mit einem Streiche tot zu Boden; den entsetzten Edlen
entfallen die Schwerter, sie stürzen zu Lohengrins Füßen auf die
Knie. – Elsa, die sich an Lohengrins Brust geworfen hatte, sinkt
ohnmächtig langsam an ihm zu Boden. Langes Stillschweigen.
Lohengrin, tief erschüttert, steht allein aufrecht.)*

LOHENGRIN Weh, nun ist all unser Glück dahin!
*(Er neigt sich zu Elsa hinab, erhebt sie sanft und lehnt sie auf
das Ruhebett.)*

ELSA *(matt die Augen aufschlagend)*
Allewiger, erbarm dich mein!
(Auf Lohengrins Zeichen erheben sich die vier Edlen.)

LOHENGRIN Tragt den Erschlag'nen vor des Königs Gericht!
*(Die Edlen nehmen die Leiche Friedrichs auf und entfernen sich
mit ihr durch die Türe rechts. – Lohengrin läutet an einem
Glockenzuge; zwei Frauen treten von links ein.)*
Sie vor den König zu geleiten,
schmückt Elsa, meine süße Frau! –
Dort will ich Antwort ihr bereiten,
daß sie des Gatten Art erschau'!
(Er geht mit traurig feierlicher Haltung ab. – Die Frauen

geleiten Elsa, die keines Wortes mächtig ist, nach links von
dannen. – Der Tag hat langsam begonnen zu grauen; die Kerzen
sind verloschen. – Wie aus dem Burghof vernimmt man den
kriegerischen Ruf zum Aufbruch. – Ein großer Vorhang fällt im
Vordergrunde zusammen und schließt die Bühne gänzlich.)

(Als der vordere Vorhang wieder aufgezogen wird, stellt die
Bühne die Aue am Ufer der Schelde dar, wie im ersten Akt;
glühende Morgenröte, allmählicher Anbruch des vollen Tages.)

Dritter Auftritt

(Ein Graf mit seinem Heergefolge zieht im Vordergrunde
rechts auf, steigt vom Pferd und übergibt dies einem Knechte;
zwei Edelknaben tragen ihm Schild und Speer. Er pflanzt sein
Banner auf, sein Heergefolge sammelt sich um dasselbe. –
Während ein zweiter Graf auf die Weise, wie der erste, einzieht,
hört man bereits die Trompeten eines dritten sich nähern. – Ein
dritter Graf zieht mit seinem Heergefolge ebenso ein. Die neuen
Scharen sammeln sich um ihre Banner; die Grafen und Edlen
begrüßen sich, prüfen und loben ihre Waffen usw. – Ein vierter
Graf zieht mit seinem Heergefolge von rechts her ein und stellt
sich bis in die Mitte des Hintergrundes auf. – Als die Trompeten
des Königs vernommen werden, eilt alles, sich um die Banner zu
ordnen. – Der König mit seinem sächsischen Heerbann zieht
von links ein.)

ALLE MÄNNER *(an die Schilde schlagend, als der König unter der Eiche ange-*
langt ist)
Heil, König Heinrich!
König Heinrich heil!

KÖNIG HEINRICH Habt Dank, ihr Lieben von Brabant!
Wie fühl' ich froh mein Herz entbrannt,
find ich in jedem deutschen Land
so kräftig reichen Heerverband!
Nun soll des Reiches Feind sich nahn,
wir wollen tapfer ihn empfahn:
aus seinem öden Ost daher
soll er sich nimmer wagen mehr!
Für deutsches Land das deutsche Schwert!
So sei des Reiches Kraft bewährt!

ALLE MÄNNER Für deutsches Land das deutsche Schwert!
So sei des Reiches Kraft bewährt!

KÖNIG Wo weilt nun der, den Gott gesandt
zum Ruhm, zur Größe von Brabant?
*(Ein scheues Gedränge ist entstanden: die vier Edlen bringen
auf einer Bahre Friedrichs verhüllte Leiche und setzen sie in der
Mitte des Kreises nieder.)*

DIE MÄNNER Was bringen die? Was tun sie kund?
Die Mannen sind's des Telramund.

KÖNIG Was führt ihr her? Was soll ich schau'n?
Mich faßt bei eurem Anblick Grau'n!

DIE VIER EDLEN So will's der Schützer von Brabant;
wer dieser ist, macht er bekannt.
*(Elsa, mit einem großen Gefolge von Frauen, tritt auf und
schreitet langsam, wankenden Schrittes vor.)*

DIE MÄNNER Seht, Elsa naht, die Tugendreiche!
*(Der König geht Elsa entgegen und geleitet sie zu einem Sitze
der Eiche gegenüber.)*
Wie ist ihr Antlitz trüb und bleiche!

KÖNIG Wie muß ich dich so traurig sehn!
Will dir so nah die Trennung gehn?
*(Elsa versucht vor ihm aufzublicken, vermag es aber nicht. –
Großes Gedränge im Hintergrunde.)*

EIN TEIL DER MÄNNER
(im Hintergrunde)
Macht Platz dem Helden von Brabant!

ALLE MÄNNER Heil! Heil dem Helden von Brabant!
*(Der König hat seinen Platz unter der Eiche wieder eingenom-
men. – Lohengrin, ganz so gewaffnet wie im ersten Akte, tritt
auf und schreitet feierlich und ernst in den Vordergrund.)*

KÖNIG Heil deinem Kommen, teurer Held!
Die du so treulich riefst ins Feld,
die harren dein in Streites Lust,
von dir geführt des Siegs bewußt.

DIE BRABANTER Wir harren dein in Streites Lust,
von dir geführt des Siegs bewußt!

LOHENGRIN Mein Herr und König, laß dir melden:
die ich berief, die kühnen Helden,
zum Streit sie führen darf ich nicht!
(Alle drücken höchste Betroffenheit aus.)

DER KÖNIG, ALLE MÄNNER UND FRAUEN
Hilf Gott! Welch hartes Wort er spricht!

LOHENGRIN Als Streitgenoß bin nicht ich euch gekommen –
als Kläger sei ich jetzt von euch vernommen!*

---

* *In der Urschrift der Dichtung findet sich an dieser Stelle statt der beiden Verse eine Anklage
Lohengrins:*
«Wenn alle ihr zum Ruhm mich wähnt erlesen,

*(Er enthüllt Friedrichs Leiche, vor deren Anblick sich alle mit
Abscheu abwenden. Lohengrin feierlich vor der Leiche.)*
Zum ersten klage laut ich vor euch allen,
und frag um Spruch nach Recht und Fug:
da dieser Mann zur Nacht mich überfallen,
sagt, ob ich ihn mit Recht erschlug?

DER KÖNIG UND ALLE MÄNNER
(die Hand feierlich nach der Leiche ausstreckend)
Wie deine Hand ihn schlug auf Erden,
soll dort ihm Gottes Strafe werden!

LOHENGRIN Zum andren aber sollt ihr Klage hören,
denn aller Welt nun klag ich laut:
daß zum Verrat an mir sich ließ betören
das Weib, das Gott mir angetraut!

DER KÖNIG UND ALLE MÄNNER
(heftig erschrocken und betrübt)
Elsa! Wie mochte das geschehn?
Wie konntest so du dich vergehn?

DIE FRAUEN *(mit klagenden Gebärden auf Elsa blickend)*
Wehe dir, Elsa!

LOHENGRIN *(immer streng)*
Ihr hörtet alle, wie sie mir versprochen,
daß nie sie woll' erfragen, wer ich bin?
Nun hat sie ihren teuren Schwur gebrochen,
treulosem Rat gab sie ihr Herz dahin!
(Alle drücken die heftigste Erschütterung aus.)
Zu lohnen ihres Zweifels wildem Fragen,
sei nun die Antwort länger nicht gespart;
des Feindes Drängen durft ich sie versagen –
nun muß ich künden, wie mein Nam' und Art.
(mit immer steigender Verklärung seiner Mienen)
Nun merket wohl, ob ich den Tag muß scheuen!
Vor aller Welt, vor König und vor Reich
enthülle mein Geheimnis ich in Treuen.
(sich hoch aufrichtend)
Nun hört, ob ich an Adel euch nicht gleich.

DER KÖNIG, ALLE MÄNNER UND FRAUEN
Welch Unerhörtes muß ich nun erfahren?
O, könnt' er die erzwung'ne Kunde sich ersparen!

Wenn alle ihr an meine Reine glaubt,
So ist in diesem Kreise doch ein Wesen,
Dem zweifel seines Glaubens Treu' geraubt.
Das ist mein Weib, wie schmerzt mich's, daß ich's sage! –
Ein Weib, auf das ich stolz mein Glück gebaut!
Das Weib, zu dem ich reinste Liebe trage,
Elsa, die Gott mir gestern angetraut.»

LOHENGRIN In fernem Land, unnahbar euren Schritten,
liegt eine Burg, die Monsalvat genannt;
ein lichter Tempel stehet dort inmitten,
so kostbar als auf Erden nichts bekannt;
drin ein Gefäß von wundertät'gem Segen
wird dort als höchstes Heiligtum bewacht:
es ward, daß sein der Menschen Reinste pflegen,
herab von einer Engelschar gebracht;
alljährlich naht vom Himmel eine Taube,
um neu zu stärken seine Wunderkraft:
es heißt der Gral, und selig reinster Glaube
erteilt durch ihn sich seiner Ritterschaft.
Wer nun dem Gral zu dienen ist erkoren,
den rüstet er mit überirdischer Macht –
an dem ist jedes Bösen Trug verloren,
wenn ihn er sieht, weicht dem des Todes Nacht;
selbst wer von ihm in ferne Land' entsendet,
zum Streiter für der Tugend Recht ernannt,
dem wird nicht seine heil'ge Kraft entwendet,
bleibt als sein Ritter dort er unerkannt;
so hehrer Art doch ist des Grales Segen,
enthüllt muß er des Laien Auge fliehn: –
des Ritters drum sollt Zweifel ihr nicht hegen,
erkennt ihr ihn – dann muß er von euch ziehn. –
Nun hört, wie ich verbot'ner Frage lohne: –
vom Gral ward ich zu euch daher gesandt;
mein Vager Parzival trägt seine Krone –
sein Ritter ich – bin Lohengrin genannt.*

* *Hier folgt in der Urschrift der zweite Teil der «Gralserzählung»:*
  «Nun höret noch, wie ich zu euch gekommen!
  Ein klagend Tönen trug die Luft daher,
  Daraus im Tempel wir sogleich vernommen,
  Daß fern wo eine Magd in Nöten wär';
  Als wir den Gral zu fragen nun beschickten,
  Wohin ein Streiter zu entsenden sei,
  Da auf der Flut wir einen Schwan erblickten,
  Zu uns zog einen Nachen er herbei:
  Mein Vater, der erkannt' des Schwanes Wesen,
  Nahm ihn in Dienste nach des Grales Spruch:
  Denn wer ein Jahr nur seinem Dienst erlesen,
  Dem weicht von dann ab jedes Zaubers Fluch.
  Zunächst nun sollt' er mich dahin geleiten,
  Woher zu uns der Klage Rufen kam;
  Denn durch den Gral war ich erwählt zu streiten,
  Darum ich mutig von ihm Abschied nahm.
  Durch Flüsse und durch wilde Meereswogen,
  Hat mich der treue Schwan dem Ziel genaht,

ALLE MÄNNER UND FRAUEN
> *(voll Staunen und in größter Rührung)*
> Hör ich so seine höchste Art bewähren,
> entbrennt mein Aug' in heil'gen Wonnezähren!

ELSA Mir schwankt der Boden! – Welche Nacht! –
O Luft – Luft der Unglücksel'gen!
> *(Sie droht umzusinken – Lohengrin faßt sie in seine Arme.)*

LOHENGRIN O, Elsa! Was hast du mir angetan?
Als meine Augen dich zuerst ersahn,
zu dir fühlt ich in Liebe mich entbrannt,
und schnell hatt ich ein neues Glück erkannt:
die hehre Macht, die Wunder meiner Art,
die Kraft, die mein Geheimnis mir bewahrt,
wollt ich dem Dienst des reinsten Herzens weihn –
was rissest du nun mein Geheimnis ein?
Jetzt muß ich – ach! von dir geschieden sein!*

ELSA *(in höchster Verzweiflung aufschreckend)*
Mein Gatte! Nein! ich laß dich nicht von hinnen!
Als Zeuge meiner Buße bleibe hier!

LOHENGRIN Ich muß, ich muß, mein süßes Weib!

ELSA Nicht darfst du meiner bittren Reu' entrinnen,
daß du mich strafest, liege ich vor dir!

DER KÖNIG, ALLE MÄNNER UND FRAUEN
Weh! Wehe! Mußt du von uns ziehn?
Du hehrer, gottgesandter Mann!
Soll uns des Himmels Segen fliehn,
wo fänden dein wir Tröstung dann?

LOHENGRIN Ich muß, ich muß, mein süßes Weib!
Schon zürnt der Gral, daß ich ihm ferne bleib!

ELSA Bist du so göttlich, als ich dich erkannt,
sei Gottes Gnade nicht aus dir verbannt!
Büßt sie in Jammer ihre schwere Schuld,

Bis er zu euch daher ans Ufer mich gezogen,
Wo ihr in Gott mich alle landen saht.»
Wagner hat diesen Teil zwar komponiert, aber noch vor der Uraufführung gestrichen.

* *Diese Passage lautet in der Urschrift der Dichtung:*
«O Elsa! Was hast du mir angetan!
Als meine Augen dich zuerst ersahn,
Fühlt ich zu dir in Liebe schnell entbrannt
Mein Herz, des Grales keuschem Dienst entwandt.
Nun muß ich ewig Reu' und Buße tragen,
Weil ich von Gott zu dir mich hingesehnt,
Denn ach, der Sünde muß ich mich verklagen,
Daß Weibeslieb' ich göttlich rein gewähnt!»

nicht flieh' die Ärmste deiner Nähe Huld!
Verstoß mich nicht, wie groß auch mein Verbrechen!
Verlaß mich nicht! Verlaß die Arme nicht!

LOHENGRIN Nur eine Strafe gibt's für dein Vergehen –
ach! mich wie dich trifft ihre herbe Pein!
Getrennt, geschieden sollen wir uns sehen:
dies muß die Strafe, dies die Sühne sein!*
(Elsa sinkt mit einem Schrei zurück.)

DER KÖNIG UND ALLE MÄNNER
(ungestüm Lohengrin umdrängend)
O bleib, und zieh uns nicht von dannen!
Des Führers harren deine Mannen!

LOHENGRIN O König! hör! Ich darf dich nicht geleiten!
Des Grales Ritter – habt ihr ihn erkannt –
wollt er in Ungehorsam mit euch streiten,
ihm wäre alle Manneskraft entwandt! –
Doch, großer König, laß mich dir weissagen:
Dir Reinem ist ein großer Sieg verliehn!
Nach Deutschland sollen noch in fernsten Tagen –
des Ostens Horden siegreich nimmer ziehn!
*(Während sämtliche Gruppen des Vordergrundes von dem Ein-
druck der Weissagung lebhaft erregt sind, gewahren die im
Hintergrunde die Annäherung des Schwanes.)*

EIN TEIL DER MÄNNER
(im Hintergrunde)
Der Schwan! Der Schwan!

DIE MÄNNER *(im Vordergrunde, nach hinten gewandt)*
Der Schwan! Der Schwan!
Seht dort ihn wieder nahn!

DIE FRAUEN *(im nächsten Vordergrunde um Elsa)*
Der Schwan! Der Schwan!
Weh, er naht!
*(Der Schwan kommt um die vordere Flußbiegung herum. Er
zieht den leeren Nachen.)*

ELSA *(aus ihrer Betäubung erweckt, erhebt sich, auf den Sitz gestützt, und blickt nach dem Ufer)*
Entsetzlich! Ha! Der Schwan!

* *In der Urschrift der Dichtung lautet Lohengrins Antwort:*
«O ich verzeihe! Dir tugendhaften Reinen
Erkennt mein Herz den Preis entzückungsvoll:
Doch jammernd muß der Menschheit Los ich weinen,
Der Gnade nur, nicht Glück entspringen soll.
Wie lange noch sollt ihr des Heils entbehren,
Da wahres Glück dem Zweifel ferne bleibt,
Konnt' ihn dies keusche reinste Herz nicht wehren,
Das unstet mich nun weit von dannen treibt.»

(Sie verbleibt lange Zeit wie erstarrt in ihrer Stellung.)

LOHENGRIN *(erschüttert)*

Schon sendet nach dem Säumigen der Gral!

(Unter der gespanntesten Erwartung der übrigen tritt Lohengrin dem Ufer näher und neigt sich zu dem Schwan, ihn wehmütig betrachtend.)

Mein lieber Schwan!
Ach, diese letzte traurige Fahrt,
wie gern hätt ich sie dir erspart!
In einem Jahr, wenn deine Zeit
im Dienst zu Ende sollte gehn,
dann, durch des Grales Macht befreit,
wollt ich dich anders wiedersehn!

(Er wendet sich im Ausbruch heftigen Schmerzes in den Vordergrund zu Elsa zurück.)

O Elsa! Nur ein Jahr an deiner Seite
hätt ich als Zeuge deines Glücks ersehnt!
Dann kehrte, selig in des Grals Geleite,
dein Bruder wieder, den du tot gewähnt.

(Alle drücken ihre lebhafte Überraschung aus. Lohengrin, während er sein Horn, sein Schwert und seinen Ring Elsa überreicht.)

Kommt er dann heim, wenn ich ihm fern im Leben –
dies Horn, dies Schwert, den Ring sollst du ihm geben:
dies Horn soll in Gefahr ihm Hülfe schenken –
in wildem Kampf dies Schwert ihm Sieg verleiht –
doch bei dem Ringe soll er mein gedenken,
der einst auch dich aus Schmach und Not befreit!

(während er Elsa, die keines Ausdrucks mächtig ist, wiederholt küßt)

Leb wohl! Leb wohl! Leb wohl, mein süßes Weib!
Leb wohl! Mein zürnt der Gral, wenn ich noch bleib!
Leb wohl! Leb wohl!

(Elsa hat sich krampfhaft an ihm festgehalten: endlich verläßt sie die Kraft, sie sinkt ihren Frauen in die Arme, denen sie Lohengrin übergibt. Er eilt schnell dem Ufer zu.)

DER KÖNIG, ALLE MÄNNER UND FRAUEN.

Weh, weh! Du edler, holder Mann!
Welch harte Not tust du uns an!

ORTRUD *(im Vordergrund auftretend)*

Fahr heim! Fahr heim, du stolzer Helde*,
daß jubelnd ich der Törin melde,
wer dich gezogen in dem Kahn;
am Kettlein, das ich um ihn wand,

---

* *Vgl. den anderslautenden Schluß im Anhang (S. 86).*

ersah ich wohl, wer dieser Schwan:
es ist der Erbe von Brabant!

ALLE Ha!

ORTRUD *(zu Elsa)*
Dank, daß den Ritter du vertrieben!
Nun gibt der Schwan ihm Heimgeleit!
Der Held, wär länger er geblieben,
den Bruder hätt er auch befreit!

ALLE *(in äußerster Entrüstung)*
Abscheulich Weib! Ha, welch Verbrechen
hast du in frechem Hohn bekannt!

ORTRUD Erfahrt, wie sich die Götter rächen,
von deren Huld ihr euch gewandt!
*(Sie bleibt in wilder Verzückung hoch aufgerichtet stehen. –
Lohengrin, bereits am Ufer angelangt, hat Ortrud genau vernommen und sinkt jetzt zu einem stummen Gebet feierlich auf
die Knie. Aller Blicke richten sich mit gespanntester Erwartung
auf ihn. – Die weiße Gralstaube schwebt über den Nachen
herab. Lohengrin erblickt sie; mit einem dankenden Blicke
springt er auf und löst dem Schwan die Kette, worauf dieser
sogleich untertaucht; an seiner Stelle hebt Lohengrin einen
schönen Knaben in glänzendem Silbergewande – Gottfried –
aus dem Flusse an das Ufer.)*

LOHENGRIN Seht da den Herzog von Brabant –
zum Führer sei er euch ernannt.
*(Lohengrin springt schnell in den Kahn, den die Taube an der
Kette gefaßt hat und sogleich fortzieht. – Ortrud sinkt bei
Gottfrieds Anblick mit einem Schrei zusammen. – Elsa blickt
mit letzter freudiger Verklärung auf Gottfried, welcher nach
vorn schreitet und sich vor dem König verneigt; alle betrachten
ihn mit seligem Erstaunen, die Brabanter senken sich huldigend
vor ihm auf die Knie. – Gottfried eilt in Elsas Arme; diese, nach
einer kurzen freudigen Entrückung, wendet hastig den Blick
nach dem Ufer, wo sie Lohengrin nicht mehr erblickt.)*

ELSA Mein Gatte! Mein Gatte!
*(In der Ferne wird Lohengrin wieder sichtbar. Er steht mit
gesenktem Haupte, traurig auf seinen Schild gelehnt, im Nachen; bei diesem Anblick bricht alles in einen lauten Wehruf
aus. – Elsa sinkt entseelt in Gottfrieds Armen zu Boden. –
Während Lohengrin immer ferner gesehen wird, sinkt langsam
der Vorhang.)*

Anhang

Der Schluß der Oper in der Urschrift der Dichtung

(Ortrud tritt im Vordergrund rechts auf und stellt sich mit wild jubelnder Gebärde vor Elsa hin.)

ORTRUD Sieg! Sieg! Willkommen Rächerstunde!
Nun nenn' ich herrenlos dies Land!
Gepriesen deines Herzens Wunde,
Durch die ich meine Rache fand!
Weißt du, wer deinen stolzen Helden,
Dahergeführt an diesen Strand?
Nun laß mich jubelnd dir es melden:
Es war der Erbe von Brabant!

ALLE Ha!

ORTRUD Ihr wart der Fürsten letzte Sprossen,
Die uns des Landes Kron' entwandt;
Euch beiden war der Tod beschlossen,
Wenn ich in meiner Näh' euch fand!
Doch sollt' ich ihn erreicht nur haben,
Er mußte meinem Zauber nahn:
Ein Kettlein legt' ich um den Knaben,
Da ward das Kind zum wilden Schwan.
Hin schwamm er auf des Wassers Fluten,
Von dem er Hilfe wollt' empfahn,
Den Ritter traf er an, den Guten,
Und zog zum Strand ihn hier heran.
Dank daß den Ritter du vertrieben,
Nun gibt der Schwan ihm Heimgeleit;
Der Held, wär' länger er geblieben,
Den Bruder hätt' er auch befreit!

ALLE *(im äußersten Entsetzen)*
Abscheulich Weib! Was kündest du?
Wo fänd nun unser Jammer Ruh!

ORTRUD Erkennt, Verwegne, das Verbrechen,
Das ihr verübt an diesem Land.
Lernt so, wie sich die Götter rächen
Von deren Huld ihr euch gewandt!

LOHENGRIN *(der schon bereit in den Nachen zu steigen, hat, Ortruds Stimme vernehmend, eingehalten und ihr vom Ufer aus aufmerksam zugehört. Jetzt senkt er sich dicht am Strande feierlich auf die Knie.)*
(Ein Zeichen gib, allew'ger Gott,
Daß du bestrafst des Lasters Spott!)
Ein Zeichen gib zu dieser Stunde,

Zu dir ruf' ich, allew'ger Gott,
Daß nicht das Laster frech gesunde,
Mit deinen Gnaden treibe Spott!
Als Balsam leg' es auf die Wunde,
Die Zweifel reinstem Herzen schlug!
Daß sich dein hoher Will' bekunde,
Vernichte der Treulosen Trug!
Hör' mich in Demut zu dir flehen,
Ein hohes Zeichen laß mich sehen! . . .

(Seine Stimme wird hier völlig unvernehmbar, er betet mit gen Himmel gerichteten Augen stumm weiter. Während alle im äußersten gespanntesten Schweigen verharren, vernimmt man einen zarten Gesang, wie von der Stimme des Schwans gesungen.)

Leb' wohl, du wilde Wasserflut,
Die mich so weit getragen hat!
Leb' wohl, du Welle blank und rein,
Durch die mein weiß Gefieder glitt!
Am Ufer harrt mein Schwesterlein,
Das soll von mir getröstet sein!

(Lohengrin erblickt plötzlich die weiße Gralstaube über dem Nachen schweben; mit einem dankenden Blick gen Himmel springt er auf und löst dem Schwan die Kette, worauf dieser sogleich untertaucht. Darauf hebt er einen schönen Jüngling [Gottfried] aus dem Wasser an das Ufer.)

LOHENGRIN Seht da den Herzog von Brabant!
Zum Führer sei er euch ernannt!

(Er springt schnell in den Nachen, welchen die Taube an der Kette faßt und fortzieht. – Ortrud ist mit einem Schrei zusammengesunken. Elsa blickt mit letzter freudiger Verklärung auf Gottfried, welcher nach vorn geschritten ist und sich vor dem König verneigt. Alle brabantischen Edlen senken sich vor ihm auf die Knie. – Da wendet Elsa ihren Blick nach dem Fluß.)

ELSA Mein Gatte! Mein Gatte!

(Sie erblickt Lohengrin bereits in der Ferne, von der Taube im Nachen gezogen. – Alles bricht bei diesem Anblick in einen jähen Wehruf aus, Elsa sinkt in Gottfrieds Armen entseelt zu Boden.)

Dokumentation

I. Stoffquellen

Volker Mertens*

‹Lohengrin›: Märchen mit Mittelalter-«Colorit»

Mit der Wahl des Lohengrin-Stoffs ging Wagner erstmals auf ausschließlich mittelalterliche Quellen zurück – im Unterschied zum ‹Tannhäuser› hatten sich die Romantiker nicht mit dem Thema beschäftigt. Das mittelalterliche ‹Lohengrin›-Epos hatte Wagner zugleich mit dem ‹Wartburgkrieg› in der ausführlichen Inhaltsangabe von C. T. L. Lucas schon in Paris kennengelernt.

Der zwischen 1283 und 1288 entstandene anonyme ‹Lohengrin› ist eine politische Dichtung zum Ruhm des deutschen Königs – unverkennbar huldigt der Autor Rudolf von Habsburg unter dem historischen Bild der ersten sächsischen Königs, Heinrichs I., dessen Feldzüge und Kämpfe den Hauptteil des Romans ausmachen, während Lohengrins eigentliche Geschichte sie umrahmt und er in den Kämpfen nur eine spezifische vorbildliche Heldenrolle übernimmt. Den Schluß des Epos bildet eine Chronik der ottonischen Herrscher.

Außerdem kannte Wagner gewiß den ‹Schwanenritter› Konrads von Würzburg, und sei es in der Nacherzählung in den ‹Niederländischen Sagen› Johann Wilhelm Wolfs (1843). Es ist ein nur fragmentarisch erhaltenes Gedicht, in dem Held und Heldin namenlos bleiben.

Während der ‹Lohengrin› seinen Helden zum Aventiure- und Damenritter stilisiert, höfisches Zeremoniell und religiöse Kulthandlungen ausbreitet und sich in ausführlichen Kampfschilderungen ergeht,

* *Volker Mertens, geb. 1937, ist Professor für Ältere deutsche Sprache und Literatur an der Freien Universität Berlin.*

ist Konrads von Würzburg Kurzroman bemerkenswert konzentriert auf die entscheidenden Handlungselemente: die Ankunft des Schwanritters, die Klage der Herzogin vor dem Kaiser, den Kampf, die Frage und den Abschied.

Während Wagner bei der ersten Lektüre des ‹Lohengrin› von «Mißtrauen und Widerwillen» erfüllt war, lernte er später «den Lohengrinmythos in seinen einfacheren Zügen, und zugleich nach seiner tieferen Bedeutung als eigentliches Gedicht des Volkes kennen, wie er aus den läuternden Forschungen der neueren Sagenkunde hervorgegangen ist»[1]. Zu den «einfacheren» Fassungen gehörte wohl Konrad von Würzburg, gehörte vor allem die Fassung der Brüder Grimm in den ‹Deutschen Sagen› sowie die Schwanenkindergeschichte ebenda, in den ‹Niederländischen Sagen› von Wolf und in Ludwig Bechsteins Märchensammlung.

Ein junger Edelmann überrascht auf der Jagd eine Jungfrau beim Bade, die eine goldene Kette in der Hand hält. Er raubt sie ihr und führt sie als Gemahlin heim. Die junge Frau bringt sieben Kinder zur Welt, alle tragen goldene Ketten um den Hals. Die böse Schwiegermutter vertauscht die Kinder mit jungen Hunden. Die Kinder, die von einem Diener umgebracht werden sollen, werden am Leben gelassen und im Wald ausgesetzt. Sie werden entdeckt, während die sechs Brüder in Schwanengestalt im Fluß baden und die Schwester die Ketten bewacht, die ihnen die menschliche Gestalt wiedergeben. Die Großmutter läßt ihnen die Ketten nehmen, doch es gelingt ihr nicht, sich auch der des Mädchens zu bemächtigen. Die Schwäne werden von der Schwester gefüttert, sie fällt wegen ihrer Goldkette dem Vater auf. Er erfragt von ihr die Geschichte, die schuldige Großmutter gesteht. Die Ketten werden herbeigeschafft, die Schwäne in Menschen zurückverwandelt bis auf einen. Von ihm wird nur gesagt, daß er später mit einer goldenen Kette einen Ritter im Nachen gezogen haben soll.

Anders als im ‹Tannhäuser›, wo Wagner zwei ursprünglich unabhängige Stofftraditionen zusammengebracht hat, kombiniert er im ‹Lohengrin› seine Fassung aus den verschiedenen mittelalterlichen Ausformungen eines Stoffs bzw. deren Nacherzählungen in den Sagenbüchern – vielleicht deshalb erschien ihm sein ‹Lohengrin› als ideales, weil gereinigtes Mittelalter.

Aus dem mittelhochdeutschen ‹Lohengrin› übernimmt er das Handlungsgerüst und die Handlungsträger: die von Friedrich von Telra-

---

1 Richard Wagner: Eine Mitteilung an meine Freunde. Sämtliche Schriften und Dichtungen, Volksausgabe, IV, S. 288.

mund des gebrochenen Eheversprechens angeklagte Elsa von Brabant, Heinrich, den deutschen König, der ein Gottesgericht als Entscheidung des Rechtsfalls ansetzt (und zum Ungarn-Krieg aufruft), den Sieg des Schwanritters Lohengrin, das Frageverbot vor der Hochzeit, die Frage der Herzogin, nahegelegt durch eine Gräfin, deren Mann von Lohengrin besiegt wurde, die offizielle Verkündung von Name, Art und Geschlecht von Herrscher, Fürsten und Volk, den Abschied des Schwanritters mit der Gabe von Horn, Schwert und Ring. Details kommen aus Konrads von Würzburg Fassung: die Kette, an der der Schwan den Nachen zieht, die Abschiedsrede des Schwanritters an den Schwan; die Klage der Herzogin vor dem Kaiser wegen des falschen Anspruchs des Anklägers, der Name Gottfried (dort für den verstorbenen Mann, also dynastisch fixiert), die Verdächtigung des Schwanritters als zauberkundig durch den Gegner. Aus dem ‹Jüngeren Titurel› des Albrecht (von Scharfenberg?), den Wagner von der ausführlichen Nacherzählung bei San Marte («Lieder, Wilhelm von Orange und Titurel von Wolfram von Eschenbach und der jüngere Titurel von Albrecht in Uebersetzung und im Auszuge . . .», Magdeburg 1841) und, was den ‹Lohengrin›-Teil angeht, aus Wolfs ‹Niederländischen Sagen› (Nr. 61) und der Einleitung zur ‹Lohengrin›-Ausgabe von Joseph Görres (1803) kannte, stammt das Motiv des Fleischraubs. Die Vorstellung, der Gral sei «ein Gefäß von wundertät'gem Segen», kommt ebenfalls aus dem ‹Jüngeren Titurel›, im mittelhochdeutschen ‹Lohengrin› ist der Gral wie bei Wolfram von Eschenbach ein Stein.

Wichtiges Material aber bot zusätzlich die Schwanenkindergeschichte: sie lieferte die Gestalt der eifersüchtigen Intrigantin, der bösen Frau, die an der Schwanengestalt eines Menschen Schuld ist – die goldene (!) Kette ist Indiz dafür. Ortrud, in der die böse Schwiegermutter dieser Sage mit der Gräfin von Kleve des ‹Lohengrin›-Epos verschmolzen ist, hat mit ihr den Bruder (!) Gottfried der Elsa verzaubert: «am Kettlein, das ich um ihn wand, / ersah ich wohl, wer dieser Schwan, / es ist der Erbe von Brabant.» Daher kann Elsa des Brudermordes angeklagt werden, und obendrein wird ihr noch geheime Buhlschaft vorgeworfen (ein von Wagner erfundenes Motiv). Ortrud wird zur dämonischen, bösen Gegenspielerin des gottgesandten Schwanritters, deren unschuldiges Werkzeug Telramund ist. Zu Lohengrins Bezug auf den christlichen Gralsmythos wird als Pendant Ortruds Bezug auf die heidnischen Friesengötter gestellt: Elsa erliegt nicht den Einflüssen einer zufälligen, unbedeutenden Randfigur, sondern einer echten Kontrahentin. Besonders sinnfällig wird das im Frauenstreit vor dem Münster, einem Motiv, das Wagner aus dem ‹Nibelungenlied› übernahm. Wagner überträgt die Rolle Brünhilds, die über zauberische Kräfte verfügte, an die ähnlich mächtige Ortrud: sie beansprucht den Vortritt vor Elsa, die mit einem Mann unbekannter Abkunft und damit ungeklärter Standesposition (wie Brünhild von Siegfried glaubt) verheiratet ist und den die Friesenfürstin obendrein des Zaubers verdächtigt. Mit dem Zugriff auf eine der dramatischsten und eindringlichsten Szenen des ‹Nibelungenlieds› gewinnt Wagner ein Mittel, die von ihm eingeführte Gegengestalt dramaturgisch wirksam ins Spiel zu bringen. Wagner baut mit den beiden ungleichen Paaren einen wirkungsvollen Kontrast auf: der Heilsbringer Lohengrin, verbunden mit der passiven, beeinflußbaren Elsa gegen die Unheilsbringerin Ortrud mit dem ähnlich unselbständigen Telramund. Er hatte gewiß erkannt, daß die Spannung von Heil und Unheil, von Hell und Dunkel (oder ein vergleichbarer Gegensatz) den mittelalterlichen Fassungen fehlte. Der Schluß mit dem Scheiden des Helden verliert bei Wagner deshalb von seiner unbegreiflichen Härte: das gute Prinzip setzt sich durch, die Verzauberung des Bruders wird durch ein Gebet Lohengrins gebrochen (dieser Zug hat seine Parallele im afrz. ‹Chevalier au Cygne›), und die rechtmäßige Ordnung in Brabant durch die Einsetzung des legitimen Erben bewahrt. Lohengrins Abschied ist zwar die persönliche Katastrophe für Elsa (und für ihn), berührt aber nicht die Weltordnung: auf der äußeren Ebene gewinnt das Gute. Im mittelalterlichen ‹Lohengrin› ist das Scheiden des Helden in der Kaisergeschichte, die zugleich Heilsgeschichte ist, aufgehoben, im ‹Schwanritter› bleibt die Beunruhigung.

Wagner hatte zwischenzeitlich, von der Kritik eines Freundes beeinflußt, dem ‹Lohengrin› einen versöhnlicheren Schluß geben wollen – daß Elsa mit Lohengrin fortzieht*. Dann aber hatte er klar gesehen, daß das der eigentlichen Substanz der Fabel zuwiderläuft: «Als Symbol der Fabel kann ich nur festhalten: die Berührung einer übersinnlichen Erscheinung mit der menschlichen Natur und die Unmöglichkeit einer Dauer derselben» (Brief an Hermann Franck vom 30. Mai 1846**). Die Märchenforschung spricht vom «Motiv der gestörten Mahrtenehe»***, und diese bildet in der Tat die Grundfabel, an der Wagner nichts veränderte. Die mittelalterlichen Gedichte hatten aus dem Märchenmotiv eine genealogische Sage gemacht: im ‹Chevalier au Cygne› ist es so und im ‹Schwanritter› Konrads. Wagner gewinnt

---

* *Vgl. dazu S. 104 der vorliegenden Dokumentation.*
** *Vgl. Dokumentation S. 104.*
*** *Eheschließung eines/r Sterblichen mit einem übernatürlichen Partner.*

daraus den versöhnlichen Schlußklang mit der Ernennung Gottfrieds zum «Führer» von Brabant, aber auf die eigentliche genealogische Konsequenz mußte und wollte er verzichten: da Elsa die Frage schon in der Hochzeitsnacht stellt (Ergebnis der Handlungskonzentration), gibt es – anders als im mittelhochdeutschen ‹Lohengrin› und bei Konrad – keine Nachkommen Lohengrins als Ahnen eines Fürstenhauses, außerdem war das Dynastische ebenso situationsbedingt «mittelalterlich» und daher unverwendbar wie die Fürstenpreisthematik im ‹Wartburgkrieg›.

Wagner zeigt die Bindung Lohengrins an das Gralsgesetz des Frageverbots als dessen Tragik. So ist eine vergleichbare Gebundenheit in anderen Ausformungen des Märchenmotivs der gestörten Verbindung eines überweltlichen Wesens mit einem Menschen – etwa in der Undine-Thematik – gängig. Der ‹Lohengrin› ist also eine Märchenoper in mittelalterlichem Gewand, das vornehmlich – wie im mittelhochdeutschen Epos – in den zeremoniellen Handlungen und daher vor allem in den Regieanweisungen sichtbar ist, als eine Art dramatisierter Historienmalerei. Wagner selber verstand «das alte deutsche Königtum» im ‹Lohengrin› als «Colorit» (Brief an Ferdinand Heine, 31. Oktober 1853). Daß aber die Darstellung dieses Königtums 1845 eine zeitkritische Komponente hatte, geht aus dem gleichen Brief hervor. In der ‹Mitteilung an meine Freunde› interpretiert Wagner sein Werk als Ausdruck der Künstlerproblematik, und als solchen kann man es verstehen, aber andere Dimensionen, wie der Zusammenprall lichter und dunkler Mächte, auch die der Geschlechterspannung zum Beispiel, sind mindestens ebenso deutlich angelegt, und es ist offen für weitere Interpretationen. Wagner hatte recht, wenn er am Lohengrin «die Kategorie christlich-romantisch» als «zufällige Äußerlichkeit, nicht aber das Wegen seiner Erscheinung»[2] ansah – der Lohengrin-Mythos ist «ein uralt-menschliches Gedicht»[3], das Motiv von der gestörten Mahrtenehre finden wir in nahezu allen Kulturen). Wagner selbst verweist auf Zeus und Semele als antike Ausformung. Dieser Mythos ist nun eben nicht christlich: Im Christentum scheitert der Bund zwischen Gott und Mensch nicht, sondern auch nach seiner Himmelfahrt bleibt Christus präsent in der Eucharistie für alle, die glauben – nicht nur für das erwählte Gralsvolk wie bei Wagner. Das christliche Mittelalter konnte den Lohengrin-Mythos am ehesten als genealogischen Mythos verstehen – nicht als theologischen oder anthropologischen.

2 Wagner, a. a. O., S. 289.
3 Ebd., S. 289.

Von dieser genealogischen Überformung befreite ihn Wagner – nahm ihm damit aber das spezifisch Mittelalterliche, das nur noch als «Colorit» verbleibt. Der Konflikt zwischen hellen und finsteren Mächten, von Wagner als neue Dimension in den Stoff durch die Erfindung der Figur der Ortrud eingeführt, gehört ursprünglich nicht dazu und gibt jetzt dem Ende die Ambivalenz: zwar siegt einerseits das Gute gegen das Böse, aber anderereits scheitert die Vereinigung von jenseitigem und irdischem Wesen. Der Hell-Dunkel-Kontrast ist nicht spezifisch mittelalterlich – aber das frühe Mittelalter stellt die angemessene geschichtliche Situation bereit, in der das alte Heidentum vom Christentum noch nicht völlig besiegt ist. Das Christliche ist die mittelaltergemäße Erscheinungsform der lichten Macht – und auch von daher ist das Mittelalter vornehmlich «Colorit» – ein für die Erscheinung durchaus harmonisches allerdings.

Wolfram von Eschenbach

Der Lohengrin-Stoff in ‹Parcival›*

Es herrscht' im Lande zu Brabant
Eine Frau von würdereichem Leben,
Großem Reichthum und hohem Stand.
Von rechter Keuschheit in der Liebe
Sind fremd ihr niedre menschliche Triebe.
Es warben werthe Männer genug,
Von denen mancher Krone trug.
Und hohe Fürsten um ihre Hand.
Doch ihre Demuth war so groß,
Daß jeder Werbung sie widerstand:
Denn der nur solle ihr Genoß –
So sprach sie – sein, der ihr gesandt
Als Gatte werde von Gottes Hand.

Viele Grafen des Landes fingen
Schon murrend an, die Reine zu hassen,
Und Feinde wider sie zu dingen,
Weil nicht Entschluß sie wolle fassen,
Und zaudre, daß sie sich vermähle,
Wiewohl ein Haupt dem Reiche fehle.
Doch was ihr böses auch geschah –
Vertrauend und ergeben sah
Auf Gott sie nur, und duldete,
Was sie nicht verschuldete.
In Bedrängniß endlich mehr gebracht,
Ward ein Hoftag von ihr angesagt,
Und es kamen von nah und fern
Nach *Antwerpen* des Landes Herrn
Und Fürsten. Als sich dort vereint
Befinden Alle, da erscheint
Auf einem Schifflein durch die Wogen
Von einem Schwan dahergezogen
Ein Ritter, stattlich anzusehn,
Von edlem Sinne, mannlich, schön,

* *Die Übertragung stammt von Albert Schulz, veröffentlicht 1836/41 unter dem Pseudonym San Marte.*

Höfisch, von keuscher Zucht und weise.
Es war von Montsalvas die Reise
Ihm anbefohlen durch den Gral.

Der Hof, und Volk in großer Zahl
Sieht an das Wunder von dem Strand.
Jedoch die Fürstin von Brabant
Erkennt sogleich: er sei es, den
Ihr zum Gemahl Gott ausersehn.
Er, so mit Auszeichnung empfangen,
Als er vernahm der Frau Verlangen,
Sprach aber laut, daß All' am Ort
Es deutlich hörten, solches Wort:
«Soll ich des Landes Krone tragen,
Ist eins zuvor mir zuzusagen:
Nie sollt Ihr fragen, wer ich sei;
Denn dann nur darf ich hier verweilen.
Erlaubt Ihr Euch die Frage frei,
Dürft meine Lieb' Ihr nicht mehr theilen.
Seid denn gewarnt! Mich warnet Gott.
Er weiß den Grund von dem Gebot.»
Die Frau versprach mit ganzer Treu,
Daß immer vor der Frage Scheu
Sie wolle tragen und vertreten,
Um das er mahnend ernst gebeten.
Nachts ward das Beilager gefeiert,
Und er am Morgen ausgesteuert
Mit der Krone von Brabant,
Die Hochzeit wird mit Pracht begangen,
Und die Fürsten und Baron' empfangen
Ihre Lehen von seiner Hand.
Ein gerechter Richter seines Landes,
Eine Zier des Ritterstandes
Regiert' er segensreich und kräftig.
Nur für des Reiches Wohl geschäftig.

Aus ihrer hochbeglückten Ehe
Wurden schöne Kinder geboren;
Jedoch der Freude folgte Wehe.
Wie sie gewonnen, ward sie verloren.
Noch giebt es Leute in Brabant,

Die wissen wohl von diesen beiden,
Und denen wohl noch ist bekannt
Sein Empfang, so wie sein Scheiden.
Und wie lang' er dort geblieben,
Bis daß die Frag' ihn hat vertrieben.
Wieder durch der Fluthen Bahn
Schwamm daher sein Freund, der Schwan,
Und führte auf dem Schifflein fern
(Man wußte nicht, wohin?) den Herrn.
Zurück doch ließ er, als er ging,
Ein Schwerdt, ein Horn und einen Ring.

So schied *Loherangrin* von Brabant;
Denn er war's, den der Gral gesandt
Nach diesem Reich, Sohn Parcivals,
Heim kehrt' er wieder zur Pflege des Grals. –

Jacob Grimm

Auszug aus den ‹Deutschen Sagen› (1816/18)

Lohengrin zu Brabant

Der Herzog von Brabant und Limburg starb, ohne andere Erben als
eine junge Tocher Els oder Elsam zu hinterlassen; diese empfahl er auf
dem Todbette einem seiner Dienstmannen, Friedrich von Telramund.
Friedrich, sonst ein tapferer Held, der zu Stockholm in Schweden
einen Drachen getötet hatte, wurde übermütig und warb um der
jungen Herzogin Hand und Land unter dem falschen Vorgeben, daß
sie ihm die Ehe gelobt hatte. Da sie sich standhaft weigerte, klagte
Friedrich bei dem Kaiser Heinrich dem Vogler; und es wurde Recht
gesprochen, daß sie sich im Gotteskampf durch einen Helden gegen
ihn verteidigen müsse. Als sich keiner finden wollte, betete die Herzogin inbrünstig zu Gott um Rettung. Da erscholl weit davon zu Mont-
salvatsch beim Gral der Laut der Glocke, zum Zeichen, daß jemand
dringender Hilfe bedürfe; alsobald beschloß der Gral, den Sohn Parzivals, Lohengrin, darnach auszusenden. Eben wollte dieser seinen
Fuß in den Stegreif setzen, da kam ein Schwan auf dem Wasser
geflossen und zog hinter sich ein Schiff daher. Kaum erblickte ihn
Lohengrin, als er rief: «Bringt das Roß wieder zur Krippe; ich will nun
mit diesem Vogel ziehen, wohin er mich führt.» Speise im Vertrauen auf
Gott nahm er nicht in das Schiff; nachdem sie fünf Tage über Meer
gefahren hatten, fuhr der Schwan mit dem Schnabel ins Wasser, fing
ein Fischlein auf, aß es halb und gab dem Fürsten die andere Hälfte zu
essen.

Unterdessen hatte Elsam ihre Fürsten und Mannen nach Antwerpen zu einer Landsprache berufen. Gerade am Tage der Versammlung
sah man einen Schwan die Schelde heraufschwimmen, der ein Schifflein zog, in welchem Lohengrin auf sein Schild ausgestreckt schlief.
Der Schwan landete bald am Gestade, und der Fürst wurde fröhlich
empfangen; kaum hatte man ihm Helm, Schild und Schwert aus dem
Schiff getragen, als der Schwan sogleich zurückfuhr. Lohengrin vernahm nun das Unrecht, welches die Herzogin litt, und übernahm es
gern, ihr Kämpfer zu sein. Elsam ließ hierauf alle ihre Verwandten und
Untertanen entbieten, die sich bereitwillig in großer Zahl einstellten;
selbst König Gotthart, ihr mütterlicher Ahn, kam aus Engelland,
durch Gundemar, Abt zu Clarbrunn, berufen. Der Zug machte sich

98

auf den Weg, sammelte sich nachher vollständig zu Saarbrück und ging von da nach Mainz. Kaiser Heinrich, der sich zu Frankfurt aufhielt, kam nach Mainz entgegen; und in dieser Stadt wurde das Gestühl errichtet, wo Lohengrin und Friedrich kämpfen sollten. Der Held vom Gral überwand; Friedrich gestand, die Herzogin angelogen zu haben, und wurde mit Schlägel und Barte (Beil) gerichtet. Elsam fiel nun dem Lohengrin zuteile, die sich längst einander liebten; doch behielt er sich insgeheim voraus, daß ihr Mund alle Fragen nach seiner Herkunft zu vermeiden habe; denn sonst müsse er sie augenblicklich verlassen.

Eine Zeitlang verlebten die Eheleute in ungestörtem Glück, und Lohengrin beherrschte das Land weise und mächtig; auch dem Kaiser leistete er auf den Zügen gegen die Hunnen und Heiden große Dienste. Es trug sich aber zu, daß er einmal im Speerwechsel den Herzog von Kleve herunterstach und dieser den Arm zerbrach; neidisch redete da die Klever Herzogin laut unter den Frauen: «Ein kühner Held mag Lohengrin sein, und Christenglauben scheint er zu haben; schade, daß Adels halben sein Ruhm gering ist; denn niemand weiß, woher er ans Land geschwommen kam.» Dies Wort ging der Herzogin von Brabant durch das Herz, sie errötete und erblich. Nachts im Bette, als ihr Gemahl sie in Armen hielt, weinte sie; er sprach: «Lieb, was wirret dir?» Sie antwortete: «Die Klever Herzogin hat mich zu tiefem Seufzen gebracht», aber Lohengrin schwieg und fragte nicht weiter. Die zweite Nacht weinte sie wieder; er aber merkte es wohl und stillte sie nochmals. Allein in der dritten Nacht konnte sich Elsam nicht länger halten und sprach: «Herr, zürnt mir nicht! Ich wüßte gern, von wannen Ihr geboren seid; denn mein Herz sagt mir, Ihr seiet reich an Adel.» Als nun der Tag anbrach, erklärte Lohengrin öffentlich, von woher er stamme: daß Parzival sein Vater sei und Gott ihn vom Gral hergesandt habe. Darauf ließ er seine beiden Kinder bringen, die ihm die Herzogin geboren, küßte sie und befahl, ihnen Horn und Schwert, das er zurücklasse, wohl aufzuheben; der Herzogin ließ er das Fingerlein, das ihm einst seine Mutter geschenkt hatte. Da kam mit Eile sein Freund, der Schwan, geschwommen, hinter ihm das Schifflein; der Fürst trat hinein und fuhr wider Wasser und Wege in des Grales Amt. Elsam sank ohnmächtig nieder, daß man mit einem Keil ihre Zähne aufbrechen und ihr Wasser eingießen mußte. Kaiser und Reich nahmen sich der Waisen an; die Kinder hießen Johann und Lohengrin. Die Witwe aber weinte und klagte ihr übriges Leben lang um den geliebten Gemahl, der nimmer wiederkehrte.

II. Entstehung und Uraufführung

Während eines Kuraufenthalts in Marienbad schrieb Wagner im Juli 1845 unmittelbar nach dem Prosaentwurf zu den ‹Meistersingern› einen weiteren zu ‹Lohengrin›, der mit dem Schlußdatum «3. August 1845» versehen ist. Die Erstschrift des in Versen abgefaßten Textbuches trägt das Schlußdatum: «27. November 1845»; mit der Kompositionsarbeit begann Wagner jedoch, wenn seine Behauptung in einem Brief vom 20. Mai 1846 stimmt, erst über ein halbes Jahr später: «Seit einem Jahre – der Beendigung des ‹Tannhäuser› – habe ich keine Note wieder geschrieben; ich bin jetzt auf's Land gegangen um meine etwas angegriffene Gesundheit zu erholen; fände ich dabei einige gute Laune, so drängt es mich nun zunächst sehr die Composition einer neuen Oper, wozu ich die Dichtung fertig habe, zu beginnen.»

Sowohl der Prosaentwurf als auch die Erstschrift der Dichtung (von Julius Kapp in seiner Ausgabe der Schriften und Dichtungen Wagners als «Urschrift» bezeichnet) weichen in einigen Punkten erheblich von der später komponierten Textfassung ab; dies betrifft insbesondere den – immer wieder mit Freunden diskutierten – Schluß der tragischen Handlung. Einige Motivationen der äußeren Handlung werden im Prosaentwurf wesentlich deutlicher ausgesprochen als in der knappen Fassung des komponierten Textbuchs. Dies gilt vor allem für das seltsame Verschwinden Herzog Gottfrieds, das im Prosaentwurf sowohl von Elsa als auch von ihrem Ankläger Friedrich von Telramund ausführlich geschildert wird, ferner für die prägnante Eifersucht Telramunds gegen Elsas «Buhlen», die sich im Prosaentwurf bis in den zweiten Aufzug hinein erstreckt (!). Interessant ist auch die Verstärkung der Wundererscheinung Lohengrins durch «exaltirte» Hoffnung auf Wunderheilung im zweiten Aufzug des Prosaentwurfs und die Herausarbeitung des Aberglaubens im Volk als Kontrast zum «keimenden Zweifel» Elsas wie auch die präzise innere Motivierung des «kontemplativen Ensembles» («In wildem Brü-

ten») durch Ortruds und Telramunds Worte: *«Ha, der Zweifel fiel in ihre Brust»;* und daß Telramund ein betrogener Betrüger ist, erfahren wir nur im Prosaentwurf in den Worten Lohengrins.

Schließlich enthält der Text der sogenannten *«Gralserzählung»*, abgesehen von dem später vor der Uraufführung gestrichenen zweiten Teil, eine wichtige Erläuterung, warum die Gralsritter nicht *«der Weibesliebe pflegen»* dürfen und daß einzig dem *«Könige der Templer Schaar»* ein *«reines Weib»* erlaubt sei, damit sich *«sein erhabenes Geschlecht ewig ungemischt fortpflanze»* – damit ist auch die plausible Erklärung dafür gegeben, daß Lohengrin der Sohn Parzivals ist.

Der Prosaentwurf des ‹Lohengrin› wurde erstmals veröffentlicht von Otto Strobel: Die Urgestalt des *«Lohengrin»*. Wagners erster dichterischer Entwurf. In: Bayreuther Festspielführer 1936, und ist neuerdings abgedruckt in Michael von Soden: Richard Wagner. Lohengrin. Insel Verlag, Frankfurt am Main 1980.

Zwei Briefe Richard Wagners vor der Komposition der Lohengrin-Partitur

AN ALBERT WAGNER*, DRESDEN

Marienbad, 4 August 1845.

[. . .] In 4 Tagen haben wir also unsre Kur beendet, auf welche wir dann volle fünf Wochen verwandt haben werden! Die Anzeichen deuten auf einen guten Erfolg bei mir u. Minna, die wir auf die gewohnte Weise uns von Bekanntschaften, mit denen man nun überall geplagt ist, so fern wie möglich gehalten haben, dafür aber nicht viel aus Wäldern u. Bergen herausgekommen sind. Mein Kopf hat seine Rastlosigkeit aber nicht verlieren wollen u. so habe ich denn gestern das Niederschreiben eines sehr ausführlichen, vollständigen Planes zum ‹Lohengrin› beendigt, der mir große Freude macht, ja, ich gestehe es frei, mit stolzem Behagen erfüllt. Du weißt, welche Sorge mich manchmal beschlich, nach dem Tannhäuser keinen Stoff wieder zu finden, der ihm an Wärme u. Eigenthümlichkeit gleichkomme: – je näher ich mich nun aber mit meinem neuen Stoff vertraut machte, je inniger ich die Idee erfaßte, desto reicher u. üppiger ging mir dessen Kern auf u. entfaltete sich zu einer so vollen, schwellenden Blume, daß ich mich in ihrem Besitze wahrhaft glücklich fühle. Meine Erfindung u. Gestaltung hat bei dieser Schöpfung den größten Antheil: das altdeutsche Gedicht, welches uns diese hochpoetische Sage bewahrt hat, ist das dürftigste u. platteste, was in dieser Art auf uns gekommen ist, und ich fühle mich in der Befriedigung des Reizes sehr glücklich, die fast ganz unkenntlich gewordene Sage aus dem Schutt u. Moder der schlechten, prosaischen Behandlung des alten Dichter's erlöst u. durch eigene Erfindung u. Nachgestaltung sie wieder zu ihrem reichen, hochpoetischen Werthe gebracht zu haben. – Aber abgesehen davon, welch ein glückliches Opernbuch ist es! Wirkungsvoll, anziehend, imponirend u. rührend in jedem Theile! – Johanna's Partie** darin, – welche sehr bedeutend u. eigentlich die Hauptpartie ist, – muß das Reizendste u. Ergreifendste von der Welt werden. – Nun genug! Wem das Herz voll ist, dem p. p.

---

* *Albert Wagner (1799–1874), Bruder des Komponisten, war Sänger, Schauspieler und Regisseur. Er wirkte seit 1819 als Tenor und Schauspieler auf verschiedenen deutschen Bühnen und war von 1857 bis 1864 Regisseur der Berliner Hofoper.*

** *Johanna Wagner, die Nichte des Komponisten, sollte die Rolle der Elsa übernehmen.*

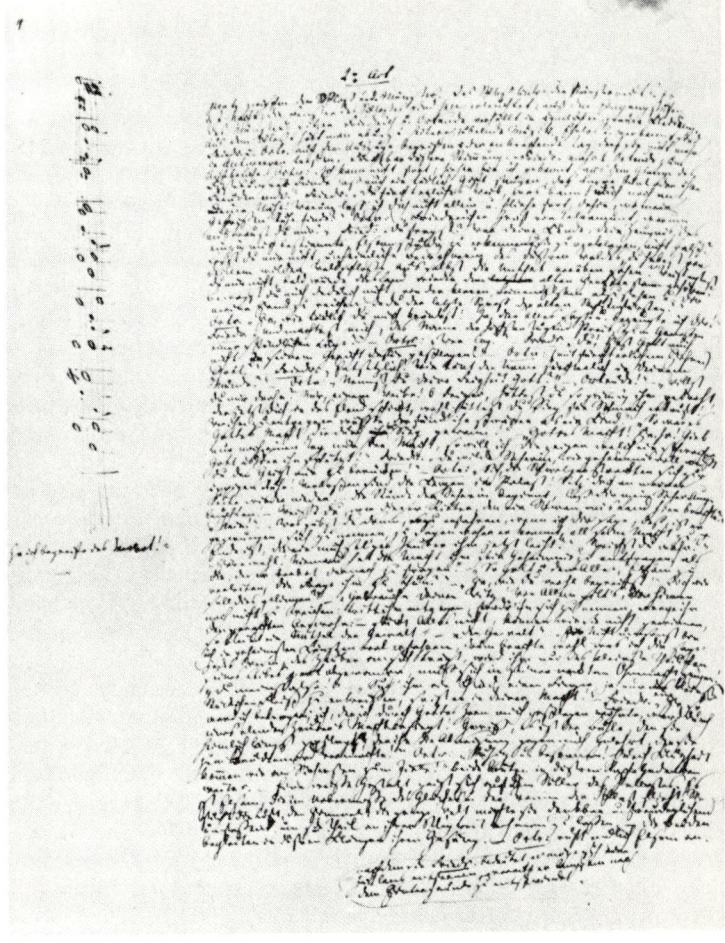

*Der Beginn der vierten Manuskriptseite des Prosaentwurfs zum ‹Lohen-
grin›: Anfang des zweiten Aufzugs. Das Notenbeispiel links am Rand ist
eine rudimentäre, textlose Vorform zu dem Motiv «Fühl' ich zu dir so süß
mein Herz entbrennen» aus der Szene im Brautgemach (Duett Elsa–
Lohengrin), also ein musikalischer Hinweis auf den dritten Aufzug. Den
Prosaentwurf schrieb Wagner im Juli 1845 (Schlußdatum: 3. August)
bei einem Kuraufenthalt in Marienbad nieder.*

AN DR. HERMANN FRANCK*, Breslau (30. Mai 1846)

Geehrtester Freund!
Ich weiß nicht, wo Sie sind, und kann dennoch dem Drange nicht widerstehen, mich mit Ihnen zu unterhalten.** Eben habe ich viel mit Ihnen disputirt: das gilt noch immer dem Lohengrin; mit größter Frische habe ich mich wieder darüber hergemacht, und bin nun mit *mir* im Reinen: ich habe mein Gedicht nach einiger Unterbrechung, soviel dies möglich ist, als unbefangener Fremder angesehen, und seine poetische Absicht spricht sich mir so aus: Die Sühne für Elsa's Vergehen kann nur in ihrer Bestrafung liegen, und selten kann ein Vergehen eine consequentere und somit unerläßlichere Strafe nach sich ziehen, als sie hier in der *Trennung* ausgesprochen ist: keine Züchtigung, kein Tod (unmittelbar) kann ihre Strafe sein, – jede andere Strafweise wäre Willkür und müßte empören, nur – die allerdings härteste – die Strafe der *Trennung* erscheint als die unerläßlichste, und sie kann nicht *zu* hart erscheinen, weil sie die gerechteste, die folgerichtigste ist. *Elsa* hat *Lohengrin* verwirkt, ihr Vereinigtbleiben ist unmöglich, denn als Elsa die Frage an ihn richtet, sind Beide bereits geschieden: die *Trennung*, die Idee der Trennung, erschien mir von Anfange her beim ersten Bekanntwerden mit dem Stoffe als das Eigenthümliche, besonders Bezeichnende desselben, und nachdem ich jede andere Möglichkeit einer Lösung durchlaufen habe, komme ich immer deutlicher wieder auf diese Trennung zurück, – die, wenn sie ausfallen sollte, eine totale Umgestaltung des Stoffes verlangen und wohl nur die Beibehaltung der äußersten Aeußerlichkeiten desselben gestatten würde. Als Symbol der Fabel kann ich nur festhalten: die Berührung einer übersinnlichen Erscheinung mit der menschlichen Natur und die Unmöglichkeit einer Dauer derselben. Die Lehre würde sein: der liebe Gott[1] thäte klüger, uns mit Offenbarungen zu verschonen, da er doch die Gesetze der Natur nicht lösen darf: die Natur, hier die menschliche Natur, muß sich rächen und die Offenbarung zu nichte machen. Dies scheint mir der Sinn der Meisten jener wundervollen Sagen, die nicht von Pfaffen

* *Hermann Franck war Schriftsteller, lebte in Breslau und um 1845 in Dresden.*
** *Wagner hat mit Franck über das im Herbst 1845 vollendete Textbuch zu ‹Lohengrin›*
ausführliche Gespräche geführt, in denen auch die Härte der Bestrafung Elsas «durch
Lohengrins Scheiden» im dritten Akt zur Debatte stand. Wagner berichtet darüber in
seiner Autobiographie ‹Mein Leben› und gibt auch in dem oben zitierten Brief dafür eine
einleuchtende Erklärung.
1 Ich meine, der Christengott. –
 (Ich fürchte, bei dieser Gelegenheit viel Unsinn gesagt zu haben: es fehlt mir da recht am
 Zeug, um mich ausdrücken zu können.)

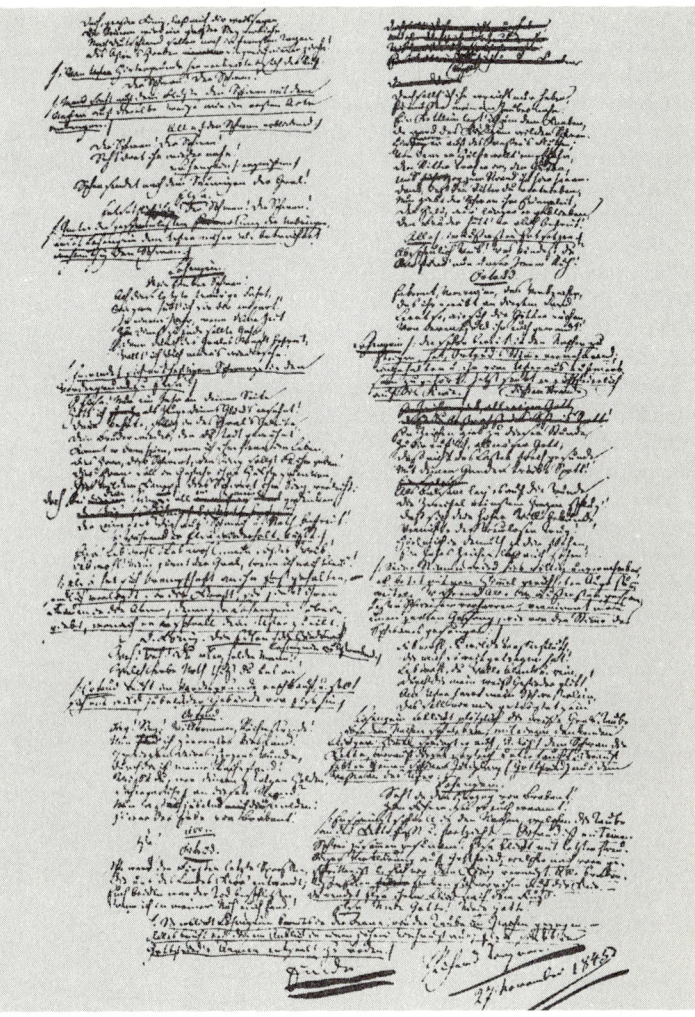

Die letzte Seite aus Wagners Manuskript der nicht veröffentlichten Erstschrift der ‹Lohengrin›-Dichtung, abgeschlossen am 27. November 1845. In der komponierten Textfassung nahm Wagner einige einschneidende Veränderungen vor. Die Reinschrift des endgültigen Textbuchs erstellte Wagner vermutlich Ende 1848.

gemacht worden sind. Wie ging es der *Semele* mit *Zeus?* – Nun fragt es sich allerdings, ob mein Gedicht auf dieser Basis der dramatischen geschlossenen Wirksamkeit fähig ist, und dies war ja auch eigentlich Ihre Sorge. Ich gestehe, daß ich darüber zweifellos bin, wie gewagt es auch sein mag, den ersichtlichen Abschluß einer Handlung aus den Augen zu rücken, wie es hier durch das Fortziehen des *Lohengrin* geschieht: indeß hier muß es gewagt werden, den endlichen Moment der *Trennung* zur That zu erheben, und dies muß dadurch ermöglicht werden, daß wir über den Abschluß des Schicksales *beider* Getrennten vollkommen im Klaren sind. Hier hat mir nun Ihr Zweifel sehr viel genützt, indem er mich dringend darauf hingewiesen hat, *Lohengrin's* Betheiligung an dem tragischen Ausgange deutlicher zu machen, als dies der Fall war.

Lohengrin's großen (auch passiven) Antheil an der Enwickelung des Schicksals glaube ich vollkommen genügend festgestellt zu haben: – in seinem ersten Auftreten habe ich Nichts geändert, – ich darf hier das schöne Vorrecht der Musik nicht schmälern, die hier vollständig ergänzen wird, was der Dichter nur ungern in Worten ausführen muß: die Ueberraschung bei Elsa's Anblick, das *unvermuthete* und schnell entflammte Feuer der Liebe. – In der Entgegnung Lohengrin's, als ihn Elsa das zweite Mal nach seiner Herkunft gefragt, will ich auch Nichts ändern; er antwortete nach einem ernsten Verweise:

An meine Brust, du süße Reine!
Sei meines Herzens Glühen nah,
Daß mich dein Auge sanft bescheine,
In dem ich all mein Glück ersah.
O gönne mir, daß mit Entzücken
Ich deinen Athem sauge ein:
Laß stets, ach! stets an mich dich drücken,
Daß ich in dir mög' glücklich sein!
Dein Lieben muß mir hoch entgelten
Für das, was ich um dich verließ,
Kein Loos in Gottes weiten Welten
Wohl edler als das meine hieß!
Böt' mir der König seine Krone,
Ich dürfte sie mit Recht verschmähn;
Das Einz'ge, was mein Opfer lohne,
Muß ich in deiner Lieb' erschn etc.

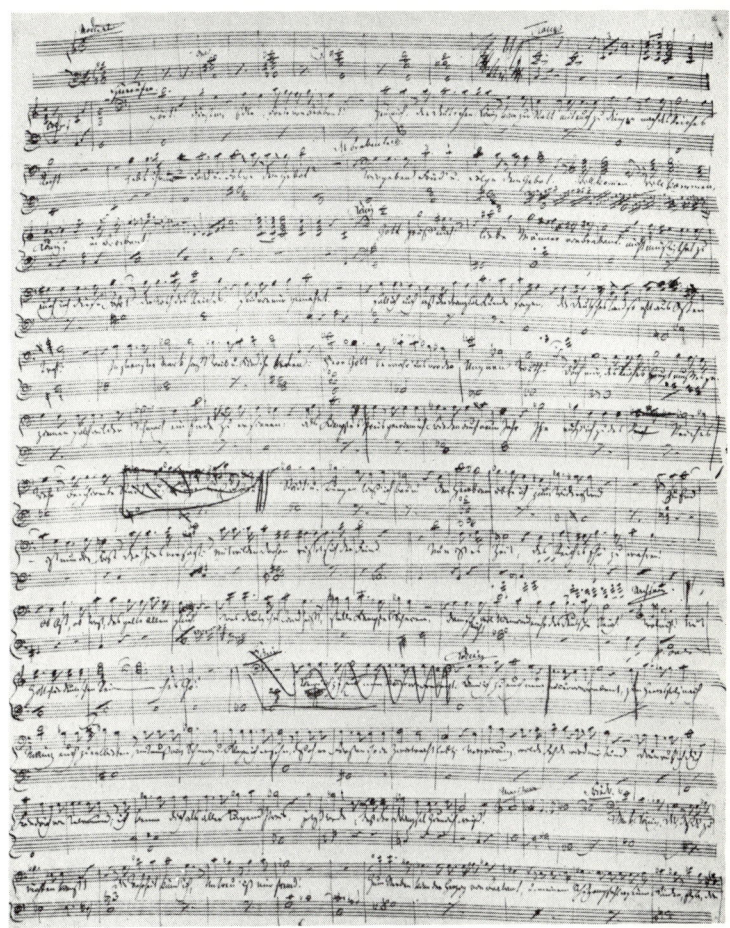

Der Anfang der Oper ‹Lohengrin› (nach dem Vorspiel) in Wagners sogenannter «Kompositionsskizze», vermutlich Mai 1846. Seit dem ‹Lohengrin› und später stets – außer bei ‹Rheingold› und ‹Walküre› – pflegte Wagner zunächst eine gesamte Oper in Singstimme und Baß (bzw. Harmonie) zu fixieren und dann, in einem zweiten Arbeitsgang, den orchestralen Gesamtentwurf, die sogenannte «Orchesterskizze», nieder- zuschreiben, meist sogar parallel zur «Kompositionsskizze». Die «Kompositionsskizze» zum ‹Lohengrin› beendete Wagner am 30. Juli 1846.

Es widersteht mir, hier ebenfalls in Worten mehr anzudeuten, und behalte ich es mir ausdrücklich vor, hier durch die Musik den Ausdruck so zu vervollständigen, daß Niemand im Zweifel sein soll, wie Lohengrin zu Muth ist. Eben dies scheint mir der große Vorzug des vereinigten Ausdruckes des Gedichtes und der musikalischen Composition zu sein, daß die Menschen, die sich durch ihn aussprechen, in einer gewissen plastischen Unzerflossenheit und Ganzheit sich geben können, die durch zu vieles Nebenher-Motiviren nothwendig nur geschwächt werden kann. (Gott weiß, ob ich mich richtig ausdrücke!) – Nachdem ich nun aber Lohengrin ruhig und würdevoll seinen erhabenen Beruf verkünden ließ, soll er nun – statt daß er sich in der früheren Abfassung nur mit schmerzlichem Vorwurfe an Elsa wandte – in größter Ergriffenheit sich folgendermaaßen auslassen:

O Elsa! was hast du mir angethan!
Als meine Augen dich zuerst ersahn,
Fühlt' ich, zu dir in Liebe schnell entbrannt,
Mein Herz des Grales keuschem Dienst entwandt;
Nun muß ich ewig Reu' und Buße tragen,
Weil ich von Gott zu dir mich hingesehnt,
Denn ach! der Sünde muß ich mich verklagen,
Daß Weibeslieb' ich göttlich rein gewähnt! –*

Halten Sie es dazu nun noch für nöthig, daß er eines besonderen Gral-Gesetzes erwähne, welches dergleichen Ausschweifungen den Grals-Rittern zwar nicht verbiete, aber auch nicht vergönne? Ich sollte meinen, es müßte genügen, wenn man an diesem Lohengrin faktisch die Erfahrung mache, daß die weltlichen Liebesbande streng genommen einem Grals-Ritter nicht zukämen. (Uebrigens erfinde ich in dieser schwankenden Gesetzbestimmung Nichts, – es ist ganz in dieser Weise schon von Wolfram angeführt.) Nachdem *Elsa* nun Lohengrin angerufen hat, sie für ihr Vergehen zu züchtigen, antwortet dieser:

Nur eine Strafe gibt's für dein Vergehen,
Ach! mich wie dich trifft ihre herbe Pein!
Getrennt, geschieden sollen wir uns sehen,
Dies muß die Strafe, dies die Buße sein.

---

* *Das ist die Textfassung der Urschrift (vgl. dazu das Textbuch des vorliegenden Bandes, S. 82).*

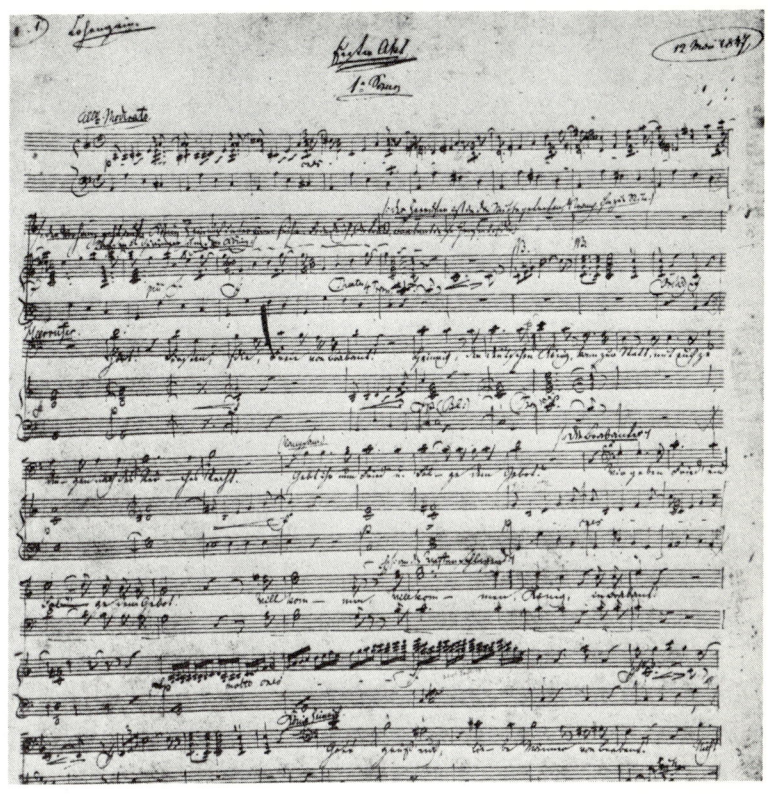

Der Anfang der Oper ‹Lohengrin› (nach dem Vorspiel) in der «Orchesterskizze» mit dem oben rechts vermerkten Anfangsdatum der Niederschrift am 12. Mai 1847. Die «Orchesterskizze» enthält bereits wesentliche Elemente der späteren Partitur. Im Gegensatz zur «Kompositionsskizze» begann Wagner jedoch in diesem Fall mit dem dritten Aufzug (Anfangsdatum: 9. September 1846) und fuhr dann erst fort mit dem abgebildeten ersten Aufzug. Das war offensichtlich notwendig, weil Wagner in der «Kompositionsskizze» noch den Wortlaut der Erstschrift des Textbuchs vertont hatte und jetzt, wegen der zahlreichen Textänderungen, zur teilweisen Neukomposition gezwungen war. Die späteste Datumseintragung in der «Orchesterskizze» lautet: 29. August 1847. Vgl. auch Wagners Brief an Hermann Franck, der einen Hinweis auf die Neukomposition des dritten Aufzugs enthält (Seite 104 f).

ELSA Weh mir, wie sollt' es härtre Strafe geben?
Getrennt von dir bleibt einzig nur der Tod!

LOHENGRIN Muß göttlich fern des Grales Ritter *leben*,
Dein Gatte, ach! erlag der Trennung Noth. –

Nun genug, geehrtester Freund! Ich erzähle Ihnen am Ende die ganze Geschichte noch einmal. – Geht es mit Ihrem Gewissen, so geben Sie mir nun Ihren Segen zu meiner Arbeit, denn ich gehe jetzt mit unsäglicher Lust und großer Hoffnung daran: – meine Musik soll Ihnen diesmal Freude machen, – ich glaube, wieder Viel gelernt zu haben. –

Aus dem Briefwechsel
zwischen Richard Wagner und Franz Liszt
vor der Uraufführung des ‹Lohengrin›

Lieber, soeben las ich etwas in der Partitur meines Lohengrin – ich lese sonst nie in meinen Arbeiten. Eine ungeheure Sehnsucht ist in mir entflammt, dies Werk aufgeführt zu wissen. Ich lege Dir hiermit meine Bitte an das Herz. Führe meinen Lohengrin auf! Du bist der Einzige, an den ich diese Bitte richten würde: Niemand als Dir vertraue ich die Creation dieser Oper an: aber Dir übergebe ich sie mit vollster, freudigster Ruhe. Führe sie auf, wo Du willst: gleichviel wenn es selbst nur in Weymar ist: ich bin gewiß, Du wirst alle möglichen und nöthigen Mittel dazu herbeischaffen, und man wird Dir nichts abschlagen. Führe den Lohengrin auf und laß sein Inslebentreten Dein Werk sein. In Dresden befindet sich eine correcte Partitur der Oper: Herr v. Lüttichau* hat sie mir für den Copie-Preis (36 Thaler) abgekauft: da er sie nicht aufführen lassen wird – wogegen ich auch bei der dortigen musikalischen Direction Protest einlegen würde – so ist es möglich, er läßt Dir gegen Erstattung der 36 Thaler das Exemplar selbst ab, oder jedenfalls läßt er Dir davon eine Copie machen. Dieß zu empfangen sei durch diese Zeilen hiermit autorisiert. –

Gehst Du auf meinen Wunsch ein, so besorge ich Dir dann mit nächstem ein vollkommenes Textbuch mit genauer Angabe meiner Ansichten über Inscenesetzung u. dergl. –

Besorge, was du kannst und wozu Du Lust hast: bald sollst Du wieder von mir hören.

WAGNER AN LISZT, 2. Juli 1850

Liebster Liszt!
[. . .] Da ich erfahre, daß Du den Lohengrin schon am 28. August aufführen willst, so eile ich, jetzt wenigstens mit meiner Sendung nicht mehr im Rückstand zu bleiben, und behalte mir vor, auf einiges andere in einem späteren Brief zurückzukommen.

---

* *Freiherr Wolf August von Lüttichau, Generalintendant des Dresdner Hoftheaters 1834 bis 1862.*

Zunächst habe ich mich, in der Beilage, über die Scene und Decoration ausgelassen. Meine deshalb entworfenen Zeichnungen werden Euch großes Vergnügen machen: ich zähle sie zu den gelungensten Schöpfungen meines Geistes; wo mich die Technik etwas verließ, werdet Ihr mit der Absicht vorlieb nehmen, die ihr aus der literarisch abgefaßten Erklärung errathen werdet. Der Baumschlag machte mir – für jetzt unüberwindliche Schwierigkeiten, und wenn jeden Maler die Perspective solchen Schweiß entpreßt wie mir, so ist die Malerkunst durchaus kein leichtes Metier zu nennen. – Im übrigen habe ich bei meinen Bemerkungen dringend auf die Partitur verwiesen, in welcher ich – weit ausführlicher und bestimmter als im Textbuche – die scenische Handlung im Einklang mit der Musik vorgezeichnet habe. Der Regisseur hat sich demnach auf das Genaueste mit der Partitur – vielleicht nach einem Auszug derselben – zu verständigen.

Ueber das Orchester habe ich Dir ebenfalls einige Bemerkungen aufgezeichnet.

Nun aber habe ich an Dich zunächst eine große Bitte:

gieb die Oper, wie sie ist, streiche nichts!

Einen einzigen Strich gebe ich Dir hiermit selbst an, und zwar bestehe ich sogar auf die Hinweglassung des Angezeigten, nämlich des zweiten Theiles von Lohengrin's Erzählung in der großen Schlußscene des dritten Actes. Nach den Worten Lohengrin's

«sein Ritter ich bin Lohengrin ge-« ⌐ nannt

sollen nämlich volle 56 Takte ausbleiben:

«wo ihr mit Gott mich alle landen – ⌐«saht»

also «nannt» statt: «saht». –

Ich habe mir alles oft vorgetragen, und mich überzeugt, daß dieser zweite Abschnitt der Erzählung einen erkältenden Eindruck hervorbringen muß. Diese Stelle soll daher auch sogleich in den Textbüchern ausgelassen werden.

Im Uebrigen aber bitte ich Dich dringend: laß mich einmal vollständig gewähren. Ich habe dießmal mich bemüht, die Musik in ein so sicheres, plastisches Verhältniß zur Dichtung und Handlung zu setzen, daß ich meiner Sache vollkommen sicher zu sein glaube. Verlaß Dich auf mich, und halte es nicht für Verliebtheit in mein eigenes Werk. Solltest Du irgendwo Dich genöthigt glauben, aus Gründen von zu großer Schwierigkeit Kürzungen vornehmen zu müssen, so bitte ich Dich zu überlegen, ob es nicht besser dann wäre, die Aufführung – wegen unzureichender Mittel – gänzlich zu unterlassen. Ich nehme aber an, daß Dir nicht sowohl alle irgend zu ermöglichenden Mittel bereitwillig zur Verfügung gestellt werden, als namentlich auch daß

Der Beginn der Oper ‹Lohengrin› (nach dem Vorspiel) im Partitur-
manuskript Wagners, dessen Niederschrift die Zeit vom 1. Januar bis
28. April 1848 in Anspruch nahm. Die Verkürzung der «Gralserzählung»
nahm Wagner erst vor der Weimarer Uraufführung (28. August 1850)
vor. Die Partiturreinschrift des ‹Lohengrin› war Wagners letzte kompo-
sitorische Arbeit seiner Jahre in Dresden.

Dir – wenn Du irgend mit Deinem ganzen Willen dabei bist – die Besiegung aller vorkommenden Schwierigkeiten ganz sicher gelingen werde. Nimmst Du Dir vor: es muß sein! so weiß ich auch daß es sein wird, – oder daß Du lieber die ganze Sache aufgebest. Hierüber – denke ich – sind wir einig! –

Was nun die Hauptsache – das Gesangspersonale betrifft, so verlasse ich mich mit höchstem Vertrauen auf Dich, – Du wirst nichts gegen die Unmöglichkeit unternehmen. Freund Götze*, dem ich jedenfalls für seinen Tannhäuser noch großen Dank schuldig bin, wird es mit dem Lohengrin in so fern schwieriger haben, als ihm der Glanz – in Aeußerem und Stimme – ganz abgeht, der – wo er von der Natur verliehen ist – die Partie zu einer sehr leicht gelingenden machen muß; laßt ihn nur ja durch Kunst so blendend hell wie möglich ausstatten: es müssen einem die Augen vergehen, wenn man auf ihn sieht!

Ein neu redigirtes – für den Druck bestimmtes – Textbuch schicke ich Dir gleichzeitig zu: es kommt durch die Fahrpost an. In Bezug auf dieses Buch habe ich folgende Bitte an Dich: – verkaufe, oder – wenn Du nichts dafür bekommen solltest – verschenke es an einen Verleger, damit es schön ausgestattet – mindestens so wie das Buch vom Tannhäuser – herauskommt: das Weimarische Theater bezieht dann so viel Exemplare vom Verleger – gegen einen gewissen Rabatt – als es zu seinem Bedarfe an der Casse nöthig hat, – gerade so, wie wir es schon mit dem Tannhäuser gehalten haben. Da ich allerdings sehr wünsche, daß Du auch den Klavierauszug (den Uhlig** in Dresden bereits verfertigt hat) bei einem Musikalienhändler anbrächtest, so würde ich Dich bitten, das Textbuch sogleich schon demjenigen abzulassen, den Du für den Klavierauszug in das Auge fassest. Solches Textbuch – bei wohlfeilem Preise – ist übrigens kein schlechtes Geschäft: wir haben vom Tannhäuser über 2000 Exemplare abgesetzt. – Nun noch Eines! Sage, lieber Liszt, wie wäre es denn möglich zu machen, daß ich – incognito – der ersten Aufführung in Weimar beiwohnen könnte?*** Das ist eine verzweifelte Frage, besonders da es mir in diesem Augenblicke nicht mehr – wie noch vor Kurzem – gleichgültig ist, ob ich ein königl. sächsisches Zuchthaus bewohnen soll. – Höre einmal! Ich habe viel Respect vor der Großherzogin gewonnen: sollte diese Frau – der

---

* *Franz Götze (1814–88), lyrischer Tenor des Weimarer Hoftheaters, der dort den ersten Tannhäuser gesungen hat. Er wirkte später als Gesangslehrer in Leipzig.*
** *Theodor Uhlig (1822–53), Violinist, Theoretiker und Komponist.*
*** *Wegen seiner aktiven Beteiligung am Dresdner Maiaufstand des Jahres 1849 mußte Wagner als steckbrieflich Verfolgter Deutschland verlassen und lebte bis 1861 im Exil (zunächst in Zürich).*

ich nun doch wirklichen Adel zutraue – auf Deine Einladung dazu
nicht zu dem genialen Streiche geneigt sein dürfen, der Polizei des
einigen Deutschlands ein Schnippchen zu schlagen, und mir – sei es auf
einen anderen Namen – ein sicheres Geleit aus der Schweiz nach
Weimar und Zürich verschaffen können? Ich verspreche hoch und
theuer, mein incognito auf eine stoische Weise durchzuführen, jedenfalls nur sehr kurz mich in Weimar versteckt aufzuhalten, und sogleich
direct dann wieder zurückzureisen, wie überhaupt auch vom Auslande
her die strengste Verschwiegenheit zu bewahren. Oder wäre dieß vielleicht dem Herzog von Coburg eher möglich? Von ihm erfahre ich
manchen Zug, der mich sehr freut. Nun, sieh einmal zu! Jedenfalls
würde mir armen Teufel dadurch wieder einmal eine große Freude
gemacht: vielleicht auch neue Anregung und – sehr fehlende – Auf-
munterung gegeben. – [. . .]

LISZT AN WAGNER (etwa Mitte Juli 1850)

[. . .] Dein Lohengrin wird unter den außerordentlichsten und für sein
Gelingen besten Bedingungen gegeben werden. Die Intendanz giebt
bei dieser Gelegenheit nahezu an 2000 Thalern aus, was seit Menschen-
gedenken noch nie in Weimar geschehen ist. Die Presse soll nicht
vergessen werden, und anständige und ernst begründete Aufsätze
werden der Reihe nach in verschiedenen Zeitungen erscheinen. Das
ganze Personal wird Feuer und Flamme sein. Die Zahl der Violinen
wird ein wenig vergrößert werden (von 16 bis 18 im Ganzen), die
Baß-Clarinette ist gekauft worden; nichts Wesentliches wird dem musikalischen Gewebe noch seiner Zeichnung fehlen; ich werde alle Proben, Klavier, Chor und Orchester übernehmen; Genast wird mit
Wärme und Energie Deine Angaben bezüglich der Inscenirung befol-
gen. Es versteht sich von selbst, daß wir keine Note, kein Jota Deines
Werkes streichen und daß wir es, so weit es uns möglich ist, in seiner
reinen Schöne geben werden.

Das besondere Datum des 28. August, an welchem Lohengrin aufgeführt werden wird, kann nicht ermangeln, ihm günstig zu sein – offen
gestanden, ich würde es abgeschlagen haben, ein so außerordentliches
Werk in dem gewöhnlichen Lauf einer Theatersaison aufzuführen.
Herr von Zigesar* hat vollkommen gefühlt, daß Lohengrin ein Ereig-

---

* *Freiherr von Zigesar, Intendant des Weimarer Hoftheaters bis 1857.*

niß sein müßte. Um das zu bewerkstelligen, hat man die Theaterferien um die Hälfte verkürzt, meinen Freund Dingelstädt* um die Dichtung eines Prologes ad hoc gebeten, welchen er uns selbst gegen Mitte August bringen wird, und die erste Aufführung außerhalb der Theateraufführungen, auf den 28. August, Goethes Geburtstag, festgesetzt – drei Tage nach der Einweihung des Herder-Denkmales, welche am 25. stattfinden wird. Bei Gelegenheit dieses Herder-Monumentes werden hier wir einen großen Menschenzulauf haben, und überdieß sind zum 28. die Delegirten der Goethe-Stiftung zum Zwecke der Feststellung des endgültigen Programmes dieser Stiftung in Weimar, eingeladen.

Nach zwei aufeinanderfolgenden Aufführungen des Lohengrin wird das Theater nochmals geschlossen, um erst einen Monat darauf wieder geöffnet zu werden, und nur unter guten Bedingungen wird Lohengrin im Laufe des Winters wieder aufgeführt.

Was den Verkauf der Partitur betrifft, so ist die Sache gar nicht sehr einfach, und ich brauche Dir nicht die commerziellen Schwierigkeiten aufzuzählen oder zu begründen. Nichts desto weniger werde ich, wenn Du mir die Sache übergibst, sie zu gutem Ende zu führen suchen, aber vermuthlich wird etwas Zeit dazu erforderlich sein. Wenn, woran ich nicht zweifle, der Erfolg des Lohengrin in Weimar sich dauerhaft befestigt, so findest Du vielleicht die Mittel, um B's. dahin zu beeinflussen, daß sie ihn in Leipzig geben lassen. Für diesen Fall wäre Tichatschek** für die Hauptrolle nöthig, und [ich] wenn Du es für gut befändest, Dein ganz ergebenster Kapellmeister, welcher das Übrige unter den erforderlichen Bedingungen übernehmen würde.

Mit dem Gelingen des Werkes in Leipzig würde sich auch ziemlich leicht ein Verleger finden; aber ich darf Dir nicht verhehlen, daß mir der Erfolg des Lohengrin ziemlich zweifelhaft sowohl in Leipzig als in Hamburg erscheint, wenn man nicht die nothwendigen Vorsichtspräliminarien mit Studien-Proben und Presse trifft. Welch schönes Loos er auch verdiente, ich würde, falls man ihn seinem natürlichen Schicksale überließe, theils die Böswilligkeit befürchten, welche sich an Deine Persönlichkeit heftet, theils auch den Neid und den Unverstand, welche Deinen Genius bekämpfen werden. Überlege also behutsam Deine diesbezügliche spätere Entscheidung. Einstweilen danke ich Dir herzlich für die Andeutungen und Mittheilungen, welche Du mir über die

---

* *Franz Dingelstedt (so die richtige Schreibweise), Schriftsteller und Dramaturg (1814 bis 1881), wurde 1857 General-Intendant in Weimar.*
** *Joseph Tichatschek (1807–86), der erste Sänger des Tannhäuser. Bei der Uraufführung der Oper ‹Lohengrin› sang indessen Johann Nepomuk Beck (1827–1904) die Titelpartie.*

*Franz Liszt (1811–86), den Wagner schon seit 1840 persönlich kannte,
dirigierte die Uraufführung des ‹Lohengrin› in Weimar am 28. August
1850, nachdem er bereits ein Jahr zuvor die Erstaufführung des ‹Tannhäuser› geleitet hatte. Im Jahre 1853 veranstaltete er die wohl erste
Wagner-Woche mit Aufführungen von ‹Der fliegende Holländer›, ‹Tannhäuser› und ‹Lohengrin›. Dem auf Grund der Maiaufstände in Dresden
1849 steckbrieflich verfolgten Wagner verhalf er zur Flucht in die
Schweiz und half ihm während der Exilzeit in Zürich häufig mit größeren
Geldsummen aus. Ein Zeugnis der engen Freundschaft zwischen beiden
Komponisten ist der umfangreiche Briefwechsel in den fünfziger Jahren.*

Partitur machst; ich werde ihnen mit Ehrfurcht und Freundschaft entsprechen. Sei auch so gut und schreibe Herrn Uhlig in Dresden zwei Zeilen, damit er mir ohne Schwierigkeiten den Klavierauszug sende, der mir sehr nützlich sein wird.

Ich gelange zu einem Punkt, der mich schmerzt, welchen aber Dir nicht zu verschweigen ich für meine Pflicht halte. Deine Rückkehr nach Deutschland und Dein Kommen nach Weimar zur Aufführung des Lohengrin sind eine vollständige Unmöglichkeit. Wenn wir uns wiedersehen, werde ich mündlich mit Dir über diesen Punkt in das Einzelne eingehen können, worüber zu schreiben lang und unnütz wäre. Noch einmal: es handelt sich darum, Dir verständig und würdig zu dienen; man würde Dir jedoch keineswegs in dieser Weise dienen, indem man Schritte riskirte, welche – unfehlbar – keinerlei günstiges Ergebniß erzielen könnten. Hier dagegen, was ich denke, und was mit Gottes Hülfe «eine Wendung in Deiner Lage» herbeiführen kann – ist, einmal der Erfolg von Lohengrin festgesetzt, Ihren Hoheiten vorzuschlagen, Dir zu schreiben, oder Dir durch Herrn von Zigesar schreiben zu lassen, um Dich aufzufordern Deinen Siegfried* sobald und so rasch als möglich zu beenden, und Dir dafür im Voraus ein anständiges Honorar zu schicken, damit Du während einiger sechs Monate an der Vollendung dieses Werkes, ohne materielle Sorgen, arbeiten könntest etc.

Sprich mit Niemandem von diesem Vorhaben, welches ich hoffentlich glücklich zu Stande bringen werde, wenn die Zeit dazu gekommen sein wird.

Bis dahin erhalte Kopf und Gesundheit wohl, und rechne gänzlich auf Deinen aufrichtigst ergebenen und anhänglichen Freund.

F. Liszt.

Herr von Zigesar wird Dir direct über den Verkauf des «Libretto» des Lohengrin schreiben. Das Beste wäre, wenn Brockhaus den Druck übernehme, und Z. hat ihm gestern darüber geschrieben. Deinerseits könntest Du ihm ebenfalls im gleichen Sinne schreiben, das wäre ein guter Eingang zum Plan, den ich Deiner ferneren Entscheidung unterbreite.

---

* *Gemeint ist ‹Siegfrieds Tod›, eine Vorstufe zum ‹Ring des Nibelungen›. Das Textbuch hat Wagner vom 12. bis 28. November 1848 geschrieben (daraus wurde später die ‹Götterdämmerung›), die Komposition begann er im August 1850, brach sie aber in der zweiten Szene ab.*

WAGNER AN LISZT, 16. August 1850

Mein theuerster Freund!

[...] So viel ich jetzt an meinen Lohengrin denke, den Du zu Tage förderst, so viel und fast noch mehr – muß ich Deiner und Deiner furchtbaren Anstrengung dabei gedenken. Ich weiß was diese Anstrengung ist! Als ich Dich eine Probe vom Tannhäuser dirigiren sah*, wußte ich vollends ganz woran ich mir Dir war. Was sind wir für Menschen! Nur durch die vollste Verzehrung unsres ganzen Wesens werden wir glücklich: glücklich sein – heißt bei uns soviel als: nichts mehr von sich wissen! – So dumm das klingen muß, rufe ich Dir doch zu: schone Dich! – so viel Du kannst! –

Wenn ein Brief von Dir ankommt, giebt es jedesmal ein Fest: alle Bekannte werden dazu zusammengerufen. Wenn es Dir möglich ist, so laß mir doch öfter jetzt einige Zeilen über den Erfolg der Proben zukommen! Ich nehme mich zwar heftig zusammen und lasse es Niemand um mich merken, aber – Dir sage ich es – meine Wehmuth ist groß, mein Werk unter Deiner Leitung nicht hören zu sollen! Jedoch – ich ertrage so manches, und werde auch das ertragen: ich denke mir dabei – ich wäre todt.

So oft ich von Dir Nachricht erhalte, erfrischt sich immer wieder meine Lust an eine größere künstlerische Arbeit wieder zu gehen. Zu literarischen Arbeiten fühle ich keinen großen Trieb mehr: ich predige im Ganzen doch tauben Ohren; nur wer durch künstlerische Erfahrung selbst so weit ist, das Richtige zu finden, begreift auch was ich will: so ist's denn besser, es kommt jeder durch Erfahrung dazu, und ein Jeder thut, was er für sich thun kann. Ich fühle noch Begeisterung für das Kunstwerk selbst: die Musik zu meinem Siegfried spukt mir bereits in allen Gliedern. So kommt es mir denn nur noch auf gute Laune an: die wirst Du mir ja machen, Du lieber Freund!

An Ziegesar werde ich – wie Du es wünschest – schreiben: ich habe allen Grund, ihm freundschaftlich gesinnt zu sein, und bin dieß auch in der That. An Genast schreibe ich schon morgen.

Noch ein junger Freund von mir** reist eigens von Zürich nach Weimar für die beiden Vorstellungen meiner Oper: ich gebe ihm einige empfehlende Zeilen an Dich mit; für jetzt wollte ich Dich nur ersuchen,

---

* *Das Weimarer Hoftheater war die erste Bühne, die nach der Dresdner Uraufführung (19. Oktober 1845) den ‹Tannhäuser› in Szene setzte. Franz Liszt dirigierte die Premiere am 16. Februar 1849.*

** *Gemeint ist Karl Ritter (1830–91), der unter Wagners Anleitung seine ersten Dirigierübungen machte.*

zu den beiden Vorstellungen einen guten Platz für ihn zu bestellen. Du vergißt es wohl nicht? Für einen Herrn Abt von hier habe ich Dich das letzte Mal schon um eine gleiche Gefälligkeit gebeten.

Du vergißt in Deinem letzten Briefe mich wegen des Textbuches zu beantworten: ich schrieb Dir, daß ich gern davon einen Correcturabzug durchzusehen wünschte. Jetzt würde es wohl zu spät und daher zwecklos sein, dieselbe Bitte zu wiederholen, dafür ersuche ich Dich aber Sorge tragen zu wollen, daß die Correctur so sorgfältig wie möglich angefertigt werde: vielleicht wäre selbst Professor Wolff – den ich tausend herzliche Male grüßen lasse, – so gütig, eine Correctur durchzusehen? – Hierbei fällt mir ein, daß ich einen Sprachfehler wohl in dem von mir zum Druck bestimmten Textbuche, nicht aber noch in der Partitur verbessert habe. Bei den letzten Abschiedsworten des Lohengrin an Elsa muß es heißen statt:

«mein zürnt der Graf wenn ich noch bleib» =
mir zürnt etc.

Des weiteren wünschest Du von mir einige Tempo-Bezeichnungen durch den Metronom. Ich hielt dieß für durchaus unnöthig, weil ich mich in allen Dingen so gänzlich auf Deine künstlerische Sympathie verlasse, daß ich weiß, Du brauchst nur gute Laune in Bezug auf meine Arbeit zu sein, um auch überall das Richtige zu treffen, da das Richtige ja nie etwas anderes sein kann, als das, was in der Wirkung der Absicht entspricht. Da Du es aber wünschest, so gebe ich Dir, – zur sehr vermuthlichen Bestärkung Deiner eigenen Ansichten – Folgendes an:

Instrumentalvorspiel:

(die Triolen immer recht gemessen)

Act I. Scene 2. bei Elsa's Gesang (pag: 35.)

Später, z. B. im Finale wird dieß Thema natürlich schneller:

(Bei der Ankunft des Lohengrin (a-dur) vielleicht erst noch ein klein wenig gemäßigter.)

Den langsamen Es-dur-Satz, ¾ (ensemble) im Finale des Act. I., nimmst Du wahrscheinlich nicht zu langsam, sondern eben feierlich bewegt. Die letzten Takte vor dem Orchesterritornell wirst Du aber ziemlich stark retardiren müssen, damit das Tempo bei diesem Nachspiele – beim Einfallen der Trompeten – noch majestätischer wird, wodurch es auch ermöglicht wird, daß die Violinen die lebhaften Staccato-Figuren kräftig und deutlich herausbringen.

Zweiter Act – Scene 1

Scene 3 (pag. 197)

Dritter Act. Scene 2 (pag. 291.)

Elsa: Fühl' ich zu Dir so süß mein Herz entbrennen –

(Große, innige Ruhe ist hier die Hauptsache. Beim Singen war es mir immer, als ob ich auf dem 2ten und 4ten Viertheil mich etwas verweilte: natürlich aber, kaum rhythmisch merkbar, fast ganz nur im Vortrage.)

(pag: 209.)

Lohengrin: Athmest Du nicht mit mir die sü-ßen

(pag: 309.)

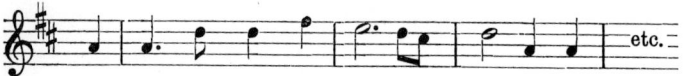

Dein Lie-ben muß mir hoch ent-gel-ten,

(Hier ein klein wenig das vorangehende Tempo mäßigen!)

Und nun genug – schon zu viel! Ich komme mir schon durch diese Bezeichnungen Dir gegenüber sehr kleinlich vor. – Du wirst es schon machen – und vielleicht besser als ich! – Mache nur, daß wir uns bald einmal zu sehen bekommen: ich lechze darnach, mit Dir einmal zusammen zu sein. Oder bin ich Dir zu – herzlich? – Nein! Leb wohl, mein lieber guter Liszt! Schreibe mir bald einmal wieder!

Zürich, 16. August 50. Der Deinige
(Abendstern-Enge. Zürich.) Richard Wagner.

Das Titelblatt der Erstausgabe des Textbuchs zu ‹Lohengrin›, ausgegeben bei der Weimarer Uraufführung am 28. August 1850, dem Geburtstag Goethes. Du Wagner in Deutschland steckbrieflich verfolgt wurde, konnte er an dem Ereignis nicht teilnehmen.

LOHENGRIN.

Romantische Oper in drei Acten.

(letzter Act in zwei Abtheilungen)

von

RICHARD WAGNER.

Als Manuscript gedruckt.

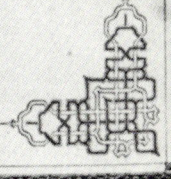

Eine Uraufführungskritik

Kleine Musikzeitung, Hamburg, [15.] September 1850, S. 128

Endlich ist die Oper ‹Lohengrin›, von Richard Wagner, in Weimar gegeben worden. Der Erfolg ist, wie vorauszusehen war, ungefähr derselbe gewesen, wie bei der Aufführung des ‹Rienzi› in Berlin und Königsberg, d. h. ein gelindes Fiasco. Der Legationsrath Dingelstedt, der einen Prolog dazu gedichtet hatte, drückt sich über die Geschmacklosigkeit des Herrn Franz Liszt (der die Aufführung eifrig befördert hat) sehr stark aus; Wagner hat sich in diesem Werke (um nicht von seinen frühern zu reden) als gänzlich *unmusikalisch* gezeigt; er hat keine Musik, sondern nur Lärm geliefert, und zwar einen so entsetzlichen, daß nur das Abfeuern von Kanonen auf der Bühne zum höllischen Getöse gefehlt hätte. Herr Liszt wird wohl, nach dieser Erfahrung, einsehen: daß der verderbte Geschmack eines Einzelnen es doch nicht erwirken kann, den Geschmack eines ganzen Publicums zu verderben. Uebrigens wundern wir uns, wie es Herr Liszt wagen konnte, den rohen Product eines Aftergenies, wie Wagner, einem so gebildeten Publicum vorzuführen; in der Stadt, wo Göthe, Schiller, Wieland und Herder so lange herrschten, müßten nur die Auserwählten der Gegenwart ihre Werke auf das Theater bringen dürfen.

Aus Briefen nach der Uraufführung des ‹Lohengrin›

LISZT AN WAGNER, 2. September 1850

Theuerster Freund!

Dein Lohengrin ist von Anfang bis Ende ein erhabenes Werk. Bei gar mancher Stelle sind mir die Thränen aus dem Herzen gekommen. – Da die ganze Oper ein einziges untheilbares Wunder ist, kann ich Dir unmöglich diesen oder jenen Zug, diese oder jene Combination, diesen oder jenen Effect besonders hervorheben.

– Gerade so wie es dem frommen Geistlichen erging, der Wort für Wort die ganze Nachahmung Christi unterstrich, möchte es geschehen, daß ich Note für Note Deinen ganzen Lohengrin unterstriche. Für diesen Fall würde ich jedoch gern mit dem Ende beginnen, nämlich mit dem Duett des 3. Aktes zwischen Elsa und Lohengrin, welches für mich der Höhepunkt des Schönen und Wahren in der Kunst ist.

Unsere erste Aufführung war verhältnißmäßig befriedigend. Herr v. Bülow*, der Dich bald sehen wird, kann Dir ganz genaue Nachrichten darüber geben. Die zweite wird erst in 10 oder 12 Tagen stattfinden können. Der Hof, sowie einige geistvolle Personen von Weymar sind von Sympathie und Bewunderung für Dein Werk erfüllt. Und was die Masse des Publikums betrifft, so wird sie es sich gewiß zur Ehre rechnen das schön zu finden und applaudiren, was sie nicht verstehen kann. Sobald ich etwas zur Ruhe komme, werde ich mich an das Feuilleton machen, welches wahrscheinlich in den «débats» erscheint – inzwischen veröffentlicht Raff** (von dem dir Bülow sprechen wird) 3 Aufsätze in der Brockhaus'schen Zeitung und in der Leipziger Illustrirten. Uhlig hat die Brendel'sche Zeitschrift übernommen, etc. etc. –

Wenn Du einen Augenblick dafür findest, so vergiß nicht an Genast zu schreiben, welcher einen sehr warmen Antheil an dem Erfolg des Lohengrin genommen hat; Du kannst bezüglich des Schicksals dieses Meisterwerkes in Weimar gänzlich beruhigt sein, welches gewiß ein wenig erstaunt ist, solche Werke vorgeführt zu haben. – Aber vor Ende des Winters wird der Lohengrin nothwendiger Weise ein «Cassastück» werden!!! –

***

* *Gemeint ist der später berühmte Dirigent Hans von Bülow (1830–94).*
** *Joachim Raff (1822–82), Komponist. Er lebte damals bei Liszt in Weimar.*

Lohengrin
Erster Aufzug

Lohengrin
Zweiter Aufzug

Wann kommt Siegfried?* Schreib mir bald, und baue immer gleich auf Deinen ganz ergebenen Freund und Diener

Weymar 2. September [1850].   F. Liszt.

WAGNER AN LISZT, 8. September 1850

[. . .] Großen Eindruck hat auf mich Dingelstedt's liebevoller und geistreicher Aufsatz über die Aufführung meines Lohengrin gemacht. Er gesteht, zuvor nichts von mir gekannt zu haben, und glaubt na-

---

* *Gemeint ist ‹Siegfrieds Tod›, eine Vorstufe der ‹Götterdämmerung›.*

*Figurinen
von Ferdinand Heine
zur Weimarer Uraufführung
des ‹Lohengrin›.*

Elsa von Brabant

mentlich auch diesem Umstande die gewisse Verwirrung zuschreiben
zu müssen, welche diese erste Aufführung des Lohengrin auf ihn
hervorgebracht hat. Er trägt diese Verwirrung auf den Character des
Werkes selbst über, spricht von zahllosen sich kreuzenden Absichten,
die er mir unterlegt, nirgends aber sehe ich, daß er auf die einzige
Absicht geräth, die mich leitete, nämlich die einfache nackte Absicht –
des Drama's: er spricht von dem Eindrucke, den Flöten, Geigen,
Pauken und Trompeten auf ihn gemacht haben, nicht aber von den
dramatischen Darstellern, – an deren Statt, wie er sich ausdrückt, eben
jene Instrumente gesprochen hätten. Hieraus ersehe ich, daß in jener
Aufführung die rein musikalische Leistung die bei weitem vorwie-
gende war, daß das Orchester – was mir ebenfalls von Sachverständi-
gen versichert wird – vortrefflich, und Freund Liszt – mit allem dem

127

Heinrich der Vogler   *Ortrud, Gräfin von Telramund*

was unmittelbar von ihm abhing – der eigentliche Held der Aufführung war. Wenn wir aber über das Wesen der Musik redlich und ohne Egoismus denken, so müssen wir eingestehen, daß sie im größten Maßstabe doch nur Mittel zum Zweck ist: dieser Zweck aber ist in einer vernünftigen Oper das Drama, und dieses ist am bestimmtesten in die Hände der Darsteller auf der Bühne gelegt. Daß diese Darsteller für Dingelstedt so verschwanden, daß er statt ihrer nur die Orchesterinstrumente sprechen hörte, betrübt mich, denn ich ersehe, daß sie im Feuer und Ausdruck der Darstellung hinter der Unterstützung des Orchesters zurückblieben. Ich gebe zu, daß der Sänger, den ein Orchester in der Weise unterstützt, als es hier der Fall ist, von allerhöchster und oberster Qualität sein muß, und glaube auch, daß diese Darsteller nicht nur in Weimar, sondern überhaupt in Deutschland nicht leicht

Figurinen
von Ferdinand Heine
zur Weimarer Uraufführung
des ‹Lohengrin›.

Graf von Telramund

anzutreffen sein mögen. Aber, was ist denn eigentlich hier die wesentlichste Hauptsache? Ist es die Stimme allein? – wahrlich, nein! Es ist das Leben und Feuer – und zu dem ernster Fleiß und starker, kräftiger Wille. Ich habe nun in Dresden an unsren besten Sängern die Erfahrung gemacht, daß sie den besten Willen hatten und größte Liebe zu ihren Aufgaben empfanden, und dennoch einer gewissen schlaffen Trägheit nicht Herr werden konnten, die bei unsrer jetzigen Kunstwirthschaft der characteristische Zug all unsrer Bühnenhelden geworden zu sein scheint. Ich hatte dort im Tannhäuser aus der Partitur in die Partien der Sänger mit der größten Genauigkeit alle Bemerkungen eintragen lassen, welche auf das Verständniß der Situationen und auf die dramatische Action überhaupt Bezug hatten, und mußte dann in der Aufführung mit Entsetzen gewahren, daß sie alle unbeachtet gelas-

sen worden waren, ich mußte – denke Dir meinen Schreck! – z. B.
sehen, daß mein Tannhäuser im Sängerstreite die Hymne auf die Venus
– an die Elisabeth richtete, die Worte:

> «wer dich mit Gluth in seine Arme geschlossen,
> was Liebe ist, weiß der, nur der allein!» –

der keuschesten Jungfrau vor einer ganzen Versammlung in das Gesicht schrie? – Was konnte und mußte unter solchen Umständen der
Erfolg sein? – daß das Publikum mindestens confus blieb und nicht
wußte woran es war! In Wahrheit habe ich damals in Dresden erfahren,
daß das Publikum erst durch das ausführliche Textbuch mit dem
dramatischen Inhalte der Oper vertraut wurde, und so – durch Ab-
straction von der eigentlichen Vorstellung, durch eigene Zuthat der
Phantasie erst auch die Vorstellung verstehen lernte. Sind Eure Sänger
in Weimar weiter als unsre berühmten Dresdener? ich glaube nicht!
Gewiß werden auch sie zunächst sich nur damit begnügen, die Mühe
des Treffens und Auswendiglernens ihrer Partien zu überwinden, und
auf der Bühne sich dann eben nur höchstens das zu merken, was ihnen
der Regisseur vom allgemeinsten Standpunkte aus angiebt. Genast
war nun von jeher einer jener Darsteller, denen der Regisseur nicht erst
das Verständniß seiner Rollen zu erklären hatte: wer ihn sonst gesehen
und gehört hat, weiß das.

Gewiß muß es ihm jetzt nun auch in seiner Stellung als Regisseur
ungeeignet dünken, an Sängern den Schulmeister zu spielen, dessen er
als Sänger nie bedurft hatte. Hierin irrt er sich aber: die heutige
Generation ist verwahrlost von der Geburt. Ich finde es zu begreiflich,
daß er im Freundeseifer auch für dieses mein Werk sich eben nur auf
dem richtigen Standpunkte des Regisseurs bewegte, der im Allgemeinen seine Anordnungen trifft, und mit Recht es den einzelnen Darstellern überläßt, das, was gerade nur sie betrifft, auch durch sie selbst
aufzufinden zu lassen. Dennoch bitte ich ihn, jetzt selbst auch da einzu-
schreiten, wo die Macht wie die natürliche Wirksamkeit eines Regisseurs eigentlich aufhört: er möge der Beistand unmündiger Darsteller
werden! – Schon bei einer Probe des Tannhäuser's in Weimar hatte ich
Veranlassung, die Unbeachtung scenischer Vorschriften von Seiten der
einzelnen Darsteller diesen in das Gedächtniß zu rufen: wenn dort z. B.
Elisabeth bei dem Nachspiele des Duettes mit Tannhäuser im zweiten
Akte, den Wiedereintritt des zarten Themas der Clarinette im langsa-
meren Tempo nicht dadurch scenisch rechtfertigte, daß sie – wie es in
der Partitur angezeigt stand – in den Burghof hinab Tannhäuser
nachblickte und ihm noch einen Gruß zuwinkte, sondern dafür müssig

und den Schluß der Musik nur abwartend im Vordergrunde stand, so
entsteht dadurch nur eine unerträgliche Länge: jeder Tact einer dramatischen Musik ist nur dadurch gerechtfertigt, daß er etwas auf die
Handlung oder den Charakter des Handelnden Betreffendes ausdrückt: jene Reminiscenz im Thema der Clarinette steht daher nicht
um ihretwillen da, etwa um eines musikalischen Effectes wegen, den
Elisabeth zur Noth nur scenisch begleiten sollte, – sondern der nach-
gewinkte Gruß der Elisbeth ist die Hauptsache, die ich im Auge hatte,
und jene Reminiscenz wurde von mir nur gewählt, um diese Handlung
der Elisabeth entsprechend zu begleiten. In welches unglückselig ver-
kehrtes Verhältniß geräth nun die Musik zur Darstellung wenn – wie
in diesem erwähnten Beispiele – die Hauptsache (d. i. das dramatische
Motiv) ausbleibt, und dafür nun die Nebensache (d. i. die Begleitung
jenes Motives) übrig bleibt! So ist mir eine einzelne Thatsache aus der
Aufführung des Lohengrin berichtet worden, die dem Anscheine nach
vielleicht geringfügig vorkommen könnte, an der ich aber es für nothwendig halte, nachzuweisen, wie wichtig und entscheidend für alles
Verständniß solch einzelne Fälle sind. –

Bei der Conception und Ausführung des zweiten Actes war es mir
nicht entgangen, wie nothwendig es zur Hervorbringung der richtigen
Stimmung des Zuhörers sei, daß die Befriedigung, welche durch Elsa's
letzte Worte an Lohengrin angeregt ist, keine vollständige und wirklich
beruhigende sei: es soll dem Publikum die Empfindung beigebracht
werden, daß Elsa sich soeben nur die äußerste Gewalt anthat, ihren
Zweifel zu überwinden, und wir in Wahrheit zu befürchten haben, Elsa
werde – da sie einmal dem Grübeln über Lohengrin sich hingegeben –
dennoch erliegen und das Verbot überschreiten. Hierin, daß diese
Stimmung hervorgebracht wird, daß wir allgemein diese Befürchtung
hegen, liegt die einzige Nothwendigkeit, daß noch ein dritter Act folge,
in welchem sich unsre Befürchtung erfüllt: außerdem müßte die Oper
hier zu Ende sein, denn die Hauptfrage wäre nicht nur angeregt,
sondern sogar auch schon befriedigend gelöst worden. Um nun diese
nothwendige Stimmung recht deutlich, ja handgreiflich hervorzubringen, erfand ich folgenden dramatischen Moment. Elsa wird von Lohengrin schließlich die Stufen zum Münster hinaufgeleitet: auf der
höchsten Stufe angekommen, wendet Elsa den Blick mit furchtbarer
Scheu zur Seite abwärts – sie sucht unwillkürlich Friedrich mit den
Augen, an den sie noch denkt, – da trifft ihr Blick auf Ortrud, welche
unten steht und drohend die Hand zu ihr emporstreckt: im Orchester
lasse ich hier im ff° F-moll die Reminiscenz von Lohengrins Verbot
eintreten, deren Bedeutung bis hierher sich uns deutlich eingeprägt

Rosa von Milde (1827–1906), die Darstellerin der Elsa in der Uraufführung des ‹Lohengrin›.

hat, und von Ortrud's ausdrucksvoller Gebärde begleitet hier mit Bestimmtheit ausdrücken muß: «geh nur hin, du wirst doch das Gebot brechen!» Hierauf wendet Elsa sich erschreckt ab, und erst als der König mit dem Brautpaar nach dieser Unterbrechung wieder weiter dem Eingange des Münsters zuschreitet, – fällt der Vorhang. – Was ist nun Alles dadurch geschehen, daß jener Moment auf der Bühne nicht ausgeführt wurde, und der Vorhang noch vor dem Eintritte jener F-moll-Reminiscenz herabgerollt war!!! –

Dieser wahrlich nicht unwichtige Verstoß gründet sich dennoch einzig nur auf die – vielleicht ganz zufällige – Nichtbeachtung einer Bemerkung in der Partitur, aus der ich – wie ich früher besonders wünschte – all diese und ähnliche Bemerkungen für die Darsteller ausgezogen wünschte. Es bleibt mir nun zu fürchten, daß nicht wenig der Art ebenfalls unbeachtet oder unausgeführt geblieben ist, und nichts kann mich in dieser Befürchtung so sehr bestätigen, als eben Dingelstedt's Bericht, der – bei dem unverkennbarsten wärmsten Wohlwollen – doch eigentlich vor lauter Musik meine Oper gar nicht recht zu Gesicht bekommen zu haben scheint.

Liebster Liszt, hatte ich Recht, als ich in der Vorrede zu meinem «Kunstwerk der Zukunft» schrieb, daß nicht der Einzelne, sondern nur die Gemeinsamkeit wahrhafte Kunstwerke schaffen könnte? Sieh, Du hast das Unmögliche geleistet, – aber glaube mir, Alle müssen das heut zu Tage Unmögliche leisten, um das in Wahrheit dennoch Mögliche zu Stande zu bringen. – Was mich nun am meisten erfreut, ist, daß ich erfahre, daß Du den Muth nicht verloren hast, sondern Alles daran zu setzen gedenkst, die Oper – trotz einer gewissen Verstimmung um Dich herum – aufrecht zu halten, ja – vielleicht sie noch erst aufrecht zu bringen. Nur um Dich in diesem, nicht genug lohnenswerthen Eifer, zu unterstützen, gebe ich Dir daher noch folgenden Rat!

Möge Genast – dem ich innigst für seine Freundschaft danke – vor der Wiederaufnahme des Lohengrin, das sämmtliche darstellende Personal noch einmal zu einer Leseprobe zusammenberufen: die Sänger mögen aus den gedruckten Textbüchern (in denen sich leider viele Druckfehler vorfinden) ihre Rollen im Zusammenhange deutlich und mit Ausdruck vorlesen. Genast nehme dazu die Partitur, weise die Sänger aus den darin befindlichen Bemerkungen genau auf die Bedeutung der Situationen und auf ihren ganz bestimmten Zusammenhang mit der Musik Takt für Takt hin, – und – der Teufel müßte darin stecken, wenn bei gutem Willen der Darsteller die Sache dann nicht in's Reine kommen sollte. Nochmals: Genast möge über seine Stellung als Regisseur, die er gewiß erfüllt wie irgend einer, herausgehen und Vormund der Unmündigen und Verwahrlosten werden.

Hiermit will ich jedoch keineswegs einen bestimmten Zweifel über Eure Sänger im Allgemeinen und ihre Leistungen im Besonderen ausgedrückt haben. Schon daß sie rein musikalisch um ihre Aufgaben sich so bemühten, daß Du die Aufführung dieser ungeheuer schwierigen (weil ungewöhnten) Musik mit ihnen wagtest, gilt mir als lobendes Zeugniß für sie. Es ist hier also die Rede von einer Anforderung an sie, die bis jetzt fast noch gar nicht an sie gestellt worden ist: möge es Genast immer mehr der Mühe werth halten, gerade diese ihnen begreiflich zu machen, und allmählich sogar damit reüssiren, daß sie diesen Anforderungen entsprechen, so kann er sich rühmen Haupttheilnehmer einer Revolution gewesen zu sein, die unsre heutige theatralische Routine aus den Axen hebt. –

Nur der Darsteller des Lohengrin scheint mir – allen Berichten nach – wirklich unfähig zu sein: wäre es nicht möglich hier mit der Person zu wechseln? Ich hatte mir immer gedacht, man müsse froh sein, wenn dieser Lohengrin nur erscheint, – dagegen scheint es mir, daß man mehr froh war, wenn er abtrat.

So eben erhalte ich Deinen Brief, der mir Deine Freude und Freundschaft versichert: wie guter Dinge bist Du! –

Es drängt mich nun meinen langen Brief, der Dir viel Langeweile verursacht haben wird, zu schließen, und zwar damit, daß ich alles Einzelne, was ich Dir schrieb, in einen Bündel zusammenfasse, den ich Dir als letzte und gewichtige Bitte vorlege.

1. Wirke durch Genast darauf, daß mit den Sängern vor der zweiten Aufführung noch eine Probe veranstaltet werde, wie ich sie vorher angab. Möge keine scenische Bemerkung unbeachtet bleiben.

2. Greife fest und scharf ein, um das, was die Sänger in meiner Oper für Recitative halten, von ihnen im bestimmten, frischen Tempo singen zu lassen. Besonders durch diese Maßregel in Bezug auf das Recitativ muß die Zeitdauer der Oper meiner Erfahrung nach um fast eine Stunde gekürzt werden.

3. Somit wünsche ich daß – mit Ausnahme des zweiten Theiles der Erzählung Lohengrins im letzten Acte (die ich schon Anfangs gestrichen haben wollte) meine Oper so gegeben wird, wie sie ist, daß demnach nichts gestrichen wird.

Wird meine Oper gestrichen, so wird das Band des Verständnisses in ihr zerrissen, und weit entfernt davon, sie zugänglich zu machen, wird meine ganze Richtung – der sich das Publikum kaum erschließt – von neuem diesem Publikum und den Darstellern selbst zugeschlossen. Das heißt nicht siegen, wenn ich mit dem Feinde capitulire: der Feind muß sich ergeben, und dieser ist – die Trägheit und Schlaffheit unserer Darsteller, die zum Fühlen und Denken erst angetrieben werden müssen. Gewinne ich diesen Sieg nicht, und muß ich auch diesmal, wo ich einen so mächtigen Bundesgenossen an meiner Seite habe – wie Dich – capituliren, – so gehe ich in keine Schlacht mehr! Kann mein Lohengrin nur dadurch aufrecht gehalten werden, daß der wohlberechnete künstlerische Zusammenhang in ihm zerrissen wird, mit einem Worte – daß der Trägheit der Darsteller wegen – gestrichen werden muß, – so gebe ich auch die ganze Oper auf, – Weimar hat für mich dann nur das Interesse wie jedes andere Theater – und ich habe meine letzte Oper geschrieben. – An Dir, lieber Liszt, der Du so muthig die Schlacht für mich annahmest, ist es, für mich auch den vollständigen Sieg zu erkämpfen!

Johann Nepomuk Beck (1827–1904), der erste Darsteller der Titelpartie in Wagners ‹Lohengrin›.

Ich weiß nicht mehr, was ich noch sagen soll! Für Dich habe ich mehr als genug gesagt. – An Genast habe ich eigentlich in diesem Brief mit geschrieben: ich schreibe ihm noch besonders, wenn ich weiß, daß er meine Bitten an ihn mir nicht übel nimmt. An Zigesar schreibe ich morgen. –

Einstweilen schicke ich diesen Brief heute ab, damit ich mir keine Zeitversäumniß vorzuwerfen haben möge!

Nun leb denn wohl, Du Liebster, Herrlicher! Du bist mir so wohl-thätig wie ein erfrischender Sommerregen! Leb wohl, habe Dank und grüße meine Freunde!

Immer Dein hochverpflichteter
Richard Wagner.

Zürich, 8. Sept. 50.

Noch Eines! Da Ihr keine Orgel und auch keine Physharmonika habt, so wünschte ich daß die kleine Orgelstelle am Schlusse des 2. Actes von Blasinstrumenten hinter der Coulisse geblasen werden möge.
Lohengrin muß die Worte:
«Heil dir, Elsa! nun laß vor Gott uns gehn!»
mit zarter Ergriffenheit singen!

LISZT AN WAGNER, 16. September 1850

Theuerster Freund,
die zweite Aufführung Deines Meisterwerkes hat meiner Erwartung entsprochen, und die drei oder vier folgenden werden für Alle die Meinung, welche ich sofort beim Einstudiren des Lohengrin aussprach, bis zur Evidenz beweisen: nämlich, daß dieses Werk dem Publikum, welches sich würdig erzeigt, es aufzufassen und zu genießen, mehr Ehre machen wird, als das Publikum ihm durch irgendwelchen Erfolg und Applaus Ehre erweisen könnte.

«Weg mit allem Theater-Dreck», habe ich ausgerufen, als wir zum ersten Mal die ersten Scenen des Lohengrin probirten. «Weg mit allem Kritikaster-Dreck und dem gewöhnlichen Schlendrian der Künstler sowie des Publikums», habe ich wohl zwanzig und hundertmal seit sechs Wochen hinzugefügt. –

Endlich, und endlich, ist mir die Genugthuung geworden, Dir ganz positiv versichern zu können, daß Dein Werk von Aufführung zu Aufführung besser gegeben und besser angehört und verstanden werden wird. Dieser letzte Punkt ist nach meiner Ansicht der wichtigste – denn es handelt sich nicht blos darum, Sänger und Orchester zu ermahnen und der dramatischen Revolution, welche Du mit solcher Beredsamkeit in Deinem Brief an Zigesar bezeichnest, dienstbar zu machen, sondern auch und vor Allem darum, das Publikum (und sei es mit Gewalt, da das Evangelium uns lehrt, daß das Himmelreich Gewalt leidet und nur die Gewaltthätigen es erobern) zu einem Höhepunkte zu erheben, von welchem aus es durch Mitgefühl und verständiges Erfassen derselben, an Schöpfungen theilzunehmen befähigt wird, deren Art eine höhere ist, als die nichtigen Zerstreuungen, mit welchen es seine Phantasie und tägliche Unterwürfigkeit im Theater ernährt.

Ich verstehe vollkommen die Gründe, welche Dir eine diplomatische Zurückhaltung betreffs der «Zuhörer» des Lohengrin in Deinem Brief an Zigesar eingaben, und kann ihnen nur beistimmen, doch bleibt es

Die Ankunft Lohengrins im ersten Aufzug nach einem Holzschnitt in der «Leipziger Illustrirten Zeitung» vom 12. April 1851, der sich auf die Weimarer Uraufführung bezieht. Rechts im Vordergrund sind Ortrud und Friedrich von Telramund zu sehen, in der Mitte die betende Elsa, links hinter ihr König Heinrich.

darum nicht minder wahr, daß, um das Drama genau so zu verwirklichen, wie Du es erfaßt, und wie Du uns so wundervolle Beispiele davon im Tannhäuser und Lohengrin giebst, es absolut nothwendig ist, die alte Routine der Kritik, die langen Ohren und das kurze Gesicht des «Philisteriums», sowie die dumme Geschwätzigkeit des so entscheidenden Theiles des Publikums, welches sich durch Geburtsrecht für den geborenen Richter der Kunstwerke hält, in Stücke zu schlagen.

«Der Feind, mit dem man nicht capituliren soll», wie Du, mein großer Kunst-Heros, mir es so richtig aussprichst, – der Feind, der steckt nicht blos in den Kehlen der Sänger, sondern auch sehr wesentlich in den faulen, und gleichzeitig tyrannischen Angewohnheiten der Zuhörer. Ebenso auf die Einen, wie auf die Anderen, muß man einwirken, und wenn nöthig, dreinschlagen! – Das verstehst Du besser, als ich es Dir zu sagen vermag. –

Deinem Wunsch gemäß haben wir bei der zweiten Aufführung nicht die kleinste Sylbe aus Deinem Lohengrin entfernt, denn nach Deinem Brief wäre es meiner Ansicht nach eine Schlechtigkeit gewesen, auch nur den geringsten Strich zu wagen. Wie ich bereits die Gelegenheit hatte, es denen Deiner Freunde zu sagen, welche am 28. August hier anwesend waren, ist die Aufführung Deiner Werke, solange Du mir deren ganze Leitung anvertraust, für mich vor allen eine Prinzipien- und Ehrensache. Da giebt es, was mich persönlich betrifft, kein Transigiren, und Du kannst fest überzeugt sein, daß ich es an nichts fehlen lassen werde, was Du von mir zu erwarten berechtigt bist. Dessenungeachtet glauben Herr von Zigesar und Genast Dir im Interesse Deines Werkes einige Bemerkungen machen zu müssen, welche ich, für meinen Theil, abgeschlagen habe, Dir vorzulegen, obwohl ich sie durch die Dürftigkeit unseres Theaters und unseres Publikums, welche noch weit hinter meinen Wünschen, ja selbst meinen Hoffnungen sind, ziemlich gerechtfertigt finde.

Falls Du es für gut befändest, Dich zu einigen Strichen zu verstehen, so bitte ich Dich nur mir Deinen Entschluß darüber mittheilen zu wollen; sei es daß Du diejenigen, welche Genast Dir vorschlagen wird, annähmest, oder daß Du andere angäbest, oder auch schließlich (was wahrscheinlich ist) daß Du Dein Werk ganz erhalten wissen wolltest, wie wir es zweimal gegeben haben, gleichviel, ich verspreche Dir auf Ehre, daß Dein Wille mit der ganzen Ehrfurcht und Ergebung befolgt werden soll, auf welche Du kraft Deines Genies und Deiner Werke den berechtigten Anspruch hast.

Wie Du Dich auch in diesem Betreff entscheiden mögest, sei versichert, daß Du in mir bei jeder Gelegenheit einen meiner Bewunderung und Hingebung gleichen Eifer finden wirst.

16. Sept. 1850.   Ganz der Deinige
                                                         F. Liszt.

P. S. Empfiehl mich freundlich Herrn Ritter, dem ich viel Dank weiß, Dir nicht zu viel Übles über unsere erste Aufführung des Lohengrin gesagt zu haben; die zweite war bei weitem befriedigender, und die dritte und namentlich die vierte werden es sicher noch mehr sein. Herr Beck, welcher die Hauptrolle giebt, bewährt einen sehr lobenswerthen Eifer, um der ihm gestellten Aufgabe zu genügen. Dazu kommt, daß er anfängt, sich für seine Rolle und den Componisten zu begeistern. Ich meine, daß, wenn man mit Billigkeit die ungeheure Schwierigkeit der Vorführung eines solchen Werkes in Weymar erwägt, man keine Ursache habe, mit dem bisher gewonnenen Ergebnisse unzufrieden zu sein, und daß dieses unfehlbar sich mit jeder Aufführung günstiger gestalten werde.

Ich weiß nicht ob die Erhabenheit des Werkes mich über die Unvollkommenheit der Ausführung täuscht, aber ich glaube, daß wenn Du irgend einer unserer nächsten Vorstellungen beiwohnen könntest, Du Gnade für Recht ergehen ließest. –

LISZT AN WAGNER, 25. September 1850

In etwa acht Tagen werde ich Dir einen sehr langen Aufsatz meiner Art über Lohengrin zuschicken.* Wenn sich in Deinem Betreff keine persönlichen Gründe dem entschieden widersetzen, so wird derselbe im Laufe des October in Paris erscheinen. Du kennst das, was in der Pariser Presse üblich ist, zu genau, um nicht zu wissen, wie schwer man dort ein unbedingtes, rückhaltsloses Lob des Werkes eines fremden Componisten zuläßt, besonders wenn es sich um einen Lebenden handelt! Dessen ungeachtet werde ich dieses sehr große Hinderniß zu überwinden versuchen, denn es liegt mir aus Ehre daran, mein Gefühl von Deinem Werk offen kund zu geben – und wenn es möglich wäre, daß Dich meine Arbeit ziemlich befriedigte, würdest Du mir vielleicht eine Freude gewähren, welche Dir höchstens einen oder zwei Tage Langeweile kosten könnte. Dies wäre, selbst eine revidirte, corrigirte, bereicherte und authentisirte Uebersetzung davon anzufertigen, welche durch die Gefälligkeit Deiner und meiner Freunde, in der Allgemeinen Augsburger Zeitung (oder der Brockhaus'schen), in zwei oder drei Nummern, mit meinem Namen unterzeichnet, erscheinen würde. Solltest Du selbst der Ansicht sein, sie in der Gestalt einer kleinen Broschüre für sich, durch Weber in Leipzig, drucken zu lassen, würde ich nichts dawider haben, und wenn Du nur ein Wort darüber bei Weber fallen lassen willst, so bin ich überzeugt, daß er sich gern dazu verstehen wird. Aber vor Allem mußt Du meinen Aufsatz kennen lernen, und mir offen sagen, ob es Dir behagt oder nicht, denselben in Deutschland veröffentlicht zu sehen; – was Frankreich betrifft, – für ein wenig früher oder ein wenig später – nehme ich es auf mich. Für den Fall einer deutschen Veröffentlichung würde mir aber durchaus daran liegen, daß Du dir selbst die Mühe der Uebersetzung gäbest, und unter Deiner Aufsicht die Abschrift verfertigen ließest, damit meine Verant-

---

* *Vgl. Auszüge daraus in der vorliegenden Dokumentation S. 142 f.*

wortung frei von den Ungeschicklichkeiten des Uebersetzers blieb etc. etc. Wie Du sehen wirst, ist der Styl davon sorgfältig französisch; es käme daher viel darauf an, bei der Uebertragung in eine fremde Sprache, die Schattirungen der Gefühle und Gedanken nicht zu veruntreuen.

Ganz und immerdar der Deinige

Weymar, 25. Sept. 1850.   F. Liszt.

Einen Tag nach der vierten Weimarer Aufführung des ‹Lohengrin› vom 11. April 1851 erschien in der «Illustrirten Zeitung» der von Wagner redigierte Abdruck eines enthusiastischen Aufsatzes von Franz Liszt über ‹Lohengrin›, der zunächst in Französisch geschrieben worden war. Er brachte dem Verfasser nicht nur den schriftstellerischen Ruhm ein, einer der bedeutendsten Opernanalysen in jener Zeit vorgelegt zu haben, sondern auch die wohl beabsichtigte Wirkung, daß der begeisterte Tonfall, in dem die Beobachtungen am ‹Lohengrin› vorgetragen wurden, auf die Leser übersprang: Man pilgerte nach Weimar, um die so mit Eifer gepriesene moderne Oper an Ort und Stelle auf der Bühne kennenzulernen.

Natürlich sprach Liszt auch in eigener Sache, indem er besonders die neuartigen musikalischen Gestaltungsmittel Wagners hervorhob, mit denen Text und Handlung überhaupt erst interpretiert werden. Liszt erkannte als erster, daß die Partitur des ‹Lohengrin› die erste Oper Wagners ist, die nur vom konkreten Orchesterklang und nicht mehr vom Klavierauszug her zu verstehen ist. Die im folgenden ausgewählten Passagen des Aufsatzes beschäftigen sich mit dem berühmten Vorspiel, mit dem melodischen Charakter der Hauptpersonen und vor allem mit dem dramaturgischen Prinzip Wagners, durch die Musik die Rollen und Ideen zu personifizieren. Schließlich macht Liszt auch auf die Schwierigkeiten aufmerksam, die eine adäquate szenische Realisierung mit sich bringt.

Franz Liszt

Richard Wagners ‹Lohengrin›

(Auszüge)

Es liegt keineswegs in unserer Absicht, hier alles, was man für oder gegen Wagners System sagen könnte, zusammenzustellen. Es werden sich Leute genug finden, welche das mit einer Wärme und einer Kraft der Parteilichkeit tun, die wir zu einem solchen Streite nicht mitbringen können, die aber vielleicht notwendig sind, um alle Vorzüge und alle Fehler irgend eines Systems klar an das Licht zu stellen. Daß wir die allgemeinen Grundzüge der Idee dessen, was der Schöpfer des ‹Tannhäuser› Drama nennt, andeutend mitteilten, hielten wir für unsere Pflicht, weil gerade sein letztes Werk ‹Lohengrin›, das hier in Weimar und überhaupt zum ersten Male in Szene ging, diejenige seiner Schöpfungen ist, welche sie am entschiedensten vertritt, weil es diejenige ist, die aus seinem innigsten und lebendigsten Empfinden hervorgegangen zu sein scheint, diejenige, welche am konkretesten die edelsten Züge seiner Individualität wiedergibt, und endlich diejenige, der man unmöglich gerecht werden kann, wenn man in ihr die alte Faktur einer Oper, die gewohnte Einteilung der Gesangstücke in Arien, Romanzen, Soli und Tutti, mit einem Worte, die ganze adoptierte Ökonomie suchen will, bei der es gilt, nur Sänger und Melodien, und zwar oft in einem zugunsten der ersteren willkürlichen Verhältnisse zur Geltung kommen zu lassen.

Wagner hat sich feierlichst von der Berücksichtigung der herkömmlichen Ansprüche der *prima donna assoluta* oder des *basso cantante* losgesagt. In seinen Augen gibt es keine Sänger, gibt es nur Rollen. Infolgedessen findet er es höchst natürlich, eine erste Sängerin während eines ganzen Aktes schweigen und nur stumm spielen zu lassen, wenn durch ihre Gegenwart die Wahrscheinlichkeit des Ganzen unterstützt und gehoben wird – eine Art des Auftretens, die von jeder Diva Italiens ebenso verachtet wird, als sie für dieselbe unausführbar scheint.

Man darf nicht erwarten, bei ihm Cabaletten oder irgend ein Stück zu finden, das sich für die Pulte gewöhnlicher Piano-Dilettanten eignete. Denn es ist in jeder Hinsicht mehr als schwierig, irgend einen Teil aus der so vollkommenen und gefesteten Einheit, die seine Opern durch ihren Stil bilden, herauszunehmen und von ihnen zu sondern. Fortgesetzt in einer noch undurchforschten Region gehalten, steht sein Stil dem banalen Rezitativ ebenso fern, wie den kadenzierten Phrasen unserer großen Arien. Man muß vielmehr darauf gefaßt sein, Personen zu sehen, zu erfüllt von Leidenschaft, um sich dem Zeitvertreib des Vokalisierens hingeben zu können, Personen, bei denen der Gesang, wie die gebundene Rede in der Tragödie, zur natürlichen Sprache wird, welche, weit entfernt die dramatische Handlung aufzuhalten, diese nur ergreifender gestaltet.

Theaterzettel der Münchner Erstaufführung des ‹Lohengrin› am 28. Februar 1858 unter dem Dirigenten Franz Lachner. Am 2. Februar 1861 besuchte der fünfzehnjährige Kronprinz Ludwig, der spätere König von Bayern, eine der Aufführungen. Über die Aufführung schrieb er später rückblickend an Wagner: «So schlecht sie war, so verstand ich doch das Wesen dieses göttlichen Werkes zu erkennen.» Im Juni 1861 sah Ludwig dann den späteren Tristan-Darsteller Ludwig Schnorr von Carolsfeld als Lohengrin (vgl. S. 153).

München.

Königl. Hof- und National-Theater.

Sonntag den 28. Februar 1858.
Mit aufgehobenem Abonnement.
Zum Besten des Hoftheater-Pensions-Vereines.
Zum ersten Male:

Lohengrin

Romantische Oper in drei Aufzügen, Text und Musik von Richard Wagner.

In Scene gesetzt von Regisseur Sigl.

Personen:

Heinrich der Vogler, deutscher König
Lohengrin
Elsa von Brabant
Friedrich von Telramund, brabantischer Graf
Ortrud, seine Gemahlin
Der Heerrufer des Königs
Herzog Gottfried, Elsa's Bruder
Sächsische und Thüringische Grafen und Edle.   Brabantische Grafen und Edle.
Edelfrauen.   Edelknaben.   Männer.   Frauen.   Knechte.

Herr Lindemann
Herr Grill
Frau Marcellini
Herr Obermann
Frau Diez
Herr Deinet

Ort und Zeit der Handlung: Antwerpen, erste Hälfte des zehnten Jahrhunderts.

Neue Dekorationen.

Im ersten Aufzuge: Eine Aue an Ufer der Schelde bei Antwerpen, vom f. Hoftheatermaler Herrn Heinrich Döll.
Im zweiten Aufzuge: Burghof in Antwerpen, vom f. Hoftheatermaler Herrn Simon Quaglio.
Im dritten Aufzuge: Das im Alten Brautgemach, vom f. Hoftheatermaler Herrn Angelo Quaglio.

Neue Costüme, Waffen und Geräthe
nach Angabe und unter Leitung des Gewandmeisters Herrn Franz Seitz.

Szenische Einrichtung
vom f. Hoftheater-Maschinisten Herrn Penkmayr.

Textbücher sind, das Stück zu 12 kr., an der Kasse zu haben.

Preise der Plätze:

Die Kasse wird um fünf Uhr geöffnet.

Anfang um 6 Uhr, Ende um 10 Uhr.

Der freie Eintritt ist ohne alle Ausnahme aufgehoben und wird ohne Kassabillet Niemand eingelassen.

Wochen-Repertoire vom 1. bis 8. März.

Monats-Uebersicht.
Im Monate Februar wurden folgende 28 Vorstellungen gegeben:

Aber während sie mit einer Einfachheit deklamieren, die sich bis zum Erhabenen aufschwingt, findet sich die Musik nicht nur nicht im mindesten in ihrem Bereiche beschränkt, sondern im Gegenteil ihre Grenzen durch das Orchester Wagners noch weiter ausgedehnt. Ihm übergibt er es, die Seele, die Leidenschaften, die Gefühle, ja die geringste Erregung seiner Personen widerzuspiegeln und uns zu offenbaren. Das Orchester wird bei ihm das Echo, die zarte Hülle, durch welche wir alle Vibrationen ihrer Herzen gewahren. Man möchte sagen, daß sie in ihm pochen, daß ihr ungestümes Hämmern, wie ihr leisestes Erbeben, durch die bald klangvollen, bald leisen Umhüllungen seiner Töne hindurch zu vernehmen ist. Aus ihm dringt der Schrei des Hasses, das Wüten der Rache, das Flüstern der Liebe, die Ekstase der Anbetung. Es zeichnet wie in Nebelduft mystische Träume und färbt mit glänzenden Tinten stolze Triebe.

[. . .] Wie wir bereits gesagt, ist der Text zum ‹Lohengrin› an sich ein dramatisches Werk voll Schönheiten ersten Ranges. Um jedoch den szenischen Gang des Stücks zu verstehen, die Intention und den Gehalt der Musik von dem ersten Takte der Introduktion an zu erfassen, muß man zuvor das Geheimnis kennen, um welches sich die ganze Handlung des Dramas dreht, das sich aber erst in der letzten Szene enthüllt. Dieses Geheimnis liegt in der Sage des heiligen Gral, die man in Ritterromanen findet, und die besonders in den Dichtungen Wolframs von Eschenbach eine hervorragende Rolle spielt. Das Sujet des ‹Lohengrin› ist ein Extrakt dieser Dichtungen. Ihnen ist mit wenigen geringfügigen, doch von der Bühne bedingten Umänderungen die eigentliche Handlung entnommen. Aber mit welcher Poesie hat Wagner sie wiedergegeben! Wen Begebenheiten Interesse erregen, so geschieht es durch die Empfindungen und Schmerzen, die sie im menschlichen Herzen erwecken, und wer diese am besten schildert, ist ihr wahrer Poet!

[. . .] Wagner gab seiner Ouvertüre zum ‹Tannhäuser› die Ausdehnung einer großen symphonischen Komposition. Obgleich die Hauptmotive der Oper deren Inhalt bilden, so kann diese Ouvertüre doch als ein für sich bestehendes Werk betrachtet werden, das auch getrennt vom Ganzen seinen intensiven Wert behält und selbst von denen, die das Drama, dessen herrlicher Abriß sie ist, nicht kennen, verstanden und bewundert werden kann. Der Instrumental-Prolog, welcher dem ‹Lohengrin› vorangeht, ist anders. Zu kurz – denn er hat nur fünfundsiebzig Takte –, um getrennt aufgeführt werden zu können, ist er gleichsam nur eine magische Formel, die, wie eine mysteriöse Einweihung, unsere Seelen für ungewöhnliche Dinge, die von höherer Bedeu-

Die Ankunft Lohengrins in einem Entwurf von Heinrich Döll aus dem Jahre 1864 nach der Münchner Erstaufführung von 1858.

tung sind als unser irdisches Leben, vorbereitet. Diese Einleitung enthüllt das mystische Element, das stets Gegenwärtige und doch stets Verborgene dieses Werkes – ein göttliches Geheimnis, eine übernatürliche Kraft, das höchste Gesetz des Geschickes der Personen und der Folge der Begebenheiten, die sich vor uns entfalten sollen. Um uns die unbeschreibliche Macht dieses Geheimnisses kennen zu lehren, zeigt uns Wagner zuerst die unaussprechliche Schönheit des Heiligtums, bewohnt von einem Gotte, der die Unterdrückten rächt und von seinen Getreuen nichts verlangt als Liebe und Glauben. Er weiht uns ein in den heiligen Gral – vor unserer Phantasie erscheint dieser Tempel, welcher im Auge des Dichters ein Bau ist von unverweslichem Holze und goldenen Toren, mit Schwellen von Asbest, mit Säulen von Opal, mit Fensterwandungen von Onyx, mit Vorhöfen aus Edelsteinen – Prachthallen, denen sich nur diejenigen nähern dürfen, deren Herzen erhoben, deren Hände rein sind.

Wagner läßt uns diesen Tempel nicht in seiner gewaltigen und wirklichen Struktur erschauen; als wollte er unsere schwachen Sinne schonen, zeigt er ihn uns nur in dem Widerschein azurner Wellen, zurückgestrahlt von irisfarbigen Wolken. Ein breites träumend Sichhernieder-senken der Melodie, ein duftiger Äther, der das heilige Bild, das wir erschauen sollen, umgibt – und das ist der Anfang der Einleitung. Er ist ausschließlich den Violinen vorbehalten, die vom Komponisten in acht verschiedene Pulte geteilt sind und sich in den höchsten Lagen ihrer Register bewegen.

Das Motiv wird hierauf von den sanftesten Blasinstrumenten aufgenommen, denen sich die Hörner und Fagotte zugesellen, und die zusammen das Einfallen der Trompeten und Posaunen vorbereiten. Letztere wiederholen die Melodie zum vierten Male mit einem wahrhaft blendenden Glanze des Kolorits, als wenn sich in diesem einzigen Momente der heilige Bau vor unseren geblendeten Augen in seiner ganzen leuchtenden und strahlenden Pracht erhoben hätte. Doch rasch, wie ein feuriges Meteor des Himmels, erlischt das bis zu dieser sonnenartigen Strahlenwerfung stufenweise gesteigerte lebhafte Funkeln. Es verdichtet sich der durchsichtige Duft der Wolken, und nach und nach schwindet die Vision in denselben vielfarbigen Dünsten, in deren Mitte es erschienen, womit das Stück mit den sechs ersten, nur noch ätherischer gewordenen Takten abschließt. Sein Charakter eines idealen Mystizismus macht sich durch das im Orchester durchweg vorwaltende piano fühlbar, welches selbst kaum während des kurzen Augenblicks, wo die Blechinstrumente die wundersamen Linien des einzigen Motivs dieser Introduktion noch glänzender hervorheben, unterbrochen wird. – Das ist das Bild, welches beim Hören dieses unvergleichlichen Adagios sich unseren tiefbewegten Sinnen darstellt. [. . .]

Obwohl der Zuschauer, vorbereitet, darauf verzichtet hat, irgend eines jener Stücke zu sehen, die ohne inneren Zusammenhang eine Begebenheit nach der anderen an den Faden irgend einer Intrige reiht, was den Gehalt unserer gewöhnlichen Opern bildet, so wird er dennoch ein eigentümliches Interesse darin finden, während dreier langer Akte der tief durchdachten, erstaunenswert geschickten und poetisch verständigen Kombinationen zu folgen, mit der Wagner mittelst mehrerer Hauptsätze den melodischen Knoten seines ganzen Dramas geschürzt hat. Die Wendungen dieser Sätze sind, indem sie sich an und um die Worte des Gedichtes schmiegen, von ergreifendster Wirkung. Und doch – greift man, um sich klare Rechenschaft über das zu geben, was uns bei der lebendigen Darstellung so tief ergriffen hat, nach der

Partitur dieses in seiner Art ganz neuen Werkes, so ist man erstaunt und überrascht über die Fülle der Intentionen und feinen Nuancen, die man hier findet, und die vom Ohr unmöglich unmittelbar alle zugleich erfaßt werden können. Doch welches wären auch die Epopöen und Dramen großer Dichter, die keines langen und ernstlichen Studiums bedürften, um in ihrer ganzen Bedeutung erfaßt zu werden?

Wagner gelang es durch ein von ihm in ganz unerwarteter Weise angewandtes Verfahren, das Gebiet und die Ansprüche der Musik zu erweitern.

Wenig von der großen Macht befriedigt, welche sie über die Gemüter ausübt, indem sie die ganze Tonleiter der menschlichen Gefühle erklingen läßt und erweckt, macht er es ihr möglich, Ideen in uns anzuregen, zu unseren Gedanken zu sprechen, ja er verleiht ihr sogar einen moralischen und intellektuellen Sinn. Wir hatten schon in den ‹Hugenotten› die Rolle des Marcel gleichsam in den Choral Luthers inkrustiert gesehen, welcher nicht allein seinen Glauben, sondern auch die ganze unbiegsame Exaltation seines Geistes, den ganzen Sinn seiner Handlung personifiziert.

Wagner hat diese so glückliche Intention Meyerbeers noch übertroffen. Er hat den Charakter seiner Person und ihre vorzüglichsten Leidenschaften durch Motive und Melodien gezeichnet, die im Gesange oder im Orchester jedesmal, wo die von ihnen ausgedrückten Leidenschaften und Gefühle in Tätigkeit sind, hervortreten, worauf schon unser Essay über ‹Tannhäuser› aufmerksam gemacht hat. Diese systematische Durchführung ist mit einer Kunst der Verteilung verbunden, welche durch die hier entwickelte Feinheit der psychologischen, poetischen und philosophischen Andeutungen selbst solchen, denen die Achtel- und Sechzehntel-Noten tote Buchstaben und reine Hieroglyphen sind, ein sehr hohes Interesse einflößen müssen. Wagner zwingt unser Nachdenken und unser Gedächtnis zu einer fortwährenden Übung, wodurch er die Wirkung der Musik dem Gebiete unbestimmter Rührungen entreißt und ihren Reizen Genüsse des Verstandes hinzufügt. Infolge dieser Methode, welche durch eine Reihe seltener und unter sich geistig verbundener Gesänge die sonst leicht erzielte Befriedigung erschwert, fordert er vom Publikum besondere Aufmerksamkeit, bereitet aber zu gleicher Zeit denen, die sich in seine Intentionen zu versenken vermögen, höhere Kunstfreuden.

Seine Melodien sind gewissermaßen personifizierte Ideen. Ihre Wiederholung bezeichnet Gefühlsmomente, welche die Worte allein nicht vollständig aussprechen. Ihnen erteilt Wagner die Aufgabe, uns alle Geheimnisse des Herzens zu enthüllen. Es gibt einzelne Sätze, wie beispielsweise der Satz der ersten Szene des zweiten Aktes, welche die Oper wie eine giftige Schlange durchwinden, sich um ihre Opfer bald schlingen, bald sie fliehen angesichts ihrer heiligen Kämpen. Es gibt andere, wie in der Introduktion, die nur selten, aber in Verbindung mit den erhabensten göttlichen Offenbarungen wiederkehren. Die Situationen und Personen von irgend einer Wichtigkeit sind musikalisch durch eine Melodie – oder ein Motiv – ausgedrückt, welche das sie beständig begleitende Symbol wird. Da nun diese Melodien oder Motive von seltener Schönheit sind, so behaupten wir gegenüber denen, die in der Beurteilung einer Partitur sich einzig und allein auf die Beziehungen der Achtel- und Sechzehntel-Noten untereinander beschränken, daß, selbst wenn die Musik dieser Oper ihres schönen Textes beraubt wäre, sie dennoch ein Kunsterzeugnis ersten Ranges bleiben würde. [. . .]

*

Sollten dramatische Musiker vielleicht geneigt sein, dem Libretto des ‹Tannhäuser› oder dem des ‹Fliegenden Holländer› als gleich poetisch in ihrer Anlage und in der Schönheit ihrer Verse, dabei aber von einem mit ihrer Kunst leichter in Einklang zu setzenden Wesen den Vorzug vor dem des ‹Lohengrin› zu geben, so werden die dramatischen Dichter dagegen das letztere Gedicht über alle stellen müssen, die Wagner bis jetzt geschaffen hat. Sein literarisches Verdienst genügt, um den Verfasser unter die mit wahrhaft tragischem Sinn begabten Schriftsteller zu setzen. Neben tief ergreifenden Versen, packenden Ausrufungen, neben einem Dialog, in welchem die geheimen Triebfedern der Personen sich äußerst geschickt in den Wendungen der Gedanken verraten, ist die Versifikation an und für sich nicht allein klangvoll und schön, der Stil edel und den Charakteren angemessen, sondern das Drama entlehnt noch außerdem eigentümliche Reflexe des Mittelalters durch die Reproduktion altdeutscher Sprachwendungen und den Gebrauch vieler Worte, die, ohne vollständig vergessen zu sein, doch den Stempel des Altertümlichen tragen.

Ebenso ist der Takt und der gute Geschmack besonders zu erwähnen, mit welchem diese Nachahmung sich nur auf leicht faßbare Wendungen beschränkt, die selbst für solche, welche in die Geheimnisse des gelehrten Archaismus nicht eingeweiht sind, verständlich bleiben. Es ist nie so weit getrieben, daß das Verständnis des Gedichts erschwert würde. Doch begnügt sich Wagner nicht damit, dem Ohr die alten Assonanzen zurückzurufen. Auch in der Art die Buchstaben zu

Modell zum zweiten Aufzug (Burghof in Antwerpen) von Angelo II Quaglio nach Simon Quaglio, angefertigt 1865 in Anlehnung an die Münchner Erstaufführung 1858.

ordnen setzt er diese Imitation fort, und wie die alten Poeten, Wolfram von Eschenbach und andere, fängt er nicht jeden Vers mit großem Anfangsbuchstaben an. Es sind das unbedeutende Einzelheiten; aber sie fallen auf, sowie man das Textbuch des ‹Lohengrin› in die Hand nimmt.

Die Übereinstimmung aller dieser Eindrücke führt uns so lebendig in die Zeit und ihre von Wagner neu belebten Glaubensansichten zurück, daß wir nicht überrascht sein würden, wenn der mit lebendiger und warmer Phantasie begabte Teil des Publikums das Opernhaus fast überzeugt von der Existenz des heiligen Grals, seine Tempels, seiner Ritter und seiner unendlichen Seligkeit verlassen würde.

Die Musik dieser Oper hat als Hauptcharakter eine solche Einheit der Konzeption und des Stils, daß es in derselben keine melodische

Phase und noch viel weniger ein Ensemblestück oder irgendeine Passage gibt, die getrennt vom Ganzen in ihrer Eigentümlichkeit und in ihrem wahren Sinne verstanden werden kann. Alles verbindet, alles verkettet, alles steigert sich. Alles ist mit dem Sujet auf das engste verwachsen und kann nicht von demselben losgelöst werden. Es würde sogar schwer sein, selbst bedeutende Bruchstücke dieser Tondichtung, in welcher kein Mosaik, nichts eingeschaltet, nichts Überflüssiges enthalten ist, gerecht zu beurteilen; denn alles verkettet sich in derselben und greift ineinander wie die Maschen eines Netzes. Alles ist hier genau erwogen und folgerichtig bestimmt, jeder Harmonienfolge geht der mit ihr korrespondierende Gedanke voraus oder folgt ihr – eine durch ihre systematische Strenge wesentlich deutsche Prämeditation, die uns von diesem großen Werke sagen läßt, daß es zu den durchdachtesten aller Inspirationen gehört.

Übrigens ist es nicht schwer, sich Rechenschaft darüber zu geben, warum jede aus dem Werke herausgenommene Episode an Reiz verlieren muß, wenn man sich das Prinzip in das Gedächtnis zurückruft, nach welchem Wagner durch Musik Rollen und Ideen personifiziert.* Die Anwendung der fünf Hauptmotive – das heilige Gralmotiv der Instrumentaleinleitung der Oper; das Gottesurteilmotiv, das man bei Verkündigung des ersteren vernimmt; das Lohengrinmotiv, sein Erscheinen begleitend; das Verbotmotiv, das mit der Erklärung an Elsa eintritt; endlich das Ortrudmotiv, welches mit ihren unheilvollen Drohungen ertönt –, sowie die häufigen, aber stets begründeten Wiederholungen der Nebenmotive erlaubt natürlich nur dann dem dramatischen Gedanken vollständig zu folgen und das Interesse, welches dieser so neue, so bestimmte und in allen Beziehungen so klare Aufbau hervorruft, ganz zu empfinden, wenn man dahin gelangt ist, in alle Feinheiten dieses schönen Denkmals sowie in alle in der allgemeinen Anlage seines Planes verborgenen Intentionen eindringen zu können. [. . .]

Wagner hat schon in seinen ersten Opern, vorzüglich jedoch in seinem ‹Lohengrin›, stets für jede seiner Hauptpersonen eine andere Palette gemischt. Je aufmerksamer man diese letzte Partitur durchforscht, um so mehr gewahrt man, welche innige Verwandtschaft er zwischen seiner Dichtung und seinem Orchester hervorgebracht hat. Nicht allein, daß er, wie wir schon früher gesagt haben, durch seine

---

* Vgl. dazu die Studie von Ulrich Siegele: Das Drama der Themen am Beispiel des «Lohengrin». In: Richard Wagner – Werk und Wirkung. Hg. von Carl Dahlhaus. Regensburg 1971, S. 41–51.

Modell zum dritten Aufzug (Brautgemach) von Angelo II Quaglio aus dem Jahre 1865, angefertigt in Anlehnung an die Münchner Erstaufführung von 1858.

Melodien Gefühle und Leidenschaften zum Ausdruck bringt, sondern er sucht sogar seine Gestalten durch ein ihrem Charakter entsprechendes Kolorit zu beleben. Ebenso wie er den Charakter der von ihm geschaffenen Personen durch ihnen entsprechende Rhythmen und Melodien bildet, wählt er für sie die ihnen entsprechenden Klangfarben.

So ist zum Beispiel das in dem ersten Vorspiel leicht gezeichnete Motiv, das den heiligen Gral andeutet, später in der Erzählung, in welcher Lohengrin am Schlusse sein erhabenes Geheimnis enthüllt, voll ausgeführt, stets unveränderlich den Violinen anvertraut. Elsa tritt fast ausschließlich von Blasinstrumenten begleitet auf, wodurch die glücklichsten Kontraste in Momenten entstehen, in denen die Blechinstrumente ihnen folgen. Besonders ergriffen fühlt man sich, wenn in der ersten Szene der langen Erzählung des Königs – seine Rolle ist beständig von Posaunen und Trompeten begleitet, die das

151

Orchester monarchisch beherrschen – ein langes Schweigen folgt, und ein sanftes und luftiges Säuseln sich wie eine von himmlischem Hauche bewegte Woge erhebt, um uns, noch ehe Elsa erscheint, den vollen Glanz ihrer jungfräulichen Reinheit fühlbar zu machen. Dieselbe Instrumentation tritt bei der Balkonszene wie erquickender Tau ein, um die schaurigen Flammen des Duos zwischen Friedrich und Ortrud zu löschen, sobald Elsa auf dem Balkon erscheint. Sie dient auch wieder zum Brautmarsche des zweiten Aktes und schildert die fromme Aufregung, die Wonne der Unschuld so überwältigend, daß dieses Stück zu den vollendetsten der Oper gehört, obwohl der dramatischen Wirkung entbehrend.

Die Schwierigkeiten, Wagners Opern zu inszenieren und befriedigend zur Aufführung zu bringen – Schwierigkeiten, die ihren Grund zunächst in der so ernsten Natur ihrer Sujets, in ihrem so erhabenen Stile, sowie in der großen vom Publikum geforderten Aufmerksamkeit haben –, werden ihrer Popularität wohl leider noch lange hindernd im Wege stehen. Ihre strenge Schönheit wird den banalen Beifall, den man Werken von kurzer Lebensdauer spendet, von ihnen fernhalten, doch werden sie auch schwerlich jenen unmittelbaren Enthusiasmus erringen, welchen das Genie eines Rossini eines Meyerbeer hervorriefen, wenn sie in üppigen Weisen oder mit feuriger Glut die Macht der Leidenschaften auf die Bühne brachten. Sollen wir darum warten, bis der Staub der Zeit in ansehnlicher Dicke sich auf Wagners Partituren gelagert hat? bis erst Gelehrte, sie durchblätternd, in ihnen die Wunder genialer Geheimnisse entdecken? oder bis Dichter in ihrer zurückblickenden Bewunderung für die Vergangenheit sich für diese Helden, die hundertfach unsere gewöhnlichen kleinlichen Erfindungen überragen, begeistern?

Es wird sicherlich niemand behaupten können, daß die Mittel, über welche das Theater in Weimar verfügt, für Dramen, die nach einem so großartigen Maßstabe angelegt sind, ausreichend seien. Weder die Größe der Bühne noch die Personenzahl des Orchesters, der Chöre und der Statisten entsprechen ihren Anforderungen. Nichtsdestoweniger machten die enthusiastischen Anstrengungen, die mutige und geduldige Arbeit, der beharrliche Wille aller Künstler, die zu leiten wir die Ehre hatten, während der Vorstellung der Oper alles völlig vergessen, was noch hätte fehlen können. Die tiefe Bewunderung, die aus einem anhaltenden Studium des Werkes seitens der Darsteller und aller Mitwirkenden für dasselbe entstehen mußte, hat alle mit so hinreißender Gewalt begeistert, daß trotz aller Schwierigkeiten dieser Aufgabe wir zu hoffen wagen, daß sie würdig gelöst wurde.

Ludwig Schnorr von Carolsfeld als Lohengrin in einer Münchner Auf-führung des Jahres 1861.

Die musikalische Bildung der meisten unserer hervorragenden Sänger erleichterte ihnen ein Unternehmen, das für solche, die nicht mit der Theorie ihrer Kunst vertraut sind, eine Unmöglichkeit wäre. Ihr Können erlaubte ihnen, der ganzen Kraft und dem tragischen Pathos, welche die Hauptrollen erfordern, zu entsprechen. Fräulein Rosa Agthe – die spätere Frau Milde –, welche sich vollständig mit ihrer Rolle identifizierte, hat die seraphischen Gesänge Elsas mit einer Reinheit poetischer und musikalischer Intention und einer seltenen Richtigkeit der Intonation, mit dem leicht verschleierten Silberton ihrer rührenden Stimme vorgetragen, welche Vorzüge sie schon in der Rolle der Elisabeth im ‹Tannhäuser› so glänzend entwickelt hatte. Fräulein Fastlingers Spiel und Gesang als Ortrud machte die Zuhörer erschauern. Bald kalt verachtend, bald außer sich bis zum Rausche der Wildheit wußte sie im ersten Akte die Aufmerksamkeit durch ihre Mimik zu fesseln und im langen Duo des zweiten Aktes eine großartige Wirkung zu erzielen. Die Herren Beck, Milde, Höfer haben geleistet, was man von ihren Talenten mir Recht erwarten konnte.

War auch hie und da noch eine Unsicherheit in den Ensemblestücken bemerkbar, so haben dennoch unsere Künstler am Abend des 28. August – der ersten Vorstellung des ‹Lohengrin› – im vollsten Sinne des Wortes allen Anforderungen entsprochen, welche bei der Aufführung einer der merkwürdigsten Schöpfungen der zeitgenössischen Poesie und Musik gestellt wurden.

III. Erläuterungen Wagners

Aus Briefen Richard Wagners zur Oper ‹Lohengrin›

AN ADOLF STAHR*, ZEITWEILIG WEIMAR

Mein verehrtester Freund!
Sie können sich am leichtesten einen Begriff von dem Eindrucke machen, den Ihr – soeben mir bekannt gewordenes – Urtheil über meinen ‹Lohengrin› auf mich hervorgebracht hat, wenn ich Ihnen berichte, daß ich bis jetzt mit einem gewissen – schwer zu definirenden – Lächeln in allen Besprechungen jener Arbeit – trotz aller Erwartung – den *einen* Punkt vermissen, oder vielmehr unberührt sehen mußte, den gerade *Sie* mit so drastischer Schärfe hervorgehoben haben.

Es ist mir unmöglich, hierüber ausführlich jetzt zu schreiben: gerade jetzt bin ich mitten in einem Zeugungsprocess begriffen, aus dem mir jede kritische Abschweifung unmöglich ist.** Verzeihen Sie mir daher die Kürze, mit der ich Ihnen einige wichtige Mitteilungen machen will. –

Zwischen meinem ‹Lohengrin› und meinem jetzigen Vorhaben liegt eine Welt. Das entsetzlich Peinliche für Unsereinen ist, wenn man sich unwillkürlich seine abgestreifte Schlangenhaut als seine Gestalt vorgehalten sieht. Wäre Alles so, wie ich es mir wünschte, so wäre ‹Lohengrin› – dessen Dichtung 1845 fällt – längst *vergessen* vor neuen Arbeiten, die meinen Fortschritt auch mir genügend bezeugten.

Lassen Sie sich erzählen. 1847 war die Musik vollständig fertig. 1848

---

* *Adolf Stahr (1805–76), Literaturwissenschaftler und Schriftsteller, ab 1836 Professor für Altphilologie in Oldenburg.*
** *Zwischen dem 3. und 10. Mai 1851 hat Wagner die erste Prosaskizze zu ‹Der junge Siegfried› geschrieben.*

fällt die Revolution: aller Dämmerdunst weicht von mir. 1849 muß ich flüchten: mit Jubel kehre ich dem ganzen alten Kram den Rücken: ich mache mir Luft mit einer Broschüre: ‹Kunst und Revolution›, sammle mich ernstlich mit dem kleinen Buche: ‹Das Kunstwerk der Zukunft›. Ich komme soweit, endlich auch *häuslich* mit aller Welt brechen zu wollen. Da fällt mein Blick eines Tages auf die verkommene ‹*Lohengrin*›-Partitur: es dauert mich, daß das gar nicht einmal getönt haben soll; gutmüthig schreibe ich Liszt ein paar Zeilen: wenn's ihm Spaß mache, sollte er das doch in *Weimar* einmal einstudiren. – Nun muß es auch gerade Liszt sein, der so Ernst zu machen weiß. – Wie gesagt, als Niemand auf den Punkt kam, den Sie trafen, mußte ich fast lachen: – nun lach ich nicht mehr, aber fast könnt es mir ärgerlich sein, daß der ‹*Lohengrin*› noch zu Tage gekommen.[1] Wenn Sie meine jetzigen Dichtungen kennen lernen, werden Sie begreifen warum? –

Soviel noch! Es macht mir doch Freude, einmal so hartnäckig auf dem christlichen Standpunkte gestanden zu haben, und zwar als Künstler – mit der vollsten Naivetät. Als ich die Dichtung vom ‹*Tannhäuser*› fertig hatte, verlangte Jemand von mir, ich solle die Venus über die h. Elisabeth siegen lassen: – ich fand das für recht schön, nur sagte ich, dann könnte ich keinen ‹*Tannhäuser*› schreiben. Gegen den fertiggedruckten ‹*Lohengrin*› erhub sich von einem meiner geistreichsten Freunde das gründlichste Bedenken: Lohengrin müsse schließlich Mensch werden.* Es war das Bedenken, das Ihren Vorwurf ausmacht. Ich fing wirklich an, nachzusinnen und für mich selbst Aenderungsvorschläge auszubeuten: ich gab mir alle Mühe, mir etwas vorzulügen von einem gedemüthigten Gotte u. s. w. – glücklicherweise genügte

1 Stahr schrieb u. a.: «Der Dichter hatte nur die einzige Möglichkeit, diesen Schluß befriedigend zu geben, wenn er den Mythus humanisirte. Der ‹*Lohengrin*›, der seine Wunderkraft und Weisheit, seine Heiligkeit und Göttlichkeit hingiebt, um der Liebe willen, der mit der Schwäche der Menschlichkeit das Glück der Menschlichkeit erkauft ... der würde unser Herz gewinnen und uns aus der unklaren Traumsymbolik abstrakter Transcendenz erheben in das Lichte Reich wahrhafter Freiheit, edler Menschlichkeit. Der ‹*Lohengrin*›, der als Knecht, als Soldat des Grals, um seine gottbegnadete Stellung zu bewahren, alles Andere aufopfert, mag ein richtiger Ausdruck göttlicher Transcendenz und ihrer Un-, weil Übermenschlichkeit sein; uns, die wir Menschen sind und nur menschlich zu sehen und zu fühlen vermögen, uns ist er nur der spukhafte Schatten einer Weltanschauung, deren Untergang unsere Vernunft und Ueberzeugung ersehnen!» Ferner: «Der Text des ‹*Lohengrin*› ist wirklich ein Gedicht, ein Drama, ein poetisch einheitliches Kunstgewerbe, das sich, ganz abgesehen von der musikalischen Bearbeitung und Ausführung auf den Rang eines *selbständigen* Kunstwerkes Anspruch machen darf» (Frankfurter Zeitung und Handelsblatt, 45. Jg., Nr. 227, 17. August 1901, Erstes Morgenblatt).

* *Gemeint ist Hermann Franck. Vgl. Wagners Brief vom 30. Mai 1846 an ihn, in der vorliegenden Dokumentation abgedruckt S. 104.*

München.

Königl. Hof- und National-Theater.

Sonntag den 16. Juni 1867.
Mit aufgehobenem Abonnement
Zum Vortheile des Hoftheater-Pensions-Vereines:

Neu einstudirt:

Lohengrin

romantische Oper in drei Aufzügen.
Dichtung und Musik von *Richard Wagner.*
Musikalische Direction: Herr Kapellmeister von Bülow.
Regie: Herr Sigl.

Personen:

Heinrich der Vogler, deutscher König	. . . .	Herr Bausewein.
Lohengrin	. . . .	Herr Vogl.
Elsa von Brabant	. . . .	Fräulein Mallinger.
Friedrich von Telramund, brabantischer Graf	. .	
Ortrud	. . . .	Fräulein Thoma.
Der Heerrufer des Königs	. . . .	Herr Fischer.
Herzog Gottfried, Elsa's Bruder	. . .	B. Ott.
		Herr Heinrich.
Brabantische Edle	. . . . . .	Herr Weixlstorfer.
		Herr Gura.
		Herr Hartmann.

Sächsische und Thüringische Grafen und Edle.
Brabantische Grafen und Edle.
Edelfrauen. Edelknaben. Mannen. Frauen. Knechte.

Ort und Zeit der Handlung: Antwerpen, erste Hälfte des zehnten Jahrhunderts.

Neue Decorationen:

Im ersten Aufzuge: Eine Aue am Ufer der Schelde bei Antwerpen, vom K. Hoftheatermaler Herrn Heinrich Döll.
Im zweiten Aufzuge: Burghof in Antwerpen, vom K. Hoftheatermaler Herrn Angelo Quaglio.
Im dritten Aufzuge: Saal mit Elsa's Brautgemach, vom K. Hoftheatermaler Herrn Angelo Quaglio.

Neue Costume, Waffen und Geräthe nach Angabe und unter Leitung des K. Hoftheater-Costümiers
Herrn Franz Seitz.
Scenische Einrichtung vom K. Hoftheater-Maschinisten Herrn Penkmayer.

** **Friedrich von Telramund** **Herr Betz,** vom k. Hoftheater zu Berlin, als Gast.

Textbücher sind, das Stück zu 12 kr., an der Kaße zu haben.
Dauer jeden Zwischen-Actes: Fünfundzwanzig Minuten.

Theaterzettel der von König Ludwig II. angeordneten «Musterinszenie-
rung» des ‹Lohengrin›, deren Gesamtleitung zunächst Richard Wagner
übernehmen sollte. Da es jedoch Geschmacksdifferenzen zwischen dem
König und dem Komponisten bezüglich der Ausstattung gab, verwahrte
sich Wagner dagegen, die Inszenierung als «Musteraufführung» anzuse-
hen. Der König nahm erheblichen Einfluß auf die Gestaltung der Bühnen-
bilder durch Heinrich Döll und Angelo Quaglio und der Kostüme durch
Franz Seitz (vgl. die Abbildungen auf den folgenden Seiten).

keine dieser Wendungen meinem Freunde; wollte ich den ‹Lohengrin› loslassen, mußte er los, wie er war, d. h. wie ihn nun einmal das christliche Volk gemacht hatte – wenn ich nicht von Inkonsequenz zu Inkonsequenz fallen wollte. Mit einem völligen Rausche tauchte ich ihn in die Musik: es war nichts Anderes damit zu machen; so bewahrte ich mich doch wenigstens vor einer rationalistischen Oper.

Ich weiß, was Sie unter der eintönigen, unrhythmischen Melodie verstehen[2]: die Lösung der hier zu Grunde liegenden Frage denke ich Ihnen meinerseits theoretisch im dritten Theile meines nächsterscheinenden Buches: ‹Oper und Drama› zu geben.

Der Grund liegt nicht in der Musik, sondern – da doch nun einmal die Musik nur die vollerblühende Sprache sein kann – in der Sprache selbst, im Verse. Wir haben jetzt nur ungebildete Verse, keine wirklichen. Auch mein musikalischer Ausdruck hängt immer nur noch außersinnlich mit der Sprache zusammen: der kernige, sinnliche Zusammenhang war mir bisher noch entgangen. Das habe ich aber nicht aus der Theorie – trotzdem Ihnen meine Theorie eher zu Augen kommen wird, als die praktische Arbeit, aus der ich die Theorie erst schöpfte: dies hab ich aus meinem Gedicht: ‹Siegfried's Tod›, in dem ich ganz von selbst auf die Sprache kam, wie sie für die Musik nöthig ist.

In Einem thun Sie mir vielleicht Unrecht: Sie nennen meinen ‹Lohengrin› eine thatsächliche Polemik gegen die moderne Oper; Sie weisen mir in ihm puritanischen Eifer nach. Gut! aber nennen Sie es nicht eine *absichtliche* Polemik: ich war, als ich diese Oper schrieb, von dem Gegenstande auf eine Weise eingenommen, daß er mich zu keiner andern Absicht kommen ließ, als ihn recht voll und üppig, recht tönend zu Tage zu bringen; und diese Absicht lag von allem Protestiren soweit ab, daß ich im Gegentheil Alles übersah, was in Wirklichkeit diese Arbeit zu einer Protestation machte.

Genug! ich kann jetzt nicht kritisiren und kann dies überhaupt vielleicht nie. – Aber – wenn Sie wüßten, wie es mir heute ging, als ich Ihren Aufsatz las! Seit 6 Tagen bin ich schon mit der Feder über einen ‹Jungen Siegfried› her, gerade heute habe ich die Schlußscene – Brünn-

---

2 Stahr schrieb: «In diesem Betrachte möchte man Wagner mit seinem Rigorismus gegen die Melodie, seiner rhythmischen Eintönigkeit, seiner Vernachlässigung der virtuosistischen Elemente im Kunstgesange vergleichen mit der eifervollen Strenge des Lutherthums, welche im Verhältniß zu der heitern Pracht, dem festlichen Glanze und der sinnlichen Vielseitigkeit des katholischen Kultus oft an verstandeskahle Nüchternheit streift ... Seine Schöpfung erschien mir wesentlich als eine praktische Kritik, als eine thatsächliche Polemik, eine schöpferische Negation» (Frankfurter Zeitung und Handelsblatt, 45. Jg., Nr. 227, 17. August 1901, Erstes Morgenblatt).

hildes Erweckung – vollständig (dialogisch) entworfen. Wenn Sie die Scene kennen lernen, denken Sie an mich, wie es mir zu Muthe sein mußte, als ich *Sie* über mich sprechen hörte.

Nun, ich danke Ihnen, und hoffe, wir bleiben Freunde! Nehmen Sie es an? – Liszt will den ‹*Jungen Siegfried*› jetzt noch *geheim* gehalten wissen. Bin ich mit den Versen fertig, so schicke ich ihn nach Weimar – Liszt wird ihn Ihnen sogleich mittheilen, dann habe ich auch Ruhe, Ihnen mehr und – hoffentlich – besser zu schreiben.

Leben Sie wohl und haben Sie nochmals meinen herzlichsten Dank!

Enge bei Zürich, 31 Mai 1851.   Ihr sehr ergebener Richard Wagner.

AN THEODOR UHLIG*, 28. Dezember 1851

[. . .] Bei gelegenheit des klavierauszuges habe ich mir die musik zum Lohengrin wieder ein bischen überblickt: – dürfte es, da Du nun doch einmal solche Sachen schreibst, Dir nicht interessant sein, über das thematische formgewebe Dich auszulassen, wie es zu immer neuen formbildungen führen muß auf dem von mir eingeschlagenen Wege? Dieß fiel mir unter andren bei der ersten Scene des zweiten Actes ein. Gleich im Anfang der zweiten Scene desselben Actes – auftritt der Elsa auf dem Söller – im vorspiele der Blasinstr. – fiel es mir auf, wie dort im 7. 8. und 9ten takte bei Elsa's nächtlicher Erscheinung zum ersten mal ein motiv sich zeigt, das später, als Elsa am hellen tage, im vollen glanze zur kirche zieht, ganz ausgebildet, breit und hell zur ausführung kommt. Hieran wurde mir recht klar, wie bei mir die themen erstehen, immer im zusammenhange und nach dem Charakter einer plastischen Erscheinung. Vielleicht kannst Du dich aber besser hierüber ausdrücken als ich.**

AN FRANZ LISZT, 30. Januar 1852

[. . .] Der Frau Fürstin v. Wittgenstein, die mich mit einem sehr freundlichen Briefe erfreut hat***, bitte ich Dich, meinen größten Dank für Ihre Güte zu melden. Das innige Interesse, das sie meinem ‹*Lohengrin*›, namentlich bei der letzten Aufführung wieder widmete, ist mir von unschätzbarem Werthe. Sehr fesselten mich namentlich ihre geistvollen

---

 * *Vgl. S. 157.*
 ** *Uhlig kam nicht mehr zu einer solchen Analyse, da er bereits am 3. Januar 1853 nach längerer Krankheit starb. Immerhin ist Wagners Anregung bemerkenswert, wurde aber bezeichnenderweise für lange Zeit in der Wagner-Literatur nicht aufgegriffen.*
*** *Carolyne von Sayn-Wittgenstein hatte Wagner am 4. Januar 1852 über Liszts Arbeit mit dem Weimarer Ensemble bei den Proben zur Uraufführung des ‹Lohengrin› und insbesondere über verschiedenartige Gestaltungen der Rolle Ortruds geschrieben.*

Bemerkungen über die Rolle der Ortrud, und der Vergleich, den sie zwischen der Leistung der früheren Darstellerin* und der jetzigen** anstellt. Auf welche Seite *ich* mich neige, wird Deine verehrte Freundin sogleich erkennen, sobald ich meine Ansicht über diesen Charakter einfach dadurch bezeichne, daß Ortrud ein Weib ist, das – *die Liebe nicht kennt*. Hiermit ist Alles, und zwar das Furchtbarste, gesagt. Ihr Wesen ist Politik. Ein politischer *Mann* ist widerlich, ein politisches *Weib* aber grauenhaft: diese Grauenhaftigkeit hatte ich darzustellen. Es ist eine Liebe in diesem Weibe, die Liebe zu der Vergangenheit, zu untergegangenen Geschlechtern, die entsetzlich wahnsinnige Liebe des Ahnenstolzes, die sich nur als Haß gegen alles Lebende, wirklich Existierende äußern kann. Beim Manne wird solche Liebe lächerlich, bei dem Weibe aber furchtbar, weil das Weib – bei seinem natürlichen starken Liebesbedürfnisse – etwas lieben *muß*, und der Ahnenstolz, der Hang am Vergangenen, somit zum mörderischen Fanatismus wird. Wir kennen in der Geschichte keine grausameren Erscheinungen, als politische Frauen. Nicht Eifersucht auf Elsa – etwas*** um Friedrich's Willen – bestimmt daher Ortrud, sondern ihre ganze Leidenschaft enthüllt sich einzig in der Scene des II^en Actes, wo sie – nach Elsa's verschwinden vom Söller – von den Stufen des Münsters aufspringt, und ihre alten längst verschollenen Götter anruft. Sie ist eine Reaktionärin, eine nur auf das Alte bedachte und deshalb allem Neuem Feindgesinnte, und zwar im wüthendsten Sinne des Wortes: sie möchte die Welt und die Natur ausrotten, nur um ihren vermoderten Göttern wieder Leben zu schaffen. Aber dieß ist keine eigensinnige, kränkelnde Laune bei Ortrud, sondern mit der ganzen Wucht eines – eben nur verkümmerten, unentwickelten, gegenstandslosen – weiblichen Liebesverlangens nimmt diese Leidenschaft sie ein: und daher ist sie furchtbar *großartig*. Nicht das mindeste Kleinliche darf daher in ihrer Darstellung vorkommen: niemals darf sie etwa nur maliciös oder piquirt erscheinen; jede Aeußerung ihres Hohnes, ihrer Tücke, muß die ganze Gewalt des entsetzlichen Wahnsinnes durchblicken lassen, der nur durch die Vernichtung Anderer, oder – durch die eigene Vernichtung zu befriedigen ist.

Welche von den beiden Darstellerinnen dieser meiner Absicht am Nächsten gekommen ist, wäre daher für die bessere zu halten. – [. . .]

---

* *Josephine Fastlinger.*
** *Agathe Auguste Knopp-Fehringer, die, laut Bericht der Carolyne von Sayn-Wittgenstein, der Ortrud nicht mehr jugendlich stolze Züge verlieh (wie Josephine Fastlinger), sondern «einen finsteren und unerbittlichen Charakter».*
*** *Muß richtig lauten: «etwa».*

Die erste Seite des Vorspiels zu ‹Lohengrin› im Erstdruck des Klavierauszugs von Theodor Uhlig, erschienen im Dezember 1851 (vgl. Wagners Brief an Uhlig, in der vorliegenden Dokumentation Seite 159).

Richard Wagner

Aus ‹Eine Mitteilung an meine Freunde› (1851)

[. . .] Wie der Grundzug des Mythos vom ‹*Fliegenden Holländer*› im hellenischen Odysseus eine uns noch deutliche frühere Gestaltung aufweist; wie derselbe Odysseus in seinem Loswinden aus den Armen der Kalypso, seiner Flucht vor den Reizungen Kirke, und seiner Sehnsucht nach dem irdisch vertrauten Weibe der Heimat, die dem hellenischen Geiste erkenntlichen Grundzüge eines Verlangens ausdrückte, das wir im Tannhäuser unendlich gesteigert und seinem Inhalte nach bereichert wiederfinden: so treffen wir im griechischen Mythos, der an und für sich gewiß noch keineswegs ältesten Gestalt desselben, auch schon auf den Grundzug des Lohengrinmythos. Wer kennt nicht ‹*Zeus und Semele*›? Der Gott liebt ein menschliches Weib und naht ihr um dieser Liebe willen selbst in menschlicher Gestalt; die Liebende erfährt aber, daß sie den Geliebten nicht nach seiner Wirklichkeit erkenne, und verlangt nun, vom wahren Eifer der Liebe getrieben, der Gatte solle in der vollen sinnlichen Erscheinung seines Wesens sich ihr kundgeben. Zeus weiß, daß er ihr entschwinden, daß sein wirklicher Anblick sie vernichten muß; er selbst leidet unter diesem Bewußtsein, unter dem Zwange, zu ihrem Verderben das Verlangen der Liebenden erfüllen zu müssen: er vollzieht sein eigenes Todesurteil, als der menschentödliche Glanz seiner göttlichen Erscheinung die Geliebte vernichtet. – Hatte etwa Priesterbetrug diesen Mythos gedichtet? Wie töricht, von der staatlich-religiösen, kastenhaft eigensüchtigen Ausbeutung des edelsten menschlichen Verlangens auf die Gestaltung und wirkliche Bedeutung der Gebilde zurückschließen zu wollen, die einem Wahne entblühten, der den Menschen eben erst zum Menschen machte! Kein Gott hatte die Begegnung des Zeus und der Semele gedichtet, sondern der Mensch in seiner allermenschlichsten Sehnsucht. Wer hatte den Menschen gelehrt, daß ein Gott ein Liebesverlangen nach dem Weibe der Erde entbrenne? Gewiß nur der Mensch selbst, der auch dem Gegenstande seiner eigenen Sehnsucht, möge sie noch so hoch hinaus über die Grenzen des irdischen ihm Gewohnten gehen, nur das Wesen seiner rein menschlichen Natur einprägen kann. Aus den höchsten Sphären, in die er durch die Kraft seiner Sehnsucht sich zu schwingen vermag, kann er endlich doch wiederum nur das Reinmenschliche verlangen, den Genuß seiner eigenen Natur als das Allerersehnenswerteste begehren. Was ist nun das eigentümlichste Wesen dieser menschlichen Natur, zu der die Sehnsucht nach weitesten

Heinrich Dölls Entwurf zum dritten Auftritt des ersten Aufzugs für die von Ludwig II. angeordnete «Musteraufführung» des ‹Lohengrin› am Münchner Hof- und Nationaltheater 1867.

Fernen sich, zu ihrer einzig möglichen Befriedigung, zurückwendet? Es ist die Notwendigkeit der Liebe, und das Wesen dieser Liebe ist in seiner wahrsten Äußerung Verlangen nach voller sinnlicher Wirklichkeit, nach dem Genusse eines mit allen Sinnen zu fassenden, mit aller Kraft des wirklichen Seins selbst und innig zu umschließenden Gegenstandes. Muß in dieser endlichen, sinnlich gewissen Umarmung der Gott nicht vergehen und entschwinden? Ist der Mensch, der nach dem Gotte sich sehnte, nicht verneint, vernichtet? Ist die Liebe in ihrem wahrsten und höchsten Wesen somit nicht aber offenbar geworden? – Bewundert, ihr hochgescheuten Kritiker, das Allvermögen der menschlichen Dichtungskraft, wie es sich im Mythos des Volkes offenbart! Dinge, die ihr mit eurem Verstande nie begreifen könnt, sind in ihm, mit einzig so zu ermöglichender, für das Gefühl deutlich greifbarer, sinnlich vollendeter Gewißheit dargetan. –

Das ätherische Gebiet, aus dem der Gott herab nach dem Menschen sich sehnt, hatte durch die christliche Sehnsucht sich in die undenklichsten Fernen ausgedehnt. Dem Hellenen war es noch das wolkige Reich des Blitzes und des Donners, aus dem der lockige Zeus sich herabschwang, um mit kundigem Wissen Mensch zu werden: dem Christen zerfloß der blaue Himmel in ein unendliches Meer schwelgerisch sehnsüchtigen Gefühls, in dem ihm alle Göttergestalten verschwammen, bis endlich nur sein eigenes Bild, der sehnsüchtige Mensch, aus dem Meere seiner Phantasie ihm entgegentreten konnte. Ein uralter und mannigfach wiederholter Zug geht durch die Sagen der Völker, die an Meeren oder an meermündenden Flüssen wohnten: auf dem blauen Spiegel der Wogen nahte ihnen ein Unbekannter von höchster Anmut und reinster Tugend, der alles hinriß und jedes Herz durch unwiderstehlichen Zauber gewann; er war der erfüllte Wunsch des Sehnsuchtsvollen, der über dem Meeresspiegel, in jenem Lande, das er nicht erkennen konnte, das Glück sich träumte. Der Unbekannte verschwand wieder, und zog über die Meereswogen zurück, sobald nach seinem Wesen geforscht wurde. Einst, so ging die Sage, war, von einem Schwane im Nachen gezogen, im Scheldelande ein wonniger Held vom Meere her angelangt: dort habe er die verfolgte Unschuld befreit, und einer Jungfrau sich vermählt; da diese ihn aber betrug, wer er sei und woher er komme, habe er wieder von ihr ziehen und alles verlassen müssen. – Warum diese Erscheinung, als sie mir in ihren einfachsten Zügen bekannt ward, mich so unwiderstehlich anzog, daß ich gerade jetzt, nach der Vollendung des ‹Tannhäuser›, nur noch mit ihr mich befassen konnte, dies sollte durch die nächstfolgenden Lebenseindrücke meinem Gefühle immer deutlicher gemacht werden.

Mit dem fertigen Entwurfe zu der Dichtung des ‹Lohengrin› kehrte ich nach Dresden zurück, um den ‹Tannhäuser› zur Aufführung zu bringen. [. . .]

Den Charakter und die Situation dieses Lohengrin erkenne ich jetzt mit klarster Überzeugung als den Typus des eigentlichen einzigen tragischen Stoffes, überhaupt der Tragik des Lebenselementes der modernen Gegenwart, und zwar von der gleichen Bedeutung für die Gegenwart, wie die ‹Antigone› – in einem allerdings anderen Verhältnisse – für das griechische Staatsleben es war.[1] Über dieses höchste und wahrste tragische Moment der Gegenwart hinaus gibt es nur noch die

---

1 Gerade wie meinem Kritiker, mochte es nämlich dem athenischen Staatsmanne ergehen, der unter dem unmittelbaren Eindruck des Kunstwerkes unbedingt für Antigone sympathisierte, am andern Tage in der Gerichtssitzung gewiß aber selbst sein staatliches Todesurteil über die menschliche Heldin aussprach.

Szenenillustration des dritten Auftritts aus dem ersten Aufzug von Michael Echter zu der Münchner Neuinszenierung des ‹Lohengrin› von 1867.

volle Einheit von Geist und Sinnlichkeit, das wirklich und einzig heitere Element des Lebens und der Kunst der Zukunft nach deren höchstem Vermögen. – Ich gestehe, daß mich der Geist der zweifelsüchtigen Kritik selbst soweit ansteckte, eine gewaltsame Motivierung und Abänderung meines Gedichtes ernstlich in Angriff zu nehmen. Durch meine Teilnahme an dieser Kritik war ich für kurze Zeit so sehr aus dem richtigen Verhältnisse zu dem Gedichte geraten, daß ich wirklich bis dahin abirrte, eine veränderte Lösung zu entwerfen, nach welcher es Lohengrin verstattet sein sollte, seiner enthüllten höheren Natur sich zugunsten seines weiteren Verweilens bei Elsa zu begeben. Das vollständig Ungenügende, und in einem höchsten Sinne Naturwidrige dieser Lösung, empfand aber nicht nur ich selbst, der ich in einer Entfremdung meines Wesens sie entwarf, sondern auch mein kritischer Freund: wir fanden gemeinschaftlich, daß das unser modernes kritisches Bewußtsein Beunruhigende in der unabänderlichen Eigentümlichkeit des Stoffes selbst liege; daß dieser Stoff andererseits aber unser Gefühl so eindrucksvoll anrege und bestimme, daß er in Wahrheit zu uns einen Bezug haben müsse, der seine Vorführung als Kunstwerk uns als eine mächtige Bereicherung unsrer Empfindungseindrücke, somit der Fähigkeit unsres Empfindungsvermögens, wünschen lassen müsse. –

In Wahrheit ist dieser ‹Lohengrin› eine durchaus neue Erscheinung für das moderne Bewußtsein; denn sie konnte nur aus der Stimmung und Lebensanschauung eines künstlerischen Menschen hervorgehen, der zu keiner anderen Zeit als der jetzigen und unter keinen andren Beziehungen zur Kunst und zum Leben, als wie sie aus meinem individuellen, eigentümlichen Verhältnissen entstanden, sich gerade bis auf den Punkt entwickelte, wo mir dieser Stoff als nötigende Aufgabe für meine Gestalten erschien. Den Lohengrin verstehen konnte somit nur derjenige, der sich von aller modernen abstrahierenden, generalisierenden Anschauungsform für die Erscheinungen des unmittelbaren Lebens freizumachen vermochte. Wer solche Erscheinungen, wie sie dem individuellen Gestaltungsvermögen unmittelbar tätiger Lebensbeziehungen entspringen, nur unter einer allgemeinen Kategorie zu fassen versteht, kann an ihnen so gut wie nichts begreifen, nämlich nicht die Erscheinung, sondern eben nur die Kategorie, in die sie – als in eine voraus fertige – in Wahrheit gar nicht gehört. Wem am Lohengrin nichts weiter begreiflich erscheint, als die Kategorie: Christlich-romantisch- der begreift eben nur eine zufällige Äußerlichkeit, nicht aber das Wesen seiner Erscheinung. Dieses Wesen, als das Wesen einer in Wahrheit neuen, noch nicht dagewesenen Erscheinung, begreift nur dasjenige Vermögen des Menschen, durch das ihm überhaupt erst jede Nahrung für den kategorisierenden Verstand zugeführt wird, und dies ist das reine sinnliche Gefühlsvermögen. Nur das in seiner sinnlichen Erscheinung vollständig sich darstellende Kunstwerk führt den neuen Stoff aber jenem Gefühlsvermögen mit der notwendigen Eindringlichkeit zu; und nur wer dies Kunstwerk in dieser vollständigen Erscheinung empfangen hat, also nur der nach seinem höchsten Empfängnisvermögen vollkommen befriedigte Gefühlsmensch, vermag auch den neuen Stoff vollkommen zu begreifen. Hier nun treffe ich auf den Hauptpunkt des Tragischen in der Situation des wahren Künstlers zum Leben der Gegenwart, eben derselben Situation, die im Stoffe des ‹Lohengrin› von mir ihr künstlerische Gestaltung erhielt: – das notwendigste und natürlichste Verlangen dieses Künstlers ist, durch das Gefühl rückhaltslos aufgenommen und verstanden zu werden; und die – durch das moderne Kunstleben bedingte – Unmöglichkeit, dieses

Szenenillustration des zweiten Auftritts aus dem zweiten Aufzug (Elsa: «Euch Lüften, die mein Klagen so traurig oft erfüllt») von Michael Echter zu der Münchner Neuinszenierung des ‹Lohengrin›, die König Ludwig II. 1867 angeordnet hatte. Links vorn Ortrud und Telramund, auf dem Söller Elsa «in weißem Gewande» (Regieanweisung Wagners).

Gefühl in der Unbefangenheit und zweifellosen Bestimmtheit anzutreffen, als er es für sein Verstandenwerden bedarf – der Zwang, statt an das Glück sich fast einzig nur an den kritischen Verstand mitteilen zu dürfen – dies eben ist zunächst das Tragische seiner Situation, das ich als künstlerischer Mensch empfinden mußte, und das mir auf dem Wege meiner weiteren Entwicklung so zum Bewußtsein kommen sollte, daß ich endlich in offene Empörung gegen den Druck dieser Situation ausbrach. –

Ich nähere mich nun der Darstellung meiner neuesten Entwicklungsperiode, die ich noch ausführlicher berühren muß, weil der Zweck dieser ganzen Mitteilung hauptsächlich die Berichtigung der scheinbaren Widersprüche, die zwischen dem Wesen meiner künstlerischen Arbeiten und dem Charakter meiner neuerdings ausgesprochenen Ansichten über die Kunst und ihre Stellung zum Leben, aufzufinden wären, und zum Teil von oberflächlichen Kritikern bereits auch aufgestochen worden sind. Zu dieser Darstellung schreite ich durch den ununterbrochenen Bericht meiner künstlerischen Tätigkeit und der ihr zugrunde liegenden Stimmungen, streng an das Bisherige anknüpfend, fort.

Die Kritik hatte sich unvermögend erwiesen, die Gestalt der Dichtung meines ‹Lohengrin› zu verändern, und die Wärme meines Eifers für ihre vollständige künstlerische Ausführung war durch diesen siegreichen Konflikt meines notwendigen künstlerischen Gefühls mit dem modernen kritischen Bewußtsein, nur noch glühender angefacht worden: in dieser Ausführung, fühlte ich, lag die Beweisführung für die Richtigkeit meines Gefühls. Es ward meiner Empfindung klar, daß ein wesentlicher Grund zum Mißverständnis der tragischen Bedeutung meines Helden in der Annahme gelegen hatte, Lohengrin steige aus einem glänzenden Reiche leidenlos unerworbener, kalter Herrlichkeit herab, und um dieser Herrlichkeit und der Nichtverletzung eines unnatürlichen Gesetzes willen, das ihn willenlos an jene Herrlichkeit bände, kehrte er dem Konflikte der irdischen Leidenschaften den Rücken, um sich seiner Gottheit wieder zu erfreuen. Bekundete sich hierin zunächst der willkürliche Charakter der modernen kritischen Anschauung, die von dem unwillkürlichen Eindrucke der Erscheinung absieht, und willkürlich nach sich bestimmt; und hatte ich leicht zu erkennen, daß dieses Mißverständnis eben nur aus einer willkürlichen Deutung jenes bindenden Gesetzes entsprang, welches in Wahrheit kein äußerlich aufgelegtes Postulat, sondern der Ausdruck des notwendigen inneren Wesens des, aus herrlicher Einsamkeit nach Verständnis durch Liebe Verlangenden ist: so hielt ich mich zur Versicherung des beabsichtigten richtigen Eindrucks mit desto größerer Bestimmtheit an die ursprüngliche Gestalt des Stoffes, die in ihren naiven Zügen mich selbst so unwiderstehlich bestimmt hatte. Um diese Gestalt ganz nach dem Eindrucke, den sie auf mich gemacht, künstlerisch mitzuteilen, verfuhr ich mit noch größerer Treue, als beim ‹Tannhäuser›, in der Darstellung der historisch sagenhaften Momente, durch die ein so außerordentlicher Stoff einzig zu überzeugend wahrer Erscheinung an die Sinne kommen konnte. Dies bestimmte mich für die szenische Haltung und den sprachlichen Ausdruck in der Richtung, in welcher ich später zur Auffindung von Möglichkeiten geführt wurde, die mir in ihrer notwendigen Konsequenz allerdings eine gänzlich

Szenenillustration des fünften Auftritts aus dem zweiten Aufzug (Regie-
anweisung Wagners: «Elsa sehr aufgeregt an Lohengrins Brust stür-
zend») von Michael Echter zur Münchner «Musteraufführung» des
‹Lohengrin› von 1867.

veränderte Stellung der Faktoren des bisherigen opernsprachlichen
Ausdrucks zuweisen sollten. Auch nach dieser Richtung hin leitete
mich aber immer nur ein Trieb, nämlich, das von mir Erschaute so
deutlich und verständlich wie möglich der Anschauung anderer mitzuteilen; und immer war es auch hier nur der Stoff, der mich in allen
Richtungen hin für die Form bestimmte. Höchste Deutlichkeit war in
der Ausführung somit mein Hauptbestreben, und zwar eben nicht die
oberflächliche Deutlichkeit, mit der sich uns ein seichter Gegenstand
mitteilt, sondern die unendlich reiche und mannigfaltige, in der sich
einzig ein umfassender, weithin beziehungsvoller Inhalt verständlich
darstellt, was aber oberflächlich und an Inhaltsloses Gewöhnten allerdings oft geradeswegs unklar vorkommen muß. –

Erst bei diesem Deutlichkeitsstreben in der Ausführung entsinne ich
mich, das Wesen des weiblichen Herzens, wie ich es in der liebenden

169

Elsa darzustellen hatte, mit immer größerer Bestimmtheit erfaßt zu haben. Der Künstler kann nur dann zur Fähigkeit überzeugender Darstellung gelangen, wenn er mit vollster Sympathie in das Wesen des Darzustellenden sich zu versetzen vermag. In «Elsa» ersah ich von Anfang herein den von mir ersehnten Gegensatz Lohengrins – natürlich jedoch nicht den diesem Wesen fern abliegenden, absoluten Gegensatz, sondern vielmehr das andere Teil seines eigenen Wesens – den Gegensatz, der in seiner Natur überhaupt mit enthalten und nur die notwendig von ihm zu ersehnende Ergänzung seines männlichen, besonderen Wesens ist. Elsa ist das Unbewußte, Unwillkürliche, in welchem das bewußte, willkürliche Wesen Lohengrins sich zu erlösen sehnt; dieses Verlangen ist aber selbst wiederum das unbewußte Notwendige, Unwillkürliche im Lohengrin, durch das er dem Wesen Elsas sich verwandt fühlt. Durch das Vermögen dieses «unbewußten Bewußtseins», wie ich es selbst mit Lohengrin empfand, kam mir auch die weibliche Natur – und zwar gerade, als es mich zur treuesten Darstellung ihres Wesens drängte – zu immer innigerem Verständnisse. Es gelang mir, mich durch dieses Vermögen so vollständig in dieses weibliche Wesen zu versetzen, daß ich zu gänzlichem Einverständnisse mit der Äußerung desselben in meiner liebenden Elsa kam. Ich mußte sie so berechtigt finden in dem endlichen Ausbruche ihrer Eifersucht, daß ich das rein menschliche Wesen der Liebe gerade in diesem Ausbruche erst ganz verstehen lernte; und ich litt wirklichen, tiefen – oft in heißen Tränen mir entströmenden – Jammer, als ich unabweislich die tragische Notwendigkeit der Trennung, der Vernichtung der beiden Liebenden empfand. Dieses Weib, das sich mit hellem Wissen in ihre Vernichtung stürzt um des notwendigen Wesens der Liebe willen – das, wo es mit schwelgerischer Anbetung empfindet, ganz auch untergehen will, wenn es nicht ganz den Geliebten umfassen kann; dieses Weib, das in ihrer Berührung gerade mit Lohengrin untergehen mußte, um auch diesen der Vernichtung preiszugeben; dieses so und nicht anders lieben könnende Weib, das gerade durch den Ausbruch ihrer Eifersucht erst aus der entzückten Anbetung in das volle Wesen der Liebe gerät, und dies Wesen dem hier noch Unverständnisvollen an ihrem Untergange offenbart; dieses herrliche Weib, vor dem Lohengrin noch entschwinden mußte, weil er es aus seiner besonderen Natur nicht verstehen konnte – ich hatte es jetzt entdeckt: und der verlorene Pfeil, den ich nach dem geahnten, noch nicht aber gewußten, edlen Funde abschoß, war eben mein Lohengrin, den ich verloren geben mußte, um mit Sicherheit dem wahrhaft Weiblichen auf die Spur zu kommen, das mir und aller Welt die Erlösung bringen soll, nachdem der männliche

Szenenillustration des ersten Auftritts aus dem dritten Aufzug (Braut-chor) von Theodor Pixis zur Münchner Neuinszenierung des Jahres 1867.

Egoismus, selbst in seiner edelsten Gestaltung, sich selbstvernichtend vor ihm gebrochen hat. – Elsa, das Weib – das bisher von mir unverstandene und nun verstandene Weib – diese notwendigste Wesensäußerung der reinsten sinnlichen Unwillkür – hat mich zum vollständigen Revolutionär gemacht. Sie war der Geist des Volkes, nach dem ich auch als künstlerischer Mensch zu meiner Erlösung verlangte.

Doch dieses selig empfundene Wissen lebte zunächst noch still in meinem einsamen Herzen: nur allmählich reifte es zum lauten Bekenntnis.

Richard Wagner

‹Programmatische Erläuterungen› zu ‹Lohengrin›*

Vorspiel
(«Der heilige Gral»)

Aus einer Welt des Hasses und des Haders schien die Liebe verschwunden zu sein: in keiner Gemeinschaft der Menschen zeigte sie sich deutlich mehr als Gesetzgeberin. Aus der öden Sorge für Gewinn und Besitz, der einzigen Anordnerin alles Weltverkehrs, sehnte sich das unertötbare Liebesverlangen des menschlichen Herzens endlich wiederum nach Stillung eines Bedürfnisses, das, je glühender und überschwenglicher es unter dem Drucke der Wirklichkeit sich steigerte, um so weniger in eben dieser Wirklichkeit zu befriedigen war. Den Quell, wie die Ausmündung dieses unbegreiflichen Liebesdranges setzte die verzückte Einbildungskraft daher außerhalb der wirklichen Welt, und gab ihm, aus Verlangen nach einer tröstenden sinnlichen Vorstellung dieses Übersinnlichen, eine wunderbare Gestalt, die bald als wirklich vorhanden, doch unnahbar fern, unter dem Namen des «heiligen Grales» geglaubt, ersehnt und aufgesucht ward. Dies war das kostbare Gefäß, aus dem einst der Heiland den Seinen den letzten Scheidegruß zutrank, und in welchem dann sein Blut, da er am Kreuze aus Liebe zu seinen Brüdern litt, aufgefangen und bis heute in lebensvoller Wärme als Quell unvergänglicher Liebe verwahrt wurde. Schon war dieser Heilskelch der unwürdigen Menschheit entrückt, als einst liebesbrünstigen, einsamen Menschen eine Engelschar ihn aus Himmelshöhen wieder herabbrachte, den durch seine Nähe wunderbar Gestärkten und Beseligten in die Hut gab, und so die Reinen zu irdischen Streitern für die ewige Liebe weihte.

Diese wunderwirkende Darniederkunst des Grales im Geleite der Engelschar, seine Übergabe an hochbeglückte Menschen, wählte sich der Tondichter des ‹Lohengrin› – eines Gralsritters – als Einleitung für sein Drama zum Gegenstande einer Darstellung in Tönen, wie es hier zur Erläuterung ihm erlaubt sein möge, der Vorstellungskraft sie als einen Gegenstand für das Auge vorzuführen. – Dem verzückten Blicke höchster, überirdischer Liebessehnsucht scheint im Beginne sich der klarste blaue Himmelsäther zu einer wundervollen, kaum wahrnehm-

* *Aus dem Programm der Züricher Festkonzerte vom 18., 20. und 22. Mai 1853.*

172

Szenenillustration des letzten Auftritts aus dem dritten Akt (Lohengrins Abschied: «Mein zürnt der Gral, wenn ich noch bleib!») von Michael Echter zur Münchner Neuinszenierung des ‹Lohengrin› von 1867.

baren, und doch das Gesicht zauberhaft einnehmenden Erscheinung zu verdichten; in unendlich zarten Linien zeichnet sich mit allmählich wachsender Bestimmtheit die wunderspendende Engelsschar ab, die, in ihrer Mitte das heilige Gefäß geleitend, aus lichten Höhen unmerklich sich herabsenkt. Wie die Erscheinung immer deutlicher sich kundgibt und immer ersichtlicher dem Erdentale zuschwebt, ergießen sich berauschend süße Düfte aus ihrem Schoße: entzückende Düfte wallen aus ihr wie goldenes Gewölk hernieder, und nehmen die Sinne des Erstaunten bis in die innigste Tiefe des bebenden Herzens mit wunderbar heiliger Regung gefangen. Bald zuckt wonniger Schmerz, bald schauernd selige Lust in der Brust des Schauenden auf; in ihr schwellen alle erdrückten Keime der Liebe, durch den belebenden Zauber der Erscheinung zu wundervollem Wachstume erweckt, mit unwiderstehlicher Macht an: wie sehr sie sich erweitert, will sie doch noch zerspringen vor der gewaltigen Sehnsucht, vor einem Hingebungsdrange, einem Auflösungstriebe, wie noch nie menschliche Herzen sie empfanden. Und doch schwelgt diese Empfindung wieder in höchster, beglückendster Wonne, als in immer traulicherer Nähe die göttliche Erscheinung vor den verklärten Sinnen sich ausbreitet; und als endlich das heilige Gefäß selbst in wundernackter Wirklichkeit entblößt und deutlich dem Blicke des Gewürdigten hingereicht wird; als der «Gral» aus seinem göttlichen Inhalte weithin die Sonnenstrahlen erhabenster Liebe, gleich dem Leuchten eines himmlischen Feuers, aussendet, so daß alle Herzen rings im Flammenglanze der ewigen Glut erbeben: da schwinden dem Schauenden die Sinne; er sinkt nieder in anbetender Vernichtung. Doch über den in Liebeswonne Verlorenen gießt der Gral nun seinen Segen aus, mit dem er ihn zu seinem Ritter weiht: die leuchtenden Flammen dämpfen sich zu immer milderem Glanze ab, der jetzt wie ein Atemhauch unsäglichster Wonne und Rührung sich über das Erdental verbreitet, und des Anbetenden Brust mit nie geahnter Beseligung erfüllt. In keuscher Freude schwebt nun, lächelnd herabblickend, die Engelschar wieder zur Höhe: den Quell der Liebe, der auf Erden versiegt, führte sie von neuem der Welt zu; den «Gral» ließ sie zurück in der Hut reiner Menschen, in deren Herzen sein Inhalt selbst segnend sich ergossen: und im hellsten Lichte des blauen Himmelsäthers verschwindet die hehre Schar, wie aus ihm sie zuvor sich genaht.

Männerszene und Brautzug

Der junge Ritter des Grales, Lohengrin, ist in die Welt getreten. Er rettete eine unschuldig verfolgte Jungfrau durch seinen Sieg im Gottesgerichtskampfe; der in überseliger Liebe ihm geneigten Elsa wandte sein entzücktes Herz sich zu: er will bei ihr bleiben; der junge Tag soll das Paar zur Trauung im Münster treffen. Den wunderbar beglückenden, befeuernden und hinreißenden Eindruck, den der gottgesandte Held auf alle Herzen gemacht, bringt uns die folgende Szene zur Mitempfindung.

Hochzeitsmusik und Brautlied

Rauschender Reigen zur Feier des Vermählungsfestes: in ausgelassenem Jubel bricht aus der Brust das Lob des Helden hervor; zarter Preis der Anmutigen, die ihn gewann, und deren Blick jetzt mit keuscher

Lohengrins Abschied. Gemälde von Wilhelm Kaulbach (1866).

Sehnsucht in dem frohen Gewühle nur an dem einzigen haftet, wechselt mit dem brausenden Gejauchze. In der lauten Freude wird dann eingehalten, um unter dem Gesange des Brautliedes das beglückte Paar dem Rauschen der Umgebung zu entleiten.

Die Gäste haben die Liebenden ihrem stillen Glücke überlassen; da*, als sie wieder den glänzend erleuchteten Saal betreten, bricht noch einmal unter ihnen Freude und festlicher Jubel aus: sie gelten dem Höhepunkte des menschlichen Lebens, dem Glücke eines in Liebe geeinten Paares, das wir uns heute, von dem weitergreifenden Ernste unsers Dramas absehend, gern als untrübbar denken wollen!

---

* *Hieraus geht hervor, daß Wagner bei der Konzertaufführung nach dem Brautlied zum glanzvollen Abschluß nochmals einen Teil der Hochzeitsmusik wiederholen ließ (Julius Kapp).*

Der bayerische König Ludwig II. als Lohengrin in der Venusgrotte des Schlosses Linderhof bei Oberammergau (Postkarte um 1900).

IV. Frühe Rezeption

In der Hoffnung, seine Oper ‹Tannhäuser› in Paris zur Aufführung bringen zu können, läßt sich Wagner im September 1859 dort nieder und veranstaltet am 25. Januar und am 1. und 8. Februar 1860 drei Konzerte im Théâtre Italien mit der Absicht, das Unternehmen propagandistisch vorzubereiten. Bei dieser Gelegenheit erklingt auch das Vorspiel zu ‹Lohengrin›, dessen magischer Klangcharakter die bedeutendsten Intellektuellen und Künstler des damaligen Paris, darunter Charles Baudelaire (vgl. S. 181 der vorliegenden Dokumentation), Gustave Doré, Charles Gounod, Camille Saint-Saëns und auch Hector Berlioz in seinen Bann zieht. Allerdings lösen die anderen in diesen Konzerten aufgeführten Auszüge aus ‹Fliegenden Holländer›, aus ‹Tannhäuser› und vor allem aus ‹Tristan und Isolde› bei Berlioz nicht den Ursprung des wagnérisme in Frankreich aus, sondern scharfe Ablehnung der «Zukunftsmusik» Wagners. Dennoch bezeichnet Berlioz das Lohengrin-Vorspiel als ein Meisterstück der Instrumentationskunst. Für Baudelaire dagegen war die Begegnung mit Wagners Musik gleichbedeutend mit der Entdeckung von Musik überhaupt.

Hector Berlioz

Vorspiel zu ‹Lohengrin›

Die Bruchstücke aus ‹Lohengrin› glänzen durch auffallendere Vorzüge, als die vorhergehenden Werke. Es scheint mir mehr Neues darin zu stecken, als im ‹Tannhäuser›; die Einleitung, welche die Stelle einer Ouvertüre zu dieser Oper vertritt, ist eine Erfindung Wagners von höchst ergreifender Wirkung. Man konnte sie dem Auge versinnlichen durch das Zeichen < >.

Die Ankunft Lohengrins in der Petersburger Erstaufführung vom 16. Oktober 1868 (in russischer Sprache!). Die Windmühle im Hintergrund verweist deutlich auf Brabant.

Wir haben hier in der Tat ein gewaltiges langsames *crescendo*, welches, auf dem höchsten Grade der Klangfülle angelangt, im umgekehrten Sinne sich zu seinem Ausgangspunkte zurückwendet und in einem fast unhörbaren harmonischen Säuseln endigt. Ich weiß nicht, welche Beziehungen zwischen dieser Ouvertürenform und der dramatischen Idee der Oper bestehen; aber ohne mich mit dieser Frage zu befassen, finde ich das Stück, als symphonisches Werk an sich betrachtet, in jeder Hinsicht bewundernswert. Ein eigentlicher Melodiesatz ist darin allerdings nicht vorhanden, aber die harmonischen Übergänge sind selbst melodisch, entzückend, und trotz der Langsamkeit des Anschwellens und Wiederabschwellens erlahmt das Interesse nicht einen Augenblick. Fügen wir noch hinzu, daß hier ein Wunder der Instrumentationskunst vorliegt in den zarten Färbungen ebensowohl wie im leuchtenden Kolorit, und daß sich gegen Ende ein höchst genial erdachter, fortwährend diatonisch aufstrebender Baß bemerkbar macht, während die anderen Stimmen nach abwärts gehen. Das schöne Stück enthält überdies keinerlei Härte; es ist ebenso sanft und wohllautend als kraft- und klangvoll: für mich ist es ein Meisterwerk. [. . .]

Peter Tschaikowsky

Vorspiel zu ‹Lohengrin›

Das Vorspiel zu ‹*Lohengrin*› ist vielleicht das gelungenste, inspirierteste Stück Musik aus Wagners Feder. Es führt uns in das Reich des Lichtes, der Wahrheit und der Schönheit, aus dem der Ritter Lohengrin zur Rettung der schönen, verleumdeten Elsa herabgestiegen ist. Hier hat Wagner zum erstenmal jenen wirkungsstarken Orchestereffekt angewendet, dessen sich seitdem alle zeitgenössischen Komponisten bedienen, wenn sie tief poetische Momente musikalisch ausdrücken wollen. Sogar der ruhmreiche Maestro Verdi verachtete es nicht, bei Wagner zu entlehnen, um das letzte Schmachten der sterbenden Traviata auszudrücken. Dieser Effekt besteht in der Verwendung der Streichinstrumente in den höchsten Lagen. Bemerkenswert ist die erstaunliche Meisterschaft, mit der Wagner das innige, helle Thema, das den Gral symbolisiert, in allmählicher dynamischer Steigerung bis zum ohrenbetäubenden Fortissimo führt und danach schrittweise zum Ursprung zurückleitet, bis es schließlich in den äußersten Höhen der Streicher verklingt. Das Publikum läßt sich unwillkürlich von dieser im höchsten Maße poetischen Stimmung ergreifen und unterbricht gewöhnlich durch begeistertes Applaudieren die Grabesstille des Saales, in dem gleichsam noch die von Wagner gezeichneten ätherischen Bilder schweben.

November 1871

Der berühmte Skandal bei der Pariser Erstaufführung des ‹Tannhäuser› (1861) brachte Wagner, obwohl er die Partitur nach der dritten Aufführung am 24. März 1861 bereits zurückzog, dennoch einen ganz entscheidenden Erfolg ein, denn kein Geringerer als der Dichter Charles Baudelaire (1821–67) setzte sich ausdrücklich literarisch für Wagner ein in der Schrift ‹Richard Wagner und der ‚Tannhäuser' in Paris›, 1861 im Jahr des Aufführungsskandals erschienen. Darin ist auch die Rede von der Oper ‹Lohengrin›, insbesondere vom Vorspiel, dessen Eindruck Baudelaire in Kontrast zu den Erläuterungen Franz Liszts (in seinem Aufsatz über ‹Lohengrin›) und Wagners (‹Programmatische Erläuterung› von 1853) schildert. An späterer Stelle des Essays geht er auch auf den Lohengrin-Stoff ein. Im folgenden sind diese beiden Passagen aus dem großen ‹Tannhäuser›-Essay abgedruckt.

Charles Baudelaire

Richard Wagner und sein ‹Lohengrin›

[. . .] Ich habe oft sagen hören, daß die Musik nicht imstande wäre, irgend etwas mit derselben Bestimmtheit wiederzugeben wie das menschliche Wort oder die Malerei. Das ist wohl bis zu einem gewissen Grade wahr, aber doch nicht ganz. Sie gibt auf ihre Weise wieder und mit den ihr eigentümlichen Mitteln. In der Musik wie in der Malerei und selbst beim geschriebenen Worte, dem Positivsten in der Kunst, muß stets eine Lücke durch die Einbildungskraft des Zuhörers ausgefüllt werden.

Das sind ohne Zweifel Überlegungen, die Wagner dahin geführt haben, das Drama, das heißt die Verschmelzung mehrerer Kunstgattungen, als die Kunst par excellence, die synthetischste und vollkommenste Kunst zu betrachten. Ja, wenn wir für einen Augenblick die Hilfe der Darstellung, der Ausstattung, der Verkörperung der erträumten Gestalten durch lebende Schauspieler und selbst das gesungene Wort außer acht lassen, bleibt es noch unbestreitbar, daß, je ausdrucksfähiger die Musik ist, desto schneller und richtiger ihr Eindruck wird und desto mehr Möglichkeiten feinfühligen Menschen gibt, ähnliche Ideen in sich entstehen zu lassen wie jene, die den Künstler inspirierten. Ich führe sofort ein Beispiel an: das berühmte Vorspiel zum ‹Lohengrin›, dem in technischer Hinsicht Berlioz uneingeschränktes Lob zollte. Hier aber will ich mich damit begnügen, seinen Wert durch die von ihm ausgelösten Vorstellungen aufzuzeigen. Es heißt im Programm, das damals im Théâtre Italien verteilt wurde: «Von den ersten Takten an taucht die Seele des frommen Einsiedlers, der das heilige Gefäß erwartet, *in unendliche Räume*. Allmählich sieht er eine seltsame Erscheinung sich bilden, die Körper und Gestalt annimmt. Diese Erscheinung wird immer bestimmter, und *die wunderbare Engelschar*, die in ihrer Mitte das heilige Gefäß trägt, zieht an ihr vorüber. Der himmlische Zug kommt näher; das Herz des Gotterwählten beginnt zu glühen; es erweitert sich, dehnt sich aus; unaussprechliche Sehnsucht erwacht in ihm: *er gibt sich einer wachsenden Seligkeit hin*, während die *leuchtende Erscheinung* ihm immer näher kommt, und wenn endlich der heilige Gral selbst ihm inmitten der himmlischen Schar erscheint, *versinkt er in ekstatischer Anbetung, als wäre ihm die ganze Welt plötzlich entschwunden.*

Doch der heilige Gral gießt seinen Segen über den im Gebet Geheiligten aus und weiht ihn zu seinem Ritter. *Dann sänftigen allmählich die leuchtenden Flammen ihren Glanz*; in heiligem Jubel, der Erde zulächelnd, die sie verläßt, zieht die Engelschar wieder nach den himmlischen Höhen. Den heiligen Gral hat sie in der Hut der Reinen gelassen, *in deren Herzen der himmlische Trunk ausgegossen ist*, und die hehre Schar verschwindet wieder in *den Tiefen des Raumes*, gleichwie sie aus ihm hervorgegangen ist.»

Der Leser wird sofort verstehen, warum ich einige Stellen durch Kursivschrift ausgezeichnet habe. Ich greife jetzt zum Werke Liszts und schlage die Seite auf, wo die Phantasie des berühmten Pianisten (der zugleich Künstler und Philosoph ist) auf seine Weise dasselbe Stück in Worte übertragen hat:

«Dieses Vorspiel umschließt und offenbart *das mystische Element*, das darin stets gegenwärtig und stets verborgen ist ... Um uns die unaussprechliche Macht dieses Geheimnisses zu lehren, zeigt uns Wagner zuerst die *unbeschreibliche Schönheit des Heiligtums*, das ein Gott bewohnt, der die Unterdrückten rächt und von seinen Jüngern nichts *als Liebe und Glauben* verlangt. Er weiht uns in den heiligen Gral ein; er läßt in unsern Augen sich spiegeln den Tempel aus unzerstörbarem Holze, aus duftenden Mauern, mit goldenen Pforten, *Asbestbalken*, Säulen aus Opal, *durchsichtigen Wänden*, dessen glänzenden Hallen sich nur jene nähern dürfen, deren Herzen erhoben und deren Hände rein sind. Er läßt uns den Tempel nicht als ungeheures und wirkliches Bauwerk gewahr werden, sondern wie aus Mitleid mit der Schwäche unserer Sinne zeigt er ihn uns zunächst als *Widerschein in blauer Woge* oder erzeugt von *regenbogenfarbigen Wolken*.

Am Anfang ist die Melodie wie eine *weite träumende Wasserfläche*, wie *dunstige Ätherwolken*, damit darauf das heilige Bild sich für unsere profanen Augen abzeichne; die Wirkung wird ausschließlich durch die Violinen erreicht, die nach mehreren Takten harmonischer Klänge in den höchsten Noten ihrer Stimmlage aushalten. Darauf wird das Motiv von den Holzbläsern ganz leise aufgenommen; Hörner und Fagotte fallen ein und bereiten auf den Einsatz der Trompeten und Posaunen vor, die die Melodie zum vierten Male wiederholen, *mit einem Ausbruch leuchtender Farbengebung*, als ob in diesem einen Augenblicke der heilige Bau *in seiner ganzen strahlenden und lichten Pracht vor unsern geblendeten Augen erschiene*. Aber das *Feuergeflimmer*, das sich gradweise *bis zur Stärke des Sonnenlichtes steigert*, erlischt schnell wieder, *wie ein Schimmer des Himmels. Der durchsichtige Dunst* der Wolken schließt sich von neuem, die Vision verschwindet mählich in *farbengeschwängertem* Weihrauch, aus dem sie hervorgegangen, und das Stück endigt mit den ersten sechs Takten, *die jetzt noch ätherischer geworden sind*. Sein Charakter *mystischer Idealität* wird hauptsächlich durch das Orchester beständig durchgeführte *Pianissimo* hervorgebracht, das nur der kurze Augenblick durchbricht, wo die *Blechinstrumente* die wundervollen Linien des einzigen Motivs dieses Vorspiels zum *Aufleuchten* bringen. So ist das Bild, das sich beim Hören dieses erhabenen *Adagios* unsern tiefbewegten Sinnen darbietet.»

Darf ich nun selbst mit Worten die unvermeidliche Übertragung wiedergeben, die meine Phantasie aus demselben Stück machte, als ich es mit geschlossenen Augen zum ersten Male hörte, während ich mich gewissermaßen von der Erde losgelöst fühlte? Gewiß würde ich nicht wagen, selbstgefällig von meinen *Träumereien* zu reden, wenn es nicht von Nutzen wäre, sie hier den vorhergegangenen *Träumereien* anzufügen. Der Leser weiß ja, welchen Zweck wir verfolgen: zu zeigen, daß echte Musik in verschiedenen Gehirnen verwandte Ideen hervorruft. Übrigens wäre es durchaus nicht lächerlich, hier a priori ohne Analyse und Vergleiche zu schließen; denn in der Tat müßte es überraschen, wenn der Klang *nicht imstande* wäre, Farben hervorzurufen oder die Farben nicht die Vorstellung einer Melodie zu geben vermöchten, wenn Klang und Farbe ungeeignet sein würden, Vorstellungen auszulösen, nachdem die Dinge doch immer in wechselseitiger Gleichwertigkeit zueinander stehen, seit dem Tage, da Gott die Welt als eine zusammenhängende und unteilbare Einheit hervorbrachte.

183

Ein Tempel ist Natur, in dem die Pfeiler leben,
Von denen hie und da ein dunkles Wort erschallt;
Es geht der Mensch darin durch einen Gleichniswald,
Des Bäume sich von ihm vertraute Blicke geben.

Wie Einzelstimmen sich des Echos fern durchdringen,
Vertieft und rätselvoll in der Geschlossenheit,
Gedehnt als wie die Nacht und wie die Klarheit weit,
So werden Farben, Duft und Ton zusammenklingen.

Ich fahre also fort. Ich erinnere mich, daß ich von den ersten Takten an einem jener glücklichen Eindrücke unterlag, die fast allen mit Einbildungskraft begabten Menschen vom Traum im Schlafe her bekannt sind. Ich fühlte mich der *Bande der Schwerkraft* entledigt, und empfand in der Erinnerung von neuem die außerordentliche *Lust*, die *hochgelegenen Örtlichkeiten* eigentümlich ist. (Es mag nebenbei bemerkt werden, daß ich das eben angeführte Programm nicht kannte.) Darauf malte ich mir unwillkürlich den wundervollen Zustand eines Menschen aus, der einem großartigen Träumen in völliger Einsamkeit verfallen ist, aber einer Einsamkeit *mit unendlichem Horizont, in mattes Licht getaucht; die Unendlichkeit* an sich. Bald hatte ich das Gefühl einer zunehmenden Helle, einer mit solcher Schnelligkeit *wachsenden Lichtintensität*, daß kein Wörterbuch genügen würde, *dieses beständige aus Glanz und Weiße Sichneugebären* zu schildern. Nun empfing ich völlig die Vorstellung einer Seele, die sich inmitten des Lichtes bewegt, einer Ekstase, *gemischt aus Lust und Erkenntnis*, die mich weit über die irdische Welt emporführte.

Es dürfte nicht schwer sein, die Unterschiede dieser drei Eindruckswiedergaben aufzuzeigen. Wagner gibt *eine Engelschar an, die ein heiliges Gefäß herabträgt*; Liszt sieht ein *wundersam schönes Bauwerk*, das wie aus dem Dunst einer Luftspiegelung widerstrahlt. Mein Traum ist viel weniger von wirklichen Gegenständen erfüllt: er ist unbestimmter und abstrakter. Aber das Wesentliche sind hier die Ähnlichkeiten. Auch wenige schon würden zum Beweise genügen; glücklicherweise aber sind sie zahlreich und mehr als schlagend. In allen drei Umdeutungen treffen wir auf die Empfindung *einer spirituellen und physischen Seligkeit; der Abgesondertheit*; der Betrachtung *eines intensiven Lichtes, das Augen und Seele bis zur Bewußtlosigkeit* entzückt; endlich das Erlebnis *eines bis an die letzten vorstellbaren Grenzen ausgedehnten Raumes*.

Kein anderer Musiker reicht an Wagner in der Fähigkeit, den Raum und die Tiefe, im wirklichen wie im spirituellen Sinne, zu malen. Das ist eine Beobachtung, die schon oftmals mehreren, und nicht den Schlechtesten, aufgefallen ist. Er besitzt die Kunst, durch feine Abstufungen alles, was im geistigen und natürlichen Menschen an Außerordentlichem, Maßlosem, Brünstigem vorhanden ist, auszudrücken. Wenn man dieser glutvollen und despotischen Musik zuhört, scheint es zuweilen, als fände man, in den vom Traume dem Grund der Finsternis entrissenen Bildern, die schwindelnden Vorstellungen des Opiums wieder.

Vom ersten Konzert an verzehrte mich der Wunsch, tiefer in das Verständnis dieser einzigartigen Werke einzudringen. Ich hatte (wenigstens schien es mir so) eine geistige Wirkung, eine Offenbarung erlebt. Mein Glück war so stark und so furchtbar gewesen, daß ich es am liebsten für immer festgehalten hätte. In mein Erlebnis spielte ohne Zweifel viel von dem hinein, was ich schon durch Weber und Beethoven erfahren hatte, aber auch irgend etwas Neues, das ich nicht zu definieren vermöchte. Dieses Unvermögen verursachte mir eine aus Zorn und Neugierde wunderlich gemischte Lust. Tage-, wochenlang fragte ich mich: «Wo könnte ich wohl heute abend etwas von Richard Wagner hören?» Meine Freunde, die ein Klavier besaßen, brachte ich mehr als einmal zur Verzweiflung. Wie es mit allem Neuen geschieht, spielte man allabendlich in den offenen Vergnügungslokalen symphonische Stücke von Richard Wagner vor einer Menge, die am Trivialen ihre Lust hat. Die flammende Majestät dieser Musik schlug dort ein wie der Blitz in ein verrufenes Haus. Das Gerücht davon verbreitete sich schnell und wir hatten oft das komische Schauspiel, ernste und feine Menschen sich in die schnöde Masse hineindrängen zu sehen, um besser den feierlichen Einzugsmarsch aus dem ‹Tannhäuser› oder die erhabene Musik des Hochzeitszuges aus dem ‹Lohengrin› zu genießen.

Die oftmaligen Wiederholungen aber derselben musikalischen Phrasen in Stücken aus der gleichen Oper verrieten geheimnisvolle Absichten und eine mir unbekannte Methode. Ich beschloß das «Warum» zu erforschen und meine Lust in Erkenntnis zu verwandeln, noch ehe mir die szenische Darstellung eine völlige Aufklärung brächte. [...]

Das Drama des ‹Lohengrin› trägt wie das vom ‹Tannhäuser› den heiligen, geheimnisvollen und doch allgemein verständlichen Charakter der Sage. Eine junge Prinzessin, die des scheußlichsten Verbrechens, des Brudermordes, beschuldigt wird, hat kein Mittel, ihre Unschuld darzutun. So wird der Spruch einem Gottesgericht übergeben. Kein Ritter tritt für sie in die Schranken, sie aber vertraut auf eine seltsame Vision: ein unbekannter Ritter ist ihr im Traum erschienen. Er wird ihre Verteidigung übernehmen. Wirklich nähert sich auch im letzten Augenblick, als ihre Schuld schon fraglos scheint, ein Nachen auf dem Flusse, von einem Schwan an goldener Kette gezogen. Lohengrin, Ritter des heiligen Gral, Schirmherr der Schuldlosen und Schwachen, hat den Ruf in der Ferne seines heiligen Zufluchtsortes vernommen, wo die göttliche Schale aufs Kostbarste verwahrt wird, doppelt geheiligt durch das letzte Abendmahl und durch das Blut unseres Heilands, das Joseph von Arimathia aus seiner Seitenwunde darin auffing. Lohengrin, Parzivals Sohn, steigt in silberner Rüstung aus dem Nachen, den Helm auf dem Haupte, den Schild über der Schulter, ein kleines goldenes Horn an der Seite, auf sein Schwert gestützt. «Wenn ich im Kampfe für dich siege», sagt Lohengrin zu Elsa, «willst du, daß ich dein Gatte sei? – Elsa, wenn du willst, daß ich dein Gatte heiße, mußt eines du geloben mir: nie sollst du mich befragen usw.» Und Elsa: «Nie, Herr, soll mir die Frage kommen.» Und als Lohengrin in feierlichster Weise nochmals die Gelöbnisworte wiederholt, erwiderte Elsa:

> «Mein Schirm! Mein Engel! Mein Erlöser!
> Der fest an meine Unschuld glaubt!
> Wie gäb es Zweifels Schuld, die größer,
> Als die an dich den Glauben raubt?
> Wie du mich schirmst in meiner Not,
> So halt ich Treu in dein Gebot.»

Und Lohengrin ruft, sie an seine Brust ziehend: «Elsa, ich liebe dich!» Hier waltet eine Schönheit des Dialoges, wie man sie oft in den Dramen Wagners findet. Alles wie überflossen von dem Zauber der Ursprünglichkeit, durch die idealisierte Empfindung ins Erhabene versetzt, voll Feierlichkeit und doch voll von dem Reize des Natürlichen.

Der Sieg Lohengrins verkündet Elsas Unschuld; Ortrud, die Hexe, und Friedrich, zwei Bösewichter, die Elsas Verurteilung herbeiwünschen, verstehen es, ihre weibliche Neugierde zu erregen, ihr Glück durch den Zweifel zu trüben und sie so weit zu bringen, bis sie ihr Gelöbnis bricht und vom Gatten das Bekenntnis seiner Herkunft fordert. Der Zweifel hat den Glauben getötet und der entschwundene Glaube zieht das Glück nach sich. Lohengrin erschlägt Friedrich, der ihm aus dem Hinterhalt ans Leben wollte, und enthüllt vor dem König, den Rittern und dem Volke seine wirkliche Herkunft: Wieder erscheint der Schwan auf dem Flusse, um den Ritter in seine wundersame

Heimat zurückzubringen. In der Verblendung ihres Hasses gesteht die Hexe, daß der Schwan eben jener Bruder Elsas ist, den sie selbst verzaubert hat. Lohengrin wendet sich in glühendem Gebet an den heiligen Gral und besteigt den Nachen. Eine Taube erscheint an Stelle des Schwans, und der Herzog von Brabant steht wieder vor uns. Der Ritter ist heimgekehrt zum Monsalvat. Elsa, die gezweifelt hatte, die wissen, prüfen, untersuchen hatte wollen, sie hat ihr Glück verloren. Das Ideal hat sich verflüchtigt.

Gewiß hat der Leser in dieser Sage eine schlagende Ähnlichkeit mit der antiken Mythe von Psyche entdeckt, die auch ein Opfer ihrer dämonischen Neugierde wurde und, als sie das Gebot ihres himmlischen Gatten verletzte und in sein Geheimnis eindrang, all ihr Glück verlor. Elsa schenkte Ortrud Gehör, wie Eva der Schlange. Immer von neuem fällt Eva in die gleiche Falle. Hinterlassen Nationen und Rassen ihre Märchen wie Menschen ihre Erbschaften und wissenschaftlichen Forschungen? Fast wäre man versucht, es zu glauben, so augenfällig ist die moralische Ähnlichkeit, die in Mythen und Sagen verschiedener Gegenden hervortritt. Aber diese Erklärung ist doch zu einfach, um einen philosophischen Geist auf die Dauer zu befriedigen. Die im Volke weiterzeugende Allegorie kann nicht mit den Samenkörnern verglichen werden, die ein Landmann brüderlich dem andern überläßt, um sie auf seinem Boden einzupflanzen. Nichts, was ewig und allgemein ist, bedarf eines Anpassungsvorganges. Jene moralische Ähnlichkeit, von der ich sprach, ist wie der göttliche Stempel auf allen Volksmärchen. Das mag, wenn man so will, einen einheitlichen Ursprung, eine unbezweifelbare Herkunft beweisen, aber doch nur dann, wenn man diesen Ursprung in dem einheitlichen Prinzip und Ursprung aller Wesen sucht. Man kann freilich einen Mythos als Bruder eines andern bezeichnen, wie einen Neger als Bruder des Weißen. In bestimmten Fällen leugne ich weder Verwandtschaft noch Abhängigkeit, aber ich glaube, daß in vielen anderen das Urteil durch oberflächliche Ähnlichkeiten und gerade die moralische Übereinstimmung irregeführt wird und daß, um unseren Vergleich aus dem Pflanzenleben wieder aufzunehmen, der Mythos ein Baum ist, der überall, in jedem Klima, unter jeder Sonne, von selbst und ohne Ableger gedeiht. Die Religionen und Dichtungen aller Himmelsgegenden liefern uns in dieser Hinsicht eine Überfülle von Beweisen. Wie Sünde und Erlösung überall sind, so ist es der Mythos. Nichts ist unabhängiger von Volksgrenzen als das Ewige. Möge mir diese Abschweifung verziehen werden, die sich mir mit unwiderstehlicher Anziehungskraft aufdrängte. Ich kehre nun wieder zum Dichter des ‹*Lohengrin*› zurück.

187

Man könnte Wagner eine gewisse Vorliebe zuschreiben für feudalen Prunk, homerische Versammlungen, in denen eine Fülle vitaler Kraft steckt, für begeisterte Massen, aus denen gleich einem Herd menschlicher Elektrizität der heroische Stil mit natürlicher Heftigkeit hervorsprudelt. Der Brautchor und die Hochzeitsmusik aus ‹Lohengrin› bilden ein würdiges Gegenstück zum Einzug der Gäste in die Wartburg im ‹Tannhäuser›. Vielleicht noch majestätischer und gewalttätiger. Indessen hat der Meister, stets geschmackvoll und hellhörig für alle Nuancen, hier nicht ein Durcheinander dargestellt, wie es in solchem Falle bei einer zusammengewürfelten Masse entstehen würde. Selbst auf dem Höhepunkt des heftigsten Aufruhrs drückt die Musik nichts aus als die Lust von Menschen, die an die Vorschriften der Etikette gewöhnt sind. Ein Hof, der sich unterhält und selbst in seiner Trunkenheit noch den Rhythmus des Schicklichen festhält. Die rauschende Freude der Menge wechselt mit der süßen, zarten und feierlichen Hochzeitsmusik, und der Sturm des allgemeinen Jubels kontrastiert mehrfach mit dem rührenden, sanften Gesang, der die Vereinigung Elsas mit Lohengrin feiert.

Ich habe schon von gewissen melodischen Phrasen gesprochen, deren beständige Wiederkehr in verschiedenen Stücken des gleichen Werkes, schon beim ersten Konzert Wagners in der «Salle des Italiens», mein Gehör lebhaft beunruhigt hatte. Im ‹Tannhäuser› diente nach unseren Beobachtungen die Wiederkehr der beiden Hauptthemen, des religiösen und wollüstigen Motivs, dazu, die Aufmerksamkeit des Publikums zu erwecken und es in einen der Bühnensituation ähnlichen Zustand zu versetzen. Im ‹Lohengrin› wird dieses das Gedächtnis unterstützende System noch weit mehr ins einzelne gehend angewandt. Jede Person wird gewissermaßen durch die Melodie gekennzeichnet, die ihren moralischen Charakter und die Rolle, die sie im Stücke zu spielen hat, ausdrückt. Hier möchte ich am liebsten das Wort an Liszt geben, dessen Buch (‹Lohengrin und Tannhäuser›) ich allen Freunden einer tiefen und verfeinerten Kunst empfehle. Trotz einer etwas unnatürlichen und affektierten Sprache, die er sich anscheinend aus verschiedenen Idiomen zusammengesetzt hat, versteht er doch die ganze Wortkunst des Meisters unendlich reizvoll wiederzugeben. Und wirklich, Liszt hat recht, auch ohne die Dichtung würde Wagners Musik noch ein dichterisches Werk bleiben, alles enthaltend, woraus sich eine richtige Dichtung zusammensetzt. Sie ist aus sich selber verständlich, bei allem Gegenständlichen, das in sie verwoben und, um durch einen barbarischen Ausdruck das Höchste einer Qualität aufzuzeigen, in ihr berechnenderweise zusammengeschachtelt ist.

Richard Wagner

Brief an Minna Wagner

Wien, 16. Mai 1861

Der gestrige Abend war etwas geradewegs Unglaubliches! Und alles versichert, so etwas habe man von dem hiesigen Publikum noch nicht erlebt! Es war eine Huldigung, wie sie auch wohl noch keinem Komponisten dargebracht wurde. Ich hatte eine Loge im zweiten Range, um mir die Vorstellung* recht anhören und sehen zu können. Natürlich wurde ich alsbald bemerkt, und nach dem Vorspiel, welches himmlisch vorgetragen wurde, wendete sich das ganze Publikum gegen meine Loge mit einem nicht aufhörenden Beifallssturm, so daß ich wohl fünfmal wieder aufstehen und mich unaufhörlich verneigen mußte. Ganz dasselbe ging nach den bedeutendsten Musikstücken in jedem Akte wiederum vor sich; nach jedem Aktschlusse mußte ich aber auf die Bühne, und jedesmal dreimal, am Schlusse sogar fünfmal herauskommen. Aber was das Ergreifendste war, war die unglaubliche Einstimmigkeit des ganzen Publikums: ein Schrei der Freude, wie von tausend Posaunen und von einer Ausdauer, die ich rein gar nicht begreifen konnte, so daß ich fürchtete, es müßte alles platzen. So mußte ich denn am Schlusse auch einige Worte sagen, die mir natürlich sehr von Herzen gingen und mit unbeschreiblichem Jubel aufgenommen wurden. – – – – –
Ach Gott! Das hätte ich Dir nun wohl gegönnt, wenn Du diesmal zugegen gewesen wärest. Auch Dich würde es Deine widerwärtigen Pariser Erfahrungen haben vergessen lassen. Nun, etwas Ähnliches ist Dir gewiß auch noch vorbehalten! Freue Dich, daß es wenigstens mir einmal begegnet ist: das muß für diesmal Deine Entschädigung sein.

---

* *Am 15. Mai 1861 wohnte Richard Wagner einer Wiener Aufführung des ‹Lohengrin› bei, nachdem er am 11. Mai bei der Probe in der alten Wiener Hofoper sein Werk überhaupt zum erstenmal hatte sehen und hören können. Am 13. Mai berichtete er bereits an Minna: «Zum erstenmal in einem müh- und leidenvollen Künstlerleben empfing ich einen vollständigen, alles versöhnenden Genuß.» Bei der eigens für ihn angesetzten Aufführung am 15. Mai wurde Wagner, wie er im oben abgedruckten Brief berichtet, stürmisch gefeiert.*

Am 1. November 1871 wurde, trotz heftigen Widerspruchs der italieni-
schen Presse, in Bologna überhaupt zum erstenmal eine Oper Wagners
aufgeführt und erhielt den größten Beifall: ‹Lohengrin›. In dem folgen-
den Brief an den bekannten späteren Verdi-Librettisten Arrigo Boito
bedankt sich Wagner für den unerwarteten Erfolg, der ihm sogar im
Sommer 1872 das Ehrenbürgerrecht der Stadt Bologna eintrug. Die
Begeisterung für den Schwanenritter hielt in Bologna für einige Zeit an,
selbst Giuseppe Verdi begab sich am 19. November in eine der Vorstellun-
gen, hatte einen Klavierauszug mit der italienischen Übersetzung bei sich
und trug während der Aufführung fortwährend Bemerkungen darin ein.
Obgleich das Publikum ihm zujubelte, hielt er sich, wie Cosima Wagner
am 2. Dezember 1871 ihrem Tagebuch anvertraute, betont abseits in
seiner Loge: «Bericht aus Italien, Verdi der Aufführung von Lohengrin
beigewohnt, vom Publikum deshalb bejubelt, jedoch nicht vor dem Hin-
tergrunde der Loge hervorgegangen, um nicht [von] dem Ernst der
Aufführung abzulenken.»

Wie die erhaltenen Notizen Verdis* in seinem Exemplar des ‹Lohen-
grin›-Klavierauszugs zeigen, war der große italienische Rivale Wagners
nicht sonderlich beeindruckt von ‹Lohengrin›, freilich hauptsächlich in
Bezug auf die offensichtlich unzulängliche Darbietung. Denn wie hätte
Verdi sonst gerade die neuartigen Chöre in dieser Oper als statisch und
aktionslos empfinden können, wo doch Wagner hier das genaue Gegenteil
intendiert hat? Und geradezu verblüffend sind die Randbemerkungen des
größten Opernkomponisten im späteren 19. Jahrhundert zur Musik
Wagners. Da empfand Verdi zum Beispiel die hohen Flageolett-Töne der
geteilten Violinen im Vorspiel als irritierend (!), den Komplex vor Lo-
hengrins Auftritt gar als «langweilig»; im zweiten Aufzug findet er wenig
zu loben, hebt nur das fis-moll-Unisono Ortruds und Telramunds («Der
Rache Werk sei nun beschworen») hervor und den Aktschluß ab «Heil
dir, Elsa», während ihm das Vorspiel zum dritten Aufzug außerordentlich
gut gefällt. Die Gralserzählung findet er – trotz Wagners Kürzung! –
«lungo» (langatmig), das schlimmste Urteil, das man einer Musik ge-
genüber aussprechen kann. Insgesamt ist sein Eindruck: «mittelmäßig»
(«impressione mediocre»).

* *Siehe auch S. 195.*

Richard Wagner

Brief an einen italienischen Freund
über die Aufführung des ‹Lohengrin› in Bologna

Es erregt mir ein seltsames und nachdenkliches Gefühl, gegenwärtig über die Aufführung meines ‹Lohengrin› in Bologna von so vielen Seiten die freundlichsten Nachrichten zu erhalten, daß ich Sie, gegen den ich den Vorteil genieße, mich auf deutsch ausdrücken zu können, mit der Bitte beschweren muß, meinen herzlichen Dank, in Ihre Muttersprache übertragen, an Ihre geehrten Landsleute vermitteln zu wollen.

Vielleicht tat ich nicht Unrecht, der Verführung zu widerstehen, welche mir durch wiederholte Einladungen in jener Aufführung geboten wurde; dadurch, daß ich der Einübung meines Werkes fern blieb, habe ich mich, wie alle Teilnehmenden, in den Stand gesetzt, das gegenseitige Verhältnis der bei dieser gemischten Unternehmung in das Spiel gekommenen Kräfte klar zu bemessen. Wie hier mir alles aus dem freien Antriebe des italienischen Kunstsinnes entgegengebracht, und nichts durch Anregungen meinerseits veranlaßt worden ist, mag mir es wohl daran gelegen gewesen sein, auch den Erfolg gänzlich dem Charakter der Auffassung meines Werkes, sowie dem der Bemühungen um dasselbe von seiten Ihrer Landsleute anheimgestellt zu wissen. Nur so konnte der Erfolg eine gänzliche freie Dokumentation des italienischen Kunstsinnes werden.

Daß ich aber mit diesem Entschlusse, vermöge dessen ich mich fern hielt, einer wahrhaft edlen Verlockung gewehrt habe, darf ich Ihnen auch nicht verschweigen. Worin diese bestand, wird Ihnen zu Ihrer Verwunderung deutlich werden, wenn ich die Erfahrungen mitteile, welche ich gerade mit meinem ‹Lohengrin› in Deutschland machte. Sie müssen wissen, daß alle Erfolge, welche auch diesem Werke auf den deutschen Theatern zuteil wurden, mir nie zu der Genugtuung verhelfen konnten, diese Oper nach meiner Anleitung korrekt aufführen zu lassen. Meinen Anerbietungen, für eine durchaus richtige Aufführung sorgen zu wollen, wich man von allen Seiten aus, und ließ es gleichgültig auf sich beruhen, wenn ich nachwies, daß, wegen unrichtiger Aufführung, gewisse allerwichtigste Züge meines musikalisch-dramatischen Poems, wie die entscheidende Wendung im zweiten Akte, gar nicht zum Verständnisse kamen. Man hielt sich dafür an ein paar Orchestervorspiele, an einen Chor, an eine «Cavatine», und meinte damit genug zu haben, da die Oper am Ende doch gefiel. Ein einziges Mal gelangte ich in München dazu, mein Werk wenigstens in betreff seines rhythmisch-architektonischen Baues, meinen Intentionen vollkommen gemäß, einzustudieren: wer mit wirklichem Gefühl und Verständnis den hieraus resultierenden Aufführungen beiwohnte, verwunderte sich jetzt nur über eines – nämlich, daß es dem Publikum gänzlich gleich blieb, ob es den ‹Lohengrin› so oder anders vorgeführt erhielt; ward die Oper späterhin wieder nach der alten Routine gegeben, so blied der Eindruck immer derselbe – eine Erfahrung, welche den Direktor des Theaters recht behaglich stimmen konnte, mich aber notwendig wiederum sehr gleichgültig gegen das Befassen mit dem deutschen Publikum machen mußte.

Aus vielen Anzeichen weiß ich aber nun, daß ich bei einem italienischen Publikum in solchem Falle auf eine ganz andere Empfänglichkeit getroffen sein würde. Wenn Rossini selbst in einer Unterredung, welche ich vor zwölf Jahren mit ihm hatte, eine weichliche Versunkenheit des Kunstgeschmackes seiner Landsleute als den Grund auch seines Verhaltens beim musikalischen Produzieren anklagte, so war damit doch nie ein Urteil ausgesprochen, aus welchem auf eine Unempfindlichkeit der Italiener für das Edle, wenn es ihnen geboten würde, zu schließen gewesen wäre. Seitdem ich auch von dem Eindrucke Kenntnis erhielt, welchen das spätere Bekanntwerden mit der Musik Beethovens auf Bellini, welcher vor seinem Aufenthalte in Paris nie etwas von dieser vernommen hatte, hervorbrachte, beobachtete ich gelegentlich die hierauf bezüglichen Eigenschaften italienischer Kunstfreunde näher, und gewann daraus die vorteilhafteste Meinung über diese ihre Haupteigenschaft, nämlich: eine freimütig offenliegende, zartfühlige Kunstempfänglichkeit nach jeder Seite hin. Und hiermit ward mir, über das sonderbare, kastratenhaft singende und pirouettierende Jahrhundert der italienischen Dekadenz hinweg, der unvergleichlich produktive Volksgeist wieder verständlich, welchem die neue Welt seit der Renaissance alle ihre Kunst verdankt.

Ich sagte Ihnen, daß mir die Verlockung nahe lag, an diesen offenliegenden Kunstinstinkt Ihrer Landsleute zu appellieren, um endlich einmal die Genugtuung zu genießen, ein mit zarter Sorge hingestelltes Kunstgebilde auch mit zarten Sinnen betrachtet und aufgenommen zu wissen. Ein besonderes Schicksal hat mich wiederholt davon zurückgehalten, dem Zuge Goethes zu folgen, der bei seinem Besuche Italiens bis zur Klage darüber hingerissen wurde, daß er seine dichterische Muse mit der deutschen Sprache quälen müsse, während die italienische ihr die Arbeit so hold erleichtern würde. Was Goethe, seufzend und tief trauernd, in unsre nordischen Gefilde zurücktrieb, ist gewiß nicht bloß aus seinen persönlichen Lebensverhältnissen zu verstehen. Wenn auch ich zu verschiedenen Malen in Italien eine neue Heimat aufsuchte, so war das, was mich stets wieder davon zurücktrieb, mir leichter erklärlich; schwer würde es mir jedoch fallen, Ihnen, geehrter Freund, es auszusprechen. Vielleicht deute ich es Ihnen am glücklichsten an, wenn ich sage, daß ich den naiven Volksgesang, welchen noch Goethe auf den Straßen hörte, nicht mehr vernahm, und dagegen den heimkehrenden Arbeiter des Nachts in den gleichen affektierten und weichlich kadenzierten Opernphrasen sich ergehen hörte, von denen ich nicht glaube, daß der männliche Genius Ihrer Nation sie eingegeben hat – aber auch nicht der weibliche! – Doch wäre auch dieses wohl nur einer krankhaften und übertreibenden Verstimmung zuzuschreiben. Gewiß mag es tiefer liegen, was meine Gehörphantasie in Italien so empfindlich machte. Sei es ein Dämon oder ein Genius, der uns oft in entscheidungsvollen Stunden beherrscht – genug: schlaflos in einem Gasthofe von La Spezzia ausgestreckt, kam mir die Eingebung meiner Musik zum ‹Rheingold› an; und sofort kehrte ich in die trübselige Heimat zurück, um an die Ausführung des übergroßen Werkes zu gehen, dessen Schicksal mich mehr als alles andere an Deutschland festhält.

Es ist bemerkt worden, daß der Grund der originalen Produktivität einer Nation weniger in dem, worin sie von der Natur verschwenderisch, als in dem, worin sie kärglich von ihr ausgestattet ist, aufzufinden wäre. Daß die Deutschen seit hundert Jahren einen so ungemeinen Einfluß auf die Ausbildung der von den Italienern überkommenen Musik gewannen, kann – physiologisch betrachtet – unter anderem auch daraus erklärbar erscheinen, daß sie, des verführerischen Antriebes einer natürlich melodischen Stimmbegabung entbehrend, die Tonkunst etwa mit dem gleichen tiefgehenden Ernste aufzufassen genötigt waren, wie ihre Reformatoren die Religion der heiligen Evangelien, welche sie nicht aus dem berauschenden Glanze üppiger kirchlicher Zeremonien, unter einem lachenden Himmel in farbiger Pracht vor ihnen sich kundgebend, sondern aus den ernsten Trostverheißungen für die, unter Entsagungen allerart kräftig leidende Seele der Menschheit innig zu erkennen berufen waren. Trieb diese Richtung uns notwendig einer idealistischen Auffassung der Welt zu, so bewahrte sie uns auch vor der Weichlichkeit einer allzu realistischen Hingebung an dieselbe. So ward auch die Musik bei uns aus einer schönen mehr zu einer erhabenen Kunst, und die zauberische Wirkung dieser Erhabenheit auf das Gemüt muß groß sein, da keiner, der von ihr innig durchdrungen worden ist, den Verführungen der sinnlicheren Schönheit sich als zugänglich gezeigt hat.

Doch bleibt uns eine Sehnsucht, durch welche wir eben daran gemahnt werden, daß wir nicht das ganze Wesen der Kunst umfassen. Das Kunstwerk will endlich zur vollen sinnfälligen Tat werden; es will den Menschen bei allen Fasern seiner Empfindungen erfassen, es will wie ein Strom der Freude in ihn eindringen. Es hat sich gezeigt, daß der Schoß deutscher Mütter die erhabensten Genies der Welt empfangen konnte; ob die Empfängnisorgane des deutschen Volkes der edlen Geburten dieser auserwählten Mütter sich wert zu erzeigen vermögen, steht erst noch zu erwarten. Vielleicht bedarf es hier einer neuen Begattung des Genies der Völker. Uns Deutschen leuchtet hierfür keine schönere Liebeswahl entgegen, als diejenige, welche den Genius Italiens mit dem Deutschlands vermählen würde.

Solle mein armer ‹Lohengrin› hierzu sich als Brautwerber bewährt haben, so wäre ihm eine herrliche Liebestat geglückt. Der große, wahrhaft rührende Eifer, welchen meine italienischen Freunde an die schöne Tat der Überführung dieses meines Werkes wendeten, und welchen ich, nach vieler Erfahrung, bis in das kleinste zu würdigen weiß, durfte mir wohl diese erhabene Hoffnung erwecken. Ermessen Sie aus meiner fast ausschweifenden Meinung hierüber, welche Bedeutung ich diesem Ereignisse beilege, und wie hoch ich die Verdienste derjenigen Künstler und Kunstfreunde schätze, denen ich jenen erhebenden Erfolg verdanke.

Luzern, 7. November 1871.

Lohengrins Abschied im italienischen Klavierauszug, den Giuseppe Verdi während seines Besuchs einer Aufführung des ‹Lohengrin› in Bologna (19. November 1871) mitlas und in den er zahlreiche aufschlußreiche Randbemerkungen eintrug. Die Übersetzung von Verdis Kommentar lautet: «Schön, aber um einen Viertelton zu tief gesungen. Gesamteindruck mittelmäßig. Die Musik ist schön, wo sie klar ist und Gedanken vermittelt. Die Handlung zieht sich hin sowie das Wort. Daher: Langeweile. Schöne Instrumentaleffekte. Zu viele lange Noten, daher wirkt vieles schwerfällig. Mittelmäßige Vorstellung. Viel Schwung, aber ohne Poesie und Feinheit.»

V. Heinrich und Thomas Mann über ‹Lohengrin›

Der Mißbrauch gerade des Wagnerschen ‹Lohengrin› für deutschnationale Zwecke als ideologische Vorstufe der endgültigen Heimholung ins «Dritte Reich» wird ausdrücklich, wenn auch in satirischem Gewand, thematisiert in Heinrich Manns Roman ‹Der Untertan›, jener «Geschichte der öffentlichen Seele unter Wilhelm II.», wie der Untertitel noch zur Zeit der Niederschrift (beendet 1914) lautete, die nach Kriegsende etwa gleichzeitig mit Thomas Manns ‹Betrachtungen eines Unpolitischen› erschien. Es kreuzten sich denn auch in diesen beiden markanten Publikationen zum Zustand des deutschen Geistes vor dem endgültigen Zusammenbruch der Monarchie die scharfen Klingen – eine Art Bruderzwist wurde öffentlich ausgetragen. Noch heute gibt es Literaturwissenschaftler, die Thomas Manns ironische Kunst in der lebenslangen Auseinandersetzung mit dem Werk Wagners weit über die angeblich «plumpe Eindeutigkeit der geist-, witz- und kunstlosen ‹Lohengrin›-Satire in Heinrich Manns ‹Untertan›» (so Dieter Borchmeyer) stellen zu müssen glauben. Übersehen wird dabei jedoch, daß die Differenz zwischen Ironie und Satire nur die Oberfläche andeutet; das Problem der Wirkung Wagners liegt denn doch tiefer. Wenn Heinrich Mann die Haltung «freudiger Unterwerfung» seines Titelhelden Diederich Heßling schildert, dann verzichtet er auch nicht auf eindeutige Angaben: «Die Korporation, der Waffendienst und die Luft des Imperialismus hatten ihn erzogen und tauglich gemacht.» So ist es auch nicht erstaunlich, daß Diederich Heßling sich in seiner Laufbahn mit Machtpotenzen identifizierte, die er selbst in Wagners ‹Lohengrin› auftreten sah: den Anspruch auf «des Reiches Kraft», den unbedingten Glauben an die unantastbare Führerpersönlichkeit «von Gottes Gnaden» und die Einsicht, daß «in dieser Schöpfung der schönere und geliebtere Teil der Mann» ist. Von hier ist es zum Mißbrauch Wagners durch die Nationalsozialisten nur noch ein Schritt.

Heinrich Mann

Aus dem Roman ‹Der Untertan›

Die schöne Laune, die mit ihrem Dasein spielte, führte sie eines
Abends in den Lohengrin. Die beiden Mütter hatten sich dazu verstehen müssen, zu Hause zu bleiben; es war der feste Wille des Brautpaa-
res, der Schicklichkeit zum Trotz allein in einer Proszeniumsloge zu
sitzen. Das breite rote Plüschsofa an der Wand, wo man nicht gesehen
werden konnte, war eingedrückt und fleckig, es hatte etwas Reizvoll-
Fragwürdiges. Guste wollte wissen, daß diese Loge eigentlich den
Herren Offizieren gehörte, und daß sie hier Besuche von Schauspielerinnen empfingen!

«Über die Schauspielerinnen sind wir glücklich hinaus», erklärte
Diederich, und er ließ durchblicken, daß er allerdings bis vor kurzem
mit einer gewissen Dame vom Theater, die er natürlich nicht nennen
könne –. Gustes fieberhafte Fragen wurden rechtzeitig unterbrochen
durch das Klopfen des Kapellmeisters. Sie nahmen ihre Plätze ein.

«Hähnisch ist noch wabbeliger geworden», bemerkte Guste sogleich, und sie nickte nach dem Dirigenten hinab. Er machte auf
Diederich einen hochkünstlerischen, wenn auch ungesunden Eindruck. Schwarze, verwirrte Haarsträhnen wippten, indes er mit allen
seinen Gliedmaßen den Takt schlug, über seinem großen grauen Gesicht, dessen Fettsäcke mitwippten; und in Frack und Hose wogte es
rhythmisch. Im Orchester war großer Betrieb, dennoch gab Diederich
zu verstehen, daß er auf Ouvertüren keinen Wert lege. Überhaupt,
meinte Guste, wenn man den Lohengrin in Berlin kannte! Der Vorhang ging auf, und schon kicherte sie verachtungsvoll. «Gott, die
Ortrud! Sie hat einen Schlafrock und ein Frontkorsett!» Diederich
hielt sich mehr an den König unter der Eiche, der sichtlich die promi-
nenteste Persönlichkeit war. Sein Auftreten wirkte nicht besonders
schneidig; Wulckow brachte Baß und Vollbart entschieden besser zur
Geltung; aber was er äußerte, war vom nationalen Standpunkt aus zu
begrüßen. «Des Reiches Ehr’ zu wahren, ob Ost, ob West.» Bravo! So
oft er das Wort deutsch sang, reckte er die Hand hinauf, und die Musik
bekräftigte es ihrerseits. Auch sonst unterstrich sie einem markig, was
man hören sollte. Markig, das war das Wort. Diederich wünschte sich,
er hätte zu seiner Rede in der Kanalisationsdebatte eine solche Musik
gehabt. Der Heerrufer dagegen stimmte ihn wehmütig, denn er glich
aufs Haar dem dicken Delitzsch in all seiner verflossenen Bierehrlich-
keit. Infolgedessen sah Diederich die Gesichter der Mannen näher an

und fand überall Neuteutonen. Sie hatten größere Bäuche und Bärte bekommen und sich gegen die harte Zeit mit Blech gerüstet. Auch schienen nicht alle sich in günstigen Lebensumständen zu befinden; die Edlen sahen aus wie mittlere Beamte des Mittelalters, mit Ledergesichtern und Knickebeinen, die Unedlen noch weniger glänzend; aber der Verkehr mit ihnen wäre unzweifelhaft in tadellosen Formen verlaufen. Überhaupt ward Diederich gewahr, daß man sich in dieser Oper sogleich wie zu Hause fühlte. Schilder und Schwerter, viel rasselndes Blech, kaisertreue Gesinnung, Ha und Heil und hochgehaltene Banner, und die deutsche Eiche: man hätte mitspielen mögen.

Was den weiblichen Teil der Brabanter Gesellschaft betraf, der ließ freilich zu wünschen. Guste stellte spöttische Fragen: welche es denn nun sei, mit der er –. «Vielleicht die Ziege in dem Hängekleid? Oder die dicke Kuh mit dem Goldreifen zwischen den Hörnern?» Und Diederich war nicht weit davon entfernt, sich für die schwarze Dame mit dem Frontkorsett zu entscheiden, als er noch rechtzeitig bemerkte, daß eben sie in der ganzen Angelegenheit nicht einwandfrei dastand. Ihr Gatte Telramund schien zunächst noch leidlich Komment zu haben, aber eine höchst üble Klatschgeschichte spielte offenbar auch hier mit. Leider war die deutsche Treue, selbst wo sie ein so glänzendes Bild darbot, bedroht von den jüdischen Machenschaften der dunkelhaarigen Rasse.

Beim Auftreten Elsas war es ohne weiteres klar, auf welcher Seite man Klasse voraussetzen durfte. Der biedere König hätte es nicht nötig gehabt, die Sache dermaßen objektiv zu behandeln: Elsas ausgesprochen germanischer Typ, ihr wallendes blondes Haar, ihr gutrassiges Benehmen boten von vornherein gewisse Garantien. Diederich faßte sie ins Auge, sie sah herauf, sie lächelte lieblich. Darauf griff er nach dem Opernglas, aber Guste entriß es ihm. «Also die Merée ist es?» zischte sie; und da er vielsagend lächelte: «Einen feinen Geschmack hast du, ich kann mich geschmeichelt fühlen. Die ausgemergelte Jüdin!» – «Jüdin?» – «Die Merée, selbsredend, sie heißt doch Meseritz, und vierzig Jahre ist sie alt.» – Betreten nahm er das Glas, das Guste ihm höhnisch anbot, und überzeugte sich. Na ja, die Welt des Scheins. Enttäuscht lehnte Diederich sich zurück. Dennoch konnte er nicht hindern, daß Elsas keusche Vorahnung weiblicher Lustempfindungen ihn gerade so sehr rührte wie der König und die Edlen. Das Gottesgericht schien auch ihm ein hervorragend praktischer Ausweg, auf die Weise ward niemand kompromittiert. Daß die Edlen sich auf die faule Sache nicht einlassen würden, war freilich vorherzusehen. Man mußte schon mit etwas Außerordentlichem rechnen; die Musik tat das ihre,

*Willi Birrenkoven
als Lohengrin
in der Bayreuther
Erstaufführung
von 1894.*

sie machte einen geradezu auf alles gefaßt. Diederich hatte den Mund offen und so dummselige Augen, daß Guste heimlich einen Lachkrampf bekam. Jetzt war er so weit, alle waren so weit, jetzt konnte Lohengrin kommen. Er kam, funkelte, schickte den Zauberschwan fort, funkelte noch betörender. Mannen, Edle und der König unterlagen alle derselben Verblüffung wie Diederich. Nicht umsonst gab es höhere Mächte . . . Ja, die allerhöchste Macht verkörperte sich hier, zauberhaft blitzend. Ob Schwanen- oder Adlerhelm: Elsa wußte wohl, warum sie plumps vor ihm auf die Knie fiel. Diederich seinerseits blitzte Guste an, ihr verging das Lachen. Auch sie hatte erfahren, wie es war, wenn alle einen verklatschten, und den ersten war man los und konnte sich nirgends mehr sehen lassen und hätte überhaupt wegziehen müssen: und da kam der Held und Retter und machte sich aus der ganzen Geschichte nichts und nahm einen doch! «So soll es sein!» sagte Diederich und nickte auf die kniefällige Elsa hinab – indes Guste, die Lider gesenkt, in reuevoller Unterwerfung gegen seine Schulter fiel.

Das weitere konnte man an den Fingern abzählen. Telramund machte sich einfach unmöglich. Gegen die Macht unternahm man eben nichts. Zu ihrem Repräsentanten Lohengrin verhielt sich sogar der König höchstens wie ein besserer Bundesfürst. Er sang seinem Vorgesetzten die Siegeshymne mit. Der Hort der guten Gesinnung ward schwungvoll gefeiert, die Umstürzler mochten den deutschen Staub von ihren Pantoffeln schütteln.

Der zweite Akt – Guste aß noch immer, sanft hingegeben, Pralinees – brachte zunächst in erhebender Weise den Gegensatz zur Anschauung zwischen dem glanzvollen, ohne Mißton verlaufenden Fest der Gutgesinnten in den vornehm erleuchteten Räumen des Palastes, und den beiden dunklen Empörern, die stark heruntergekommen auf dem Pflaster lagen. «Erhebe dich, Genossin meiner Schmach», meinte Diederich bei passender Gelegenheit selbst schon angewendet zu haben. Er verband Ortrud mit gewissen persönlichen Erinnerungen: ein ganz gemeines Luder, darüber war nichts zu sagen; aber irgendwas regte sich in ihm, wenn sie ihren Kerl einwickelte und unter sich hatte. Er träumte ... Vor Elsa, der dummen Gans, mit der sie machte was sie wollte, hatte Ortrud das gewisse Etwas voraus, das die energischen und strengen Damen haben. Elsa freilich konnte man heiraten. Er schielte nach Guste. «Es gibt ein Glück, das ohne Reu», bemerkte Elsa; und Diederich zu Guste: «Das wollen wir hoffen.»

Den frisch ausgeschlafenen Edlen und Mannen wurde sodann durch den dicken Delitzsch eröffnet, daß sie Dank Gottes Gnade einen neuen Landesfürsten bekommen hatten. Gestern standen sie noch treu und bieder zu Telramund, heute waren sie biedere, treue Untertanen Lohengrins. Sie erlaubten sich keine Meinung und schluckten jede Vorlage. «Den Reichstag bringen wir auch noch so weit», gelobte Diederich.

Wie aber Ortrud vor Elsa in das Münster treten wollte, empörte sich Guste. «Das hat sie nun nicht nötig, darüber ärgere mich mich immer. Wo sie doch nichts mehr hat, und überhaupt.» – «Jüdische Frechheit», murmelte Diederich. Übrigens konnte er nicht umhin, Lohengrin, gelinde gesagt, unvorsichtig zu finden, als er es glatt in Elsas Hand

Ernest van Dyck (Lohengrin) und Lilian Nordica (Elsa) in der Bayreuther Erstaufführung von 1894.

legte, ob er seinen Namen verraten und dadurch das ganze Geschäft in Frage stellen sollte oder nicht. So viel durfte man Weibern nicht zumuten. Und wozu? Den Mannen brauchte er nicht erst zu beweisen, daß er, trotz dem Nörgler Telramund, reine Hände und keinen Fleck auf der Weste habe: ihre nationale Gesinnung war durchaus unverdächtig.

Guste verhieß ihm, im dritten Akt käme das Allerschönste, aber dafür müsse sie durchaus noch Pralinees haben. Als man sie hatte, stieg der Hochzeitsmarsch, und Diederich sang ihn mit. Die Mannen im Festzuge verloren entschieden ohne Blech und Banner, auch Lohengrin hätte sich besser nicht im Wams gezeigt. Diederich ward bei seinem Anblick wieder einmal von dem Wert der Uniform durchdrungen. Die Damen waren glücklich fort, mit ihren Stimmen wie saure

Milch. Aber der König! Er konnte nicht wegfinden von dem Brautpaar, biederte sich an und schien am liebsten als Zuschauer dableiben
zu wollen. Diederich, dem der König schon immer zu konziliant
gewesen war für diese harte Zeit, nannte ihn jetzt einfach eine Nulpe.

Endlich fand er die Tür, Lohengrin und Elsa machten sich auf dem
Sofa an die «Wonnen, die nur Gott verleiht». Zuerst umschlangen sie
sich nur oben, die unteren Körperteile saßen nach Möglichkeit voneinander entfernt. Je mehr sie aber sangen, um so näher rutschten sie
heran – wobei ihre Gesichter sich häufig auf Hähnisch richteten.
Hähnisch und sein Orchester schienen ihnen einzuheizen: es war begreiflich, denn auch Diederich und Guste in ihrer stillen Loge schnauf-
ten leise und sahen einander an mit erhitzten Augen. Die Gefühle
gingen den Weg der Zauberklänge, die Hähnisch mit wogenden Gliedern hervorlockte, und die Hände folgten ihnen. Diederich ließ die
seine zwischen Gustes Stuhl und ihrem Rücken hinabgleiten, um-
spannte sie unten und murmelte betört: «Wie ich das zum erstenmal
gesehen habe, gleich hab ich gesagt, die oder keine!»

Aber da wurden sie aus dem Zauberbann gerissen durch einen
Zwischenfall, der bestimmt schien, die Kunstfreunde Netzigs noch
lange zu beschäftigen. Lohengrin zeigte sein Jägerhemd! Eben stimmte
er an: «Atmest du nicht mit mir die süßen Düfte», da kam es hinten aus
dem Wams hervor, das aufging. Bis Elsa ihn, sichtlich erregt, zuge-
knöpft hatte, herrschte im Hause lebhafte Unruhe; dann erlag es
wieder dem Zauberbann. Guste freilich, die sich mit einem Pralinee
verschluckt hatte, stieß auf ein Bedenken. «Wie lange trägt er das
Hemd schon? Und überhaupt, er hat doch nichts mit, der Schwan ist
mit seinem Gepäck abgeschwommen!» Diederich verwies ihr ernstlich
das Nachdenken. «Du bist gerade so eine Gans wie Elsa», stellte er fest.
Denn Elsa war im Begriff, sich alles zu verderben, weil sie es nicht
lassen konnte, ihren Mann nach seinen politischen Geheimnissen zu
fragen. Der Umsturz ward vollends zerschmettert, denn Telramunds
feiges Attentat mißlang durch Gottes Fügung; aber die Weiber, dies
mußte Diederich sich sagen, wirkten, wenn man ihnen nicht die Kan-
dare fest anzog, eher noch subversiver.

Nach der Verwandlung ward dies vollends klar. Eiche, Banner, alles
nationale Zubehör war wieder da; und «für deutsches Land das deutsche Schwert, so sei des Reiches Kraft bewährt»: bravo! Aber Lohengrin schien nun wirklich entschlossen, sich aus dem öffentlichen Leben
zurückzuziehen. «Überall wurde an mir gezweifelt», durfte auch er
sagen. Nacheinander klagte er den toten Telramund und die ohnmächtige Elsa an. Da keins von beiden ihm widersprach, hätte er ohne

Lohengrins Ankunft in einer Aufführung am Münchner Hof- und Natio-
naltheater, die Ernst von Possart 1894 als Konkurrenz zu Cosima Wag-
ners Bayreuther Erstaufführung inszeniert hatte.

weiteres recht behalten; dazu kam aber noch, daß er tatsächlich in der Rangliste obenan stand. Denn jetzt gab er sich zu erkennen. Die Nennung seines Namens rief bei der ganzen Versammlung, die noch nie von ihm gehört hatte, eine ungeheure Bewegung hervor. Die Mannen konnten sich gar nicht beruhigen; alles andere schienen sie erwartet zu haben, nur nicht, daß er Lohengrin hieß. Um so dringlicher ersuchten sie den geliebten Herrscher, von dem folgenschweren Schritt der Abdankung diesmal noch abzusehen. Aber Lohengrin blieb heiser und unnahbar. Übrigens wartete schon der Schwan. Eine letzte Frechheit Ortruds brach ihr zur allgemeinen Genugtuung den Hals. Leider deckte gleich darauf auch Elsa das Schlachtfeld, das Lohengrin, statt des entzauberten Schwans von einer kräftigen Taube gezogen, hinter sich ließ. Dafür war der junge, soeben eingetroffene Gottfried in drei Tagen der dritte Landesfürst, dem Edle und Mannen, treu und bieder wie immer, ihre Huldigung darbrachten.

«Das kommt davon», bemerkte Diederich, indes er Guste in den Mantel half. Alle diese Katastrophen, die Wesensäußerungen der Macht waren, hatten ihn erhoben und tief befriedigt. «Wovon kommt es denn», meinte Guste, zum Widersprechen aufgelegt. «Bloß weil sie wissen will, wer er ist? Das kann sie wohl verlangen, das ist nicht mehr wie anständig.» – «Es hat einen höheren Sinn», erklärte ihr Diederich streng. «Die Geschichte mit dem Gral, das soll heißen, der allerhöchste Herr ist nächst Gott nur seinem Gewissen verantwortlich. Na und wir wieder ihm. Wenn das Interesse Seiner Majestät in Betracht kommt, kannst du machen was du willst, ich sage nichts, und eventuell –.» Eine Handbewegung gab zu verstehen, daß auch er, in einen derartigen Konflikt gestellt, Guste unbedenklich dahinopfern würde. Dies erboste Guste. «Das ist ja Mord! Wie komm ich dazu, daß ich muß draufgehen, weil Lohengrin ein temperamentloser Hammel ist. Nicht einmal in der Hochzeitsnacht hat Elsa von ihm was gemerkt!» Und Guste rümpfte die Nase, wie damals beim Verlassen des Liebeskabinetts, wo auch nichts geschehen war.

Auf dem Heimweg versöhnten sich die Verlobten. «Das ist die Kunst, die wir brauchen!» rief Diederich aus. «Das ist deutsche Kunst!» Denn hier erschienen ihm, in Text und Musik, alle nationalen Forderungen erfüllt. Empörung war hier dasselbe wie Verbrechen, das Bestehende, Legitime ward glanzvoll gefeiert, auf Adel und Gottesgnadentum der höchste Wert gelegt, und das Volk, ein von den Ereignissen ewig überraschter Chor, schlug sich willig gegen die Feinde seiner Herren. Der kriegerische Unterbau und die mystischen Spitzen, beides war gewahrt. Auch wirkte es bekannt und sympathisch, daß in

Das Bühnenbild für den zweiten Aufzug in den Bayreuther Aufführungen der Jahre 1908 und 1909, für die erstmals Siegfried Wagner als Spielleiter und Ausstatter verantwortlich zeichnete. Von der Erstaufführung (1894) hatte er lediglich das Brautgemach in der Ausstattung übernommen.

dieser Schöpfung der schönere und geliebtere Teil der Mann war. «Ich fühl das Herze mir vergehn, schau ich den wonniglichen Mann», sangen auch die Männer samt dem König. So war denn die Musik an ihrem Teil der männlichen Wonne voll, war heldisch, wenn sie üppig war, und kaisertreu noch in der Brunst. Wer widerstand da? Tausend Aufführungen einer solchen Oper und es gab niemand mehr, der nicht national war! Diederich sprach es aus: «Das Theater ist auch eine meiner Waffen.» Kaum ein Majestätsbeleidigungsprozeß konnte die Bürger so gründlich aus dem Schlummer rütteln. «Ich habe den Lauer in die Vogtei gebracht, aber wer den Lohengrin geschrieben hat, vor dem nehm ich den Hut ab.» Er schlug ein Zustimmungstelegramm an

Wagner vor. Guste mußte ihn aufklären, es sei nicht mehr zu machen. Einmal auf so hohem Gedankenflug begriffen, äußerte sich Diederich über die Kunst im allgemeinen. Unter den Künsten gab es eine Rangordnung. «Die höchste ist die Musik, daher ist es die deutsche Kunst. Dann kommt das Drama.»

«Warum?» fragte Guste.

«Weil man es manchmal in Musik setzen kann, und weil man es nicht zu lesen braucht, und überhaupt.»

«Und was kommt dann?»

«Die Porträtmalerei natürlich, wegen der Kaiserbilder. Das übrige ist nicht so wichtig.»

«Und der Roman?«

«Der ist keine Kunst. Wenigstens Gott sei Dank keine deutsche: das sagt schon der Name.»

Thomas Mann über ‹Lohengrin›

Aus ‹Versuch über das Theater› (1908)

Welcher Rausch! Welche Entgleistheit der Seele! War sie ästhetischen Wesens? Ein erstes Schönheitserlebnis? Ich weiß es nicht. Das Ästhetische beginnt ja recht früh, recht tief. Was darf man so nennen, was noch nicht? – Schule und Haus lagen grau dahinten. Man wandelte in der Neuheit, im Abenteuer, in der zügellosen Welt. Man hatte sie aus exotischem Trieb ersehnt und erbeten, diese seltsame Betörung, man liebte sie, sicher, man trank, man betrank und vergaß sich darin, man war bereits Moralist genug, sich ihr hinzugeben. Aber war sie das eigentlich Rechte, Gute und Angemessene? Brach man nicht hernach zu Hause zuweilen in Tränen aus? Was war das? Unfähigkeit zur Alltäglichkeit, nachdem man die Schönheit erkannt, oder Katzenjammer und Reue nach einer zehrenden Zerstreuung, an welcher die Beine, die idealen Beine vielleicht ihren Anteil gehabt? . . . Hat je das Spektakel die reine, heitere, vertrauenswürdige, kraftweckende, kraftbildende Wirkung geübt, die Grimms und Andersens Märchen, Reuter und Vossens Homerübersetzung übten? Niemals!

Aber später war Gerhäuser am Stadttheater. Er sang, mit seiner impetuosen Inbrunst, den Tannhäuser. Er sang jeden zweiten Abend den Lohengrin. Er kam im Sturm der Instrumente ein wenig ruckweise herangeschwommen und sang mit weichen Bewegungen: «Nun sei bedankt.» Er kam mit leise klirrenden Schritten nach vorn, er sang: «Heil, König Heinrich!», und seine Stimme klang wie eine silberne Trompete. Es war damals, daß mir zuerst die Kunst Richard Wagners entgegentrat, diese moderne Kunst, die man erlebt, erkannt haben muß, wenn man von unserer Zeit irgend etwas verstehen will. Und dieses ungeheure und fragwürdige Werk, das zu erleben und zu erkennen ich nicht satt werde, dieser kluge und sinnige, sehnsüchtige und abgefeimte Zauber, diese fixierte theatralische Improvisation, die außerhalb des Theaters nicht vorhanden ist – sie ist es in der Tat, und sie allein, die mich auf Lebenszeit dem Theater verbindet. Daß man die dramatischen Dichter, Schiller, Goethe, Kleist, Grillparzer, daß man Henrik Ibsen und unsere Hauptmann, Wedekind, Hofmannsthal nicht ebensogut lesen als aufgeführt sehen könnte, daß man in der Regel nicht besser tue, sie zu lesen, wird niemand mich überzeugen. Aber Wagner ist nur im Theater zu finden, ist ohne Theater nicht denkbar. Das zu beklagen, ist eitel. Zu wünschen, Instinkt und Ehrgeiz möchten ihn nicht zur großen Oper getrieben haben, ist müßig, seine Wirkung vom Theater zu lösen unmöglich. Er hat, mit größerer praktischer Kraft als Schiller, das Pathos des Theaters erhöht, hat ihm, zu höheren Glorie seines eigenen Werkes, Würde und Weihe ertrotzt. Aber jeder Radikalismus lag diesem Reformator fern. Er hat das Theater nicht eigentlich erneut und verjüngt. Er hat keinen Versuch unternommen, aus der Bühne irgend etwas Künstlerisches zu machen, keinen, das Dekorationswesen ins Ernsthafte umzugestalten. Er hatte Lust, sich von Makart Kulissen malen zu lassen – ein bedenklicher Zug, der auf eine Verwandtschaft in wichtigen Instinkten deutet. Er hat den ganzen kindischen Apparat gelassen, wie er war, und sein Theater ist Theater wie jedes andere auch. Es ist der Triumph unserer selbst, die Epoche als Kunst, die Sehnsucht als Meisterschaft, und es ist Theater. Wir haben uns damit abzufinden.

Aus ‹Betrachtungen eines Unpolitischen› (1918)

Was Wagner betrifft, so steht es fest, daß er als Künstler und Geist sein Leben lang ein Revolutionär war. Aber ebenso sicher ist, daß dieser nationale Kultur-Revolutionär die politische Revolution nicht meinte und die Atmosphäre von 1848/49 durchaus nicht als sein Element empfand. In seinen Lebenserinnerungen spricht er von der «schrecklichen Seichtigkeit der Wortführer jener Zeit», von ihrer «aus den abgedroschensten Phrasen zusammengesetzten Beredsamkeit bei Versammlungen und überhaupt im persönlichen Umgange». Es habe ihn erstaunt, sagt er, zu hören und zu lesen, «mit welcher unglaublichen Trivialität es dabei herging, und wie bei allen es nur darauf hinauslief, zu erklären, daß allerdings die Republik das Beste sei, man sich indessen aber die Monarchie, wenn sie sich gut aufführe, zur Not noch gefallen lassen könne». Und den Zivilisationsliteraten, den Macht-und-Geist-Antithetiker, muß es nicht wenig abstoßen und beleidigen, wenn Wagner vom Frankfurter Parlamente sagt, man habe nicht wohl ersehen, wozu dieses gewaltige Reden der *allermachtlosesten* Menschen führen sollte. Der machtlosesten! Dieser brutale Schwärmer hatte eine Schwäche für «die Macht», wie es scheint, er besann sich nicht, mit «der Macht» zu paktieren im Jahre 1870 – nein, ihr zuzujauchzen, ihr trunken zuzujauchzen und sich ihr zuliebe begeisterter aufzuführen, als je in den Tagen des Paulskirchen-Geistes. Wenn es nach dem Zivilisationsliteraten ginge, wäre er also «kein Kämpfer» gewesen – o mein Gott! Er pries den «ungeheueren Mut» Bismarcks,

Fritz Vogelstrom als Lohengrin in der Bayreuther Aufführung von 1909.

Lilly Hafgren als Elsa in der Bayreuther Aufführung von 1909.

feierte das deutsche Heer vor Paris, der Sieg über Frankreich, die Neuschöpfung des Reiches, die Krönung eines deutschen Kaisers: das war zuviel für sein Künstlerherz, es brach in eine Art von Gesang aus, der ungefähr lautete wie: «Es strahlt der Menschheit Morgen; nun dämm're auf, du Göttertag!» Kurzum, er trieb es ärger als irgend ein Kriegsbejahen von 1914; denn niemand von uns war so groß und heftig von Natur, um es ihm an widergeistiger Ungebühr gleichzutun. – Will man sich Wagners Verhältnis zur Politik überhaupt und zum Jahre 48 im besonderen bis zur Erheiterung klarmachen, so braucht man sich nur zu erinnern, daß er damals ganz kürzlich den ‹Lohengrin› vollendet und mit dem Vorspiel, diesem romantisch gnadenvollsten aller existierenden Musikstücke, gekrönt hatte. ‹Lohengrin› und das Jahr 48 – das sind zwei Welten, verbunden höchstens durch eines: das nationale Pathos. Und der Zivilisationsliterat wird von einem richtigen Instinkt geleitet, wenn er in satirischen Gesellschaftsromanen den ‹Lohengrin› verulkt, indem er ihn ins Politische übersetzt.* Wahrscheinlich lag Wagnern der schöne Baß seines Königs Heinrich im Sinne, als er im Dresdener «Vaterlandsverein» jene grundsonderbare Rede hielt, worin er sich als glühender Anhänger des Königtums, als Verächter alles Konstitutionalismus bekannte und Deutschland beschwor, die «fremdartigen, undeutschen Begriffe», nämlich den westlichen Demokratismus zum Teufel zu jagen und das einzig heilwirkende altgermanische Verhältnis zwischen dem absoluten König und dem freien Volk wiederherzustellen: denn im absoluten König werde der Begriff der Freiheit selbst zum höchsten, gotterfüllten Bewußtsein erhöht, und frei sei das Volk nur, wenn *einer* herrsche, nicht wenn *viele* herrschen. Eine wunderlichere Politik treibt selbst Friedrich Wilhelm Foerster nicht. Aber was hat dieser unmögliche Achtundvierziger nicht alles gesagt! Zum Beispiel, daß die Kunst zur Zeit ihrer Blüte *konservativ* gewesen sei und es *wieder werden werde.* Ferner den lapidaren, nie zerstörbaren Satz: *«Der Deutsche ist konservativ.»* Ferner den nur von Franzosen und radikalen Weltverbesserern anfechtbaren Satz: «Die Zukunft ist nicht anders denkbar, als aus der Vergangenheit bedingt.» Ferner den überhaupt nicht anfechtbaren, den unsterblichen und erlösenden Satz: «Die Demokratie ist in Deutschland ein durchaus übersetztes Wesen. *Sie existiert nur in der Presse.»* Sicher, Wagner hat den Gedanken der Völkerverbrüderung geliebt, aber von internationalistischen Neigungen war er recht weit entfernt: sonst hätten die Worte «fremdartig» «übersetzt», «undeutsch» in seinem Munde nicht ein Urteil, eine Verurteilung, ja Haß bedeutet – und dergleichen bedeuteten sie.

«An einen Opern-Spielleiter»

(Auszug aus einem Brief an einen unbekannten Adressaten, 1927)

Ich hörte mit aufrichtigem Anteil von der ‹Lohengrin›-Neueinstudierung Ihres Theaters, die Sie auch literarisch begehen wollen. Sie erinnern mich an manches, was ich in Büchern und Schriften über Wagner und auch gegen Wagner gesagt habe; aber ich meine, daß bei einer

---

* *Anspielung auf Heinrich Manns Roman ‹Der Untertan› (1914, erschienen 1918).*

Szenenfoto aus der ‹Lohengrin›-Aufführung am 16. September 1928 im Landestheater Darmstadt (zweiter Aufzug). Regie: Renato Mordo, Bühnenbild: Lothar Schenck von Trapp. Der Einfluß der «Neuen Sachlichkeit» ist unverkennbar.

solchen Gelegenheit situationskritische Feststellungen über den Niedergang des Wagnersternes am Himmel des deutschen Geistes – man könnte sogar von einem vollendeten Versunkensein unter den Horizont sprechen – sehr schlecht am Platze wären. Die literatenhafte Genieerledigung auf Grund armseliger Bescheidwisserei war mir immer in tiefster Seele zuwider, und ich würde mich selbst verachten, wenn ich auch nur das Bedürfnis in mir spürte, mich durch Verleugnung tiefster, lehrreichster, bestimmendster Jugenderlebnisse urteilend an die Tête zu bringen. Ich weiß ganz gut, daß Bayreuth heute mehr eine Angelegenheit des Herrn aus San Franzisko als des deutschen Geistes und seiner Zukunft ist. Aber das ändert nichts daran, daß Wagner als künstlerische Potenz genommen, etwas nahezu Beispielloses, wahrscheinlich das größte Talent aller Kunstgeschichte war. Wo ist zum zweitenmal eine solche Vereinigung von Größe und Raffinement, von Sinnigkeit und sublimer Verderbtheit, von Popularität und Teufelsartistik? Er bleibt das Paradigma welteroberndem Künstlertums, und Europa erlag seinem Können, genau wie es der Staatskunst Bismarcks erlag. Sie wußten nicht viel von einander, aber zusammen bilden sie den Höhepunkt einer romantischen Hegemonie des deutschen Geistes.

Wir wollen vom Menschlichen, Sittlichen, Dichterischen reden, wenn es sich um Goethe handelt. Der ‹Ring› bleibt mir der Inbegriff des Werkes. Wagner war, im Gegensatz zu Goethe, ein Mann des Werkes ganz und gar, ein Macht-, Welt- und Erfolgsmensch durch und durch, ein politischer Mensch in dieser Bedeutung, und trotz der Rundheit, Geschlossenheit und Restlosigkeit seines Lebenswerkes denke ich zuweilen, seinesgleichen lebe nicht vollständig. Um vollständig zu leben, hätte er, so meine ich dann, neben dem politischen Weltwerk etwa ein geheimes und ganz wahrhaftiges Tagebuch führen müssen – ich weiß nicht, ob ich mich verständlich mache. Er war ein *homme d'action*, ohne tiefere Intimität. Seine Autobiographie ist null und nichtig. Man könnte sagen, nicht er sei unsterblich, sein Werk sei es, dies wirksame Werk, worin sein Leben restlos aufgegangen.

Unseren Werkinstinkt zu stacheln, ist niemand besser geschaffen als er. Unser menschlich-dichterisches Teil wendet sich zu Goethe. In ersterer Beziehung schulde ich ihm Unaussprechliches und zweifle nicht, daß die Spuren meines frühen und fortlaufenden Wagner-Werk-Erlebnisses überall deutlich sind in dem, was ich herstellte. Den ‹Lohengrin› lernte ich am ehesten kennen, habe ihn unzählige Male gehört und weiß ihn nach Wort und Musik noch heute fast auswendig. Sein erster Akt ist ein Phänomen von dramatischer Ökonomie und theatralischer Wirkung; das Vorspiel etwas absolut Zauberhaftes, der Gipfel der Romantik.

Aus ‹Erinnerungen an das Stadt-Theater›* (1930)

Später war es ein künstlerisches Kapital-Ereignis meines Lebens, die Begegnung mit der Kunst Richard Wagners, die das Theater meiner Heimatstadt mir vermittelte – eine Begegnung, von deren entscheidender, prägender Wirkung auf meinen Kunstbegriff ich jedesmal gesprochen habe, wenn es Erläuterndes zur geistigen Geschichte meiner Bücher zu sagen galt. Damals war der junge Emil Gerhäuser Heldentenor der städtischen Oper. In seiner Stimme Maienblüte sang er den Tannhäuser, den Walther Stolzing und noch häufiger den Lohengrin. Ich will mich nicht vermessen, aber ich glaube, einen empfänglicheren,

---

* *Gemeint ist das Theater in Lübeck, der Heimatstadt Thomas Manns.*

*Eine «expressionistische» Variante bot die Inszenierung des ‹Lohengrin›
am Stadttheater Mönchengladbach-Rheydt 1929/30. Das Szenenfoto
zeigt den ersten Aufzug.*

einen hingenommeneren Zuhörer hat das Stadttheater nie beherbergt,
als ich es an jenen zaubervollen Abenden war. Ich war da, wenn es
irgend ging, erlaubter- und unerlaubterweise. Ich hatte sozusagen
einen festen Platz im Sitz-Parterre, der die billigste Kategorie nach dem
Steh-Parterre bildete, einen Platz, der nicht wie die anderen eine Num-
mer trug, sondern mit dem Buchstaben A bezeichnet war. Dieser also
war mein Leib- und Lieblingsplatz, und ich kaufte ihn von dem alten
Billeteur Weingarten oder Weingartner (ich bin des Namens nicht
mehr ganz sicher), einem abgetakelten Mimen, der vom Theater nicht
lassen konnte und, sitzend in einer Art ungelüfteter Höhle, die von
einer Gasflamme erleuchtet war, fettige Pappkarten ausgab, die einem
von der Kontrolle abgenommen und immer wieder verkauft wurden.
Eines Tages hatte Weingarten oder Weingartner sein «Benefiz». Man
gab, glaube ich, den ‹Hüttenbesitzer› oder etwas ähnlich Altmodisches,
was zu ihm paßte, und am Schlusse wurde der Alte herausgeklatscht
und warf die zierlichsten Kußhände zu den Honoratioren-Logen des
Ersten Ranges empor . . .
  Wahrscheinlich hätte ich heute allerlei auszusetzen an so einer ‹Lohengrin›-Aufführung, wie sie mich damals entrückte und mit allen
Schauern der Romantik begnadete. Die Geigen des kleinen Orchesters

213

waren nicht edelsten Klanges, obgleich mein Violinlehrer Winkelmann mitspielte, der Schwan kam manchmal ein bißchen ruckweise herangeschwommen, und namentlich im Chor gab es sonderbare Gestalten: Ich erinnere mich an ein Mitglied der Brabanter Gentry, einen tenorsingenden Greis, der immer mit dem Zeigefinger taktierend im Vordergrunde stand und dessen Stimme bei dem «Gar viel verheißet uns der Tag» im zweiten Akt als ein gequetschtes Falsett recht schauderhaft hervortrat. Was tat es? Die Abstraktionskräfte der Jugend sind mächtig. Ich war glücklich, ich war, wie der Franzose sagt, *transporté*, und noch heute weiß ich aus jener Zeit den ‹*Lohengrin*› so gut wie auswendig.

Aus einem Brief an Emil Preetorius* (1949)

Den ganzen ‹*Tristan*› könnte ich nicht mehr aushalten. Wohl aber den ‹*Lohengrin*›, dessen Vorspiel vielleicht das wunderbarste ist, was er überhaupt geschrieben hat, und den ich in seiner blau-silbernen Schönheit wohl immer noch am innigsten liebe – es ist eine echte, bleibende, bei jedem Kontakt sich erneuernde Jugendliebe. Ich habe noch eine alte Platte von der «goldischen Delia»** (die neulich hier leider ihren Liederabend mit Walter*** wegen Unpäßlichkeit vorzeitig abbrechen mußte) als Elsa mit dem ‹*Einsam in trüben Tagen*› und bei dem Einsatz der pp-Trompete, wenn es heißt: «In lichter Waffen Scheine – ein Ritter nahte da», bin ich jedesmal helles Entzücken wie mit achtzehn Jahren – es ist der Gipfel der Romantik.

---

   * *Zeitweise Präsident der Bayerischen Akademie der Schönen Künste in München, international bekannter Bühnenbildner, Graphiker und Schriftsteller, war vor 1933 mit Thomas Mann befreundet; nach 1945 erneuter Kontakt.*
  ** *Gemeint ist die Sängerin Delia Reinhardt, die zwischen 1913 und 1922 an der Münchner Oper als lyrischer Sopran engagiert war.*
*** *Gemeint ist der Dirigent und Pianist Bruno Walter (1876–1962).*

Die Tendenz der zwanziger Jahre, «streng stilisierte und rhythmisch gegliederte Bilder» (Oswald Georg Bauer) in entromantisierender Absicht bei Inszenierungen des ‹Lohengrin› anzuwenden, zeigt sich auch bei einer Aufführung des Deutschen Theaters in Prag am 4. Juni 1933: Das Szenenfoto zeigt den Auftritt des Heerrufers im zweiten Aufzug. In der Gliederung der Architektur ist der Einfluß des Bauhauses bemerkbar. Die Regie führte Herbert Graf, das Bühnenbild entwarf Emil Pirchan, der Dirigent war George Szell.

«Aber der Gegenstand ist heikel»

Eine Beobachtung an der ‹*Lohengrin*›-Partitur

An Victor Reinshagen* Lugano, Hotel Villa Castagnola
21. Sept. 53

Sehr verehrter Herr Reinshagen,
am 5. September war ich so glücklich, unter Ihrer meisterlichen Leitung den ‹Lohengrin› zu hören – «wieder einmal zum erstenmal», wie Nietzsche sagen würde. Ich habe das zaubervolle Werk, das ich unzählige Male in meinem Leben gehört habe und auswendig zu kennen

---

* *Victor Reinshagen (geb. 1908), Dirigent am Stadttheater Zürich und jahrelang Leiter des Radioorchesters Beromünster.*

meinte, angefangen von dem herrlich dargebotenen Vorspiel, diesem Mirakel, sehr genossen, machte aber dabei eine Entdeckung, die ich sonderbarer Weise nie zuvor gemacht, und nach der ich mir vornahm, mich bei Ihnen des Genaueren zu erkundigen.

Es handelt sich um die Bühnenmusik des zweiten Aktes und um ein Vorkommnis dabei, das mir zu denken gibt. Trompeter, brabantische oder königliche, blasen da am Morgen des Tages, der «uns gar viel verheißt», vom Söller herab Fanfaren und auch die festliche Melodie, die dann so schön vom Orchester aufgenommen wird. Einmal aber blasen sie – das ist es, was mir zum erstenmal auffiel – unzweifelhaft das *Gralsmotiv*. Sie blasen es, wenn ich nicht irre, nicht in a-, sondern in c-dur, und, wenn ich nicht wieder irre, wird, da die Trompete nicht tief genug reicht, eine Posaune zu Hilfe genommen. Können Sie mir das bestätigen? Aber die Bestätigung wäre keine Beruhigung – denn wie kommen diese braven Männer, lange bevor Lohengrin seine Herkunft enthüllt hat, zum Gralsmotiv? Es ist ja das Symbol einer Welt, von der sie keine Ahnung haben, die ihrer Vorstellung vollständig entrückt ist. Es gehört dem alles wissenden Orchester an, aber nicht irgendwelchen den Hochzeitstag einblasenden Bühnentrompeten. Es kommt ihnen nicht zu. Die Erklärung, daß sie es beim Vorspiel oder bei Lohengrins Ankunft gehört haben und nun dem geheimnisvollen Bräutigam eine Aufmerksamkeit damit erweisen, ist ideell unzulässig. Das Motiv steht nicht für des Ritters Person – die hat ja ihr eigenes Tonsymbol, das zuerst in Elsas Traumerzählung, bei «in lichter Waffen Scheine», in der p. p.-Trompete aufklingt – sondern für die hohe, ferne Welt, aus der er kommt. Meiner Meinung nach hat der Dichter-Komponist mit diesem deplacierten Citat einen wirklichen Fehler begangen.

Es ist ein feiner, prinzipiell interessanter Fehler, dessen Erörterung ziemlich tief in Idee und Wesen des Musikdramas eindringen müßte, und wenn Sie mir nicht sagen, daß er längst kritisch vermerkt worden ist, so möchte ich wohl, vielleicht, etwas darüber schreiben. Was, wenn ich fragen darf, halten *Sie* von der Sache? Gewiß könnten Sie mich, ohne auch nur in die Partitur zu blicken, kurz informieren, an welcher Stelle genau das Citat auftritt. Ich brauchte, wenn ich mich an dem «Fehler» versuchte, einige technische Exaktheit.

Verzeihen Sie die Bemühung!

Ihr ergebener   Thomas Mann

An Victor Reinshagen
[Ansichtskarte]   Lugano den 29. Sept. 53

Werter Herr Kapellmeister,
tausend Dank für Ihre liebenswürdige Mühewaltung! Sie haben alles
sehr klar und kundig dargestellt.* Aber der Gegenstand ist heikel, und
ich glaube doch nicht, daß ich mich öffentlich daran versuchen werde.
   Ihr ergebener   Thomas Mann

---

* *Wie Erika Mann in ihren Anmerkungen zur Briefedition berichtet, hatte Reinshagen dem
  Dichter zwar recht gegeben, doch hinzugefügt, daß die Bühnentrompeter des zweiten
  Aufzugs zunächst nur den «Kopf» des «Gralsmotivs» bliesen und das vollständige Motiv auf
  der Bühne erst am Ende der Szene im Brautgemach, überleitend zum zweiten Bild des
  dritten Aufzugs, erklinge.*

VI. Neuere literarische Rezeption

Noch 1966 mußte der Literaturhistoriker Hans Mayer (geboren 1907) feststellen, die Anfänge einer kritischen wissenschaftlichen Deutung von Richard Wagners geistiger und künstlerischer Entwicklung seien kaum erst sichtbar. Neben Theodor W. Adorno und Ernst Bloch ist er selbst jedoch seither bemüht, Wagners Werke vor dem politischen, sozialgeschichtlichen und geistigen Hintergrund der Epoche zu untersuchen, in der sie entstanden sind. Für den Schwanenritter Lohengrin fordert Mayer in dem folgenden Aufsatz, der zum erstenmal in den Bayreuther Programmheften des Jahres 1968 erschien, Gerechtigkeit der Betrachtung, die sich erst dann einstelle, wenn man ihn als «das Wunder des einsamen Künstlers in einer ungemäßen Umwelt» erkenne, als deren Vertreterin Ortrud zu gelten habe.

Hans Mayer

Lohengrin oder die Utopie in A-dur (1968)

Gestrüpp umgibt sie, diese heroisch-romantische Oper, in lichter Waffen Scheine. Es muß zu denken geben, daß kein Werk des von Zeitgenossen und Nachfahren so ausgiebig verspotteten Richard Wagner in ähnlicher Weise dem Hohn und der Parodie ausgesetzt war, dem Bierulk wie der Ironie. Es gibt berühmt-berüchtigte Umdichtungen der Zitate. Man verpflanzte Lohengrins Frageverbot und die Wechselgespräche im Brautgemach in die Trivialität des Alltagslebens, wo sie in ähnlicher Weise wie Dramenfetzen aus Schiller und Goethe ihr Unwesen treiben. Ähnlich dem «Spät kommt ihr, doch ihr kommt». Eine der spöttischen Lieblingsanreden Bertolt Brechts lautete: «Mein lieber Schwan.»

Dies alles hat mit dem Werk selbst zu tun, bedeutet eine durchaus nicht unvertraute Geste der Abwehr, die gleichzeitig in solcher Renitenz die geheime Ehrfurcht erkennen läßt. Fluch und Zote gehören zum Bereich des Sakralen. Auch das zur Zote umgedichtete oder handfest trivialisierte Zitat meint insgeheim eine Glaubenshaltung. Berühmt seit jeher die Blasphemien der sehr christlichen Völker. Lohengrin aber gehörte, das hat Wagner gewollt, zum Sakralbereich. Doch dieser Bereich des gleichzeitig Geheiligten und Verruchten (im französischen Begriff des *sacré* sind beide Bedeutungen vereinigt) wird bei Wagner, im ‹*Lohengrin*› jedenfalls, nicht als Ebene der christlichen Offenbarung verstanden, sondern säkularisiert. Die ‹*Lohengrin*›-Oper verstand sich, was den Zeitgenossen ungeheuerlich vorkommen mußte, als eine Säkularisierung christlicher Vorstellungen: im Dienste einer ästhetischen Ersatzreligion.

Lohengrin war kein christlicher Heiliger, verlangte aber von der Umwelt eine Reaktion, die nur der sakralen Gestalt zugebilligt werden konnte. Daher der dramatische Konflikt im Werk selbst; darum auch die Fülle der Witzeleien und Banalisierungen. Gestrüpp umgab, seit den Anfängen, diese christliche Heiligenlegende. Dem ‹*Parsifal*› ist es später durchaus nicht so ergangen.

Ein Werk des Musiktheaters, das durch Blasphemie nicht weniger gefährdet wurde als durch kritiklose Verehrung. Das Bemühen von Mitwelt und Nachwelt, ein falsches Heilsgeschehen mit Hilfe von handfester Aufklärung zu entzaubern (wobei man im Grunde nicht anders zu Werke ging als Ortrud selbst im Verlauf der Bühnenhandlung), entsprang, seit den Anfängen, der Verwechslung einer singulären Oper, die trotzdem Oper bleibt, mit sakralem Geschehen: mit der Utopie. Dies begann bereits bei König Ludwig II. von Bayern, der sich mit Lohengrin identifizierte, und der ihn sich gleichzeitig als realen Partner ersehnte. Daher das Mißverständnis im Bündnis zwischen dem Komponisten und dem König, als in München der ‹*Lohengrin*› als Weihefestspiel der Opernbühne aufgeführt werden sollte. Der König ersehnte sich eine Bühnenerscheinung von männlicher Vollendung. Wagner war auf der Suche nach einem musikalischen und intelligenten jugendlichen Heldentenor.

Wohin die Identifizierung eines Theaterbesuchers mit dem Heilsgeschehen im ‹*Lohengrin*› geführt hat, ist allzu bekannt. Es hat dem Werk Richard Wagners geschadet und der Festspielidee nicht minder. Gestrüpp umwächst diese Oper in A-dur, in lichter Waffen Scheine.

Vom ‹*Tannhäuser*› zum ‹*Lohengrin*› führte ein gerader Weg; die zeitliche und geistige Nachbarschaft ist groß. Die Grundgedanken des

‹*Lohengrin*› sind im Juli 1845 in Marienbad gleichzeitig mit dem Kernkonzept der ‹*Meistersinger*› entworfen worden. Beide Tatsachen sind für das Verständnis notwendig. Der ‹*Lohengrin*› führt die Linie des ‹*Tannhäuser*› weiter. Lohengrin und Stolzing sind legitime Verwandte des Sängers Tannhäuser. Das Künstlerthema Wagners war im ‹*Tannhäuser*› noch zu stark im Sagennebel verborgen geblieben. Die Weiterführung des Konflikts im geschichtlichen, räumlich wie zeitlich vorstellbaren Bereich schien sich aufzudrängen. Wagnerische und Gegen-Wagnerische Kunst, Tannhäuser und Wolfram: nicht mehr in die Ferne gerückt durch ein sagenhaftes Mittelalter, sondern mit dem authentischen und geschichtlichen Deutschland, mit Nürnberg im 16. Jahrhundert, in Verbindung gebracht. Bereits der erste Marienbader Entwurf der ‹*Meistersinger*› vom 16. Juli 1845 gibt neben dem geschichtlichen Aspekt des 16. Jahrhunderts zugleich auch den politischen Aspekt des deutschen 19. Jahrhunderts, des Jahres 1845, mit den einzigen Schlußzeilen:

Zerging' das heil'ge römische Reich in Dunst,
uns bliebe doch die heil'ge deutsche Kunst.

Damit aber steht der Meistersinger-Entwurf unmittelbar neben geschichtlich-politischen Lohengrin-Worten wie:

Was deutsches Land heißt, stelle Kampfesscharen,
dann schmäht wohl niemand mehr das deutsche Reich!

Oder:

Doch, großer König, laß' mich dir weissagen:
dir Reinem ist ein großer Sieg verlieh'n.
Nach Deutschland sollen noch in fernsten Tagen
des Ostens Horden siegreich niemals zieh'n!

Abermals: es kann nicht angehen, solche Sätze nur «im Lichte unserer Erfahrung» verstehen zu wollen. Sie müssen zunächst aus dem Geist ihrer Entstehungszeit gedeutet werden. Dann freilich zeigt sich die Verbindung zu den Meistersingern – wie die Verbindung zum Tannhäuser. Lohengrin ist abermals Tannhäuser, abermals der Künstler, abermals Richard Wagner. Er ist das Wunder, das Genie, das im Alltag erscheint. Die Geniegestalten der deutschen Sturm und Drang-Bewegung (Götz gehörte dazu und Prometheus und der ur-

Die Rückverwandlung des Schwans zum Herzog Gottfried in Wolfgang Wagners erster Bayreuther Nachkriegsinszenierung im Jahre 1954: «Wolfgang Wagner sucht einen stilistischen Weg zwischen dem heroischen Naturalismus der dreißiger Jahre und der abstrakten Szene seines Bruders» – Wieland Wagner – «in Form einer konkreten Einfachheit» (Dietrich Mack).

sprüngliche Faust) waren Selbsthelfer: sie waren auch als Künstler zugleich Genies der Tat und der Empörung. Die Romantiker hatten den Künstler als Genie durch den Künstler als Wunder in religiöser Aura ersetzt. Wagner folgt ihnen hier nicht. Im ‹Lohengrin› ist die Romantik – darüber möge man sich nicht täuschen – weitgehend bloßes Requisit, viel weniger Substanz. Der ‹Tristan› ist weitaus romantischer als der ‹Lohengrin›. Das Wunder des Grals und der Lohengrin-Gestalt ist säkularisiert, durchaus noch nicht christlich verstanden. Den Gral deutet der Schöpfer des Lohengrin anders als der spätere Meister des ‹Parsifal›. Wagner läßt darüber in der Mitteilung an die Freunde gar keinen Zweifel aufkommen. «Auch Lohengrin ist kein eben nur der christlichen Anschauung entwachsenes, sondern ein uralt menschliches Gedicht, wie es überhaupt ein gründlicher Irrtum unserer oberflächlichen Betrachtungsweise ist, wenn wir die spezifisch christliche Anschauung für irgendwie urschöpferisch in ihren Gestaltungen halten. Keiner der bezeichnendsten und ergreifendsten christlichen Mythen gehört dem christlichen Geiste, wie wir ihn gewöhnlich fassen, ureigentümlich an: er hat sie alle aus den rein menschlichen Anschauungen der Vorzeit überkommen und nur nach seiner besonderen Eigentümlichkeit gemodelt.»

Einen Lohengrin des authentischen Mittelalters kann Wagner nicht gebrauchen, denn *nicht* das *christliche* Künstlertum soll Lohengrins Tragik und Einsamkeit begründen, sondern bloß das Künstlertum. Lohengrins Tragik beruht auf seiner Einsamkeit. Er ist das Wunder in einer Welt, die (in der Gestalt der Elsa) das Wunder zwar ersehnt, doch auch bemüht ist, es in die Alltagssphäre zu zwingen, eben dadurch aber des Wunderbaren zu entkleiden. ‹Holländer›- und ‹Tannhäuser›-Motive sind ineinander verschlungen. Wie im ‹Fliegenden Holländer›, wie in der deutsch-romantischen Tradition gibt es abermals ein Bündnis zwischen Menschenwelt und Geisterwelt, das tragisch zu enden hat. Die Ehe zwischen Lohengrin und Elsa muß ebenso scheitern wie die Verlobung der Senta mit dem Ahasver des Ozeans. Hinzu kommt Tannhäusers Protest gegen Alltag und Kunsttreiben der Umwelt. Der Künstler Tannhäuser ersehnte andere Freuden und Schmerzen als die Wolfram und Walther. Darum ging er in den Venusberg: um ein neues Künstlertum zu erlangen. Lohengrin ist dieser neue Künstler, dieser Wagner oder Wagnerianer. Die Glorie des Gralsrittertums bietet nur jene äußere Form, die das Künstlersymbol annehmen soll, sie ist aber nicht das Symbol. Lohengrin ist das Künstlertum der Ausnahme, das sich nicht in den Alltag zwingen läßt. Das Frageverbot an Elsa drückt diesen Zustand höchst sinnreich aus. Das Genie verlangt fraglose Treue, höchstes Vertrauen, alle Reservate des Außerordentlichen. Der Alltag verlangt Kenntnis von Namen und Art, Einordnung des Wunders in das Übliche. An diesem Konflikt waren bereits E. T. A. Hoffmanns Künstlergestalten zerschellt. Auch der Anselmus in der Erzählung vom «Goldenen Topf» lebte gleichzeitig in Dresden und in Atlantis. Der Gral ist Utopie, die sich nicht alltäglich machen läßt. Darum muß der Lohengrin-Konflikt mit Notwendigkeit tragisch enden. Dies um so mehr, als Wagner im Grunde geneigt ist, die Umwelt und den Alltag als das Unnatürliche, das Wunder des Künstlers aber als höhere Natürlichkeit zu betrachten.

Die besondere Tragik zwischen Lohengrin und Elsa, die aus diesem Konflikt entsteht und entstehen muß, hat der Dichter in doppel-

Die Szene zwischen Ortrud und Friedrich von Telramund am Beginn des zweiten Aufzugs in einer Aufführung der Bayerischen Staatsoper am 21. Dezember 1954 (Regie: Rudolf Hartmann, Bühnenbild: Helmut Jürgens, Dirigent: Hans Knappertsbusch). Die abgebildeten Darsteller sind Marianne Schech und Hermann Uhde.

ter Weise begründet. Einmal aus Elsas Schuld: sie hat versucht, das Wunder zur sinnlichen Existenz zu zwingen. Elsa scheitert daran, daß sie dem Wunder Lohengrin gegenüber das «Verlangen nach voller sinnlicher Wirklichkeit» erhoben hat. Allein auch Lohengrin ist eigentlich schuldig. Seine Mission war von Anfang an mit Vollziehung der Ehe und fürstlichem Alltag nicht zu vereinigen. Wenn er sich trotzdem darauf einließ, so begründete auch er Schuld und legte die Grundlage für seine Stimmung der Trauer, die ihn «wehmütig» in der Stunde des Abschieds den Schwan erblicken, «mit heftigem Schmerze» zu Elsa sprechen läßt. Wagner hat auch diese Seite des Konflikts bedacht und sogar gedichtet. Es gibt einige Textfragmente zu Lohengrins Schlußworten, die nicht vertont wurden, weil hierdurch die innere Zwiespältigkeit der Lohengrin-Gestalt noch stärker zum Ausdruck gekommen wäre. In den Fragmenten bekennt der scheidende Lohengrin:

223

O Elsa! Was hast du mir angetan?
Als meine Augen dich zuerst ersah'n,
fühlt' ich zu dir in Liebe schnell entbrannt
mein Herz, des Grales keuschem Dienst entwandt.
Nun muß ich ewig Reu und Buße tragen,
weil ich von Gott zu dir mich hingesehnt,
denn, ach, der Sünde muß ich mich verklagen,
daß Weiberlieb' ich göttlich rein gewähnt!

In seltsamster Weise ist hier also das höchstpersönliche Erleben mit den philosophisch-literarischen Reminiszenzen verwoben: abermals die Einsamkeit des Künstlers Wagner in seiner sächsischen Umwelt; die Trivialität von Eheleben und Berufsleben; die Reinheits- und Unreinheitsgedanken der jungdeutschen Literatur; Feuerbachs Philosophie der Menschenliebe, die das Christliche, ganz wie es Wagner mit Gral und Lohengrin tut, ins allgemein Menschliche umdeutet.

Die Rittertradition lieh das Handlungsgerüst, nicht die Substanz des Konflikts. Die nämlich ist politischer Art. Richard Wagner gedachte im Lohengrin ausdrücklich die damalige tagespolitische Auseinandersetzung zwischen «Zeitgeist» und «Reaktion» auf die Bühne zu bringen. In einem aufschlußreichen Brief an Franz Liszt vom 30. Januar 1852* hat er sich genauer darüber geäußert. Der Freundschaft Liszts war bekanntlich die Weimarer Uraufführung des ‹Lohengrin› am 28. August 1850, also an Goethes Geburtstag, zu danken gewesen; der exilierte Wagner konnte sie nicht hören. Die Fürstin Caroline von Sayn-Wittgenstein, Liszts Freundin, hatte an Wagner geschrieben und von der Darstellung und Darstellerin der Ortrud gesprochen. Wagner antwortete: «Sehr fesselten mich namentlich ihre geistvollen Bemerkungen über die Rolle der Ortrud, und der Vergleich, den sie zwischen der Leistung der früheren Darstellerin und der jetzigen anstellt. Auf welche Seite ich mich neige, wird Deine verehrte Freundin sogleich erkennen, sobald ich meine Ansicht über diesen Charakter einfach dadurch bezeichne, daß Ortrud ein Weib ist, das – die Liebe nicht kennt. Hiermit ist Alles, und zwar das Furchtbarste, gesagt. Ihr Wesen ist Politik. Ein politischer Mann ist widerlich; ein politisches Weib aber ist grauenhaft: diese Grauenhaftigkeit hatte ich darzustellen.»

Eigenartig berührt ferner, daß Ortruds Ruf nach den heidnischen Göttern von Wagner im ‹Lohengrin› negativ gedeutet wird, während wenige Jahre später bereits, in den ersten Entwürfen zum Nibelungen-

---

* Vgl. den Abdruck des Briefs in der vorliegenden Dokumentation S. 159.

ring, die germanische Götterwelt anders akzentuiert erscheint. Der Grund liegt im ‹Lohengrin› aber darin, daß es nur obenhin um Christentum und Heidentum gehen kann. Lohengrin ist kein christlicher Ritter, Ortrud keine Zauberin der Heidengötter. Lohengrin ist das Wunder des einsamen Künstlers in einer ungemäßen Umwelt, Ortrud aber ist die Verkörperung dieser aristokratisch ungemäßen Umwelt, und damit im aktuellen Bereich die eigentliche Gegenspielerin des Gralsritters.

Die eigentümliche Struktur der ‹Lohengrin›-Musik hat Franz Liszt in einer Analyse, die Richard Wagners freudige Dankbarkeit erregte, mit folgenden Worten beschrieben: «Die Musik dieser Oper hat als Hauptcharakter eine solche Einheit der Konzeption und des Stils, daß es in derselben keine melodische Phrase und noch viel weniger ein Ensemblestück oder überhaupt irgendeine Stelle gibt, welche getrennt vom Ganzen in ihrer Eigentümlichkeit und in ihrem wahren Sinne verstanden werden kann. Alles verbindet, alles verkettet, alles steigert sich. Alles ist mit dem Gegenstand auf das engste verwachsen und kann nicht von demselben losgelöst werden.»

Simple Verzauberung ist nicht mehr möglich, der noch unsere Väter und Großväter erlegen waren. Wir erleben den Schwan nicht mehr «naiv», um Schillers berühmte Antithese anklingen zu lassen, sondern «sentimentalisch», nämlich durch Skepsis und Ironie gebrochen. Wenig ist also damit gewonnen, daß man die Illusion mit einem naturalistischen Schwanrequisit dadurch «verfeinert» oder gar sublimiert, daß man einen grellen Lichtschein präsentiert, hinter dem sich jeder den Schwan vorzugaukeln hat. Einer Illusion und Verzauberung, die so viel Unheil erzeugte, weil diesmal das Unheil von Lohengrin ausging, durchaus nicht von Ortrud, kann nur durch eine entschiedene Anti-Illusion begegnet werden. Ein Schwan, der ausdrücklich als modernes Kunstgebilde verstanden wird, verfremdet Richard Wagners Utopie durch Theater. Dann wird mit dem Schwan zugleich auch Lohengrin eine Kunstfigur, deren Nam und Art durch die Gesetze der Kunstfiguren bestimmt ist. Eine durch Theater verfremdete Utopie, der man die Möglichkeit nahm, durch Einfühlung und Verzauberung weiterzuwirken, ist keine mehr. Lohengrin wird abermals zur Kunstfigur einer romantischen Oper. Er tritt an die Seite all seiner Genossen von der Operngattung. Dann steht er abermals, so wie es Wagner gewollt hat, neben dem Holländer und Tannhäuser: seinen Brüdern. Ihm aber wurde die Möglichkeit genommen, aus der Opernwelt gleichsam auszubrechen und Unheil anzurichten in einer Sphäre, für die er nicht geschaffen worden war: im Bereich der Ersatzreligion und der Erlösungsmythen mit politischem Heilscharakter.

Lohengrins Ankunft in Wieland Wagners statuarischer, blausilberner ‹Lohengrin›-Inszenierung im Bayreuther Festspielhaus des Jahres 1958. Der Schwan ist ein Kunstobjekt, entworfen von Ewald Mataré. Der Chor ist in antikisierender (griechischer) Manier angeordnet.

Dann erst ist Gerechtigkeit für Lohengrin möglich. Übrig bleibt ein bedeutendes Opernkunstwerk, das weder zu falsch-heroischen Taten aufruft noch die zotenhafte Trivialität verdient, die man ihm zumißt: in Abwehr der utopischen Ansprüche. Erst wenn dies gelingt, wenn das Werk seinen legitimen Wirkungen zurückgegeben und alle Heilsattitüde fortgebannt wurde, ist das Gestrüpp fortgeräumt, das diese heroisch-romantische Utopie nur allzu lange umgab.

*In seinem 1969 erstmals veröffentlichten Buch ‹Dichtung und Psycho-
analyse› versucht der Psychiater Peter Dettmering (geboren 1933),
ausgehend von Sigmund Freud, Otto Rank und Max Graf, mit psycho-
analytischen Mitteln in Werken Thomas Manns, Rainer Maria Rilkes
und auch Richard Wagners tieferliegende Bedeutungsschichten herauszuschälen, die von der rein philologischen Deutung versäumt werden. Das
zentrale Motiv im Gesamtwerk Wagners, in den ersten Opern noch
einigermaßen verdeckt, ist die Erlösungsbedürftigkeit des Mannes, und
zwar als Wunschphantasie des an die Mutter fixierten Sohnes, der von
einer geliebten Frau mit inzestuöser Absicht – als Mutterersatz nämlich
– in die Liebe eingeführt werden will. Eine entscheidende Rolle spielt
dabei die von Freud entdeckte «Bedingung des geschädigten Dritten»,
beobachtet am Liebesleben eines Mannes, der an seine Mutter fixiert
geblieben ist. Bereits der frühe Dramenentwurf Wagners ‹Die Hochzeit›
zeigt, nach Dettmering, den Zusammenhang von Erlösungsphantasie
und Bedingung des geschädigten Dritten in drastischer Offenheit: «Ein
wahnsinnig Liebender ersteigt das Fenster zum Schlafgemach der Braut
seines Freundes, worin diese der Ankunft des Bräutigams harrt; die
Braut ringt mit dem Rasenden und stürzt ihn in den Hof hinab, wo er
zerschmettert seinen Geist aufgibt. Bei der Totenfeier sinkt die Braut mit
einem Schrei entseelt über die Leiche hin.» Der Aktionsraum wird also
bereits beim frühen Wagner um den Tod erweitert: «Erst jenseits der
Todesschwelle wird die Liebesvereinigung dauerhaft, ist kein Rückfall in
die Rolle des geschädigten Dritten mehr zu befürchten. Indem der Protagonist die Braut posthum für sich gewinnt, wird die gefürchtete und
vermiedene Rolle nachträglich dem Freunde übertragen» (Dettmering).*

*Freilich ist der «Dritte» in Wagners Opern bis einschließlich dem
‹Lohengrin› noch nicht integraler Bestandteil der dramatischen Konstruktion; wichtig ist aber hier bereits das Mißlingen der Liebesbindung,
da die weibliche Idealgestalt – sei es nun Senta, Elisabeth oder Elsa – es
nicht vermag, «den Protagonisten aus dem Banne eines dämonischen
Objekts» – im ‹Lohengrin› ist das der «Gral», im ‹Holländer› das Schiff
– «zu erlösen» (Dettmering). Deshalb trifft auch die Beobachtung zu,
daß in Wagners Werk regelmäßig der Moment wiederkehrt, in dem der
Protagonist «reuevoll zu seinem Ausgangspunkt zurückflüchtet» (Dettmering). Diesem Eingeständnis des ohnmächtigen Zirkels stellt nun
Wagner die Transposition der Handlungsebene auf eine mit Erlösungs-
macht begabte ideale Imago-Figur, konkret: die engelhafte Frau. Aber:
«Es ist die Tragik der Protagonisten Wagners, daß ihr Liebesobjekt
ihnen alsbald den Zugang zur Welt verstellt und sie in einen Venusberg
einschließt, aus dem es sie mit Macht in die Welt zurückzieht» (Dettme-*

ring). Und im ‹Lohengrin› geht es um den Versuch einer Synthese der im ‹Tannhäuser› in Gegensätzen entfalteten Problematik von Venus und Elisabeth, allerdings in Umkehrung des bisherigen Erlösungsschemas: Nun ist es Elsa, die gerettet werden muß.

Peter Dettmering

Die Umkehrung des Erlösungsschemas: Zur Personenkonstellation in Wagners ‹Lohengrin›

[. . .] So wird die *‹Tannhäuser›*-Problematik zwischen Venusberg und Wartburg, Tiefe und Höhe, Innen und Außen richtungweisend für die späteren Musikdramen, in denen immer noch der Konflikt Tannhäusers agiert wird, der des «päpstlichen» Segens teilhaftig zu werden hofft und doch zu Frau Venus heimverlangt. Weder die progressive Richtung zum väterlichen noch die regressive zum mütterlichen Ideal kann aufgegeben werden; der Protagonist kann immer nur eine von ihnen um der anderen willen «verraten», so sehr es ihn auch nach einer Synthese verlangt. Um eine solche Synthese geht es im *‹Lohengrin›*: der Protagonist kommt vom Gral und vom «Vater Parzival» her, um Elsa zu retten – eine Umkehrung des bisherigen Erlösungsschemas. Aber obwohl ihm bereits vor seiner Ankunft die ungeschmälerte Liebe der Frau gehört, mißlingt die Beziehung abermals und führt dazu, daß der Protagonist «vernichtet in seine Einsamkeit zurückkehrt»[1]. Es muß sich also, trotz scheinbarer Reziprozität des Liebeswunsches, etwas im Manne der Hingabe an die liebende Frau widersetzen. Die Worte, mit denen Adorno die Beziehung beschreibt, liefern vielleicht einen Aufschluß: «Es ist Elsas Vision, in welcher sie als Träumende den Ritter und alle Handlung gleichsam herbeizieht. Ihre Beschreibung des Ritters ähnelt dem Bilde Oberons: der inwendige Lohengrin ist ein winziger Elfenfürst.»[2] Die äußere Erscheinung des mannhaft zur Rettung Elsas herbeiziehenden Lohengrin wird so durch einen «inwendigen Lohengrin», das Bild eines «winzigen Elfenfürsten» ergänzt: es ist vielleicht dessen Furcht, im Inneren der Frau eingeschlossen zu werden, die Lohengrin mit soviel Vorsicht einer zu engen Bindung aus dem

---

1 Otto Rank: Die Lohengrinsage. Ein Beitrag zu ihrer Motivgestaltung und Deutung. Wien und Leipzig 1911 (= Schriften zur angewandten Seelenkunde 13), S. 134.
2 Th. W. Adorno: Versuch über Wagner. München/Zürich 1964, S. 91.

Wege gehen läßt. Zwar erfährt man über Lohengrins Charakter nur wenig, und Rank stellt fest, daß «eigentlich alle drei Akte immer wieder das gleiche Thema, nur in verschiedenen Entwicklungsstadien behandeln», nämlich «geheimnisvolle Ankunft, Heirat und Abfahrt des Helden»[3]. Diese mysteriöse Gleichförmigkeit lichtet sich aber, wenn wir die anderen Charaktere näher ins Auge fassen: die männlichen Gegenspieler Telramund und Gottfried einerseits, die weiblichen Kontrastfiguren Elsa und Ortrud andererseits.

Lohengrins finsterer Antagonist, Friedrich Telramund, ist gleichsam Tannhäuser, in den Venusberg zurückgekehrt oder von vornherein in ihm verblieben. Zumindest hat sein Werben um Elsa keinen Erfolg gehabt und hat dazu geführt, daß er sie – unter dem Einfluß Ortruds – des Mordes an ihrem Bruder Gottfried bezichtigt. Denunziert wird also ein böser Einfluß der Frau, der freilich eher zu Ortrud als zu Elsa passen würde. Telramunds ohnmächtige Auflehnung gegen Ortrud läßt auch keinen Zweifel daran, daß er sich über diesen Zusammenhang im klaren ist:

Du fürchterliches Weib, was bannt mich noch
in deine Nähe? Warum laß ich dich nicht
allein, und fliehe fort, dahin, dahin,
wo mein Gewissen Ruhe wieder fänd'!

Und deutlicher noch an folgender Stelle:

Daß mir die Waffe selbst geraubt,
mit der ich dich erschlüg'!

Aber diese Auflehnung ist nicht von Dauer; Ortrud zieht ihn von neuem in ihren Bann, bezeichnenderweise mit Hilfe ihres leuchtenden Auges: ein Phänomen, das der Psychoanalyse nicht unbekannt ist[4] und das auch im ‹Ring des Nibelungen› immer dort auftaucht, wo sich das Männliche im Banne eines erotisch faszinierenden Weiblichen befindet. Kaum hat Ortrud ihr leuchtendes «Seherauge» erwähnt, als Telramund sich ihr bereits wieder zu nähern beginnt und, «wie unheimlich von ihr angezogen», Ratschläge von ihr empfängt, wie Lohengrin zu entmannen sei:

---

3 Rank, a. a. O., S. 131 und S. 142.
4 Vgl. Imre Hermann: «Augenleuchten, Schamgefühl und Exhibitionismus». In: Schweizer Zeitschrift für Psychologie und ihre Anwendungen, Bd. 16, Heft 1, 1957, S. 50 ff.

Jed' Wesen, das durch Zauber stark,
wird ihm des Leibes kleinstes Glied
entrissen nur, muß sich alsbald
ohnmächtig zeigen, wie es ist.

Aber nicht nur Telramund empfängt solche Ratschläge von Ortrud, sondern ebenso Elsa, nur daß sie hier auf eine indirekte Depotenzierung Lohengrins durch die Frage nach Name und Herkunft hinzielen. Beide gegen Lohengrin gerichteten Aggressionen – die Frage Elsas und Telramunds bewaffneter Überfall – sind zeitlich aufs engste verknüpft; die «Frage» scheint das Signal für Telramunds Überfall zu sein. So agieren Elsa und Telramund wie Marionetten unter Ortruds Einfluß; und Ortrud erweist sich, wie oft empfunden worden ist, als Lohengrins eigentliche Gegenspielerin.

In Ortrud und Lohengrin, die Wagner in keine direkte dramatische Beziehung zueinander gesetzt hat, stehen sich nicht nur, stofflich gesehen, germanisches Heidentum und christliche Gralssphäre gegenüber, sondern zugleich mächtige Weiblichkeit und eine Männlichkeit, die ihre Würde schließlich nur durch die Berufung auf den Vater Parzival zu wahren oder wiederherzustellen weiß. Das deutet hin auf eine nicht fugenlos mit der Person verschmolzene Geschlechtsidentität, eine Loyalität dem Vater gegenüber, die sich mit heterosexuellem Verhalten nicht verträgt und deren anderer Ausdruck das Verweigern eines offiziellen Ranges – in diesem Falle der Herzogswürde – ist. Es ist diese Schwäche in Lohengrins Männlichkeit, die Ortrud mit sicherem Blick zu erkennen und auszunutzen weiß. Nicht zufällig steht sie gegen Ende des zweiten Aufzugs mit erhobenem Arm wie eine Rachegöttin da, «als halte sie sich des Sieges gewiß». So ist sie die stärkste Figur des Dramas, und eigentliche Betroffenheit zeigt sie nur, als Lohengrin gegen Ende den Knaben Gottfried aus dem Wasser des Flusses zieht und ihm damit gleichsam zur Wiedergeburt verhilft:

Die weiße Gralstaube schwebt über den Nachen herab. Lohengrin erblickt sie; mit einem dankenden Blicke springt er auf und löst dem Schwan die Kette, worauf dieser sogleich untertaucht. An seiner Stelle hebt Lohengrin einen schönen Knaben in glänzendem Silbergewande – Gottfried – aus dem Flusse an das Ufer.

Bei diesem Anblick sinkt Ortrud mit einem Schrei zusammen; aber auch Elsa gleitet in seinen Armen entseelt zu Boden. Die beiden zusammengehörigen Bewegungen – die Wagner in der Entseelung

Ausgehend von seiner Bayreuther Inszenierung aus dem Jahre 1958 entwickelte Wieland Wagner für die Staatsoper Wien (15. Mai 1965) seine Auffassung des ‹Lohengrin› als blaugrundiges Mysterienspiel weiter: Auf die Glaswand wurden sowohl das Madonnenbild als auch der Schwan projiziert. Der Dirigent dieser Inszenierung war Karl Böhm; in den Titelrollen waren Claire Watson (Elsa), Jess Thomas (Lohengrin), Martti Talvela (König Heinrich), Christa Ludwig (Ortrud) und Walter Berry (Telramund) zu sehen.

Kundrys im ‹Parsifal› tatsächlich zu einer einzigen verschmilzt – scheinen andeuten zu sollen, daß die Rückkehr des Knaben das Weibliche von dem Zwiespalt erlöst, in der Vorstellung des Mannes immer zugleich festhaltender Dämon und mütterliches Ideal zu sein: ein Konflikt, der die Erscheinungsformen des Weiblichen bei Wagner ebenso wie die Mentalität seiner männlichen Protagonisten geprägt hat. Damit ist der dämonische Bann des Weiblichen zwar nicht gebrochen, doch gemildert; so machtvolle Frauengestalten Wagner von nun an auf der Bühne agieren läßt, eine eindeutig unheilvolle wie Ortrud ist nicht mehr darunter. Ihre Dämonie erfährt in Brünnhilde und Isolde – soviel beide auch mitunter mit Ortrud gemeinsam haben – eine Legierung mit mütterlichen Zügen, die nun ganz dem jugendlichen Protagonisten

231

Nach dem Tod Wieland Wagners inszenierte Wolfgang Wagner in Bayreuth wieder konkrete Bühnenräume, so auch im ‹Lohengrin› 1972. Das Szenenfoto zeigt den zweiten Aufzug: «Die farbig irisierende Mauerwand mit kräftigem Schlagschatten in der ersten Szene entwickelt sich zur ‹Burg›. Dieses Bild ist nicht mehr naturalistisch (1894) oder heroisch (1936), es ist weder eine Zwingburg (1953) noch ein mystischer Innenraum (1958), sondern wirkt mit seinen Klinkerwänden, Farbornamenten und gemalten Bögen fast intellektuell: ein neugotisches Zitat als Rahmen für eine säkularisierte Fabel» (Dietrich Mack).

zugute kommen; angesichts seiner verzichtet die dämonische Muttergestalt darauf, von ihrer Macht oder ihrem Zauber Gebrauch zu machen. Freilich ist ihre Bedingung die, daß der Held ihr allein gehört und sie ihn mit keinem anderen – weder mit Elsa noch mit dem Vater Parzival – zu teilen braucht. Unter dieser Bedingung ist für die Protagonisten Wagners, welche die Nachfolge Lohengrins bzw. seiner männlichen Abspaltungen antreten, erstmals die Chance vorhanden, daß für sie – die «Bedingung des geschädigten Dritten» immer vorausgesetzt – die Liebesbeziehung einen glücklicheren Verlauf nimmt.

Der notwendige qualitative Sprung in der Deutungsgeschichte der Opern Richard Wagners zeichnet sich in dem Buch über ‹Richard Wagners Musikdramen› des bekannten Berliner Musikwissenschaftlers und Professors an der dortigen Technischen Universität, Carl Dahlhaus (1928 bis 1989), deutlich ab. Das im Jahre 1971 zum erstenmal aufgelegte Buch enthält eine Fülle von lehrreichen Beobachtungen, Untersuchungen und Interpretationen, die sich von der älteren, meist affirmativen Wagner-Literatur dadurch ausdrücklich abhebt, daß es nun wirklich einmal konsequent um Werkbetrachtungen auf der Basis genauer Partituranalyse und präziser Kenntnisse der sozial- und literaturgeschichtlichen Zusammenhänge geht, nicht – wie sonst – nur um die Bestätigung der Eigeninterpretationen Wagners. Diese werden vielmehr überhaupt erst selber einer Deutung unterzogen. Die spezielle Dramaturgie des ‹Lohengrin› kommt ebenso zur Sprache wie die exemplarische Untersuchung der von Wagner behaupteten musikalischen Einheit des Werkes, die Erklärung dafür, daß Wagner von einem «Bild» spricht, «in welches die thematischen Strahlen» zusammenfallen. Von einer leitmotivischen Struktur im Sinne der ‹Ring›-Tetralogie kann allerdings hierbei noch nicht die Rede sein, wenn auch der große Dialog zwischen Ortrud und Telramund zu Beginn des zweiten Aufzugs eine Art Modellfall der späteren Technik darstellt.

Carl Dahlhaus

‹Lohengrin›

1

‹Lohengrin›, von Wagner *romantische* Oper genannt, ist das Paradox einer tragischen Märchenoper in der äußeren Form eines Historiendramas. Gegensätze, die sich auszuschließen scheinen, Mythos und Geschichte, Märchen und Tragödie sind zusammengezwungen, ohne daß Brüche fühlbar würden. Die *romantische Oper*, deren Kulmination ‹Lohengrin› darstellt, bewährt sich als «Universalpoesie».

Die Geschichte vom Schwanenritter, die den Kern der Lohengrin-Sage bildet, ist einer der Märchenstoffe, die den unausrottbaren Traum von der Rettung durch ein Wunder in ein Bild fassen. «Ähnlicher Sagen von dem schlafenden Jüngling, den ein Schwan im Schiff dem bedrängten Lande herangleitet, ist die niederrheinische, niederländische Dichtung des Mittelalters voll», schreibt Grimm in der

‹*Deutschen Mythologie*›, die Wagner gelesen hat. Und daß Lohengrin den Zauber, der von ihm ausgeht, im selben Augenblick einbüßt, in dem er gezwungen wird, seinen Namen preiszugeben, ist gleichfalls ein Märchenmotiv, das in magische Ursprünge zurückreicht.

In Wolfram von Eschenbachs ‹*Parzival*›-Epos wurde der Mythos ins halb Geschichtliche versetzt. Loherangrin, Parzivals Sohn, wird von dem heiligen Gral, dessen Ritter er ist, nach Antwerpen gesandt, um die Herzogin von Brabant vor den Fürsten des Landes, die sie zur Heirat drängen, zu schützen. Das Frageverbot ist ins Christliche gewendet, ohne daß es seine Märchenherkunft verleugnen könnte. (Zitiert sei nach San Martes Übersetzung von 1835, die Wagner benutzte.)

> «Frau Herzogin, viel büß' ich ein,
> soll ich hier Landesherrscher sein.
> Hört meine Bitte ernst und frei:
> Niemalen fragt mich, wer ich sei?
> Nur so bin ich für euch erkoren.
> Fragt ihr, so bin ich euch verloren!
> Seid den gewarnt. Mich warnet Gott.
> Er weiß denn Grund von dem Gebot.
> Sie gab ihr Frauenwort darauf –
> doch Liebe hob es später auf –,
> nie sein Gebot zu übertreten,
> und stets zu tun, wie er gebeten.»

Die tragische Dialektik, die in Wagners Drama die Handlung beherrscht, ist bei Wolfram angedeutet: Es ist Elsas Liebe, die sie dazu treibt, das Gebot zu verletzen, an das die Verwirklichung ihrer Liebe geknüpft ist. Das, worin sie sich ausdrückt, führt zu ihrer Zerstörung.

Wolframs Entwurf einer Erzählung wurde in einem anonymen ‹*Lohengrin*›-Epos des späteren 13. Jahrhunderts, dessen irrige Zuschreibung an Wolfram nur durch das Unbehagen am Namenlosen zu entschuldigen ist, zu Tausenden von Versen ausgesponnen. Aus dem Stoff, den es anhäufte (und in dem das Martialische vorherrscht), übernahm Wagner einzig die Versetzung der Handlung in die Zeit König Heinrichs I. und der Ungarn-Kriege sowie das Motiv, daß Graf Friedrich von Telramund, der Anspruch auf Elsa und den Thron von Brabant erhebt, von Lohengrin in einem Zweikampf, der den Anspruch als Lüge entlarvt, erschlagen wird.

Wagner griff in die Epenhandlung, die er als *dürftig* und *platt* empfand, dadurch ein, daß er sie durch Märchen- und Zaubermotive ergänzte, also gleichsam den Prozeß der Historisierung, dem sie im Mittelalter unterworfen war, umkehrte. Lohengrins weißer Magie setzte er die heidnisch schwarze entgegen, die Ortrud, Friedrich von Telramunds Frau, ausübt. Und wenn es in einem Brief vom 4. August 1845 heißt: «Meine Erfindung und Gestaltung hat bei dieser Schöpfung den größten Anteil», so ist vor allem die Gestalt der Ortrud gemeint, die in der äußeren Handlung des Dramas, deren treibende Kraft sie ist, den szenisch-hinfälligen, aus Theaterinstinkt erwachsenen Widerpart zu Lohengrin darstellt. Ortrud verwandelt Elsas Bruder Gottfried in einen Schwan: den Schwan, der dann Lohengrin von der Gralsburg Monsalvat nach Antwerpen bringt; und sie stiftet Telramund an, Elsa des Mordes an ihren Bruder anzuklagen. (Telramund ist bei Wagner ein betrogener Betrüger.) Und schließlich ist es Ortrud, die später, nach Lohengrins Sieg über Telramund, in Elsa Angst und Zweifel weckt, so daß der innere Zwang, die verbotene Frage zu stellen, übermächtig wird. Ortrud ist der Antagonist, durch dessen Erfindung die Umwandlung des Epos in ein Drama möglich wurde. Und es ist charakteristisch für Wagner, daß er den dramatischen Antagonismus zum weltgeschichtlichen – zum Gegensatz zwischen Heiden- und Christentum – stilisierte. Er brauchte, um musikalisch produktiv zu werden, den Blick ins Weite.

Daß ‹Lohengrin› in manchen Szenen als Historiendrama, als Staatsaktion mit dekorativen Aufzügen und Tableaux erscheint, die entfernt an ‹Rienzi› und die Große Oper erinnern, darf nicht als bloßes Relikt einer älteren Entwicklungsstufe, als Rückfall hinter das im ‹Tannhäuser› Erreichte, mißverstanden werden. Die Klassifikation nach groben Stilmerkmalen, die historische «Einordnung» von oben herab, verfehlt das Entscheidende: die Begründung im Dramaturgischen. Der Konflikt, dem Lohengrin – Undine in Gestalt eines Ritters – ausgesetzt ist, der Gegensatz zwischen der überirdischen Welt, aus der er stammt, und der irdischen, nach der er sich sehnt, bliebe unverständlich und blaß, wenn nicht die untere, diesseitige Wirklichkeit deutlich gekennzeichnet wäre: durch geschichtliche Färbung und Lokalisierung. In einer ungeschichtlichen Märchenwelt wäre der Widerspruch, an dem Lohengrin zugrunde geht, hinfällig. Im Unterschied zur ‹Ring›-Tetralogie, in der Reales und Surreales fast bruchlos ineinander übergehen, als gehörten sie der gleichen Sphäre an, sind im ‹Lohengrin› die Bereiche scharf voneinander getrennt. Und der Gegensatz darf nicht verwischt werden, wenn die Tragik Lohengrins, die in unaufhebbarer Fremdheit begründet ist, sinnfällig werden soll. «Stilistische» Einheit wäre ein dramaturgischer Mangel.

Nicht daß Wagner noch zum Historiendrama um seiner selbst willen tendierte; das Geschichtliche im ‹*Lohengrin*› ist Kontrastfolie. Und daß Wagner, gestützt auf Jacob Grimms «Rechtsaltertümer», historische Einzelheiten mit fast pedantischer Sorgfalt ausmalte, erinnert an die Orchestertechnik, die er gleichzeitig entwickelte: an das Verfahren, Nebenstimmen mit melodisch selbständigen Phrasen auszustatten, die einen expressiven Vortrag zulassen. Man hört sie zwar nicht als gesonderte Stimmen; daß sie etwas zu sagen haben, trägt jedoch, obwohl man es nicht im einzelnen versteht, zur Fülle und Differenzierung des Ganzen bei. Wagner, der musikalische Al-fresco-Maler, war zugleich ein Miniaturist – um der reicheren Al-fresco-Wirkung willen.

Daß ‹*Lohengrin*› mindestens partiell, als Historiendrama erscheint, ist jedoch nicht nur dramaturgisch, sondern auch ästhetisch von Bedeutung: Es rechtfertigt, operngeschichtlich gesehen, den tragischen Schluß, der in der Oper um die Mitte des 19. Jahrhunderts noch ungewöhnlich war. Als Norm durchgesetzt hatte er sich einzig in der Großen Oper Meyerbeers und Halévys, die ein musikalisches Historiendrama war. Und daß Wagner im ‹*Lohengrin*› an der Verknüpfung des Tragischen mit dem Historischen festhielt, verrät, daß er von der Operntradition, gegen die er polemisierte, in manchen Zügen noch abhängig war.

Daß die Oper des 18. und des frühen 19. Jahrhunderts, die ihre Stoffe primär im antiken Mythos und später auch im Märchen suchte, an die ästhetische Norm des glücklichen Endes gebunden war, darf nicht als bloße Konvention abgetan werden, sondern läßt sich auch aus der Natur der Sache heraus begreiflich machen. Wenn in der Oper die Musik vorherrscht und der Gattung die Gesetze vorschreibt, tendiert sie unwillkürlich – um es in der Sprache des 18. Jahrhunderts auszudrücken – zum «Wunderbaren»: zum Mythos oder Märchen. Und umgekehrt liegt in einer Oper, deren Gegenstand das «Wunderbare» ist, die Hegemonie der Musik nahe, die das Surreale theatralisch glaubwürdig macht. Von Musik aber geht eine versöhnende Wirkung aus. Selbst durch eine Häufung von Schrecken lassen wir uns das Gefühl nicht austreiben, daß es dort, wo gesungen wird, so schlimm nicht sein kann, wie es zu sein scheint. Daß nicht nur Orpheus, sondern auch die Furien in Glucks Oper singen, statt zu sprechen, erfüllt uns mit Hoffnung; denn von einer Wut, die sich durch Gesang äußert, ist zu erwarten, daß sie sich besänftigen läßt. Das glückliche Ende des ‹*Orpheus*› ist Gluck von manchen Ästhetikern zum Vorwurf gemacht und als Zugeständnis an ein Publikum erklärt worden, dem die Strenge der antiken Tragödie unerträglich gewesen sei. Dasselbe Publikum aber zeigte im Schauspiel ein Vergnügen an tragischen Gegenständen, das selbst durch extreme Härten nicht zu stören war; und daß es in der Oper ein glückliches Ende forderte, besagt nichts anderes, als daß es aus der Musik eine versöhnende Wirkung heraushörte, die bei der Auflösung des Dramas zu ihrem Recht kommen sollte.

Umgekehrt ist es das musikalische Historiendrama, das einerseits – mindestens der ästhetischen Idee nach – durch seine Nähe zur Realität die Herrschaft der Musik einschränkt und andererseits die Möglichkeit eines tragischen Schlusses offenläßt. Von der ästhetischen Legitimität des ‹Lohengrin›-Schlusses war Wagner allerdings selbst nicht restlos überzeugt. Er hat sich zweimal, in Dresden durch Hermann Franck und später durch Adolf Stahr, beirren lassen und einen Augenblick lang geglaubt, den Schluß ändern zu müssen. Und die Zweifel sind – zwar nicht dramaturgisch, aber gattungsästhetisch – durchaus begreiflich. Denn ‹Lohengrin› hält sich in der Mitte zwischen einem Historiendrama und einer Märchenoper: Die Zwiespältigkeit aber ist kein ästhetischer Mangel, sondern die stilistische Außenseite der dramatischen Idee des Werkes.

2

Als *romantische Oper* ist ‹Lohengrin› die vollendete Ausprägung eines Musters, das in Webers ‹Euryanthe› vorgezeichnet war. Das frühere Werk ist in dem späteren gleichsam aufgehoben, als wäre es dessen Vorform. Und daß ‹Euryanthe› zu den Opern gehört, die berühmt und dennoch verschollen sind, ist nicht nur dem unsäglich schlechten Text, sondern auch dem Mißgeschick zuzuschreiben, daß sie aus dem Repertoire – auch aus dem ideellen, das bestimmte Positionen kennt, die nur einmal besetzt sein können – durch ‹Lohengrin› verdrängt worden ist, kaum anders als Rossinis ‹Othello› durch den von Verdi. (Es ist manchmal schwierig und fast unmöglich, gegen das ästhetische Gesetz der Unvergleichbarkeit der Werke nicht zu verstoßen.)

So wenig Webers Adolar, dumm wie ein Held und außerdem schwach, neben Lohengrin gestellt werden kann, so unleugbar ist die Ähnlichkeit von Euryanthe und Elsa, und das Intrigantenpaar, Lysiart und Eglantine, erscheint geradezu als Modell zu Telramund und Ortrud. Die Übereinstimmung ist allerdings bloß die Folie, vor der sich die Differenzen, die entscheidend sind, um so deutlicher zeigen. Telramund, der betrogene Betrüger, ist als Dramengestalt einleuchtender als der Zyniker Lysiart, dessen Perfidie grundlos ist, ohne geheimnisvoll zu sein; und Ortrud, die eine Gegenwelt zu der des Grals repräsentiert, erhebt sich unermeßlich über die triviale Eifersucht Eglantines.

Die Romantik ist im Text der ‹*Euryanthe*› – nicht in der Musik – bloße Verkleidung; die Handlung ist die eines gewöhnlichen Intrigenstücks, dessen Stilfassade auswechselbar wäre; und am glücklichen Ende, dem die Ereignisse zustreben, entsteht niemals, auch nicht in den Augenblicken schlimmster Verwirrung, ein Zweifel. Dagegen ist es im ‹*Lohengrin*› gerade umgekehrt die Katastrophe, die unabwendbar erscheint: eine Katastrophe, die von innen heraus motiviert ist. Die Intrige, scheinbar das bewegende Moment, ist in Wahrheit nichts als der Reflex, den die innere Handlung nach außen wirft, um szenisch sinnfälliger zu werden oder sich überhaupt erst als Drama zu konstituieren.

Das Frageverbot, das Lohengrin verhängt, ist unerfüllbar; auch ohne Ortruds Eingreifen müßte Elsa es verletzen – und sei es, wie in dem mittelalterlichen ‹*Lohengrin*›-Epos, erst nach Jahren. «Eben in der Unentrinnbarkeit des Konfliktes lag» – im Vergleich zu ‹*Tannhäuser*› – «das entscheidende Steigerungsmoment. Diese Unentrinnbarkeit, die sich im Theatersinne als Tragik darstellt, war das Primäre des Gesamtentwurfes, war die neue Gestaltungsidee» (Paul Bekker). Daß die Katastrophe unausweichlich ist, müßte eigentlich auch dem stumpfesten Zuschauer spätestens am Ende des zweiten Aktes, in der Szene vor dem Münster, zur Gefühlsgewißheit werden. Der Zweifel – wie sie den Impuls nennt, der sie zum Aussprechen der Frage drängt – wird von Elsa noch unterdrückt, aber nicht mehr geleugnet.

«Hoch über alles Zweifels Macht

. . . soll meine Liebe stehn!»

Der Anfang des dritten Aktes, die Szene im Brautgemach, ist nichts als eine Verzögerung. Daß die Szene immer wieder zu trivialem Spott herausfordert, beruht auf isolierender Wahrnehmung, die den dramatischen Zusammenhang verkennt und für das Zwielicht, in dem die Szene erscheint, unempfindlich ist. Bereits der Brautchor, der niemals aus dem Kontext herausgerissen werden dürfte, klingt anders, wenn man die Vergeblichkeit, die ihren Schatten über die Szene wirft, mithört. Die musikalische Harmlosigkeit, die dem Stück zu falscher Popularität verholfen hat, wirkt dann bedrückend.

1851, in der ‹*Mitteilung an meine Freunde*› schrieb Wagner: «Lohengrin suchte das Weib, das an ihn glaubte: das nicht früge, wer er sei und woher er komme, sondern ihn liebte, wie er sei und weil er so sei, wie er ihm erschiene. Er suchte das Weib, dem er sich nicht zu erklären, nicht zu rechtfertigen habe, sondern das ihn unbedingt liebe. Er mußte deshalb seine höhere Natur verbergen, denn gerade eben in der Nichtaufdeckung, in der Nichtoffenbarung dieses höheren – oder richtiger gesagt: erhöhten – Wesens konnte ihm die einzige Gewähr liegen, daß er nicht um dieses Wesens willen nur bewundert und angestaunt, oder ihm – als einem Unverstandenen – anbetungsvoll demütig gehuldigt würde, wo es ihn eben nicht nach Bewunderung und Anbetung, sondern nach dem einzigen, was ihn aus seiner Einsamkeit erlösen, seine Sehnsucht stillen konnte – nach Liebe, nach Geliebtsein, nach Verstandensein durch die Liebe verlangte. Mit seinem höchsten Sinnen, mit seinem wissendsten Bewußtsein wollte er nichts anderes werden und sein, als voller, ganzer, warmempfindender und warmempfundener Mensch, also überhaupt Mensch, nicht Gott, das heißt absoluter Künstler. So ersehnte er sich das Weib – das menschliche Herz. Und so stieg er herab aus seiner wonnig öden Einsamkeit, als er den Hilferuf dieses Weibes, dieses Herzens mitten aus der Menschheit da unten vernahm. Aber an ihm haftet unabstreifbar der verräterische Heiligenschein der erhöhten Natur; er kann nicht anders als wunderbar erscheinen; das Staunen der Gemeinheit, das Geifern des Neides wirft seine Schatten bis in das Herz des liebenden Weibes; Zweifel und Eifersucht bezeugen ihm, daß er nicht verstanden, sondern nur angebetet wurde, und entreißen ihm das Geständnis seiner Göttlichkeit, mit dem er vernichtet in seine Einsamkeit zurückkehrt.» ‹Lohengrin› als Tragödie des «absoluten Künstlers».

Die tragische Dialektik aber, die dem Werk zugrunde liegt, wird durch Wagners Kommentar, der durch die Stimmung der Jahre in der Verbannung geprägt ist, eher verdunkelt als erhellt. Sie besteht, roh und formelhaft gesprochen, in nichts anderem, als daß das Ziel, das Lohengrin ersehnt, durch die Mitte, durch die er es zu erreichen sucht, durchkreuzt wird. Das Frageverbot, das er verhängt, um nicht angebetet, sondern geliebt zu werden, wäre für eine Anbetung, die sich in scheuer Distanz hält, erfüllbar, ist es jedoch gerade nicht für eine Liebe, die menschliches Maß hat. Indem Lohengrin die Fremdheit, an der er leidet, aufzuheben sucht, verfestigt er sie.

Wagner war, wie er in der ‹Mitteilung an meine Freunde› schrieb, erstaunt und enttäuscht, daß Lohengrin, in dessen Tragik er seine eigene wiedererkannte, von manchen Beurteilern, und zwar nicht den schlechtesten, als «kalte und verletzende Erscheinung» empfunden wurde. Der Irrtum dürfte jedoch, so offenkundig er einer ist, nicht unverzeihlich sein. Da Lohengrin, obwohl er menschlich empfindet oder sich danach sehnt, niemals seine Herkunft verleugnen kann, liegt es nahe, seine Liebe zu Elsa als Gnade, die er erteilt, mißzuverstehen. Daß sie ein verletzliches und abhängiges Gefühl ist, wird nicht sinnfällig oder erst zu spät: in Lohengrins Klage im dritten Akt. In keinem

Augenblick zeigt er eine Regung von Angst. Er ist, kaum anders als der Wotan der ‹Ring›-Tetralogie, ein irdisch fühlender Gott; wird aber Wotan, trotz der nachdrücklichen musikalischen Unterstützung durch das Walhall-Motiv, durch die erbärmlichen Situationen, in die er gerät, daran gehindert, als glaubwürdiger Gott zu erscheinen, so ist es bei Lohengrin gerade umgekehrt schwierig, hinter der überirdischen Natur, die vor allem durch die Chorreaktionen immer wieder szenisch und musikalisch verdeutlicht wird, die menschliche zu erkennen.

Die dramaturgische Schwierigkeit aber färbt gleichsam auf die Musik ab. Als musikalisches Zentrum des drittes Aktes erscheint nicht Lohengrins Klage («O Elsa! Was hast du mir angetan?»), ein melodisch eher uncharakteristisches Stück Opernmusik von manchmal unangenehmem Schwung, sondern die Gralserzählung («In fernem Land»), die als Wiederkehr des instrumentalen Vorspiels in vokaler Umformung das Ende der inneren, musikalisch ausgeprägten Handlung bezeichnet. Dem Irdischen, in das Lohengrin durch Elsas Traumerzählung herabgezogen wurde, wird er durch die Gralserzählung wieder entrückt: Die episch-musikalische Darstellung erscheint als Verwirklichung dessen, was sie ausmalt; die Erzählungen, in denen die Handlung scheinbar stillsteht, enthalten in Wahrheit deren entscheidende Motive. Das aber bedeutet nichts Geringeres, als daß in der *romantischen Oper* die Musik, durch die Lohengrins Erscheinung als Realisierung von Elsas Traum überhaupt erst glaubwürdig wird, begründende Funktion erhält.

3

Richard Strauss, dem niemand Mangel an robustem Theatersinn vorwerfen kann, rühmte am ‹Lohengrin› eine Szene, die einem flüchtigen, in Vorurteilen über «Operndramatik» befangenen Hörer gerade als «undramatische» Verzögerung der Handlung erscheinen mag: das Ensemble «In wildem Brüten muß ich sie gewahren», das am Ende des zweiten Aktes den Augenblick bezeichnet, in dem der Zweifel in Elsa übermächtig geworden ist und die Katastrophe sich dem Gefühl als unabwendbar aufdrängt, obwohl Elsa die verbotene Frage gerade noch zu unterdrücken vermag. Nichts ereignet sich; aber das tönende Innehalten – und was die Personen sagen, ist nichts als ein Substrat für Musik und ein in Worte gefaßtes erschrockenes Verstummen – ist beredter und von mächtigerer Wirkung, als drastische «Operndramatik» es sein könnte. Das «kontemplative» Ensemble, wie Strauss es nannte, ist in Wahrheit ein «dramatisches».

Das retardierende, verzögernde Wesen der Musik, das ihren dramatischen Charakter zu gefährden scheint, ist also in der Oper kein bloßer Mangel, der durch forcierte Theatralik ausgeglichen werden muß, sondern hängt eng und untrennbar mit einer Möglichkeit dramatischer Wirkung zusammen, die dem Schauspiel fehlt und nach der es, wenn nicht alles täuscht, doch manchmal zu verlangen scheint: mit der Möglichkeit, einem flüchtigen Augenblick irreale Dauer zu verleihen, ihn kontemplativ festzuhalten. Und vielleicht ist die Oper, entgegen einer verbreiteten Vorstellung von robuster Opernhandlung, dort ihrer Idee am nächsten, wo die Handlung – wie in der Münsterszene aus ‹Lohengrin› und in dem Quintett aus den ‹Meistersingern› – stillsteht, und es scheint, als sage die Musik mehr, als die Personen wissen und aussprechen: eine Musik, die in der Oper den «Geist der Erzählung» repräsentiert, von dem Thomas Mann einmal sprach.

Das Zwiespältige der Situation, die das «kontemplative» Ensemble umschreibt, der Widerstreit zwischen bedrängendem Bewußtsein des Unabwendbaren und Resten von Hoffnuung, prägt sich in der Harmonik, den Tonartenbeziehungen aus, wie denn Wagner stets, wenn auch summarisch, den expressiven und allegorischen Charakter seiner Harmonik betont hat, die als bloß formbildendes Prinzip nicht zu begreifen ist.

Als zusammenfassende Formel der Szene erscheint der Schluß: Neben dem f-moll des Frageverbots in übermächtigem Fortissimo steht in dünnem Pianissimo das C-dur des Schlußakkords: ein substanzloses, ausgehöhltes, gleichsam unglaubwürdiges Dur. Und nicht weniger bezeichnend ist der Anfang des Ensembles, der durch einen Tonartsprung, von a-moll nach B-dur, vom Vorausgegangenem abgehoben ist: Der Mangel an harmonischer Vermittlung wirkt als formale Zäsur, als Unterbrechung des musikalisch-dramatischen Fortgangs. Das B-dur, scheinbar Tonart, ist jedoch, wie sich nach wenigen Takten zeigt, bloße Nebenstufe in c-moll. Und in der Doppelfunktion des B-dur prägt sich, wie in einer allegorischen Andeutung, die flüchtig aufblitzt, der Charakter des Ensemblesatzes im ganzen aus: sowohl das Moment des Ferngerückten, vom Handlungsverlauf Abgesetzten als auch das des Zwielichtigen und Ungewissen. Die Harmonik ist «beredter» als die Melodie, die eigentliche musikalische «Sprache».

Symbolfunktion hat auch die Doppel- oder Mischtonart, c-moll/dur, die dem Ensemble zugrunde liegt: eine sich in widerspruchsvolle, zerspaltene Tonart, die um die Mitte des 19. Jahrhunderts eher verwirrend gewirkt haben mag, als daß sie in ihrer Bedeutung verstanden worden wäre. Der Moll-Dur-Kontrast wird jedoch nicht als primitive Formel, als musikalisches Schlagwort, exponiert, sondern dadurch umgeschrieben, daß Untertonarten zu C-dur, e-moll oder a-moll, neben c-moll gerückt werden und umgekehrt Untertonarten zu c-moll, Es-dur oder f-moll, neben C-dur. C-dur erscheint erst explizit, nachdem es unausgesprochen bereits vorausgenommen worden ist: als Vermittlung zwischen e-moll und c-moll, deren Kontrast ohne mitgedachtes C-dur unverständlich bliebe, ein blinder Fleck der Harmonik.

In der Relation zwischen Haupt- und Untertonarten drückt sich andererseits eine Paradoxie, die Verschränkung von Stillstand und Unruhe aus, die insgesamt den Charakter des Ensemblesatzes ausmacht. Die Teiltonarten sind, so abrupt sie sich manchmal voneinander abheben, nicht Stationen eines auf ein Ziel gerichteten harmonischen Fortgangs, eines Modulationsweges, der durchmessen würde, sondern bloße Umschreibungen des Moll-Dur-Kontrastes, den sie in verschiedenen Färbungen zeigen. Und die kompositionstechnische Voraussetzung der paradoxen Gleichzeitigkeit von unruhigem Wechsel und entwicklungslosem Beharren in die Doppeltonart, die allegorische Signatur der Szene: Ein Kontrast zu c-moll erweist sich, statt eine harmonische Progression in Gang zu setzen, nach wenigen Takten als Paraphrase von C-dur, des anderen Moments der Mischtonart, und umgekehrt ein Kontrast zu C-dur als Paraphrase von c-moll.

4

Die musikalische Einheit eines Musikdramas ist nach Wagners Anspruch, die Tragödie aus der Symphonie und die Symphonie aus der Tragödie zu begründen oder zu rechtfertigen, der eines Symphoniesatzes analog. «Dennoch muß die neue Form der dramatischen Musik, um wiederum als Musik ein Kunstwerk zu bilden, die Einheit des Symphoniesatzes aufweisen, und dies erreicht sie, wenn sie im innigsten Zusammenhang mit demselben [dem Drama] über das ganze Drama sich erstreckt, nicht nur über einzelne kleinere, willkürlich herausgehobene Teile desselben.» Die symphonische Form des musikalischen Dramas aber ist, nicht anders als die Leitmotivtechnik, mit der sie eng zusammenhängt, keinem Schema unterworfen, sondern muß bei jedem Werk in ihren Prinzipien und Mitteln neu bestimmt werden.

Stellte im ‹*Fliegenden Holländer*› die Ballade der Senta, als «zusammenfassendes thematisches Bild», den Ausgangspunkt der Komposition dar, so suchte Wagner, wie er in der ‹*Mitteilung an meine Freunde*› schrieb, im ‹*Lohengrin*› eine ähnliche Einheit zu verwirklichen: «nur daß ich hier nicht von vornherein ein fertiges musikalisches Stück, wie jene Ballade, vor mir hatte, sondern das Bild, in welches die thematischen Strahlen zusammenfielen, aus der Gestaltung der Szenen, aus ihrem organischen Wachsen aus sich, selbst erst schuf und in wechselnder Gestalt überall da es erscheinen ließ, wo es für das Verständnis der Hauptsituationen nötig war.» Ziel einer Analyse des ‹*Lohengrin*› wäre es demnach, Wagners Metapher in musikalische Begriffe zu übersetzen und sich bewußt zu machen, was mit dem «Bild» gemeint ist, in das die «thematischen Strahlen» zusammenfallen.

Die Anzahl der melodischen Motive oder Themen, die für die innere, musikalisch dargestellte Handlung konstitutiv sind, ist im ‹*Lohengrin*› anders als in der ‹*Ring*›-Tetralogie (und sogar im ‹*Rheingold*›), noch gering. (Motive wie die Königsfanfare oder das musikalische Emblem des Gottesurteils, die durch ihre Herkunft aus der Bühnenmusik geprägt sind, bleiben peripher, obwohl sie unablässig wiederkehren: Sie sind musikalische Requisiten ohne Bedeutung für das «symphonische Gewebe».) Und ein zweites Merkmal, das die Motivtechnik im ‹*Lohengrin*› von dem Leitmotivverfahren im engeren Sinne, das erst in der ‹*Ring*›-Tetralogie entwickelt wurde, auffällig unterscheidet, ist die Befangenheit in der rhythmischen «Quadratur der Tonsatz-Konstruktion», die Wagner später vermied und verpönte. Die Hauptmotive werden sämtlich als reguläre, geschlossene Perioden mit Vorder- und Nachsatz exponiert; die Abweichungen von der Norm sind geringfügig.

Das Gralsmotiv schließt im achten Takt auf der Dominante statt der Tonika, ist also, entgegen der Regel, harmonisch offen.

3

Der Nachsatz des Elsa-Motivs, der zuvor mit einem anderen Vordersatz verbunden war, wirkt im Elsa-Motiv eher angestückt als aus dem Vordersatz entwickelt.

Im Lohengrin-Motiv ist der Nachsatz (den zu zitieren überflüssig ist) durch Sequenzen von vier zu neun Takten erweitert, ohne daß aber das Gerüst der «Quadratur» unkenntlich würde.

Das Frageverbot besteht aus der Wiederholung einer Zweitakt-Phrase und einem ungeteilten Nachsatz von vier Takten,

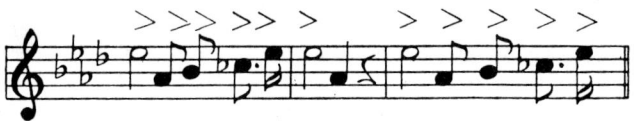

das Ortrud-Motiv umgekehrt aus einem ungeteilten Vordersatz und der Wiederholung einer Zweitakt-Phrase, die allerdings keinen Abschluß bildet.

Im Verlauf der Oper, die nach Wagners Anspruch zugleich ein «symphonisches Gewebe» bildet, werden die thematischen Perioden in Halbsätze und Teilmotive zerlegt, um erst am Ende in periodischer Geschlossenheit wiederzukehren: ein Verfahren, das an die Durchführungs- und Reprisentechnik der Symphonie erinnert und geschichtlich von ihr abhängig ist. Vorder- und Nachsatz werden voneinander getrennt, und die Themen schrumpfen schließlich zu kurzen Zitaten, die immer dann, wenn die innere oder äußere Handlung es nahelegt, in den musikalischen Text zwanglos eingefügt werden können, ohne daß kompositionstechnische Schwierigkeiten entstehen. Von einer Reduktion zu sprechen, ist allerdings streng genommen fragwürdig; denn es sind jeweils die ersten Takte der Themen, des Frageverbots, des Grals- und des Lohengrin-Motivs, die deren eigentliche Substanz, den Ausgangspunkt der musikalischen Konzeption bilden. Die thematischen Perioden sind als Resultat einer Ausspinnung der Motive, nicht umgekehrt die Motive als Ergebnis einer Zerteilung der thematischen

245

Perioden zu verstehen. Die Periodenstruktur, die «Quadratur der Tonsatz-Konstruktion», ist sekundär.

Andererseits fühlte sich Wagner im ‹Lohengrin› noch an die reguläre Syntax, die Schematik der Vier- und Achttakt-Gruppen gebunden, die das Gerüst, den festen Halt des Tonsatzes bilden, der sonst in isolierte deklamatorische und ariose Phrasen auseinanderfallen würde. Die Idee der Leitmotivtechnik im engeren Sinne, der Gedanke, daß die «quadratische» Periodenstruktur überflüssig wird und in musikalische Prosa aufgelöst werden kann, sobald statt dessen ein dichtes Netz von Motivverknüpfungen den musikalisch-formalen Zusammenhalt verbürgt, ist erst in der ‹Ring›-Tetralogie verwirklicht worden.

Im ‹Lohengrin› dehnen sich die Motive entweder zu thematischen Perioden aus, oder sie fallen, reduziert zu kurzen Zitaten, als Interpolationen aus der Periodenstruktur, dem tragenden Gerüst des musikalischen Textes, heraus und erscheinen als Zusätze, die primär dichterisch-dramatisch, also «von außen» begründet sind. Andererseits aber werden bei genauem Hören die Einzelmotive an die thematischen Perioden, aus denen sie stammen, in Gedanken angeknüpft. Daß sie musikalisch-formal nicht funktionslos, keine bloßen Einsprengsel sind, sondern als Teilmomente einer Entwicklung aufgefaßt werden können, verdanken sie, ähnlich den Fragmenten einer Themengruppe in einer symphonischen Durchführung, dem Rückbezug auf die Exposition, als deren Fortsetzung und Konsequenz sie erscheinen. Und daß es die Anknüpfung an eine Exposition ist, die den Motivzitaten – neben der primär dichterisch-formalen Funktion, die sie erfüllen – auch einen musikalisch-formalen Sinn gibt, dürfte der Sachverhalt sein, der es Wagner nahelegte, von einem «Bild» zu sprechen, in das die «thematischen Strahlen zusammenfallen».

5

Die Kategorien «progressiv» und «konservativ» geraten bei Wagner in eine eigentümliche Verwirrung, in der das musikalische Moment dem dramatischen widerspricht. Daß der Dialog Telramund–Ortrud zu Anfang des zweiten Aktes die musikalisch avancierteste Szene des ‹Lohengrin› ist, läßt sich nicht als Zufall abtun, sondern bezeichnet ein Dilemma, das immer wiederkehrt: Es sind die «Widersacher», Venus im ‹Tannhäuser›, Ortrud im ‹Lohengrin› und Beckmesser in den ‹Meistersingern›, deren musikalische Sprache sich ins Ungewohnte vorwagt. Und das bedeutet umgekehrt, daß Wagner, der «progressive» Komponist, durch die Konstruktion der dramatischen Handlung dazu gezwungen ist, der musikalischen Tradition, dem Liedertonfall eines

Münchner ‹Lohengrin›-Inszenierung aus dem Jahre 1978: Bühnenbild-Entwurf von Ernst Fuchs für den ersten Aufzug (Regie: August Everding).

Wolfram von Eschenbach oder eines Walther Stolzing, das letzte Wort zu lassen.

Zu Anfang des Dialogs Telramund–Ortrud scheint das konventionelle musikalische Szenengerüst noch durch: Rezitative, nur sporadisch durch expressive oder gestische Motive fundiert, bilden die Folie zu einer Arie Telramunds («Durch dich mußt' ich verlieren»), die in reguläre Achttakt-Perioden gegliedert ist und über die Entwicklungsstufe, die Lysiarts Arie in ‹Euryanthe› repräsentiert, nicht hinausgeht. Und auch der Schluß der Szene tendiert zum Herkömmlichen, wie denn Wagner fast immer an Schlüssen dazu neigt, das Stilprinzip der Theaterwirkung zu opfern.

Der Mittelteil aber («Du wilde Seherin») antizipiert die Technik der ‹Ring›-Tetralogie. Die Vokalmelodik vermittelt bruchlos, ohne daß die heterogenen stilistischen Voraussetzungen noch als solche fühlbar würden, zwischen Rezitativ und Arioso. Rhythmisch – und das ist entscheidend – ist sie irregulär: Zweitakt-Gruppen wechseln mit Phrasen, die eineinhalb oder zweieinhalb Takte umfassen. Das Prinzip der rhythmischen Korrespondenz oder Ergänzung – ein formbildendes Prinzip, das dem Hörer erlaubte, durch Zusammenfassung von Zweitakt-Phrasen zu Viertakt-Gruppen und von Viertakt-Gruppen zu Achttakt-Perioden progressiv übergeordnete Einheiten wahrzunehmen, bis schließlich das Ganze als plastische, überschaubare Form erschien – ist preisgegeben; die irreguläre Länge der Phrasen wirkt isolierend. Den Ausgleich und Widerpart zur Auflösung der rhythmischen «Quadratur» in «Prosa», der «geschlossenen» in eine «offene» Syntax, stellt die Fundierung des Tonsatzes durch wiederkehrende Motive dar. Der Dialog Telramund–Ortrud wird fast durchweg durch Orchestermotive gestützt, die zusammen und in Wechselwirkung mit den Vokalphrasen die «Melodie» in dem Sinne bilden, in dem Wagner den Begriff verstand. Und die Motive – das Ortrud-Motiv (das eher eine Motivgruppe ist) als Grundlage, ergänzt durch das Thema des Frageverbots und durch eine Akkordsequenz, die Ortrud als Zauberin charakterisiert (und an die «Schlafharmonien» aus dem ‹Ring› erinnert) – erscheinen, im Unterschied zu den sporadischen Motivzitaten in dem «konservativeren» Dialog oder Duett Lohengrin–Elsa, nicht als Zusätze zum musikalischen Text, sondern als dessen Substanz. Ein entscheidendes Moment des Leitmotivsystems – die kompositionstechnische Grundlage, ohne die der Gedanke, die Idee eine leere Utopie geblieben wäre – ist damit in einem Modellfall vorausgenommen.

Kleines Zwischenspiel mit Noten und Banknoten

Die Uraufführung des ‹Lohengrin› . . .

... 1850 in Weimar konnte Wagner nicht miterleben. Steckbrieflich gesucht, hielt er sich als politischer Flüchtling im Ausland auf.

Zu diesen Schwierigkeiten mit der Obrigkeit kamen Wagners Schulden, denn er hatte den Fehler begangen, seine Werke im Selbstverlag drucken zu lassen.

Franz Liszt half mit einem Darlehen, das mit künftigen Einnahmen aus dem ‹Lohengrin› verrechnet werden sollte . . .

Fehlende Banknoten führen auch bei einem Komponisten zu Disharmonie.

Pfandbrief und Kommunalobligation

Meistgekaufte deutsche Wertpapiere - hoher Zinsertrag - bei allen Banken und Sparkassen

Verbriefte  Sicherheit

Hans Mayer

Die politische Frau:
Ortrud und Lohengrin (1975)

Scheinbar ist Ortrud, die ihr Gemahl Telramund als «Radbods, des Friesenfürsten Sproß» feierlich dem deutschen König Heinrich vorstellt, um anschließend seine Anklage gegen Elsa von Brabant zu spezifieren, eine gewöhnliche Märchenhexe vom wohlbekannten Typ. Als schaudervolles Gegenspiel zur verfolgten mädchenhaften Unschuld: gleich der bösen Königin aus ‹Schneewittchen›. Die Antithese des unschuldigen Mädchens und der schuldigen Frau paßte sich allen Kulturen an. Sie war heidnisch und christlich (gehörte dann zur Heiligenlegende), vollzog sich im nördlichen wie südlichen Gelände, so daß auch der Kampf der schuldigen Klytemnästra und der so gefährlich reinen Elektra als Spielart gelten darf. Bürgerliche Aufklärung delektierte sich, bei Richardson und Lessing und Laclos, am Kontrast zwischen bürgerlicher Mädchenwürde und adliger weiblicher Libertinage. Dann steht die Marwood, bei Lessing, gegen die penetrant tugendhafte Miss Sara Sampson.

Deutsche Romantik konnte alles brauchen: die Teufelin und die Heilige; mädchenhafte «Natur», und Künstlichkeit der schuldigen Buhlerin. Heinrich von Kleist arbeitete, und sehr bewußt, fast zynisch, mit den bewährten Rezepten im ‹Käthchen von Heilbronn›. Man konnte nicht argloser und unbewußter dahinleben als Käthchen, nicht schurkischer und artifizieller als die böse Kunigunde.

Es war bereits Oper vor aller Musik. Der ehrgeizige und schwer kranke Carl Maria von Weber versprach sich viel vom Textbuch der Helmine von Chézy, die bereits den dramatischen Versuchen Franz Schuberts zum Verhängnis geworden war. Seine zuerst an der Wiener Oper im Jahre 1823 aufgeführte Oper ‹Euryanthe› will ein Amalgam herstellen aus dem romantisch-antithetischen Klischee von ritterlicher Treue und höfischem Verrat, aus Reinheit und Verleumdung, Heidenzauber und christlichem Gottvertrauen. Natürlich siegen Unschuld und Treue. Hell sind die Farben und Klangfarben der Reinen (Adolar und Euryanthe), düster jene der Gegenspieler Lysiart und Eglantine. Wer in einer der – seltenen – Aufführungen von Webers ‹Euryanthe› sitzt, glaubt sich in die Lohengrin-Welt versetzt: freilich erklingt eine zwar schöne, aber unvertraute Musik. Daß sich Richard Wagner das dramatisch-dramaturgische Schema der Weber-Oper für seinen ‹Lohengrin› zunutze gemacht hat, ist unbestritten. Auch hier die Klangfarbensymbolik, die Wagner durch Tonartensymbolik verstärkte: A-dur der Gralswelt konfrontiert mit der Moll-Entsprechung im fis-moll von Ortrud und Telramund.

Mehr als zwanzig Jahre jedoch liegen zwischen ‹Euryanthe› und dem Arbeitsbeginn am ‹Lohengrin› im Jahre 1845 und in Marienbad, wo Richard Wagner gleichzeitig das Grundkonzept dieser neuen romantischen Oper und das Schema der künftigen ‹Meistersinger› entwarf. ‹Euryanthe› hatte unverkennbar mit einer klischeehaft gewordenen und restaurativen Romantik zu tun; ‹Lohengrin› hingegen ist eine politische Dichtung des Vormärz, demnach das Produkt einer Ära zwischen zwei europäischen Revolutionen (1830 und 1848). Die Deklamationen der Ritter bei Helmine von Chézy sind ebenso markig wie farblos. Des Königs Mahnung jedoch bei Wagner an die Vasallen am Scheldeufer atmet Geist der deutschen Einigung:

Für deutsches Land das deutsche Schwert!
So sei des Reiches Kraft bewährt!

Auch der Gral scheint ein deutscher Gegenstand zu sein. Der scheidende Lohengrin darf prophezeien:

Doch, großer König, laß' mich dir weissagen:
dir Reinem ist ein großer Sieg verlieh'n.
Nach Deutschland sollen noch in fernsten Tagen
des Ostens Horden siegreich niemals zieh'n!

Natürlich ist das die übliche dramatische Voraussage von einem, der später lebt und daher alles weiß. Angespielt wird auf Heinrichs Sieg über die Ungarn an der Unstrut. Gemeint ist jedoch, was Wagner will und wie es die Zeitgenossen verstehen, ein Appell zur deutschen Einigung und zum Widerstand gegen den Zarismus als Hauptstütze der restaurativen europäischen Fürstenallianz.

Die Aktualisierung und Politisierung des alten romantischen Märchenschemas offenbart sich jedoch am eindringlichsten an Wagners Operngestalt der Ortrud. Auch sie ist Frau mit der Waffe. Zauberkundig oder vertraut mit geheimen Kräften in der Natur, gleich vielen anderen Wagner-Heroinen: Venus, Isolde, Brünnhilde und Kundry. Ortrud verwandelt – was töten heißt! – durch Zauber. Was tat sie Gottfried an, dem Erben von Brabant und Bruder der Elsa? Auch sie ist Überfrau wie die Gräfin Faustine; der edle Graf von Telramund wird in der nächtlichen Auseinandersetzung von ihr «mit ruhigem Hohn», schließlich «mit fürchterlichem Hohne» abgetan. Was jedoch bei Ida Hahn-Hahn, vier Jahre vor Wagners Arbeit am ‹Lohengrin›, als weiblicher Titanismus dargestellt und gebilligt worden war, wird bei Wagner durchaus negativ akzentuiert. Sonderbar: sowohl Gräfin Faustine wie Ortrud sind Reaktionärinnen. Mit der Divergenz freilich, daß Ida Hahn-Hahn, da sie unfähig ist, die Gräfin Faustine anders zu entwerfen denn als Ebenbild der Verfasserin, das Elitenbewußtsein ihrer adligen Egoistin als Progreß verklärt, während Wagner in einem – historisch gesehen – progressiven Werk wie dem ‹Lohengrin› die Position der Ortrud als reaktionär denunziert: eben dadurch jedoch selbst reaktionär wird. In der Kunstfigur der Ortrud mißbilligt Wagner den Phänotyp einer politischen und politisierbaren Frau.

Daß er selbst es so verstanden haben wollte, hat Wagner in einem Brief an Franz Liszt vom 30. Januar 1852* ausführlich dargelegt, kaum zwei Jahre nach der Weimarer Uraufführung des ‹Lohengrin› unter der Leitung von Liszt, die Wagner, der Exilierte des Jahres 1849, nicht hatte sehen und hören können. Die Fürstin Caroline von Sayn-Wittgenstein, die mit Liszt seit seiner Trennung von Marie d'Agoult in Weimar lebte und eine bemerkenswerte Kennerin der dramatischen Literatur war, übrigens auch eine Interpretation des ‹Faust› schrieb, hatte in einem Brief an Wagner von der Neueinstudierung und Umbesetzung des ‹Lohengrin›, kaum zwei Jahre nach der Premiere, gesprochen und dabei Darstellung und Darstellerinnen der Ortrud analysiert. Wagner antwortet im Brief an Liszt. Er lobt die «geistvollen Bemerkungen über die Rolle der Ortrud» und schließt einen wahren brieflichen «Ausbruch» an gegen diese Opernfigur und gegen die Welt, die sie für ihn, Wagner, repräsentiert. Ortrud sei ein Weib, das – «die Liebe nicht kennt. Hiermit ist Alles, und das Furchtbarste gesagt. Ihr Wesen ist Politik. Ein politischer Mann ist widerlich; ein politisches *Weib* aber grauenhaft: diese Grauenhaftigkeit hatte ich darzustellen.»

Selbst in der üppigen Korrespondenz Richard Wagners findet sich nicht eben häufig ein Dokument, das die widerspruchsvolle Absurdität so weit treibt, wie es hier geschieht. Der politische Mann ist widerlich, das politische Weib grauenhaft. Ekel im einen, Angst im anderen Falle. Daß ein exilierter Revolutionär und Gefährte Michael Bakunins so formuliert, der Verfasser überdies von Werken über die ‹Kunst und die Revolution› und das ‹Kunstwerk der Zukunft›, das sich schon im Titel zu Ludwig Feuerbachs Philosophie der Zukunft bekannte, braucht nicht eigens erwähnt zu werden.

Wagner glaubt sich durch geschichtliche Beispiele bestätigt: «Wir

---

* *Vgl. in der vorliegenden Dokumentation S. 159.*

kennen in der Geschichte keine grausameren Erscheinungen als politische Frauen.» Wen mag er im Sinn haben? Die englische Elisabeth, die russische Katharina? Er hält sich an Allgemeinheiten, spezifiziert jedoch die angebliche Eigentümlichkeit weiblichen Politisierens: es sei der Substanz nach stets rückgewandt. Ortrud liebe die Vergangenheit, die untergegangenen Geschlechter. Es sei «die entsetzlich wahnsinnige Liebe des Ahnenstolzes». Der Mann als Reaktionär werde bloß lächerlich; beim Weibe jedoch verbinde sich reaktionäre Politik mit einem «mörderischen Fanatismus». Das sei an Ortrud zu entdecken. «Sie ist eine Reaktionärin, eine nur auf das Alte Bedachte und deshalb allem Neuen Feindgesinnte, und zwar im wütendsten Sinne des Wortes: sie möchte die Welt und die Natur ausrotten, nur um ihren vermoderten Göttern wieder Leben zu schaffen.» Die tiefe Emotionalität des Briefes ist auffallend. Hier schreibt nicht der ewig belehrende und werbende, sondern der tief getroffene und fürchtende Wagner. Er fürchtet Ortrud, und er bewundert sie. Sie sei «furchtbar großartig». Auch dies ist Ambivalenz des Fühlens. Mit einem seltsam ambivalenten Denken in unreinlicher Mixtur verbunden. Denn Ortruds Reaktion richtet sich gegen das Christentum und seine Inkarnation im Gralsritter Lohengrin, den sie für einen Schwächling und Schwindler hält: ganz wie den Christengott selbst. Andererseits ist der *Feuerbachianer Wagner* im ‹Lohengrin› von allem Glauben an die überzeitliche Geltung des Christentums weit entfernt. Gebet, Gottesurteil, Gralszauber sind bloße romantische Requisiten. Lohengrin ist kein christlicher Ritter, sondern ein genialisch-einsamer Künstler in der Bürgerwelt, gleich seinen Vorgängern, dem Ahasver des Ozeans und dem freischwebenden Künstler Tannhäuser zwischen Wartburg und Venusberg.

Die Ablehnung der Ortrud als einer politisierenden Frau ist selbst reaktionär. Eigenartig ferner, daß Ortruds Ruf nach den heidnischen Göttern negativ gedeutet wird, während Wagner nur wenige Jahre später daran geht, die von Ortrud aufgerufene germanische Götterwelt als Chiffre der bürgerlichen Gesellschaft zu interpretieren und sich selbst darin als «Wanderer» wiederzuerkennen. Der Widerspruch liegt darin, daß Lohengrin für Wagner insgeheim kein christlicher Ritter ist, und Ortrud keine Zauberin der Heidengötter. Lohengrin ist das Wunder des einsamen Künstlers in einer rationalisierten und skeptischen, auch kunstfeindlichen Umwelt. Ortrud verkörpert die Widerstände dieser aristokratischen und auch bürgerlich-rechenhaften Umwelt.

An dieser Stelle wird sichtbar, was Wagner mit Hebbel verbindet, und was sie trennt. Beide halten das Tun eines «politischen Weibes», wobei der Begriff des Politischen weit gefaßt wird, für existentiell widerspruchsvoll. Das politische Weib ist ihnen die Frau mit der Waffe. Hebbel glaubt moderner zu sein als der Dramatiker der ‹Jungfrau von Orleans›; Wagner dünkt sich moderner als der Beethoven des ‹Fidelio›.

Hebbel weiß als Zeitgenosse genau, was Reaktion ist. Dennoch gehört, im Gegensatz zu Wagner, den untergehenden Ordnungen und Ideen seine kaum noch geheime, fast offen einbekannte Sympathie: sogar mit dem Tischlermeister Anton; ganz gewiß mit der Königin Rhodope, die in ‹Gyges und sein Ring›, gleich der Ortrud, unbeirrt an den alten Bräuchen festhält: tötend und sterbend. König Kandaules bekommt Dialektik der Aufklärung zu spüren, da er an den «Schlaf der Welt» zu rühren wagte.

Wagner weiß sich eins mit Lohengrin und Elsa. Freilich ist die Erbin von Brabant für ihn, wie er später in einer ‹Mitteilung an meine Freunde› erläutert, nur insoweit selbst Existenz, als sie bloß Teil eines missionarischen Ich sein darf, als «Gegensatz, der in seiner Natur überhaupt mit enthalten, und nur die notwendig von ihm zu ersehnende Ergänzung seines männlichen, besonderen Wesens ist». Daher kann Elsa wohl nicht weiterleben, als Lohengrin die Rückkehr zum Gral antrat. Ortrud jedoch überlebt.

Den bislang ehrgeizigsten Versuch, die mehrschichtige Handlungsführung des ‹Lohengrin› zu entschlüsseln, hat im Jahre 1979 der Berliner, heute in Harvard lehrende Musikwissenschaftler Reinhold Brinkmann (geboren 1934) für das Bayreuther Programmheft zur Neuinszenierung des ‹Lohengrin› (Regie: Götz Friedrich) unternommen. Er unterscheidet drei Ebenen: reichspolitische, «äußere» Handlung, die innenpolitische Ebene der Intrigen und die individuelle «innere» Handlung, die sich in Elsas Überschreitung der Realität vollzieht (vgl. dazu den Abschnitt «Plädoyer für Elsa»). Demnach gibt es auch mehrere Schlüsse, mindestens zwei, denn die «äußere» Handlung gipfelt – positiv – in der Rückverwandlung des Schwans in den Herzog Gottfried, und die «innere» Handlung ist der unlösbare Konflikt, die tragische Dialektik, in die sich Lohengrin verstrickt. Das notwendige Scheitern des Schwanenritters (und Elsas) sieht Brinkmann in der prinzipiellen Unvereinbarkeit von «Wunder» und Realität, in der zentralen Dichotomie von Verstand und Gefühl. Interessant ist der Hinweis auf die Relativierung der «Schuld» Elsas durch das programmierte Scheitern Lohengrins. Seine «messianische» Wirkung ist dabei auf dem konkreten Hintergrund der politischen Erwartungshaltung des «Vormärz» zu sehen, und die von Ortrud (und ihrem Werkzeug Friedrich von Telramund, dem betrogenen Betrüger) gegen Elsa gerichteten Motivationen sind lediglich handlungsmäßige Umsetzungen bzw. Verdeutlichungen der inneren Disposition und Entwicklung des Handlungsverlaufs. Elsas Grenzüberschreitung – bereits deutlich sichtbar in ihrem Verhalten während der Gerichtsszene des ersten Aufzugs – begreift den Traum von der charismatischen Erscheinung Lohengrins mehrdeutig: zunächst als Vor-Schein künftigen Glücks (zweiter Auftritt des ersten Aufzugs), zuletzt als Schreckensvision in der Brautgemach-Szene. Ihre Isolation korrespondiert mit Lohengrins Einsamkeit. Wir geben im folgenden die zentralen Abschnitte der Studie wieder.

Reinhold Brinkmann

Wunder, Realität und die Figur der Grenzüberschreitung (1979)

> «An den Zuschauer wird also die dionysische Forderung gestellt, daß ihm sich alles verzaubert vorstellt, daß er immer mehr sieht als das Symbol, daß die ganze sichtbare Welt der Scene und der Orchestra das *Reich der Wunder* ist. Wo aber ist die Macht, die ihn in die wundergläubige Stimmung versetzt, durch die er alles verzaubert sieht? Wer besiegt die Macht des Scheins und depotenzirt ihn zum Symbol? – Das ist die *Musik*.»
>
> (Friedrich Nietzsche: Die dionysische Weltanschauung. 1870)

[. . .]

Realität I: Die Geschichte

Bevor sich der Vorhang hebt, bereits ein scharfer Kontrast zum Vorspiel: einfache Akkordschläge des Orchesters aus der Tiefe aufsteigend, noch in A-dur zwar, der Tonart des Vorspiels, jedoch mit Eröffnung der Szene schon zur Allerwelts-Tonart C-dur gewendet; dann Fanfaren, martialisch-öffentliches Tönen, Alltagswelt, Politik.

Die Exposition entwirft drei Ebenen der Handlung.

Eine erste, gesamtstaatlich-reichsdeutsche. Heinrich I., der erste Sachsenkönig, populär auch (wie in Loewes Ballade) der «Vogler» genannt, sammelt ein Heer für den entscheidenden Feldzug gegen die das Reich im Osten bedrohenden Ungarn. Damit ist ein exaktes Datum gegeben; wir stehen im Jahre 932 neuer Zeitrechnung. Auf seinem Werbezug kommt Heinrich nach Brabant – dies der Beginn der ersten Szene. Der König selbst ist würdig und warm gezeichnet, sein Bericht zur Lage des Reichs zeigt außenpolitisch-taktisches Geschick. Er erscheint nur öffentlich, mit Gefolge. Als oberster Rechtsherr hat der König ungebrochene Autorität. «Wir geben Fried' und Folge dem Gebot!» rufen die Brabanter bei seiner Ankunft; die Ächtung Friedrichs im zweiten Akt durch Rechtsakt Heinrichs akzeptieren sie mit Nachdruck; die Belehnung Lohengrins mit Brabant löst Begeisterung aus. Heinrichs Heereswerben gegenüber allerdings schweigen sie zunächst. Allein die Sachsen des königlichen Gefolges jubeln nach der Königsrede: «Wohlauf für deutschen Reiches Ehr!» Daß dies (noch) so ist, hat zu tun mit der zweiten Ebene. Der höheren Autorität des

«Gottgesandten» unterstellt sich der König sofort und ohne Wanken. Er ist König von Gottes Gnaden.

Die zweite Ebene ist provinzial-brabantisch. Das Herzogtum erscheint in einer Staatskrise, ist derzeit herrscherlos. Von den beiden Kindern des verstorbenen Herzogs ist der Erbe, der Knabe Gottfried, auf ungeklärte Weise verschwunden; die Tochter Elsa wird des Brudermords bezichtigt. Ankläger ist Friedrich, Graf von Telramund, der jetzt für sich die Krone von Brabant beansprucht.

Friedrich wird mit der Autorität des unverdächtigen Königs als «ehrenwerter Mann», gar als «aller Tugend Preis» begrüßt. Er selbst sagt von sich unwidersprochen, «Untreu» sei ihm «fremd», rühmt sich des Sieges über die Dänen im Dienste des Reichs (hier ist die Fabel etwas ungenau: der Sieg von Haithabu war 934, also nach der Ungarn-Schlacht); «viel lieber tot als feig», ist seine Maxime vor dem Kampf mit Lohengrin. Und die Brabanter, durchaus beeindruckt von Erscheinung und Wort Elsas, stehen dennoch einstimmig zu ihr: «Wir streiten nur für dich!» Glaubhaft daher seine Worte an Lohengrin, mit denen er sich dem Gottesurteil stellt: «da ich zu lügen nie vermeint / den Kampf mit dir drum nehm ich auf». Diese Formulierung des subjektiven Meinens ist genau zu nehmen. Die (falsche, wie sich zeigen wird) Zeugin Friedrichs hat er dem König bedeutsam vorgestellt. Es ist Ortrud, Fürstentochter aus dem alten germanischen Geschlecht, das vordem Brabant beherrschte. Stolz und Ehre sind die Kernworte in Friedrichs Reden.

Doch ist das Bild des Helden Friedrich nicht ungetrübt. Schon die Erscheinung Elsas und die ungeschützte Bedrängnis der jungen Frau setzen ihn ins Unrecht. Dazu die Widersprüche seiner Anklage. Einmal behauptet er, wegen des ihm bezeugten Brudermords habe er der Hand Elsas, die ihm von ihrem Vater versprochen, entsagt und Ortrud geheiratet. Wenig später nur beschuldigt er umgekehrt Elsa, ihn wegen eines insgeheimen Liebhabers verschmäht zu haben. Den Hintergrund seines «Eiferns» enthüllt erst voll der Beginn des zweiten Aktes mit dem Dialog der Unterlegenen. In Wahrheit ist Machtbewußtsein die Triebfeder seines Handelns. Ortrud hat er Elsa vorgezogen, weil er ihrer Weissagung glaubt, Brabant werde an ihr altes Geschlecht zurückfallen. Friedrich ist Machtpolitiker, der zugleich aber nicht zu durchschauen vermag, daß er selbst Instrument, Spielball eines anderen Machtstrebens geworden ist. Alles, was er für sich zu tun glaubt, so wird das Drama enthüllen, ist Ortruds Werk; ihr ist er hörig: ein Getriebener, Betrogener aus Machtgier. «Den mittelmäßigen Telramund» hat ihn Ernst Bloch zu Recht genannt.

Ortrud ist Wagners Sagenzutat. Sie erscheint als Intrigantin aus

Der erste Auftritt Lohengrins (René Kollo) mit einem Schwan als Engel in der Münchner Inszenierung (Premiere: 28. Juli 1978), für die Ernst Fuchs (Ausstattung) und August Everding (Regie) verantwortlich zeichneten. Der Dirigent war Wolfgang Sawallisch; die Rolle der Elsa sang Caterina Ligendza.

mythischem Bewußtsein. Einmal hat sie brabantische Zwietracht ausgelöst durch die Verzauberung Gottfrieds in den Schwan: der erste Erbe sollte ausgeschaltet werden. Dann motiviert ihr Wirken das Handeln Telramunds gegen Elsa: der zweite Erbe wird verdrängt. Nach dem Versagen Friedrichs endlich sucht sie Elsa zu beeinflussen. So wird in der äußeren Fabel Ortrud die Gegenspielerin Lohengrins. Ist Lohengrin auf «Glanz und Wonne» des Absoluten bezogen, so Ortrud auf den germanischen Wald und die alten Götter. Die bloß dramatisch agierende Gegenfigur genügt dem stets in großen Dimensionen denkenden Wagner nicht. Ortrud muß Exponentin einer Idee sein. Doch trotz der machtvollen Wotan-Anrufung in fis-moll: es entsteht kein Ideendrama; der Antagonismus von Christentum und Heidentum, das weltanschauliche Schema, wird nicht zum zentralen Moment. Ortruds Heidentum bleibt letztlich Requisit. Die äußere Handlung wird überformt durch eine innere. Ihr Exponent ist Elsa.

257

Die dritte Ebene ist damit individuell-privat. Es geht um die Person Elsa. Ihr Auftritt schon, lang vorbereitet, musikalisch intermittierend, die Handlung unterbrechend, kündigt Bedeutendes an. Die Realitätsüberschreitung wird thematisch.

Die reichspolitische erste Ebene erscheint in jedem der folgenden Akte noch einmal, von der inneren Handlung her jeweils als Zwischenspiel, eingeleitet durch Fanfaren, Heerrufer, Aufzüge. Nach der Verkündigung der königlichen Belehnung Lohengrins, in der Mitte des zweiten Aktes, läßt dieser die Teilnahme an Heinrichs Heereszug anordnen. «Mit Begeisterung» stimmt das Volk jetzt zu: «Zum Streite säumet nicht!» Und die nachfolgende Verschwörung von vier Lehnsmannen Friedrichs ist primär Parteinahme für diesen im Streit gegen Lohengrin, nur mittelbar Opposition gegen das Reich. Die Schlußszene des dritten Aktes schließlich bringt die emphatische Akklamation des nationalen Gedankens: «Für deutsches Land das deutsche Schwert! / So sei des Reiches Kraft bewährt!»

Die zweite, innenpolitische Ebene bestimmt als privates und öffentliches Intrigenspiel den zweiten Akt insgesamt. Ihrer Lösung gilt der Schluß der Oper mit der Rückverwandlung Gottfrieds aus dem Schwan, nach dem Tod Friedrichs und Ortruds, dem Scheiden Lohengrins, dem Tod Elsas. Dies scheint Ziel des Dramas: die Wiederherstellung der Herrschaft in Brabant zum Wohle des Reichs. Von der inneren Handlung und der musikalischen Form her allerdings ist der Schluß wie ein Annex. Dies gilt es noch zu bedenken. [. . .]

Lohengrin oder die Unvereinbarkeit von Wunder und Realität

So könnte die Fabel überschrieben werden. Das Wunder dieses exponierten, erfüllten Augenblicks bleibt partiell, hat keine Dauer – auch musikalisch nicht. Was aber bedeutet dieses Wunderbare, das «Absolute» genauer, wie ist es historisch faßbar, und: was will die «Tragik» der Unvereinbarkeit besagen? Kaum ist die Fabel christlich-religiös interpretierbar. Zwar wird Lohengrin als der «Gottgesandte» apostrophiert, das Wunder seines Erscheinens als göttliches Gnadenzeichen; doch ist das nicht so zu verstehen, als habe er eine religiöse Mission. «Der verräterische Heiligenschein der erhöhten Natur» (IV*, 296) ist

* *Die römisch-arabische Zählung bezieht sich auf die Volksausgabe von Wagners Schriften in 16 Bänden (Richard Wagner: Sämtliche Schriften und Dichtungen. Bd I–XVI, Leipzig 1911–1916).*

historisches und lokales Gewand. Wagner selbst hat sich ausdrücklich so geäußert: «Auch ‹Lohengrin› ist kein eben nur der christlichen Anschauung erwachsenes, sondern ein uralt menschliches Gedicht...», und: «Wem am Lohengrin nichts weiter begreiflich erscheint als die Kategorie: christlich-romantisch, der begreift eben nur eine zufällige Äußerlichkeit, nicht aber das Wesen seiner Erscheinung» (IV, 298).

Primär zwei Interpretationsmodelle bieten sich an, die einander nicht einmal unbedingt ausschließen. Das eine hat Wagner (später) favorisiert und auf sich selbst angewandt. Das andere ergibt sich aus dem Zusammenhang der bisherigen Überlegungen und leitet sich unter anderem aus dem Versuch her, das aufgezeigte Faktum der Strukturdivergenz von innerer und äußerer Handlung zu erklären.

Das Wunder der Kunst

Die Lichtmetaphorik gibt einen Hinweis. Von Goethes Symbolästhetik, Hegels Definition des Kunstschönen als «das sinnliche Scheinen der Idee» bis zu Adornos Kennzeichnung der Kunstwerke als «Himmelszeichen», als «apparition», ist dem neuzeitlichen Bewußtsein der Zusammenhang von Kunstapotheose und Lichtmetapher geläufig. Und in Rilkes Sonett auf den ‹Archaischen Torso Apollos› rühmt ein Kunstwerk mit den Vorstellungen des «Glühens», «Glänzens», «Blendens»: «wie ein Stern» erscheint sein Leuchten. In solchem Zusammenhang steht das Reich des Glanzes und der Wonne für das der Kunst. Der Gral meint das Absolute als Sphäre der Kunst.

Daß Kunst ein in sich selbst Vollendetes und nur durch sich selbst zu Erklärendes sei, dieser zentrale Gedanke der neuer deutschen Ästhetik wurde bekanntlich von dem Goethe-Freund Karl Philipp Moritz am Ende des 18. Jahrhunderts formuliert. Die Überwindung der Wirkungsästhetik, die Lösung des Kunstbegriffs aus den Fesseln der Moral, der Nützlichkeit, der funktionalen Zweckhaftigkeit inaugurierte Kunst als einen autonomen Seinsbereich jenseits der Empirie, gab ihr metaphysische Würde. Wagners ‹Parsifal› erscheint später als einer der Höhepunkte dieser Apotheotik. Die angemessene Weise des Verhaltens gegenüber dem Kunstwerk, dem opus perfectum et absolutum, ist Unterwerfung: «... dies Vergessen unsres selbst, ist der höchste Grad des reinen und uneigennützigen Vergnügens, welches uns das Schöne gewährt. Wir opfern in dem Augenblick unser individuelles eingeschränktes Dasein einer Art höherem Dasein auf. Das Vergnügen am Schönen muß sich daher immer mehr der uneigennützigen Liebe nähern, wenn es ächt sein soll.»[1] Die romantische Ästhetik dann hat diesen Autonomiebegriff der Kunst vor allem und überhöht in der Musik verwirklicht gesehen. Die Begriffe des «Absoluten» und der «Musik» haben sich in ihrem Gefolge bekanntlich zu einer paradigmatischen Formel der Musikanschauung des 19. Jahrhunderts verbunden. Und auch wenn Wagner dem Wort «absolut», das er in seinem auf eine Gesamtkunst ausgerichteten Denken als einengend empfand, in bezug auf die Musik mißtraute, so hat er doch den Absolutheitsanspruch der Kunst immer wieder formuliert – in Worten und in Tönen. Wagners zitiertes zeitkritisches Grundkonzept wäre also so zu verstehen, daß der Druck der bürgerlichen Arbeits- und Lebenswelt jene Verabsolutierung der Kunst hervortrieb: Kunst als Vorschein vom besseren Leben. Das ist exakt die Position des Schlußkapitels von Wagners Schrift ‹Oper und Drama›. Die Lohengrin-Fabel ist dann umgekehrt zu lesen als Parabel der Unmöglichkeit, den Anspruch der Kunst (das «Wunder») unter den historischen Bedingungen der bürgerlichen Gesellschaft in der Mitte des 19. Jahrhunderts zu verwirklichen. Kern des ‹Lohengrin› ist in dieser Interpretation – wie beim ‹Tannhäuser› – die Kunst- und Künstlerproblematik, mit durchaus biographischen Implikationen. In Wagners bereits herangezogener programmatischen Erläuterung des ‹Lohengrin›-Vorspiels ist das bezeichnend dargestellt. Der Gral (wir lesen: die Kunst) ist «der unwürdigen Menschheit entrückt», nur einer Elite, «einsamen Menschen» (wir lesen: den Künstlern) ist er zugänglich gemacht worden, «so die Reinen zu irdischen Streitern für die ewige Liebe» weihend (IV, 179). Lohengrin erscheint als Künstler.

Der absolute Künstler

Beides, den Absolutheitsanspruch der Kunst wie des Künstlers, hat die Ästhetik des frühen 19. Jahrhunderts formuliert. In Karl Wilhelm Ferdinand Solgers ‹Vorlesungen über Ästhetik› von 1829 lesen wir:

«In jedem einzelnen Kunstwerke liegt ein Universum; denn es ist die Idee darin enthalten, die sich durch Offenbarung an einer bestimmten Stelle der Wirklichkeit äußert. Das *Bewußtsein des Künstlers* und das *Kunstwerk* bilden nach beiden Seiten die äußersten Grenzen der Kunst. Jedes von beiden ist uns ein absolutes Factum, worüber wir

1 Karl Philipp Moritz: Schriften. Hg. v. H. J. Schrimpf. Tübingen 1962, S. 5.

nicht hinaus können; denn es ist Offenbarung, Eintreten der Idee in die Wirklichkeit . . .» (S. 116)

So tritt Lohengrin in die Realität ein – als Offenbarung. Wagner selbst hat ihn 1851 als «absoluten Künstler» bezeichnet, der aus seiner «wonnig öden Einsamkeit» herabsteigt, um «voller Mensch» zu sein. «Aber an ihm haftet unabstreitbar der verräterische Heiligenschein der erhöhten Natur, er kann nicht anders als wunderbar erscheinen». Unverstanden muß er «vernichtet in seine Einsamkeit» zurückkehren (IV, 296). In Wagners genereller Deutung ist dies paradigmatisch für die «Situation des wahren Künstlers zum Leben der Gegenwart»; das «moderne Kunstleben» verweigere wirkliches Verstehen (Wagners zentrale Dichotomie von Verstand und Gefühl wird auch hier aktiviert), künstlerische Selbstverwirklichung. Dies will der Autor, auf dem Grunde eigener Erfahrungen, als grundsätzliche Problematik neueren Künstlerdaseins verstanden wissen, einer Existenz, die stellvertretend steht für den Menschen der Moderne überhaupt und allein die bessere Zukunft utopisch zu imaginieren vermag. Lohengrins Scheitern an der Realität soll also einerseits diese Realität bloßstellen, zum andern jedoch das bessere Leben als Potential erkennbar machen. Hier ist ein Ansatz für eine heutige Realisierung der Oper. Zu versinnlichen wäre, daß diese Problemlage eine unverändert aktuelle, gegenwärtige ist. (Des Komponisten dezidierte Wendung ins Autobiographische in ‹Eine Mitteilung an meine Freunde›, Lohengrin als Darstellung des Leidens und der Größe Richard Wagners also, dürfen wir dann an dieser Stelle, so aufschlußreich sie dem Biographen, dem Musikhistoriker und Sozialpsychologen ist, generös übergehen.)

Die Schlüssigkeit einer solchen Interpretation aber steht und fällt mit der Person des Haupthelden. Die aber ist unter solchen Auspizien so unproblematisch nicht. Wir müssen fragen, wie denn dieser absolute Künstler auf der Szene agiert. Wir müssen fragen, ob denn diese Selbstinterpretation in der Zuspitzung auf die Künstlerproblematik zureichend ist. Geht es wirklich um die «Wonnen der Gewöhnlichkeit», um Künstlertum und bürgerliche Gesellschaft allein? Ist die «äußere» Handlung, das Volk, das Reichsdeutsch-Nationale nur Folie, deutlichere Ausführung der «historisch sagenhaften» Einkleidung des Ganzen, wie es Wagner später suggeriert? (IV, 300)

Eines ist sicher: was Wagner an der alten Fabel des Wolfram von Eschenbach störte (er berichtet davon ausführlich), war die Verbürgerlichung des Protagonisten. «Die naht sin lip ir minne enpfant: do wart er vürste in Brabant / . . . / si gewunnen samt schoeniu kint / . . .» heißt es bei Wolfram. Dafür hatte der späte Wagner nur Spott; Cosima notiert am 16. November 1882:

«Wir sprechen über Lohengrin, über dessen Naivität, ‹dadurch, daß kein Zweifel daran ist, daß er fort muß, kann er so naiv einfach sein›. Wir besprechen es, wie wenige dieses Gebot begreifen, überhaupt die Notwendigkeit anerkennen wollen; jetzt sprächen sie vom liebenden Weib, dem zuliebe er wohl sein Geheimnis verraten konnte und mit ihr bleiben, womöglich Kinder bekommen.»

Und schon der Brief an Hermann Franck vom 30. Mai 1846*, in dem es um die Verdeutlichung der Lohengrin-Gestalt geht, weiß, «daß die weltlichen Liebesbande streng genommen einem Gralsritter nicht zukommen». Mit anderen Worten: Lohengrin, der «absolute Künstler», kann die Ehe nicht wirklich vollziehen, das wäre Selbstaufgabe, die Trivialisierung der Kunst. Aber wie steht es dann mit der proponierten Unverstandenheit des modernen Künstlers? Die Frage nach Elsas Schuld, von der rohen Handlung her offenbar so eindeutig, stellt sich unter neuem Aspekt. Und ein Hauptmoment der Änderungen, die Wagner laut seinem Brief an Franck an der ersten Librettofassung vornahm, war, «Lohengrins Beteiligung an dem tragischen Ausgang deutlicher zu machen».

Zum anderen: Lohengrin ist durch und durch «öffentlicher» Held. Die Antwort auf die Namensfrage, von Elsa in der Brautnacht gestellt, gibt er vor versammeltem Heer. Auch sonst bleibt ihm im hier entscheidenden Verhältnis zu Elsa der «Heiligenschein der erhöhten Natur», welcher Privatheit letztlich verhindert, vielmehr Gehorsam erheischt: «Elsa, mit wem verkehrst du da . . .» Das ist auch in der intimsten Szene, die nicht wirklich intim werden kann, im Grunde unverändert. Hatte Lohengrin schon dem Schwan «wehmütig» nachgeblickt, so scheint er jetzt sogar von sich als insgeheimem Märtyrer zu sprechen: «Das Einz'ge, was mein Opfer lohne, / muß ich in deiner Lieb' ersehn! / Drum wolle stets den Zweifel meiden . . .» Auch wenn Sprache mißverständlich sein kann, ist hier kaum der erhobene Zeigefinger zu übersehen. Wagner hat dieses Problem der Lohengrin-Gestalt gesehen; er wurde früh, schon vor der Komposition, nach einer Lesung der Dichtung damit konfrontiert. Änderungsentwürfe, die teilweise wieder verworfen wurden, der ausführliche Rechtfertigungsbrief an Hermann Franck vom Mai 1846 und die Erwähnung dieser Diskussion in der Schrift ‹Eine Mitteilung an meine Freunde›, noch die späteren Gespräche zeugen von einem offenbar neuralgischen Punkt. Wagner

---

* Vgl. in der vorliegenden Dokumentation S. 104.

hat die Lösung, so darf man sagen, der Darstellungskraft des Sängers bzw. dem Regisseur überantwortet. Das betrifft zwei Momente des Stücks. Einmal soll (so der Brief an H. Franck) «die Überraschung bei Elsas Anblick, das unvermutete und schnell entflammte Feuer der Liebe» in Relation zur Musik sichtbar werden. Ferner soll am Schluß Lohengrins Klage «O Elsa! Was hast du mir angetan» die Wende vom «strafenden Gott» zum menschlich-erschütternden Zusammenbruch darstellen. Dies zu verdeutlichen und bis zum Schluß der Oper darstellerisch durchzuhalten, sei der Angelpunkt der Wirkung und daher «das Wichtigste» für den Sänger des Lohengrin. Abgesehen davon aber, daß die genannte Passage ein kaum sonderlich bemerkenswertes «Stück Opernmusik» (Dahlhaus) ist, erscheint es fraglich, ob dieser die grundlegende musikalische Struktur des Ganzen nicht tragende oder berührende Moment als Zentrum des Finales wahrgenommen werden kann: ihm unmittelbar voraus geht die strukturell beziehungsreiche und musikalisch alles überstrahlende Gralserzählung. Und auch die zuerst genannte Wirkung der Auftrittsszene ist schwer realisierbar. Die Wundererscheinung Lohengrin, sprachlos angestaunt, müßte nach dem «wehmütigen» Schwanenabschied plötzlich einer irdischen Regung Ausdruck verleihen, selbst die Wirkung eines Wunders, eines Gegenwunders, an sich darstellen. Aber Allegorese und leidenschaftlich fühlendes Menschentum sind im Grunde unvereinbar.

Wagners Konstruktion der Lohengrin-Figur gleicht der Quadratur des Kreises. Einerseits soll Lohengrin Exponent des Absoluten sein und dies nicht aufgeben, andererseits will er sich in der Realität, im Menschlich-Beschränkten voll entfalten. Anders als Tannhäuser, dessen Faszination als dramatische Figur aus der psychischen Zwielichtigkeit, dem ständigen und jähen leidenschaftlichen Schwanken zwischen den beiden Polen seiner Existenz herrührt, sind die beiden Bereiche bei Lohengrin allenfalls getrennt, im Nacheinander auffaßbar. Das läßt ihn, die glanzvolle Figur, seltsam statisch und unflexibel erscheinen. Wo er als Repräsentant des Absoluten besticht, muß er als fühlender Erdenbürger versagen. Beiden in gleicher Weise und gleichzeitig zu entsprechen, scheint nicht nur Wagners Anlage der dramatisch-musikalischen Konfiguration zu verweigern. Und die im Brief an Franck als Möglichkeit angedeutete Hilfskonstruktion, daß Lohengrin unter dem Eindruck Elsas ein insgeheimes Gralsgesetz verletzte, hat Wagner selbst nicht als Handlungselement nutzen wollen.

Das so bezeichnete Feld der offenen Fragen aber ist die Stunde von Regisseur und Darsteller, nicht die des Wissenschaftlers oder Publizisten.

Schließlich: zwar in bezug auf die Hauptpersonen endet der ‹*Lohengrin*› tragisch; sein politisches Credo (unsere erste Ebene der Fabel) aber ist keineswegs resignativ. Dem Schluß der ‹*Meistersinger*› jedenfalls, «Zerging in Dunst das heil'ge römische Reich, / Uns bliebe gleich die heil'ge deutsche Kunst!», entspricht der des Lohengrin nicht. Vom Zerfall des Reichs und der Statthalterschaft der Kunst kann, zumindest unter tagespolitischem Aspekt, keine Rede sein. Eher scheint es umgekehrt: der erzwungene Verzicht des «absoluten Künstlers» läßt weltliche Herrschaft und Reich geadelt, durch die Tat der Kunst geheiligt und gestärkt zurück.

Denkt man dieses offenbare Faktum zusammen mit der analysierenden Strukturverschiebung von innerer und äußerer Handlung, so eröffnet sich ein zweites Erklärungsmodell.

Realität II: Die Gegenwart der Geschichte

In der Mitte des zweiten Aktes verkündet der Heerrufer dem brabantischen Volk einen zunächst eher marginal scheinenden Entschluß seines soeben mit der Krone belehnten Herrschers: «Doch will der Held nicht Herzog genannt, / Ihr sollt ihn heißen: Schützer von Brabant.» Eine ‹*Rienzi*›-Reminiszenz gewiß: Lohengrin – Volkstribun statt Herzog. Doch im Zusammenhang von Wagners Dresdner Aktivitäten ist das mehr denn eine Geste. In der Rede vor dem Dresdner Vaterlandsverein vom 14. Juni 1848, in der Wagner das Ende der Adelsprivilegien fordert (allgemeines Wahlrecht, ein Parlament statt des Zweikammersystems, eine Volkswehr statt Heer und Kommunalgarde), macht er eine merkwürdige (möglicherweise auch taktisch zu erklärende) Unterscheidung zwischen (erblichem) Königtum und «Monarchismus». Der sächsische König selbst solle den Freistaat, die Republik, ausrufen, sich selbst damit als «der erste und allerechteste Republikaner» erweisen, so werde er wahrhaft «König» sein, der «Monarchismus» sei überwunden – eine Reform von oben also. Unzweifelhaft steht der Schritt Lohengrins vom Herzog zum «Schützer» in diesem Zusammenhang. Im Licht solcher Ideen ist die Oper in vielen ihrer Momente zu begreifen: eine Parabel der deutschen politischen Verhältnisse in der Mitte des 19. Jahrhunderts, genauer: vor 1848/49. Eine Parabel dieser Situation, wie Wagner sie sah – mit ihren Problemen und Hoffnungen, ihren Grenzen wie ihren Gefährdungen. Dazu einige Hinweise.

1. Betrachtet man Wagners Stoffwahl nach der Abwendung von der

Haupt- und Staatsaktion der Großen Oper, so fällt die zunehmende Akzentuierung der geschichtlich-nationalen Bezüge auf – bis hin zu den ersten ‹Ring›-Texten: der internationale Stoff des ‹Holländer› – der deutsche des ‹Tannhäuser› – der deutsch-nationale des ‹Lohengrin›; ein ‹Barbarossa›-Drama blieb nachfolgend Entwurf, der statt dessen vorgezogene ‹Siegfried› ist in der ersten Version bekanntlich durchaus eine Fortsetzung dieser zuletzt deutlich um die bewegende nationale Frage kreisenden Sujets, wenngleich vermittelter, weniger direkt. ‹Lohengrin› enthält wohl Wagners ungeschützteste Formulierungen des nationalen Pathos.

«Nun ist es Zeit, des Reiches Ehr zu wahren; / ob Ost, ob West? Das gelte Allen gleich! / Was deutsches Land heißt, stelle Kampfes Scharen, / dann schmäht wohl Niemand mehr das deutsche Reich!» kündet König Heinrichs Werberede gleich eingangs; mit markigen Worten prägt er im Schlußakt die vom Chor aufgegriffene Sentenz «Für deutsches Land das deutsche Schwert! / So sei des Reiches Kraft bewährt!» Und Lohengrin weissagt vor seinem Abschied: «Nach Deutschland sollen noch in fernsten Tagen / des Ostens Horden siegreich nimmer ziehn!» Daß solches Appellieren an nationales Denken und Fühlen in der Entstehungszeit des ‹Lohengrin› auf die akute Lage der Nation bezogen war und wurde, hat Hans Mayer* betont. Die mittelalterliche Fabel ist Wagners Gegenwart. In diesem Sinn auch ist die parallel zur ‹Lohengrin›-Komposition aufgegriffene ‹Rotbart›-Thematik zu begreifen. Am Schluß von Wagners merkwürdiger Abhandlung ‹Die Wibelungen› läßt er in der Fassung von 1848/49 den alten Kaiser in seinem Berge ausrufen: «Zwei Raben fliegen um meinen Berg – sie mästen sich fett vom Raub des Reichs! Von Südost hackt der eine, von Nordost hackt der andere: – verjagt die Raben und der Hort ist euer . . .» (XII, 229). Ist in diesem Text der aktuelle Bezug auf Österreich und Rußland ohne den Umweg über die Geschichte deutlich, so ist gleichzeitig der Tonfall gegenüber dem ‹Lohengrin› weit weniger emotional und aggressiv.

2. ‹Lohengrin› ist auch eine große Heeresoper. Nirgendwo in Wagners Werk – in Relation zum Umfang des Ganzen auch nicht im ‹Rienzi› – gibt es so viel schmetternde Fanfaren, Heeresrufe, Aufzüge, kriegerische Töne. Das ist auch wohl mehr, als es das historische Kolorit verlangen und rechtfertigen würde, sollte die «künstlerische» Fabel lediglich ins altdeutsche Gewand gekleidet werden. Die affektiven Implikationen solcher Partien in Relation zur politischen Parabel-

---

* Vgl. dazu H. Mayer: Richard Wagner in Selbstzeugnissen und Bilddokumenten (rowohlts monographien Bd. 29). Reinbek 1959, S. 49.

haftigkeit der Geschichte sind unzweifelhaft. Und ferner: ‹Lohengrin› ist eine große Choroper. Wie direkt Wagner diese Chöre und Märsche in der revolutionären Situation für benutzbar hielt, belegt eine Äußerung gegenüber Cosima (Tagebuch vom 25. Juni 1869):

«... daß im Jahre 48 Röckel ihm gesagt: ‹Jetzt brauchen wir so einen Volkshymnus›. ‹Nun›, sagte Richard – ‹das Thema hätte ich wohl›, und er sang ihm das Motiv aus dem Marsch des dritten Aktes des ‹Lohengrin›. Röckel aber fand es zu künstlich, wobei Richard ihm recht gibt und sagt, man merke es der Sache an, daß sie in ein Kunstwerk gehöre.»

Auch wenn die Distanzierung der Kunstsphäre schließlich betont wird, ist doch die Wirkungsrichtung klar angegeben. Das politische suggestive Moment der unifizierbaren Volksszenen ist gewollt: Im ‹Lohengrin› gibt es nur eine Volkswehr. Doch von den Chören handelt ein anderer Beitrag dieses Programmbuchs.* Hier nur der für unseren Zusammenhang wichtige Hinweis, daß die Chöre, das Volk, durchweg reaktiv gezeigt werden, fragend allenfalls und kommentierend, zumeist jedoch akklamierend, nicht die Handlung treibend. Politisches Signum des Volkscharakters ist hier Gefolgschaft. Das Moment des einheitlichen nationalen Wollens wird überformt von dem der Führerschaft.

3. Friedrich I. (Barbarossa) und Siegfried sind in dieser Konstellation die Gestalten, um die Wagners Denken kreiste, als er in den letzten Jahren vor der deutschen Revolution seine Kunst auf die politische Situation seiner Tage und die erhoffte Lösung des «Völkerfrühlings» hindachte. Der mythische Siegfried und der historische Barbarossa gelten in Wagners seltsamer Geschichtskonstruktion (wie sie etwa in den ‹Wibelungen› vorliegt) als Figuren an Zeitenwenden. Und im Aufgreifen der bekannten Kyffhäuser-Thematik, die den alten Kaiser mit seinem langen Bart im Berge auf die große Stunde seiner Wiederkehr zum Wohl des Reichs (dessen Hort er hütet und sein Schwert), zur Herbeiführung einer neuen Zeitenwende warten läßt (man vergleiche Rückerts populäres Gedicht), formuliert die ‹Wibelungen›-Schrift Wagners aktualisierende Deutung der Geschichte: «Wann kommst du wieder, Friedrich, du herrlicher Siegfried! und schlägst den bösen nagenden Wurm der Menschheit?» (XII, 229) Siegfried, der schon im mittelalterlichen Rotbart eine erste Wiederkehr erlebte, soll im Bilde des historischen Kaisers erneut erscheinen. Die Gegenwart, die Nation

---

* *Brinkmann bezieht sich auf das Programmbuch der Bayreuther Festspiele von 1979 zu ‹Lohengrin›.*

wartet auf den erlösenden politischen Helden, der sie ihrer wahren Identität nach außen und nach innen endlich wieder zuführt.

Die Parallelen dieser politischen Heilserwartung zu Wagners Darstellung der Lohengrin-Fabel sind mit Händen zu greifen. Lohengrins messianisch eingekleidetes Erscheinen muß auf dem Hintergrund der zeitgenössischen Erwartungshaltung und im Rahmen der nationalen Töne der Oper zumindest partiell als politische Manifestation verstanden werden. (Auf die Analogien wie Hort und Gral etc. gehe ich nicht weiter ein.) Und wenn auch der Ausgang der Fabel selbst in bezug auf Lohengrin das politische Heldentum gerade nicht realisiert, so sind die affektiven Implikationen vorhanden und von Wagner gesetzt. Dem entspricht exakt, daß Wagner die Möglichkeiten des Stoffs zu einem echten Historiendrama nicht nutzt.

Der ehrenwerte König Heinrich, in dem die heutige Forschung den politisch umsichtigen Erneuerer des Reichs nach seinem Niedergang unter den letzten Karolingern und Konrad I. sieht, wird, wie aufgezeigt, im ‹Lohengrin› in den Hintergrund gedrängt. Das entspricht Wagners Einschätzung seiner historischen Rolle, wie sie die ‹Wibelungen› darlegen; er steht dort im Schatten der Großen, Rotbarts zumal (und Ottos I.). Wirkliches politisches Handeln geschieht für Wagner (mit Ausnahme eines zugespitzten Punkts seines Denkens vielleicht im Sommer 1849) nur im Gefolge der großen einzelnen, auch die Rede vor dem Vaterlandsverein ist so zu verstehen. In diesem Sinn partizipiert Lohengrin an den Hoffnungen seines Autors und eines Teils seiner Zeitgenossen auf den politischen Messias der Deutschen.

4. und mehr in Parenthese. Wagners eigener späterer Deutung der Figur der Ortrud als politischer «Reaktionärin» (Brief an Liszt, 31. Januar 1852), als Vertreterin der Restauration, der verderbten alten Adelspartei, so stimmig sie zu politischen Dimensionen der Lohengrin-Gestalt stehen mag, kann ich so ohne weiteres nicht beipflichten. Hans Mayer, der diese Deutung übernimmt, hat zugleich auf die Widersprüche in Wagners Argumentation hingewiesen. Vor allem die Großartigkeit der Musik der zentralen Ortrud-Szene, ihre auf den Prosacharakter des ‹Ring› vorausweisende (also «fortschrittliche) Faktur (im Gegensatz zu den Chören etwa) scheint solchen Inhalten entgegenzustehen. Andererseits sei daran erinnert, daß auch im ‹Tannhäuser› musikalisch der Venusberg obsiegte, den Wagner in der Fabel unterliegen ließ. Doch der war wohl auch nicht eigentlich reaktionär . . .

Die tagespolitischen Motive im ‹Lohengrin› also sind manifest. Sie sind aus der historischen Lage vor 1848 erklärbar und verstehbar.

Aber es bleibt ein Rest, der darin nicht einfach aufgeht. Man hat in den kontroversen Wagner-Diskussionen der letzten Jahrzehnte eine nationalistische Übersteigerung des nationalen Denkens eher in den ‹Meistersingern› (der Schlußansprache des Sachs etwa) sehen wollen, denn im ‹Lohengrin›. Vielleicht nicht zuletzt deshalb, weil der ‹Lohengrin› als vorrevolutionäres Werk, als Teil der großen, zur Paulskirche führenden deutschen Bewegung verstanden werden konnte. Aber wenn irgendwo in Wagners musikdramatischem Werk die Gefährdung, die Pervertierung des nationalen Gedankens angelegt ist, dann doch wohl im ‹Lohengrin›. Das Problem des Politischen ist hier das Überborden des nationalen Pathos und seine Verbindung mit dem Wundertäter.

Kunstwerke sind nicht Invarianten im historischen Prozeß. Sie sind dialogischen Charakters und kehren zu verschiedenen Zeiten verschiedene Momente des in ihnen angelegten Potentials bestimmend hervor. Kunstproduktion steht in Wechselwirkung zur Rezeption. Das Problem des ‹Lohengrin› ist auch das seiner Rezeption. Das Wort «Führer», mit dem Lohengrin den befreiten Gottfried bedenkt, klingt 1846 anders als 1933 und als 1945. Allerdings steht es dort. Oder: Heinrich des Voglers Wort «Ob Ost, ob West? Es gelte Allen gleich!» schillert zwischen «Das ganze Deutschland soll es sein» und «Ich kenne nur noch Deutsche». Und das betonte «Deutsche» in Verbindung mit «des Ostens Horden» kann auch den Unterton rassistischen Denkens assoziieren. Wagners «zaubervolles Werk» ist nicht so angelegt, daß es fatale Deutungen verwehrt – im Gegenteil. Dies ist seine historische Schuld. Aber es zwingt solche Deutungen auch nicht für jede Zeit hervor. Heinrich Manns ‹Untertan› sieht und hört nicht nur eine das Nationale nationalistisch hervorkehrende Inszenierung des ‹Lohengrin›, er ist für diese Interpretation auch geistig und moralisch disponiert.

Daß für eine Deutung des ‹Lohengrin› heute, nach den Erfahrungen mit der deutschen Geschichte und mit Wagners Werk in ihr, das Nationale im Zentrum stehen könnte, scheint mir undenkbar. Sicher: man kann kritisch entlarvend vorgehen, würde dann den Widerspruch inszenieren von Personenregie, Requisiten und Bühnenbild – gegen die Musik. Ja – gegen die Musik. Denn trotz der Chöre und der Massenszenen: begreift man den Lohengrin als «Tat» der Musik, nimmt man deren Struktur ernst und als primäres Faktum, so ist das Politische zwar vieldeutig gegenwärtig, aber nicht dominant. Die Gralsmusik des Vorspiels, dieses subtile Artefakt, eignet sich nicht für nationales Pathos. «Tunlichst mehr Mosel als Warmbier . . .» (Ernst Bloch). Und

Diederich Heßling, der Untertan, gibt denn auch «zu verstehen, daß er auf Ouvertüren keinen Wert lege». Freilich – das sind Entscheidungen. Entscheidungen, welche die Strukturverschiebung dieser Dramenkonstruktion zugunsten der inneren Handlung interpretieren. Aber kommt nicht alles darauf an, was wir aus Wagner für uns rettend begreifen?

Eine Voraussetzung dafür aber scheint denn doch zu sein, daß die Quadratur des Zirkels gelinge, daß Lohengrin, der Lichtheld, vermenschlicht werde, leidend erscheine, ein letztlich Verzweifelter aus irdischem Verlangen.

Doch, erinnern wir uns rechtzeitig: da gibt es noch Elsa. Lohengrins Rettung ist nicht die Musik allein. Lohengrins Rettung ist auch: Elsa.

Plädoyer für Elsa

> «Die liebend gläubige Elsa müßte sterben, denn die lebende muß ihn fragen. Und alle scenische Pracht und alle Herrlichkeit der Musik scheint sich nur aufzubauen, um den einzigen Wert dieses einen Herzens in das Licht zu setzen.»
> (Wagner, laut Cosimas Tagebuch vom 11. November 1880)

Für Elsa ist weder die Realität der Inbegriff erfüllten Daseins (das fatal Politische also eher marginal, sowohl in ihrer nie ausgefüllten Rolle als Fürstentochter wie auch in ihren subjektiven Akzentsetzungen), noch vermag sie sich rückhaltlos der Blendung durch das Wunder hinzugeben. Weder die weltliche noch die übersinnliche Macht sind für sie unbefragte Autorität – Elsa träumt und denkt. (Was Wagner in den Charakteren der Senta und des Tannhäuser angelegt hat, führt zu Elsa, nicht zu Lohengrin.) Gegenüber der durchgeführten Individualität dieser Figur werden die von außen herangetragenen Motivationen (Ortruds Einflüsterungen und Drohungen, Friedrichs Anbiederung) sekundär, sind Projektionen, Verdeutlichungen, handlungsmäßige Umsetzungen einer inneren Disposition und Entwicklung. Wagner hat dies in fast dithyrambischen Sätzen umschrieben:

«Dieses Weib, das sich mit hellem Wissen in ihre Vernichtung stürzt um des notwendigen Wesens der Liebe willen – das, wo es mit schwelgerischer Anbetung empfindet, ganz auch untergehen will, wenn es nicht den Geliebten umfassen kann; dieses Weib, das in ihrer Berührung gerade mit Lohengrin untergehen mußte, um auch diesen der Vernichtung preiszugeben; dieses so und nicht anders lieben könnende

Weib . . . vor dem Lohengrin noch entschwinden mußte, weil er es aus seiner besonderen Natur nicht verstehen konnte . . . (IV, 301)

Elsa ist die Figur der Grenzüberschreitung. Ihr erster Auftritt, der eine Verteidigungsrede vor Gericht sein soll, stellt dies dar. Sie beginnt «ruhig vor sich hinblickend» ihren Bericht («Einsam in trüben Tagen . . .»), der sie immer mehr der Realität zu entführen scheint. Einwürfe des Chors: «Träumt sie? Ist sie entrückt?» . . . Die Mahnung des Richters: «Elsa verteid'ge dich vor dem Gericht», wird – die musikalische Faktur des Zwischenspiels zeigt es – ignoriert, dringt nicht mehr in diese Sphäre. «Elsas Mienen gehen von dem Ausdruck träumerischen Entzücktseins zu dem schwärmerischer Verklärung über» – das Gralsmotiv erklingt, und dann die Erzählung des Traums, der jetzt Wirklichkeit werden wird.

Die Regieanweisungen, die Elsas Verhalten beschreiben und erklären, sind für dieses Moment des Transzendierens der Realität ebenso aufschlußreich wie analoge Stellen zu Senta und Tannhäuser. Man vergleiche vor allem Sentas Auffassung von Eriks Traumerzählung «als träume sie den von ihm erzählten Traum ebenfalls». Oder die – für die Pariser Fassung konkretisierte – Regiebemerkung zu Tannhäusers erstem Auftreten im Sängerkrieg des zweiten Aktes: «Tannhäuser fährt wie aus dem Traume auf, seine trotzige Miene nimmt sofort den Ausdruck der Entzückung an, mit welchem er in die Luft vor sich hinstarrt; ein leises Zittern der Hand, die bewußtlos nach den Saiten der Harfe sucht, ein unheimliches Lächeln des Mundes zeigt an, daß ein fremder Zauber sich seiner bemächtigt. Als er dann, wie erwachend, kräftig die Harfe greift, verrät seine ganze Haltung, daß er kaum mehr weiß, wo er ist und namentlich Elisabeth nicht mehr beachtet.»

Ein analoges Entrücktwerden liegt auch dem entscheidenden Augenblick des Duetts im Brautgemach zugrunde. «Elsa schreckt in heftigster Aufregung zusammen und hält an, wie um zu lauschen», ist die Szenenanweisung zum Rezitativ «Hörst du nichts . . .?» Dann aber die traumhafte Schreckensvision: «Dort, dort der Schwan . . .» Und Lohengrins Versuch «Beruhige deinen Wahn!» (in der Wortwahl mit dem späteren Lieblingswort Wagners psychologisch nicht sehr geschickt) wird verworfen: «Nichts kann mir Ruhe geben, / dem Wahn mich nichts entreißt; / als, gelte es auch mein Leben, / zu wissen, wer du seist!» Die Katastrophe folgt. Die offenbar vom Heranschleichen Friedrichs und seiner Gesellen herrührenden Geräusche also transponiert Elsa in einer Reaktion von Verlustangst ins Irreale, die Imagination des erneut nahenden Schwans (man kann auch sagen: sie weiß die

Das «Brautgemach» als «Liebeskathedrale» (Günther Uecker), gebildet aus hundert unterschiedlich langen Metallstäben. Das Brautbett ist ein Kunstobjekt, geformt aus Schwanenfedern. Szenenfoto der Bayreuther Festspiele 1980. Für die Regie der 1979 zum erstenmal gezeigten Inszenierung war Götz Friedrich verantwortlich, für die Ausstattung Günther Uecker. Es dirigierte Woldemar Nelsson. In den Hauptpartien: Karan Armstrong (Elsa) und Peter Hofmann (Lohengrin).

Folgen dessen, was sie tut). Zugleich aber ist sie in diesem gesteigerten Moment am Ziel ihres Nachdenkens, ihres Wissenwollens (des «Grübelns über Lohengrin»). Dies – wie es oft geschah – unter so primitiven Kategorien wie Eifersucht oder ähnlich fassen zu wollen, zeugt nicht gerade von Einfühlungsvermögen. Elsa ist ein anspruchsvoller, komplexerer Charakter. Sie will selbstvergessene Hingabe leben und zu-

271

gleich doch volle Klarheit über dieses Leben haben. Die Mitte von Elsas Handeln liegt in der Überkreuzung von rückhaltlosem Träumen und hellster Wachheit.

Dies isoliert sie in ihrer Umgebung. Elsa ist auffällig allein: in den Augenblicken ihrer Not (vor dem Gericht im ersten Akt, am Münster im zweiten, und zwar dort vor und während Lohengrins Anwesenheit) wie in ihrem Glück (auf dem Söller). Sinnfällig macht Wagner ihr Auf-sich-Verwiesensein gerade auch dadurch, daß die Entscheidung zur verbotenen Frage bereits gefallen ist, bevor Lohengrin und Elsa zum erstenmal ohne Begleitung zusammen sind. Ich meine das «kontemplative Ensemble» (R. Strauss) in der Szene vor dem Münster: «In wildem Brüten . . .», diesen scheinbar retardierenden, in Wahrheit den Knoten schürzenden fünffachen Monolog vor dem Chor-Hintergrund, in dem Elsas Worte «in Zweifel doch erhebt des Herzens Grund!» solistisch bedeutsam abgesetzt sind. Vorher hatte Lohengrins hochmütiges Abweisen der Frageberechtigung von Friedrich wie von König Heinrich zwar das Volk und den König überzeugt, nicht jedoch Elsa. Die Regieanweisung lautet: «Lohengrin hält betroffen an, als er, sich zu Elsa wendend, diese mit heftig wogender Brust in wildem inneren Kampf vor sich hinstarren sieht.» Und im Ensemble spricht Elsa, wieder «der Umgebung entrückt», für sich aus, was sie denkt: «hier», also öffentlich ihn fragen, wird sie nicht. Die Zuspitzung der Situation in der Kemenate ist damit angezeigt. Die Entscheidung ist gefallen. Auch in dieser Szene von Elsas exponierter, hilfeheischender Gefährdung bleibt Lohengrin der öffentliche Held, der nach der Akklamation der Menge, von dieser umringt, händeschüttelnd, Elsa «einsam im Vordergrund» stehen läßt, mit ihren Zweifeln allein. Wagner hat diesen Angelpunkt der psychischen Entwicklung Elsas beschrieben (Brief an Liszt, 8. September 1850).

«Bei der Konzeption und Ausführung des zweiten Aktes war es mir nicht entgangen, wie notwendig es zur Hervorbringung der richtigen Stimmung des Zuhörers sei, daß die Befriedigung, welche durch Elsas letzt Worte im Lohengrin ist, *keine* vollständige und wörtlich beruhigende sei; es soll dem Publikum die Empfindung beigebracht werden, daß Elsa sich soeben nur die äußerste Gewalt antat, ihren Zweifel zu überwinden, und wir in Wahrheit zu befürchten haben, Elsa werde – da sie einmal dem Grübeln über Lohengrin sich hingegeben – dennoch erliegen und das Verbot überschreiten. Hierin, daß diese Stimmung hervorgebracht wird, daß wir allgemein diese Befürchtung hegen, liegt die einzige Notwendigkeit, daß noch ein dritter Akt folge, in welchem sich unsere Befürchtung erfüllt: außerdem mußte die Oper hier zu

Ende sein; denn die Hauptfrage wäre nicht nur angeregt, sondern auch sogar schon befriedigend gelöst worden. Um nun diese notwendige Stimmung recht deutlich, ja handgreiflich hervorzubringen, fand ich folgenden dramatischen Moment. Elsa wird von Lohengrin schließlich die Stufen zum Münster hinaufgeleitet: auf der höchsten Stufe angekommen, wendet Elsa den Blick mit furchtsamer Scheu zur Seite abwärts – sie sucht unwillkürlich Friedrich mit den Augen, an den sie noch denkt –, da trifft ihr Blick auf Ortrud, welche unten steht und drohend die Hand zu ihr emporstreckt: im Orchester lasse ich hier im Fortissimo f-moll die Reminiszenz von Lohengrins Verbot eintreten, deren Bedeutung bis hierher sich uns deutlich eingeprägt hat, und von Ortruds ausdrucksvoller Gebärde begleitet hier mit Bestimmtheit ausdrücken muß: ‹Geh nur hin, du wirst *doch* das Gebot brechen!› Hierauf wendet Elsa sich erschreckt ab . . .»

Abgesehen davon, daß hier sinnfällig wird, wie bei Wagner (in vollster reflektiver Bewußtheit) musikalisch-gestischer Inhalt und szenische Gestik Spiegelungen, Erläuterungen psychischer Vorgänge sind (Frageverbotsmotiv und Ortruds Körperhaltung versinnlichen Elsas inneren Zustand, dieser «soll dem Publikum» szenisch «beigebracht werden»), wird das Ausmaß deutlich, in dem Elsas innere Entwicklung den Begründungszusammenhang der Handlung bestimmt: Thomas Manns Akzentuierung Wagners als des großen Psychologen hat im ‹Lohengrin› ihren Beleg in der Figur der Elsa.

Die «Handgreiflichkeit» des dramatischen Moments, von der Wagner im zitierten Text spricht, und die genaue psychologische Motivierung des Dramas aus der Einzelfigur der Elsa heraus sind noch in einem weiteren Sinn signifikant. Nietzsche schon hat Wagners «doppelte Optik» kritisiert: das Nebeneinander des Gröbsten und des Feinsten, die «ambitiöse» Zweideutigkeit seiner Werke, wie Thomas Mann es formulierte. Die nationalen Töne des ‹Lohengrin› gehören unter die erste Kategorie, die Figur der Elsa gehört zur zweiten. Auf einer höheren Ebene stehen sich Lohengrins «naives» Wunder und Elsas sentimentalisch-differenziertes, selbstzerstörerisches Traumdenken gegenüber. «Über die Begegnung müssen aber die Herzen brechen.» Elsa verkörpert das Glück und das Leiden des zarten, großen, endlich zu schwer beladenen, zwischen Realität und Wunder zerbrochenen Herzens. Sie hat die «Nuance der Liebe, der leidenschaftlichen persönlichen Erfahrung» von der ebenfalls Thomas Mann in anderem Zusammenhang bei Wagner einmal sprach. So ist auch der – unter Wagnerianern vieldiskutierte – Tod Elsas dramatisch glaubhaft zu begreifen: als Konsequenz der psychischen Belastung einer leidenschaftlich und wissenwollend handelnden großen Seele. Dann auch steht am Schluß der Oper nicht das «Reich», sondern die Betroffenheit von einem stellvertretenden Leiden. Elsa ist die Modernität des ‹Lohengrin›.

Der ‹Lohengrin› stellt sich heute dar als ein Geflecht von Problemstellungen, von Möglichkeiten, die um die zentrale Metapher der Vereinbarkeit des «Wunder» mit der «Realität» gruppiert sind, einer Frage, welche auf der Szene negativ entschieden wird. Möglichkeiten soll heißen: Möglichkeiten eines Sinnpotentials, die es zu entfalten gilt – prüfend, wählend, akzentsetzend. Die Entscheidung über Stringenz und Aktualität der Interpretation ist zuerst den Interpreten übergeben: dem musikalischen Theater, das deutend die Welt bedeuten kann. Wir werden hören, sehen und nachzudenken haben.

Literaturhinweise zu diesen Überlegungen (über den ‹Lohengrin› ist, wie über so vieles, eigentlich fast alles schon einmal gesagt worden): Th. W. Adorno: Versuch über Wagner. Frankfurt am Main 1952 u. ö., C. Dahlhaus: Richard Wagners Musikdramen. Velber 1971; K. Hortschansky: Das Wunder und das Wunderbare am Werk Richard Wagners. In: Das Drama Richard Wagners als musikalisches Kunstwerk. Hg. v. C. Dahlhaus. Regensburg 1970; Th. Mann: Essays III. Schriften über Musik und Philosophie. Frankfurt am Main 1978; H. Mayer: Richard Wagner. Reinbek 1959 (rowohlts monographien 29); U. Siegele: Das Drama der Themen am Beispiel des «Lohengrin». In: Richard Wagner: Werk und Wirkung. Hg. v. C. Dahlhaus. Regensburg 1971; E. Voss: Studien zur Instrumentation Richard Wagners. Regensburg 1970. Wagners Schriften sind zitiert nach der Volksausgabe in 16 Bänden.

Egon Voss*

Die Chöre im ‹Lohengrin›
vor dem Hintergrund von ‹Oper und Drama› (1979)

Der ‹*Lohengrin*› ist dasjenige Bühnenwerk Wagners, das den größten Choranteil hat. Fast ständig ist der Chor auf der Bühne präsent, nur in den beiden nächtlichen Szenen des zweiten und in der Brautgemachszene des dritten Aktes kommen Handlung und Szenerie ohne den Chor aus. Selbstverständlich ist diese Feststellung nur eine quantitative, keine qualitative Aussage. Über die Bedeutung des Chors im ‹*Lohengrin*› ist damit noch nicht viel gesagt.

Zweieinhalb Jahre nach der Vollendung des ‹*Lohengrin*› – die Partitur trägt das Schlußdatum 28. April 1848 – schrieb Wagner in Zürich die theoretische Schrift ‹*Oper und Drama*›, die wohl vor allem ihres außerordentlichen Umfangs wegen meist für Wagners wichtigstes theoretisches Werk gehalten wird, jedoch eher Ausdruck einer bestimmten Entwicklungsphase in Wagners Auseinandersetzung mit dem Musiktheater ist, als daß ihr wahrhaft der Rang eines ästhetischen Hauptwerkes zukäme. Gespiegelt ist Wagners musikdramatisches Bewußtsein des Jahres 1850, und dieses Bewußtsein steht unverkennbar dem ‹*Lohengrin*› näher als dem ‹*Ring des Nibelungen*›, auf den es immer so selbstverständlich bezogen wird.

In ‹*Oper und Drama*› – die erste Niederschrift hat das Schlußdatum 10. Januar 1851 – erteilte Wagner dem Chor in der Oper eine totale Absage. Im Drama der Zukunft, wie es Wagner sich vorstellte, hatte der Chor keinen Platz. Es heißt im dritten Teil von ‹*Oper und Drama*›: «Selbst der bisher in der Oper verwendete *Chor* wird nach der Bedeutung, die ihm in den noch günstigsten Fällen dort beigelegt ward, in *unsrem* Drama zu verschwinden haben; auch er ist nur von lebendig überzeugender Wirkung im Drama, wenn ihm die bloß massenhafte Kundgebung vollständig benommen wird. Eine Masse kann uns nie interessieren, sondern bloß verblüffen: nur genau unterscheidbare Individualitäten können unsre Teilnahme fesseln.»[1]

So sehr es Wagner in seinen Zürcher Schriften ‹*Die Kunst und die Revolution*›, ‹*Das Kunstwerk der Zukunft*› und ‹*Oper und Drama*› um

---

* *Egon Voss (geboren 1938), Musikwissenschaftler und Editionsleiter der Richard-Wagner-Gesamtausgabe in München.*
1 Richard Wagner: Sämtliche Schriften und Dichtungen. Volksausgabe, Bd. 4, S. 162.

eine Wiederbelebung und Erneuerung der antiken Tragödie ging, so unzweifelhaft sind doch die kritischen Einwände gegen deren Dramaturgie. Sie betreffen unter anderem den für die antike Tragödie so charakteristischen Chor. Wagner schrieb dazu im ersten Teil von ‹Oper und Drama›: «*Shakespeares* Tragödie steht insofern unbedingt über der griechischen, als sie für die künstlerische Technik die Notwendigkeit des Chores vollkommen überwunden hat. Bei *Shakespeare* ist der Chor in lauter an der Handlung persönlich beteiligte Individuen aufgelöst, welche für sich ganz nach derselben individuellen Notwendigkeit ihrer Meinung und Stellung handeln, wie der Hauptheld, und selbst ihre scheinbare Unterordnung im künstlerischen Rahmen ergibt sich nur aus den ferneren Berührungspunkten, in denen sie mit dem Haupthelden stehen, keinesweges aber aus einer etwa prinzipiellen technischen Verachtung der Nebenpersonen.»[2]

Im Chor der griechischen Tragödie sah Wagner Publikum und Volk repräsentiert, und er war der Meinung, daß der Chor in dem Maße «von der Szene ab ganz in das Volk zurücktreten» könne, in dem «das verdeutlichende Urteil des Chores in den Handlungen der Helden selbst sich [. . .] unwiderleglich» ausdrücke. Diesen Prozeß aber betrachtete Wagner als Reifung des «Dramas als Kunstwerk». Meinte er, diesen Prozeß in Shakespeares Dramen verwirklicht zu finden, so erschien ihm die Entwicklung *nach* Shakespeare als Vorgang der Verflachung. Es heißt dazu, wiederum im ersten Teil von ‹Oper und Drama›: «Wenn die sicher und fest gezeichneten Persönlichkeiten Shakespeares im weiteren Verlaufe der modernen dramatischen Kunst immer wieder von ihrer plastischen Individualität verloren und bis zur bloßen stabilen Charaktermaske ohne alle Individualität herabsanken, so ist dies dem Einflusse des ständisch uniformierenden Staates zuzuschreiben, der das Recht der freien Persönlichkeit mit immer tötlicherer Gewalt unterdrückte. Das Schattenspiel solcher innerlich hohlen, aller Individualität baren Charaktermasken ward die dramatische Grundlage der Oper. Je inhaltsloser die Persönlichkeiten unter diesen Masken waren, desto geeigneter erachtet man sie zum Singen der Opernarie. [. . .]» – «Alles Individuelle konnte diesen Opernmasken nur durch den äußeren Anstrich kommen, und endlich mußte die Besonderheit der Lokalität des Schauplatzes ihnen das ersetzen, was ihnen innerlich ein- für allemal abging. Als die Komponisten alle melodische Produktivität ihrer Kunst erschöpft hatten und vom Volke sich die Lokalmelodie erborgen mußten, griff man endlich auch zum

2 Wagner, a. a. O., Bd. 3, S. 268 f.

Der zweite Aufzug in Wieland Wagners Bayreuther Inszenierung von 1958, die das Werk «als konsequentes, statuarisches Chordrama» (Dietrich Mack) präsentierte: «Zwei gotische Spitzbogen-Reihen sind hintereinander gestaffelt, zwei siebenarmige Leuchter stehen auf dem höchsten Absatz der Mitteltreppe, zwischen ihnen das Bild einer Madonna mit Kind, seitlich am Rundhorizont zwei Engel, die wie Glasfenster-Figuren aus Chartres wirken» (Dietrich Mack). Es begibt sich eine Art Oratorium in Kostümierung; die herrschenden Farben sind blau und silber (schon Nietzsche sprach von der «blauen» Musik in ‹Lohengrin›).

ganzen Lokale selbst: Dekorationen, Kostüme, und das, was diese auszufüllen hatte, die bewegungsfähige Umgebung – der *Opernchor*, ward endlich die Hauptsache, die Oper selbst, [. . .]» – «Um die öde Szene um den Ariensänger herum zu beleben, hat man das *Volk*, dem man seine Melodie abgenommen hatte, selbst endlich auf die Bühne gebracht; aber natürlich konnte das nicht *das* Volk sein, das jene Weise erfand, sondern die gelehrig abgerichtete *Masse*, die nun nach dem Takte der Opernarie hin- und hermarschierte. Nicht das *Volk* brauchte man, sondern die *Masse*, d. h. den materiellen Überrest von dem Volke, dem man den Lebensgeist ausgesaugt hatte. Der massenhafte Chor unsrer modernen Oper ist nichts andres, als die zum Gehen und

Singen gebrachte Dekorationsmaschine des Theaters, der stumme Prunk der Kulissen in bewegungsvollen Lärm umgesetzt. [. . .]» – «In dem heutzutage so berühmt gewordenen ‹Unisono› enthüllt sich ganz ersichtlich der eigentliche Kern der Absicht der Massenanwendung, um *im Sinne der Oper* hören wir ganz richtig die Massen «emanzipiert», wenn wir sie, wie in den berühmtesten Stellen der berühmtesten modernen Oper, die alte, abgedroschene Arie im hundertstimmigen Einklange vortragen hören. So hat unser heutiger Staat die Masse ebenfalls emanzipiert, wenn er sie in Soldatenuniform bataillonsweise aufmarschieren, links und rechts schwenken, schultern und präsentieren läßt: wenn die Meyerbeerschen ‹*Hugenotten*› sich zu ihrer höchsten Spitze erheben, *hören* wir an ihnen, was wir an einem preußischen Gardebataillon *sehen*. Deutsche Kritiker nennen's – wie gesagt – Emanzipation der Massen. –»[3]

Die Erhöhung der Bedeutung und des Anteils des Chors in der Oper faßte Wagner als Raffinesse der aristokratischen Kunstgattung Oper auf, die in einer Zeit wiederholter bürgerlicher Revolutionen sich gezwungen sah, auf die sozialpolitischen Entwicklungen und Bedürfnisse der Zeit einzugehen, ihnen in irgendeiner Form Rechnung zu tragen. Der größere und gewichtigere Anteil des Chors in der Oper schien die Anerkennung der nichtaristokratischen Gesellschaftsschichten, vielleicht sogar auch ihrer Rechte zu bedeuten, war aber in Wahrheit – so Wagners Verständnis – nichts anderes als geschickt drapiertes Kolorit, soziale Exotik, die denen Sand in die Augen streuen sollte, die von der Emanzipation der Massen träumten. Wagner sah diese Emanzipation als Gleichmacherei. Das Unisono der Opernchöre – man denke an den berühmten Gefangenenchor aus Verdis ‹*Nabucco*› – verstand er nicht als Ausdruck von Solidarität oder gar als Aufruf dazu, sondern als Ertrinken aller Individualität in einer konturlosen Masse. Emanzipation der Massen war ihm augenscheinlich vor allem Emanzipation *von* der Masse, Entfaltung der individuellen Züge jedes einzelnen. Diese Vorstellung hatte – nach der Darstellung von ‹*Oper und Drama*› – ihre Konsequenzen bis in die musikalische Satztechnik hinein. Für den vollen musikalischen Ausdruck der Individualität einer Dramenfigur ist nach ‹*Oper und Drama*› die gesamte Harmonie vonnöten; eine zweite, gleichzeitig singende Figur beeinträchtigt nach dieser Ansicht notwendig und zwangsläufig die Entfaltung der ersten, da sie Töne besetzt, die die erste zum vollen Ausdruck ihrer Individualität braucht. Duett, Ensemble und mehrstimmiger

---

3 Wagner, a. a. O., S. 269 ff.

Chorsatz verbieten sich also gleichermaßen. Freilich hat Wagner diese Vorstellung in keinem seiner Werke rigoros praktiziert.

Die Konzeption eines musikalischen Dramas der Zukunft in den drei Zürcher Schriften war nicht nur eine Absage an die zeitgenössischen Vertreter und Repräsentanten der Gattung Oper, allen voran Meyerbeer und Rossini, sondern zwangsläufig auch eine Trennung Wagners von der eigenen Vergangenheit, eine Abkehr von den eigenen Opern und ihrer Dramaturgie. Wagner kritisierte in der Auseinandersetzung mit der Oper, wie er sie vorfand, auch sein eigenes Schaffen von den ‹Feen› bis hin zum ‹Lohengrin› und zu ‹Siegfrieds Tod›, und man ist versucht, die in den drei Zürcher Schriften niedergelegte Kritik an der Gattung Oper nicht so sehr als theoretische Erörterung aufzufassen, sondern vielmehr als Niederschlag der Erfahrung mit den eigenen Werken. Wagners Kritik am Opernchor hätte dann vor allem mit dem ‹Lohengrin› zu tun.

Auffällig an der Rolle des Chors im ‹Lohengrin› ist das Fehlen großer ausgedehnter Chorsätze, die ganze Szenen füllen. Einzig der berühmte Brautchor zu Beginn des dritten Aktes entspricht diesem Modell. Im übrigen aber ist Wagner der Chorszene geradezu ausgewichen. Der Aufzug der Grafen mit ihrem Gefolge zu Beginn der dritten Szene des dritten Aktes hätte sich vorzüglich für einen spektakulären Chorsatz geeignet. Es heißt in der Szenenbeschreibung: («Ein Graf mit seinem Heergefolge zieht im Vordergrunde rechts auf, steigt vom Pferd und übergibt dies einem Knechte, zwei Edelknaben tragen ihm Schild und Speer. Er pflanzt sein Banner auf, sein Heergefolge sammelt sich um dasselbe.) (Während ein zweiter Graf auf die Weise, wie der erste, einzieht, hört man bereits die Trompeten eines dritten sich nähern.) (Ein dritter Graf zieht mit seinem Heergefolge ebenso ein. Die neuen Scharen sammeln sich um ihre Banner; die Grafen und Edlen begrüßen sich, prüfen und loben ihre Waffen usw.) (Ein vierter Graf zieht mit seinem Heergefolge von rechts her ein und stellt sich bis in die Mitte des Hintergrundes auf. Als die Trompeten des Königs vernommen werden, eilt alles sich um die Banner zu ordnen.) (Der König mit seinem sächsischen Heerbann zieht von links ein.)» (Nach dem Klavierauszug von Theodor Uhlig.) An einer vergleichbaren Stelle, nämlich im dritten Akt der ‹Meistersinger› beim Aufzug der Zünfte und der Meistersinger auf der Nürnberger Festwiese, hat Wagner nicht darauf verzichtet, jede aufziehende Gruppe sich durch Wort und Gesang vorstellen und charakterisieren zu lassen. Zu Beginn der dritten Szene des dritten ‹Lohengrin›-Aktes dagegen bleibt der Chor stumm und findet erst für die Begrüßung des Königs ein paar knappe Worte. Dieser Verzicht auf die Selbstdarstellung des Chors läßt sich auffassen als Kehrseite des Versuchs, den Chor stärker in die Handlung zu integrieren, ihn zum dramatischen Partner zu machen. Die im ‹Lohengrin› fast ausschließlich kurzen Chorstellen sind Reaktionen auf das jeweils aktuelle Geschehen, während ein so ausgedehnter Chorsatz, wie es derjenige zu Beginn der dritten Szene des dritten Aktes wäre, unweigerlich zum Operntableau würde, einer Form, die dazu neigt, sich selbst genug zu sein. Wie es scheint, wollte Wagner durch seinen Verzicht auf ausgedehnte Chorsätze der Gefahr entgehen, daß der Bezug des Chors zur Handlung, auf den es ihm augenscheinlich besonders ankam, von seiner Farbwirkung in den Hintergrund gedrängt würde.

Als dramatischer Partner, als Gruppe, die an der Handlung wahrhaft teilnimmt, ist der Chor im ‹Lohengrin› allerdings von einer erstaunlichen Passivität. Fern von Selbständigkeit und eigener Initiative äußert er sich fast nur dann, wenn etwas auf ihn eindringt, wenn er zur Stellungnahme aufgefordert wird. Er ist immer nur zur Reaktion fähig, nie aber zur Aktion. Anschaulich bringt das einer der wenigen Chorsätze von größerer Ausdehnung, der Doppelchor «In Früh'n versammelt uns der Ruf» zu Anfang der dritten Szene des zweiten Aktes, in der grammatikalischen Struktur der Anfangszeile des Textes zum Ausdruck. Nicht der Chor, die Gruppe derer, die sich versammeln und singen, ist Subjekt des Satzes, sondern der Trompetenruf. Die brabanter «Edlen und Burgbewohner» – so nennt sie die Regieanweisung – versammeln sich nicht, wie *werden* versammelt – eine Differenz, die nicht zufällig ist und in dem, was sie besagt, ihre Entsprechung hat in der musikalischen Behandlung des Chors.

Indem Wagner zu Beginn der dritten Szene des dritten Aktes, wie erwähnt, auf einen großen Chorsatz verzichtete und damit – wie es zumindest scheint – das Tableau zu vermeiden suchte, verzichtete er zugleich darauf, die verschiedenen Heeresgruppen musikalisch zu kennzeichnen, die Eigenständigkeit und Individualität der einzelnen Grafen und ihres Gefolges durch Sprache und Musik sich ausprägen zu lassen. Es war ein Verzicht auf die eigene Kontur des Chors. Die musikalische Charakterisierung der Szene bleibt ganz dem Orchester überlassen, das den Aufzug eines Heeres schildert, ohne auf die Individualität derer einzugehen, die das Heer bilden.

An anderer Stelle, beim Brautzug zum Münster in der vierten Szene des zweiten Aktes, bleibt der Chor zwar nicht sprachlos und stumm, aber zum einen setzt er erst im Laufe der Szene ein, wenn die Musik der Szene schon in vollem Gange ist, und zum anderen bleibt er unmißverständlich dem Orchester untergeordnet, das die Führung der Melodie nicht ein einziges Mal abgibt. Der Chor füllt lediglich die Harmonie aus, und erst gegen Schluß erhält er mehr Kontur, allerdings auch nur dadurch, daß er, beginnend mit den Bässen und Tenören, in die Moti-

Ge-seg-net sollst du schrei-ten!

vik des Orchesters einstimmt. Diese wird jedoch nicht einmal beibehalten, sondern am Ende mit dem «Heil dir! Heil Elsa von Brabant!» zugunsten einer kräftigen, aber lapidar-einfachen und herkömmlichen Kadenz wieder aufgegeben. Der Chor entwickelt keine eigene Motivik, eine Motivik von Prägnanz und Unverwechselbarkeit, sondern er fügt sich der Melodik und Thematik des Orchesters, ordnet sich unter, paßt sich an. Das gilt nicht nur für den Brautzug.

Wenn der König – Schluß der ersten Szene des ersten Aktes – beschwörend ausruft: «Nicht eh'r soll bergen mich der Schild, bis ich gerichtet streng und mild!» und die Männer hinzufügen: «Nicht eh'r zur Scheide kehr' das Schwert, bis ihm durch Urteil Recht gewährt!», so benutzt der Chor die gleiche Melodie wie der König (von einer Transposition abgesehen), obwohl vom Text her kein Grund besteht, die beiden Sätze gleichlautend zu vertonen. Über der musikalischen Unterordnung der Männer unter ihren König, der Anpassung des Chors an den Solisten, laufen sogar die Nuancen des Textes Gefahr, verlorenzugehen. Solch unmittelbares Wiederholen von Phrasen der Solisten durch den Chor ist zwar die Ausnahme, nicht die Regel, aber es zeigt wie in einem Brennspiegel den Verzicht auf ausgeprägte musikalische Eigenständigkeit in den Chören des ‹Lohengrin›.

In der Regel bewegen sich die ‹Lohengrin›-Chöre im Rahmen des Herkömmlichen. Sie sind nicht nur konventioneller als diejenigen anderer Bühnenwerke Wagners, sondern ihre Musik erscheint vor allem auch im Vergleich mit der der Protagonisten des Werkes als in traditionell-gebräuchlichen Bahnen verharrend. Viele Choreinwürfe, Begrüßungen, Antworten usw. kommen mit wenigen Akkorden aus, manche gar mit nur einem einzigen:

8 Wohl-auf für deut-schen Rei-ches Ehr'!

Mit Gott —— für Rei-ches Ehr'!

(Erster Akt, erste Szene)

Entsprechend einfach ist die Melodik:

(Erster Akt, erste Szene)

(Zweiter Akt, dritte Szene)

Aber auch dort, wo es harmonisch reicher zugeht zugeht, verwendet Wagner bevorzugt traditionelle Modelle und Tonfälle:

Daß individuellere Gestaltungen im ‹Lohengrin› nicht gänzlich fehlen, zeigt unter anderem der Chor «Wie faßt uns selig süßes Grauen» bei Lohengrins Ankunft im ersten Akt. Gerade an dessen ausgeprägter melodischer Physiognomie aber wird deutlich, wie konturenarm die Mehrzahl der Chöre im übrigen ist. Das gilt auch für den Chor «In Früh'n versammelt uns der Ruf» und die anschließende Chorszene mit dem Heerrufer, die fraglos stellenweise von komplexerer Struktur ist. Aber auch hier zwingt die unangetastet herrschende Akkord-Homophonie zur rigorosen Anpassung der Motivik an die Harmonie und deren Verlauf. Die daraus resultierende Dreiklangs- und Akkordmelodik ebnet die Unterschiede zwischen den melodischen Wendungen eher ein, als daß sie zu ihrer Ausprägung beitrüge. Im übrigen ist schon in dem Eingangsmotiv

der traditionelle Ton unüberhörbar angeschlagen.

Ausnehmen von dieser Kennzeichnung der ‹*Lohengrin*›-Chöre muß man wohl den Brautchor, der gewiß nicht zu jener weltweiten Berühmtheit aufgestiegen wäre, besäße er keine unverwechselbare Prägnanz. Indessen ist der Brautchor Bühnenmusik, so daß ihm eine andere Stellung zukommt als den anderen Chören, die nicht – wie jener – musikalische, sondern dramatische Bestandteile der Handlung sind.

Dietmar Holland

Schwierigkeiten mit
Wagners ‹Lohengrin› heute (1987)

Der Weg zum Verständnis und damit zur Inszenierung von Wagners
‹Lohengrin› ist uns heute eigentümlich versperrt. Von Wagner selbst als
Dokument vormärzlich-oppositionellen Geistes gemeint, ließ sich gerade ‹Lohengrin› so gut mißbrauchen für deutschnationale und
schließlich sogar nationalsozialistische Zwecke. Adolf Hitler hielt sich
selbstverständlich, als «Führer» des deutschen Volkes, für den legitimen Erben des «Führers von Brabant», in dem sich (am Ende der
Oper) die Hoffnung auf Erfüllung dessen verkörpert, was der lichte
und reine Schwanenritter Lohengrin durch seine «gute Tat» verhieß.
Im Jahre 1936, dem Jahr der Selbstdarstellung und kulturellen Repräsentation des «Dritten Reiches», stand natürlich eine Neuinszenierung
des ‹Lohengrin› auf dem Programm der Bayreuther Festspiele. Der
Anlaß war ja auch gleich mehrfach historisch abgesichert: Man feierte
die fünfzigste Wiederkehr der Todestage Franz Liszts und König
Ludwigs II. von Bayern und konnte darüber hinaus noch eine politische Symbolik von geradezu metaphysischer Würde und Tragweite
ausnutzen, immerhin den tausendsten Todestag des ersten reichsdeutschen Königs (Heinrich I., genannt «der Vogler»), dem Wagner, wie
der ‹Bayreuther Festspielführer› in jenem Jahr versicherte, im ‹Lohengrin› ein «lebendiges Denkmal» gesetzt habe. Was lag also näher, als
die Feier des erneut für «tausend Jahre» gedachten «Dritten Reiches»
mit eben dem Gründer des (ersten) Deutschen Reiches historisch zu
legitimieren? Der «von oben» verordnete Nationalstaat Bismarcks
gipfelte nun – soll man sagen: folgerichtig? – triumphal in der brutalen
Umfunktionierung der einstigen Idee Wagners vom «Volkskönigtum»
zur bedingungslosen Hingabe an die «Wahrheit» des charismatischen,
durch sein bloßes Erscheinen bereits evidenten «Führers» einer totalitären Staatsmaschinerie von schier erschreckender Konsequenz. Das
verordnete «Frageverbot» Lohengrins wurde beim Wort genommen,
politisch konkret umgemünzt zur Vollstreckung des absoluten Anspruchs auf Gewalt und Terror und *ästhetisch* zum unantastbaren und
unhinterfragbaren Dogma der Rezeptionshaltung erklärt. Hat nicht
bereits Wagner selbst, etwa in den Volkschören, die auf das Wunder der
Erscheinung Lohengrins als Lichtgestalt («aus Glanz und Wonne
komm ich her») reagieren, das Einverständnis des Publikums vorweg

BÜHNENFESTSPIELE BAYREUTH

SONNTAG, DEN 19. JULI 1936

LOHENGRIN

Musikalische Leitung: Wilh. Furtwängler
Gesamtinszenierung: Heinz Tietjen
Chöre: Friedrich Jung
Gesamtausstattung: Emil Preetorius

König Heinrich	Josef v. Manowarda
Lohengrin	Franz Völker
Elsa	Maria Müller
Telramund	Jaro Prohaska
Ortrud	Margarete Klose
Heerrufer	Herbert Janssen
1. Edler	Martin Kremer
2. Edler	Heinz Weber
3. Edler	Edwin Heyer
4. Edler	Franz Bordk
1. Page	Ilse Mentzel
2. Page	Ruth Beheim
3. Page	Charlotte Ganke
4. Page	Maria Zimmermann
Herzog Gottfried	Roan Roswaenge

Technische Leitung und Beleuchtung: Paul Eberhardt · Kostümwesen: Kurt Palm
Beginn: 1. Aufzug 16 Uhr · 2. Aufzug 18.15 Uhr · 3. Aufzug 20.45 Uhr

Auf ausdrücklichen Wunsch des Herrn Reichskanzlers wird gebeten, innerhalb des Festspielhauses von Kundgebungen, die nicht dem Werke Richard Wagners gelten, abzusehen

Das Fotografieren während der Aufführungen ist untersagt
Für die Besetzung ist nur das im Festspielhaus ausgegebene Programm verbindlich · Preis 30 Pfennig!

Hüte, Schirme, Stöcke sind in den Garderoben links und rechts abzugeben
Operngläser sind in dem Mittelbau des Festspielhauses für RM 1.- zu entleihen

Bayreuther Festspielführer 1936 im Auftrage der Festspielleitung herausgegeben von Dr. Otto Strobel, Bayreuth · Verlag der Hofbuchhandlung Georg Niehrenheim, Bayreuth, Preis 4.50 RM · Zu haben in den Kiosken am Festspielhause, in der Bahnhofbuchhdlg. u. in allen anderen Buchhandlg. u. Schreibwarengeschäften

Theaterzettel zur Bayreuther Neuinszenierung des ‹Lohengrin› im Jahre 1936 aus Anlaß des sechzigjährigen Bestehens der Festspiele, des 1000. Todestages König Heinrichs und der in diesem Jahr spektakulären Olympischen Spiele in Berlin.

in seine Partitur einkomponiert? Auch er hatte ja politische Aktualisierung im Sinn, als er das Stück 1845 konzipierte und bis 1848 in Partitur setzte, und moralische Aufrüstung dazu, wenn auch (noch) nicht im totalitären Sinn. Oder vielleicht doch?

Die besondere Erwartungshaltung der Zeit, die als «Vormärz» in die Geschichte eingegangen ist, ist freilich nur der äußerliche Anlaß für die Konzeption des ‹Lohengrin›-Dramas. Um wirklich verstehen zu können, warum Wagner das Stück schrieb, ist es notwendig, in die Tiefenschichten vorzudringen und den mythologisierenden Schleier zu lüften, hinter dem sich erstaunliche Vorgriffe auf psychologische Erkenntnisse unseres Jahrhunderts verbergen. Wir wissen aus Wagners einschlägigen Äußerungen, sei es in Briefen oder in den Tagebuchnotizen Cosimas, nicht nur, was er den «geheimnisvoll-flüssigen Säften» seiner Musik, die «bis auf das Mark des Lebens eindringt», zutraute, nämlich die Überwältigung des kritischen Verstandes durch die Macht des unmittelbaren Gefühls; wir müssen auch stets damit rechnen, daß wir Zeugen eines genau motivierten Seelendramas werden, dessen Wurzel in Wagners Untergangsphantasien zu suchen ist. Man wird zwar wohl kaum behaupten wollen, daß Wagner sich selbst in seinen Dramen porträtiert habe, aber es ist andererseits auch nicht zu leugnen, daß bei ihm sich das Leben im Werk spiegelt. Warum hätte er sonst so viel und so oft zur Feder gegriffen und in unermüdlichem Eifer seine «Freunde» darüber informiert, was ihn zu seinen Schöpfungen veranlaßt hat? Die Not, aus der heraus die Tragödie des Schwanenritters entstand, ist Wagners Einsicht in die «Nichtswürdigkeit» der «modernen Welt», genau gesagt: in die politische Stimmung um 1845 mit dem schwachen Preußenkönig Friedrich Wilhelm IV., die ihn zur «Empörung gegen eine lieblose Allgemeinheit drängte». Das Scheitern einer einzelnen, herausragenden Gestalt ist dabei jedoch bereits vorprogrammiert, denn das Beispiel Lohengrins zeigt, daß die «messianische» Wundererscheinung unvereinbar ist mit den Bedingungen der konkreten gesellschaftlichen Realität, in die sie hineintritt. Es ist eine bewußte Entscheidung Wagners, den absoluten Begriff von Liebe, wie ihn Lohengrin, der Zeit entrückt, vertritt, zusammenstoßen zu lassen mit der ausdrücklich gewählten *historischen* Ebene, die als Gegenbild zur schlechten Realität des «Vormärz» gemeint ist: König Heinrich ist das Korrektiv zu Friedrich Wilhelm IV., der, statt die Einheit der Nation voranzutreiben, den liberalen Geist der Hegelianer zu unterdrücken suchte und, statt «des Ostens Horden» zu bekämpfen, mit dem rigoros-reaktionären Zaren Nikolaus I. eine heilige Allianz einging. Daß später die deutschnationalen Töne der Außenhandlung mit

*Franz Völker
als Lohengrin
in der Bayreuther
Neuinszenierung
von 1936.*

ihrer ursprünglich bürgerlich-fortschrittlichen Dimension verzerrt
werden konnten zu Wilhelminischem Säbelrasseln und Nazi-Terror,
ist nicht Wagners Schuld, für uns heute aber eine prekäre Angelegenheit. Im Fall des ‹Lohengrin› fallen Entstehungsumstände und Rezep-
tionsgeschichte drastisch auseinander. Lohengrin beansprucht Liebe
und Wahrheit als Emanzipation, während die Gesellschaft, auf die er
trifft, befangen ist im Machtgetriebe, das Liebe nur als Kalkulations-
faktor kennt. Wagner erkannte mit untrüglichem Blick die tragische
Dialektik, in die sich Lohengrin bei dem Versuch verfängt, sein ersehn-
tes Ziel (das «Verstandensein durch die Liebe» ohne die Identität
preisgeben zu müssen, also um seiner selbst willen geliebt zu werden)
erreichen zu wollen mit einem unzumutbaren Mittel: dem Frageverbot, das nichts anderes ist als eine Chiffre für die Unvereinbarkeit von

287

Wundererscheinung und defizitärer Wirklichkeit. Nach Wagner ist es das menschliche Los, die Liebe und Wahrheit nur in zeitlicher Beschränkung erfahren zu können. Dafür steht Elsas Drang, *aus Liebe* Lohengrin nach seiner Identität zu fragen, ein.

Die Quellen boten Wagner indessen nur den äußeren Stoff; er empfand sie als «platt» und sogar «dürftig», hatte es vielmehr darauf abgesehen, den Kern des Mythos aus den verschiedenen mittelalterlichen Stoffschichten herauszuschälen, weil er davon überzeugt war, daß es gerade die mythische Einfachheit sei, die ihn an das «Reinmenschliche» heranführe, zu dem das historische «Colorit» nur einen – dramaturgisch berechtigten – szenischen Kontrast bilden sollte. Der tiefste Kern der ‹*Lohengrin*›-Handlung war für Wagner die tragische Einsamkeit des Schwanenritters und auch der historisch fixierten Elsa von Brabant, die er beide als psychologisch komplementäre Gestalten auffaßte. Damit ging er weit über die Stoffquellen hinaus, denn er konnte jetzt sein dichterisches Urbild von der narzißtischen Wunde des Mannes, die von der bedingungslosen Liebe einer Frau geheilt werden soll, zur Darstellung bringen. Als szenisches Mittel dazu wählte er die Allegorie des Künstlers, um das Problem so anschaulich wie möglich zu machen:

«Hier nun treffe ich auf den Hauptpunkt des Tragischen in der Situation des wahren Künstlers zum Leben der Gegenwart, eben derselben Situation, die im Stoffe des Lohengrin von mir ihre künstlerische Gestaltung erhielt: – das notwendigste und natürlichste Verlangen dieses Künstlers ist, durch das Gefühl rückhaltlos aufgenommen und verstanden zu werden; und die – durch das moderne Kunstleben bedingte – *Unmöglichkeit*, dieses Gefühl in der Unbefangenheit und zweifellosen Bestimmtheit anzutreffen, als er es für sein Verstandenwerden bedarf – der *Zwang*, statt an das Gefühl sich fast einzig nur an den kritischen Verstand mitteilen zu dürfen.»

Das «Grübeln» Elsas über Art, Name und Herkunft Lohengrins, das in der Katastrophe des dritten Aktes zur entscheidenden, unabwendbaren Frage führt – bezeichnenderweise geschieht das, im Unterschied zu den Quellen, bereits in der Hochzeitsnacht –, ist Ausdruck der in Wagners Augen zerstörerischen Funktion jeglicher Reflexion und zugleich die in Erscheinung tretende tragische Dialektik Elsas, denn sie *muß* fragen, weil sie Lohengrin *liebt*, wenn auch nur mit *menschlichem* Maß, das aber mehr ist als weibliche Neugierde. Die Vertiefung gerade dieses archetypischen Handlungsmotivs ist Ausdruck von Wagners Tendenz zu dramatischer Konzentration und vor allem: Motivierung

*Maria Müller als
Elsa in der
Bayreuther
Neuinszenierung
von 1936.*

der Handlungsmomente. Da er zugleich an die sinnlich einleuchtende Bühnenwirkung denkt, führt er die Gestalt Ortruds ein, die den Gegenpart zur Lichtgestalt Lohengrins bildet und – Wagner bezeichnete sie als «Reaktionärin [...] im wütendsten Sinne des Wortes» (Brief an Liszt vom 30. Januar 1852) – den Mißbrauch der Reflexion zum Zweck der Zerstörung statt ihren Gebrauch als Instrument der Erkenntnis verkörpert. (Daß sie Anhängerin der heidnischen Götter ist und damit auch äußerlich in krassem Gegensatz zur christlich-mittelalterlichen Welt Brabants steht, hat für die innere Handlung keine weitere Bedeutung.) Die tragische Einsamkeit Lohengrins ist also doppelt motiviert: Der Anspruch auf unbedingte, ja absolute Wahrheit wird durch Reflexion von außen durchkreuzt, einmal durch «Weibesliebe», zum anderen durch politisches Kalkül.

Der Nimbus, mit dem Lohengrin als Wundertäter in die Gerichtsszene des ersten Aktes hineintritt – im Prosaentwurf von 1845 hatte

289

Wagner für die Münsterszene des zweiten Aktes sogar konkrete Wunderheilungen vorgesehen! – ist nicht zuletzt der *Musik* zu verdanken, die ihn umgibt wie ein Strahlenkranz: Lohengrin kommt schlicht aus A-dur. Nie zuvor gab es eine solche musikalische Phantasmagorie. Das «Wunder» wird hier zur klanglichen Erscheinung. Wagner nennt das den «Gral». Dabei will er nichts wissen von den religiösen Implikationen. Ausdrücklich verwirft er den «Priesterbetrug» und beruft sich auf die antiken Vorstufen des Lohengrin-Mythos, etwa auf den Mythos vom ‹Zeus und Semele›. Ganz im Sinne des Philosophen Ludwig Feuerbach interpretiert er den Gral als Ausdruck der Liebe und der *Freiheit*, also ganz entschieden in säkularisiertem Sinn: Die scheinbar trivialen – bei Wagner übrigens sonst nirgends verwendeten – Worte Lohengrins zu Elsa «Ich liebe dich» sind gemeint als Ausdruck der Wahrheit, wie sie der Gral symbolisiert. Er ist der Inbegriff des sinnlich unmittelbaren, einzig aus sich heraus zu verstehenden Bezirks der Kunst, der für Wagner gleichbedeutend ist eben mit Liebe und Freiheit, in den Worten Feuerbachs: «das zu Verstand gebrachte Herz». Das Zwielichtige dagegen ist Sache der gesellschaftlichen Realität mit der – jedenfalls vorerst – das Gralsgeheimnis unvereinbar ist. Woher der Ritter kommt und was der Gral bedeutet, wie der Ritter sich nennt und was der Gral bewirkt – das alles soll sich an der sinnlich evidenten Erscheinung selbst erweisen. Sie entzieht sich der kritischen Reflexion. Es genügt, daß Lohengrin sogleich Elsas Unschuld erklärt – das «Gottesgericht» dient lediglich der Bühnenwirkung dessen, was ohnehin bereits feststeht – und daß er als Führerpersönlichkeit akzeptiert wird.

Bereits Friedrich Nietzsche erkannte als Grundhaltung der Dramen Wagners die eigentümliche «doppelte Optik» der Handlungsmomente und der psychologischen Motivationen. Im ‹Lohengrin› ist das allenthalben aufzuspüren: So ist das programmierte Scheitern Lohengrins sowohl der sinnfällige Ausdruck für das (utopische) *Potential* des besseren Lebens als auch zugleich die Bloßstellung der schlechten gesellschaftlichen Wirklichkeit. Um das in höchster Anschaulichkeit zeigen zu können, entwarf Wagner die Handlung auf zwei Ebenen: Er schuf eine Märchenoper im Gewand eines Historiendramas, denn «in einer ungeschichtlichen Märchenwelt wäre der Widerspruch, an dem Lohengrin zugrunde geht, hinfällig» (Carl Dahlhaus). Die Tragik Lohengrins wird nur an der strikten Trennung der beiden Bereiche überhaupt sinnlich erfahrbar. Die historische Ebene ist die Kontrastfolie, von der sich der absolute, zeitentrückte Künstler abhebt. Der «äußeren», *historisch* genau fixierten Handlung ist die «innere», einzig *psy-*

Margarethe Klose als Ortrud in der Bayreuther Neuinszenierung von 1936.

chologisch motivierte gegenübergestellt: das Komplementärverhältnis zwischen Elsa und Lohengrin, das sichtbar gemacht wird durch die Intrige Ortruds. Der Zweifel, der in Elsa nagt und zur Erscheinung drängt, wird durch Ortruds Intrige zur Bühnenrealität, zum «Reflex, den die innere Handlung nach außen wirft» (Dahlhaus), damit ein *Drama* entsteht. In Elsa sieht Wagner den «ersehnten» Gegensatz zum Wesen Lohengrins, aber einen dialektischen, «der in seiner Natur überhaupt mit enthalten und nur die notwendig von ihm zu ersehnende Ergänzung seines männlichen, besonderen Wesens ist». Elsa ist Lohengrins «Unbewußtes» und zugleich ebenso Verkörperung der Grenzüberschreitung wie er. Freilich strebt sie nach «oben», während er, in Wagners Worten, von ihr «aus sonniger Höhe» hinabgezogen wird «an die wärmende Brust der Erde». Der Preis dafür ist auf beiden Seiten hoch: Der Ausbruch des Zweifels bei Elsa verzerrt ihren Traum von

291

Lohengrin zur Schreckensvision, daß er sie «betören» will mit der ihr fremden Welt von «Glanz und Wonne», und Lohengrin muß einsehen, «daß er nicht *verstanden*, sondern nur *angebetet* wurde» (Wagner). Schon die Volkssage wußte, daß die Allegorie des Künstlers und die menschlichen Leidenschaften prinzipiell unvereinbar sind. Die alte Tradition der Lichtmetapher, von Wagner umgedeutet zur absoluten Künstlergestalt, verweist auf die Erscheinung des Außerordentlichen, doch mit der bei Goethe formulierten Einschränkung, daß die Menschen nur fähig sind, «Erleuchtetes zu sehen, nicht das Licht» (*‹Pandora›*); das «Wunderbare» ist, nach Wagner, der «verräterische Heiligenschein der erhöhten Natur», keine irgendwie geartete religiöse Mission. Es ist nur die Erscheinung, die das *Wesen* verdeckt.

Das tragische Ende der «inneren» Handlung – die «äußere» mündet ja in die Entzauberung des Schwans zum «Führer von Brabant», nämlich zu Elsas totgeglaubtem Bruder – machte bereits Wagners Zeitgenossen wegen seiner unerbittlichen Härte zu schaffen. Mehrfach sah sich Wagner deshalb genötigt, die entscheidende schlüssige Motivation für Lohengrins Abschied zu finden. Das spiegelt sich nicht nur in etlichen Briefen wider, sondern auch in den verschiedenen Textversionen, von denen uns eine, nämlich die früheste, freilich unkomponierte, immerhin den Fingerzeig liefert dafür, was Wagner unbewußt an psychologischen Implikationen einbrachte: Nachdem Lohengrin in der «Gralserzählung» seine Identität enthüllt hat, und zwar *öffentlich*, wendet er sich (intim) an Elsa und beklagt nun das Verderben, das ihm die «Weibesliebe», die er «göttlich rein gewähnt», gebracht habe («der Sünde muß ich mich verklagen»). Als «Buße» dafür gibt es nur die Trennung. Deren «tragische Notwendigkeit» indessen wird noch in dieser frühen Textfassung überlagert vom Liebesverbot, während gerade in der endgültigen, komponierten Fassung das «wahrhaft Weibliche» dazu bestimmt ist, «mir und aller Welt die Erlösung» zu bringen, und zwar «nachdem der männliche Egoismus, selbst in seiner edelsten Gestaltung, sich selbstvernichtend vor ihm gebrochen hat» (Wagner). Es ist nicht die Not der Liebe, an der Lohengrin zugrunde geht, sondern, ganz im Gegenteil, die Unmöglichkeit ihrer Verwirklichung. Doch welches Frauenbild führt uns Wagner hier vor?

Übersetzen wir, mit Nietzsche zu sprechen, Elsa ins Bürgerliche, dann wird wieder die doppelte Optik sichtbar: Ihr Wesen ist nichts Geringeres als die emanzipierte Sinnlichkeit im Sinne Feuerbachs oder des literarischen «Jungen Deutschland» im «Vormärz», aber ihre tatsächliche Erscheinung in Wagners dramatischer Ausführung ist mehr als fragwürdig, ja grenzt ans Niederträchtige. Dieselbe Frau, die in

Das Schlußbild in der Bayreuther Aufführung des Jahres 1936, bei der Wilhelm Furtwängler erstmals den bislang nicht aufgeführten zweiten Teil der «Gralserzählung» dirigierte. Insgesamt betonte diese Inszenierung von Emil Preetorius (Bühnenbild), Kurt Palm (Kostüme) und Heinz Tietjen (Regie) den heroischen Unterton des Werkes, und zwar «in sinnvoller Beziehung zur Gegenwartsstimmung» (Eugen Schmitz). Das Schwergewicht der Aufführung lag auf der historischen Kulisse, der Reichsidee in den Königsszenen. Am Schluß erschien der junge Herzog Gottfried in der gleichen Rüstung wie Lohengrin. Von der Tragödie war in dieser Aufführung wenig zu spüren.

Wagners Augen den Vor-Schein, die Utopie der «reinsten sinnlichen Unwillkür» verkörpern soll, dient in Wirklichkeit nur den (narzißtischen) Bedürfnissen, genauer gesagt: der Erlösung des «Ehegatten» aus seiner Einsamkeit. Sie träumt *und* denkt, das bekommt ihr schlecht. Darf sie sich noch in der Gerichtsszene dem gesellschaftlichen Ritual verweigern – anstatt dem König zu antworten, erzählt sie ihren Traum von dem Ritter, der für ihre Unschuld eintreten wird –, dann muß sie sich für ihre Rebellion gegen die Pflicht des männlichen Frageverbots bestrafen lassen und will es dann auch gar nicht anders: «Daß du mich strafest, liege ich vor dir.» Schon bei seiner auratischen Ankunft, die keinen Zweifel duldet, warf sie sich Lohengrin bereitwillig sofort vor die Füße. Damit wird aber «die Unterworfenheit der Frau in der Ehe als Demut, als Leistung der reinen Liebe bemäntelt» (Th. W. Adorno), und der Glanz, den der Ehemann spendet, ist nur das Trugbild seines männlichen Egoismus, den Wagner andererseits völlig durchschaute. Elsas Vision vom strahlenden Ritter zerbricht am männlichen Anspruch auf blinden Gehorsam.

Auch musikalisch kreist sie nur um ihn, ohne je seine Sphäre zu erreichen: Da Wagner – zum erstenmal überhaupt – den Personen und ihrem Verhältnis zueinander bestimmte Tonart- und Klangbereiche zugeordnet hat, konnte er bereits in der Verwendung der Tonartsphären zeigen, daß Elsa gewissermaßen die Flamme – Lohengrins A-dur nämlich – umkreist, an der sie schließlich verbrennt. Denn mit ihrem tieferliegenden As-dur (und dem «reinen» und «lichten» Holzbläserklang, der für ihr Wesen steht) ist der Bereich ihres Leidens angesprochen (immerhin steht sie ja in der anfänglichen Gerichtsszene unter doppelter Anklage: Brudermord und «geheime Buhlschaft»), und mit dem B-dur im Schlußensemble nach dem «Gottesgericht» ist das über Lohengrins Tonartbereich hinausstrebende Glücksversprechen gemeint, das sich jedoch als trügerisch erweist. Man hat auch bemerkt, daß Lohengrins Gralsmotiv in Elsas Blick-Motiv enthalten ist, ein Zusammenhang, der nicht zufällig ist. Und der Vor-Schein des späteren, leibhaftigen Auftritts des Ritters steht noch in Elsas Tonart As-dur, zu der Lohengrin sich neigt, wenn er zum erstenmal mit ihr spricht. In seiner Traumgestalt ist er merkwürdig verkleinert, gleichsam auf die Sphäre Elsas bezogen: Sein ritterliches Motiv erklingt, als Miniatur des späteren Trompetenklangs und Orchestertuttis, in Elsas Holzbläsern, und zwar als baßlose *Verkleinerung* und damit zugleich *Ferne* des Klangs. Lohengrin erscheint zunächst also als reine Phantasmagorie: «Ihre Beschreibung des Ritters ähnelt dem Bilde Oberons: der inwendige Lohengrin ist ein winziger Elfenfürst» (Th. W. Adorno). Er tritt ja auch, in Elsas Worten, «aus den Lüften» hervor, eine Fata Morgana. Mit ingeniöser Klangphantasie hat Wagner hier den schwerelosen Orchesterklang eigens erfunden. Um so gewaltiger, glänzender ist dann allerdings Lohengrins leibhaftiger Auftritt.

Das Gralsmotiv enthält aber nicht nur einen Teil des Elsa-Motivs in sich, sondern auch, fast unbemerkbar, die fis-moll-Sphäre der Gegenwelt Ortruds und ihres in reiner Zweckgemeinschaft mit ihr verbundenen Gatten Telramund, der ihr Werkzeug und außerdem ein betrogener Betrüger ist. Wagner wäre nicht der große dramatische Dialektiker, wenn er nicht dem «Zauber» der Erscheinung Lohengrins und seiner «guten Tat», die für sich sprechen soll, eine ebenso wirksame und prägnante Gegenwelt entgegengestellt hätte. Nicht nur ist diese Gegenwelt tonartlich mehr als bloßer Kontrast – fis-moll ist ja die Paralleltonart zu A-dur, aber zugleich im Charakter verschieden –, sondern, inhaltlich, der *rationalistische* (im Sinne Wagners: zerstörerische) Gegensatz zu der Kunstwelt Lohengrins.

Nimmt man an, daß der tragende Grundgedanke des ‹*Lohengrin*› eine Allegorie der Kunst und des Künstlers ist, für die eine Zeit wie die von Ortrud und Telramund paradigmatisch vertretene noch nicht reif ist, dann erscheint es sehr einleuchtend, daß Wagner die Gegenwelt als zerstörerische Rationalität gegen das «Gefühlsverständnis» der Kunst richten *mußte*, um die *ganze* Realität darstellen zu können. Ortruds Aufgabe ist es immerhin, den «Zauber» Lohengrins zu brechen und dessen negative Seite ins Bewußtsein zu bringen, wie überhaupt Wagner, studiert man das durchkonstruierte Textbuch genauer, bestrebt war, die dialektische Einheit, nämlich die Äquivokationen zentraler Kategorien sprachlich zu entfalten. Hier wird die doppelte Optik gewissermaßen im Detail dingfest gemacht: Kategorien wie Traum, Zauber oder Klage werden von der positiven wie negativen Seite beleuchtet. Das macht gerade das Zwielichtige seiner Stücke aus.

Und, paradox genug, komponiert er gerade für die Ortrud-Szenen seine avancierteste Musik: Die erste Szene des zweiten Aktes, von den Worten Telramunds «Du wilde Seherin» an, ist nichts anderes als ein erstaunlicher Vorgriff auf die musikdramatische Technik der ‹*Ring*›-Tetralogie, und das etwa zehn Jahre vorher. Das Böse, Widersacherische scheint Wagners eigentliches musikalisches Element zu sein. Aber auch dieser Bereich untersteht, wie alles bei Wagner, dem Gesetz der doppelten Optik. Und genau das ist der Grund, warum sich Wagners Kunstwelt letztlich dem politischen Mißbrauch widersetzt. Wie schrieb er doch einmal an Mathilde Wesendonck? «Sie sehen, mir kommen Sie nicht bei: ich bin von durchtriebener Schlauheit und habe entsetzlich viel Mythologie im Kopfe.» Und man könnte ergänzen: Er ist nicht allein ein Kenner der Mythologie, sondern er erklärt seine Künstler-Allegorie selbst zum Mythos. Denn indem schließlich «Lohengrin über Ortrud siegt, siegt der Mythos über die Aufklärung» (Ulrich Siegele) oder, wie Nietzsche es in seinen Aufzeichnungen aus dem Umkreis seiner ‹*Unzeitgemäßen Betrachtungen*› notierte: «Lohengrin – das Romantische gegen die Aufklärung.»

Zeittafel

1813 22. Mai: Richard Wagner wird in Leipzig geboren.

1842 Im Winter (1841/42), der letzten Pariser Zeit, will Wagner (laut seiner Autobiographie ‹Mein Leben›) bereits die «allererste Konzeption» des ‹Lohengrin› gefaßt haben; Zeugnisse aus dieser Zeit sind jedoch nicht erhalten. Bekannt ist nur, daß Wagner in Paris die Abhandlung ‹Über den Krieg von Wartburg› von Christian Theodor Ludwig Lucas (1838) liest, in der er auch «ein kritisches Referat über das Gedicht vom ‹Lohengrin›, und zwar mit ausführlicher Mitteilung des Hauptinhalts dieses breitschweifigen Epos» (Autobiographie) findet. Wagner sieht eine «ganz neue Welt» für sein Schaffen aufgehen.

1845 Während eines Kuraufenthalts in Marienbad schreibt Wagner im Juli, unmittelbar nach dem Prosa-Entwurf zu ‹Die Meistersinger von Nürnberg› einen weiteren zu ‹Lohengrin›, den er am 3. August beendet. Einen Tag später berichtet er seinem Bruder Albert in einem Brief, er habe «die fast ganz unkenntlich gewordene Sage aus dem Schutt und Moder der schlechten, prosaischen Behandlung des alten Dichter's erlöst und durch eigene Erfindung und Nachgestaltung sie wieder zu ihrem reichen, hochpoetischen Werthe gebracht».
Die erste Fassung des Textbuchs entsteht nach der Dresdener Premiere des ‹Tannhäuser› (19. Oktober) und wird vollendet am 27. November. Sie weicht in einigen Einzelheiten von der später komponierten Fassung ab. 18. Dezember: Wagner liest seine ‹Lohengrin›-Dichtung dem «Hillerschen Kränzchen» vor, einer Dresdener Literaten- und Künstlervereinigung, auch «Engelklub» genannt, der u. a. die Musiker Ferdinand Hiller und Robert Schumann angehören. Besonders die Musiker sind dem Text gegenüber ratlos und bezweifeln, daß man dazu Musik machen könne. Schuman findet keine Anhaltspunkte für musikalische Nummern, doch Wagner zeigt ihm Stellen, die als «Arien und Kavatinen» komponierbar sind, «worüber er sich lächelnd befriedigt erklärte» (Autobiographie).

1846 Nach Vorstudien und Einzelskizzen beginnt Wagner um den 20. Mai mit dem ersten Gesamtentwurf (der sogenannten «Kompositionsskizze») der Musik zu ‹Lohengrin›: «Seit einem Jahre – der Beendigung des Tannhäuser – habe ich keine Note wieder geschrieben; ich bin jetzt auf's Land gegangen um meine etwas angegriffene Gesundheit zu erholen: fände ich dabei einige gute Laune, so drängt es mich nun zunächst sehr die Compositon einer neuen Oper, wozu ich die Dichtung fertig habe, zu beginnen» (Brief vom 20. Mai an Conrad Löffler). In der am 30. Juli fertiggestellten «Kompositionsskizze» fehlt noch das Vorspiel.
Die Ausarbeitung des zweiten Gesamtentwurfs, der sogenannten «Orchesterskizze», beginnt Wagner am 9. September, diesmal – gegen seine Gewohnheit – jedoch mit dem dritten Akt, da er im ersten Gesamtentwurf noch den ursprünglichen Wortlaut des Textes vertont hat und jetzt,

nach Debatten mit Hermann Franck über die Notwendigkeit der Bestrafung Elsas «durch Lohengrins Scheiden», wegen einiger Textänderungen teilweise zur Neukomposition gezwungen ist. Wagner bezeichnet den dritten Akt als «Kern des Ganzen».

1847 Am 11. Februar fährt Wagner «nach 2 monatlicher Unterbrechung» (Manuskripteintragung bei den Worten «Nun muß ich ach! von dir geschieden sein») mit der «Orchesterskizze» des dritten Aktes fort, die er am 5. März beendet. Vom 12. Mai bis 8. Juni arbeitet er am ersten Akt und vom 18. Juni bis 2. August am zweiten Akt. Die «Orchesterskizze» des Vorspiels entsteht bis zum 29. August.

26. September: Wagner trifft Ludwig Tieck in Berlin, wo er sich wegen der bevorstehenden Erstaufführung des ‹Rienzi› (24. Oktober) aufhält, und spricht mit ihm über ‹Lohengrin›: «Dem Gedicht meines ‹Lohengrin› erklärte er sich durchaus und vollständig geneigt; nur begriff er nicht, wie dies alles ohne eine gänzliche Umwandelung der bisherigen Basis der Oper in Musik zu setzen sein sollte, und äußerte in diesem Bezuge namentlich seine Bedenken gegen Szenen wie die zwischen Ortrud und Friedrich zu Anfang des zweiten Aktes. Mich dünkte, daß ich ihn zu wirklicher Lebhaftigkeit erregte, als ich über die Lösung dieser scheinbaren Schwierigkeiten sowie überhaupt im Betreff meiner Ideen über das Ideal des musikalischen Dramas mich in meiner Weise ihm mitteilte» (Autobiographie).

1848 1. Januar: Wagner beginnt mit der Anfertigung der Partitur zu ‹Lohengrin› und beendet sie am 28. April.

22. September: Wagner dirigiert aus Anlaß der Dreihundert-Jahr-Feier der Dresdener Hofkapelle in einer konzertanten Voraufführung den Schluß des ersten Aktes.

1849 Im Januar erscheint in Dresden eine Zeitungsnotiz mit der Meldung: «Nächstens soll hier Kapellmeister Wagner's Oper ‹Lohengrin› mit brillanter Ausstattung in Scene gehen.» Es gelingt jedoch Wagner nicht, die Uraufführung des ‹Lohengrin› in Dresden durchzusetzen. Seine Mitwirkung beim Dresdener Maiaufstand und die darauf folgende Flucht in die Schweiz – Wagner wird steckbrieflich gesucht – machen das Vorhaben gänzlich unmöglich.

1850 21. April: Wagner ersucht seinen Freund Franz Liszt, Hofkapellmeister in Weimar, um die Uraufführung des ‹Lohengrin› und schickt am 2. Juli musikalische und szenische Anweisungen zur geplanten Uraufführung. Bei dieser Gelegenheit verfügt er auch den seither sanktionierten Strich des zweiten Teils der sogenannten «Gralserzählung» im dritten Akt.

28. August: Anläßlich der Weimarer Goethe-Feier (Geburtstag des Dichters) wird im Hoftheater die Uraufführung des ‹Lohengrin› gegeben. Am 2. September schreibt Liszt an den in Zürich weilenden Wagner: «Unsere erste Aufführung war verhältnismäßig befriedigend. [. . .] Der Hof, sowie einige geistvolle Personen von Weimar sind von Sympathie und Bewunderung für Dein Werk erfüllt. Und was die Masse des Publikums betrifft, so wird sie es sich gewiß zur Ehre rechnen das schön zu finden und zu

applaudieren, was sie nicht verstehen kann.» In der Hamburger *Kleinen Musikzeitung* erscheint eine vernichtende Kritik.

1851　12. April: Einen Tag nach der vierten Weimarer Aufführung des ‹*Lohengrin*› erscheint in der Leipziger *Illustrirten Zeitung* der von Wagner redigierte, von Karl Ritter und Hans von Bülow übersetzte ‹*Lohengrin*›-Aufsatz von Franz Liszt (ursprünglich französisch). Als Reaktion darauf pilgert man nach Weimar, um das so enthusiastisch gerühmte Werk an Ort und Stelle auf der Bühne erleben zu können. Wagner ist jedoch mit der Lösung der szenischen Schwierigkeiten, wie sie ihm berichtet wird, nicht zufrieden und plant, ähnlich wie im Fall des ‹*Tannhäuser*›, eine Schrift zur Anleitung einer adäquaten Aufführung, die allerdings nicht zustande kommt: «Zwischen meinem ‹*Lohengrin*› und meinem jetzigen Vorhaben» – dem «Kunstwerk der Zukunft» nämlich – «liegt eine Welt» (Brief an Adolf Stahr vom 31. Mai). Im Dezember erscheint der Klavierauszug des ‹*Lohengrin*›, hergestellt von Theodor Uhlig.

1852　Im August erscheint, mit der Widmung an Franz Liszt, die Partitur des ‹*Lohengrin*› in einem von Kopistenhand autographierten, lithographischen Umdruck.

1853　2. Juli: In Wiesbaden wird zum erstenmal ‹*Lohengrin*› nachgespielt. Ende des Jahres erscheint bei Breitkopf & Härtel in Leipzig die von Wagner angeregte Schrift des Kostümbildners Ferdinand Heine ‹*Decorative und costümliche Scenirung der Oper: Lohengrin von Richard Wagner. In Auftrag des Dichters entworfen*›, auf die Wagner mit den Worten reagiert: «In der Hauptsache ist alles nach meinem Wunsche ausgefallen.»

1854　Weitere Inszenierungen des ‹*Lohengrin*› erfolgen in Breslau, Darmstadt, Frankurt am Main, Schwerin und Leipzig.

1858　28. Februar: Am Münchner Königlichen Hof- und Nationaltheater erscheint ‹*Lohengrin*› zum erstenmal auf der Bühne. Der Dirigent ist Franz Lachner. Drei Jahre später sieht der fünfzehnjährige Kronprinz Ludwig, der spätere König von Bayern, eine der Aufführungen und erhält durch sie die Initialzündung für «das Wesen dieses göttlichen Werkes», die im Jahre 1864 zur Freundschaft mit Wagner führen wird.

1861　Am 11. Mai erhält Wagner zum erstenmal Gelegenheit, seinen ‹*Lohengrin*› auf der Bühne zu erleben: «Soeben habe ich der Probe zum Lohengrin beigewohnt! Ich kann die unglaublich ergreifende Wirkung dieses ersten Anhörens unter den schönsten und liebevollsten Umständen, künstlerischer wie menschlicher Art, nicht in mir verschlossen halten, ohne sie Ihnen sogleich mitzuteilen. Zwölf Jahre meines Lebens – welche Jahre – durchlebte ich!!» (Brief aus Wien an Mathilde Wesendonck.) Am 15. Mai besucht Wagner auch eine der Wiener Aufführungen des ‹*Lohengrin*›.

1862　12. September: Wagner dirigiert in Frankfurt seinen ‹*Lohengrin*› zum erstenmal in einer Bühnenaufführung.

1867　16. Juni: Die von Ludwig II. von Bayern angeordnete «Musteraufführung» des ‹*Lohengrin*› hat am Königlichen Hof- und Nationaltheater in München unter der musikalischen Leitung Hans von Bülows Premiere. Wagner wehrt sich dagegen, wegen unaufhebbarer Geschmacksdifferenzen zwischen ihm und dem König bezüglich der Ausstattung, diese Inszenierung zum «Muster» erhoben zu sehen. Ihn stört die «falsche und läppische» Kostümierung und der Neuschwanstein-Stil der Inszenierung. Musikalisch freilich ist es auch für Wagner eine «Musteraufführung», da er zu Lebzeiten den musikalischen Teil seines Werkes nie wieder so seinen «Intentionen vollkommen gemäß» hören kann.

1871 1. November: Als erste Wagner-Aufführung in Italien überhaupt hat ‹Lohengrin› im Teatro Comunale in Bologna Premiere. Der Vorstellung am 19. November wohnt sogar Giuseppe Verdi bei, der sich während der Vorstellung in seinem Klavierauszug kritische Notizen macht. Verdi findet das Vorspiel zwar schön, die ständigen hohen Lagen der Violinen jedoch «ermüdend» und den zweiten Akt sehr «langweilig». Die «Gralserzählung» freilich macht auf ihn großen Eindruck. Von dem «Lohengrin-Rummel» in Bologna insgesamt fühlt er sich dennoch abgestoßen.

1883 13. Februar: Richard Wagner stirbt im Palazzo Vendramin-Calergi in Venedig.

1887 30. April: Charles Lamoureux dirigiert im Pariser Théâtre Eden die französische Erstaufführung des ‹Lohengrin› unter Polizeischutz. Der Widerstand gegen Wagners Werk ist so groß, daß Lamoureux am 5. Mai bekanntgibt, keine weiteren Vorstellungen mehr stattfinden zu lassen. Ein Publikumserfolg wird ‹Lohengrin› in Paris erst 1891 (Premiere im Palais Garnier: 16. September; Dirigent ist wieder Charles Lamoureux).

1894 Da Wagner zu Lebzeiten keine ideale Inszenierung seines ‹Lohengrin› hat sehen können, setzt Cosima Wagner, entschlossen «Lohengrin neu zu erfinden», das Werk auf den Spielplan der Bayreuther Festspiele (Erstaufführung am 20. Juli) und verlegt die Handlung in das 10. Jahrhundert. (Bisher war es üblich, das Stück im 13. Jahrhundert, also zur Zeit der Niederschrift des Epos, spielen zu lassen.) Damit rückt zum erstenmal die historisch fixierbare Grundspannung zwischen Heiden- und Christentum in den Vordergrund.

1936 Nachdem ‹Lohengrin› zur meistgespielten Oper Wagners avanciert ist, bietet die Bayreuther Neuinszenierung den Tiefpunkt des politischen Mißbrauchs. Adolf Hitler, der sich für den legitimen Erben des «Führers von Brabant» hält und bereits als Kind sein entscheidendes ‹Lohengrin›-Erlebnis hatte, wohnt der Premiere am 19. Juli bei und soll Winifred Wagner verblüfft angestoßen haben, als – zum erstenmal in der Aufführungsgeschichte – der zweite Teil der «Gralserzählung» erklang (Dirigent: Wilhelm Furtwängler). Auch Thomas Mann hört verwundert bei der Rundfunkübertragung in Küsnacht bei Zürich diese Stelle «als völliges Novum». Die Bayreuther Neuinszenierung des ‹Lohengrin› gilt nicht nur der kulturellen Repräsentation des «Dritten Reiches», sondern auch dem 1000. Todestag des ersten reichsdeutschen Königs, dem sechzigjährigen Bestehen der Bayreuther Festspiele, den fünfzigsten Todestagen Franz Liszts und König Ludwigs II. und nicht zuletzt den Berliner Olympischen Spielen in diesem Jahr.

1953 Mit der ersten Bayreuther Nachkriegs-Inszenierung setzt ein Prozeß der künstlerischen Stilisierung ein, der auch die immanenten Widersprüche und vor allem die zahlreichen psychologischen Schichten des ‹Lohengrin› auszuloten versucht. Die Abkehr vom naiven (auch historistischen) Naturalismus erweist sich als notwendig.

Bibliographie

Eine Auswahl empfohlener Schriften zum Thema ‹Lohengrin›

1. Primärliteratur

Richard Wagner: Sämtliche Schriften und Dichtungen. Volks-Ausgabe in 16 Bänden. Leipzig o. J. (1911–1916)

Richard Wagner: Mein Leben. Hg. von Martin Gregor-Dellin. München 1963

Richard Wagner: Sämtliche Briefe. Hg. von Gertrud Strobel und Werner Wolf. Bd. 1–4. Leipzig 1967–1979

Briefwechsel zwischen Wagner und Liszt. Hg. von Erich Kloss. 3. Aufl. Leipzig 1910

Richard Wagner: Briefe. Die Sammlung Burrell. Hg. und komm. von John N. Burk. Deutsch von Karl Geiringer. Frankfurt am Main 1953

Cosima Wagner: Die Tagebücher. Ediert und kommentiert von Martin Gregor-Dellin und Dietrich Mack. 4 Bde. München–Zürich 1982

Richard Wagner: Prosa-Entwurf zum «Lohengrin». In: Otto Strobel, Die Urgestalt des «Lohengrin». Wagners erster dichterischer Entwurf. Bayreuther Festspielführer 1936. (Wiederabdruck bei Michael von Soden [Hg.]: Richard Wagner, Lohengrin. Frankfurt am Main 1980, S. 135–160)

Erich Kloss: Richard Wagner über «Lohengrin». In: Richard Wagner-Jahrbuch 3 (1908), S. 132–188

2. Sekundärliteratur

Julius Schäffer: Über Richard Wagner's Lohengrin, mit Bezug auf seine Schrift «Oper und Drama». In: Neue Berliner Musikzeitung 6 (1852), S. 153–155, 169–171, 193–196, 201–204, 209–211.

Joachim Raff: Die Wagnerfrage. Kritisch beleuchtet. 1: Wagners letzte künstlerische Kundgebung im «Lohengrin». Braunschweig 1854

Franz Müller: Lohengrin und die Gral- und Schwansage. Ein Skizzenbuch auf Grund der Wort- und Tondichtung Richard Wagners. München 1867

Heinrich Porges: Über Richard Wagners «Lohengrin». München 1869 (Wiederabdruck in: Bayreuther Blätter 1909/10)

Franz Liszt: Lohengrin. In: Ders., Ges. Schriften. Leipzig 1881, Bd. 3/2, S. 63–146

Wolfgang Golther: Lohengrin. Sage und Dichtung. In: Bayreuther Taschenbuch. Berlin 1894, S. 68–86

Rudolf Lück: Richard Wagner und Ludwig Feuerbach. Breslau 1905

Otto Rank: Die Lohengrinsage. Ein Beitrag zu ihrer Motivgestaltung und Deutung. Leipzig und Wien 1911

Julius Kapp: Die Urschrift von Richard Wagners «Lohengrin»-Dichtung. In: Die Musik. XI. Jg., Heft 14 (1912), S. 88 ff

Wolfgang Golther: Zur deutschen Sage und Dichtung. Leipzig 1914

Paul Bekker: Richard Wagner. Das Leben im Werke. Stuttgart, Berlin und Leipzig 1924

Hans Pfitzner: Zur Grundfrage der Operndichtung. In: Ders., Ges. Schriften Bd. II. Augsburg 1926

Hermann Seeliger: Die Lohengrindichtung Richard Wagners in ihrem Verhältnis zur geschichtlichen Wirklichkeit. In: Bayreuther Blätter 1929, S. 155–168

Ernest Newman: The Life of Richard Wagner. 4 Bde. London 1933–1947 (Reprint 1976)

Alfred Lorenz: Der musikalische Aufbau von Wagners «Lohengrin». In: Bayreuther Festspielführer 1936, S. 189 ff

F. Scheiner: Richard Wagners «Lohengrin». Analyse des dramatischen Aufbaus. Wien 1949

Theodor W. Adorno: Versuch über Wagner. Berlin und Frankfurt am Main 1952 (Neudruck in: Th. W. Adorno, Ges. Schriften Bd. 13)

Hans Grunsky: Totem und Tabu im Lohengrinmythos. In: Lohengrin-Programmheft, Bayreuth 1958

Heinz Joachim: Elsa und Lohengrin. Eine psychologische Studie. In: Lohengrin-Programmheft, Bayreuth 1959

Ernest Newman: The Wagner Operas. 4. Aufl. New York 1968

Peter Dettmering: Dichtung und Psychoanalyse. Thomas Mann – Rainer Maria Rilke – Richard Wagner. München 1969 (4. Auflage Eschborn 1987)

Robert Gutman: Richard Wagner. Der Mensch, sein Werk, seine Zeit. Deutsche Übers. von Horst Leuchtmann. München 1970

Stefan Kunze: Lohengrin – Die Allegorie des Künstlers. In: Lohengrin-Programmheft, Bayreuth 1971

Carl Dahlhaus: Richard Wagners Musikdramen. Velber 1971

Ulrich Siegele: Das Drama der Themen am Beispiel des «Lohengrin». In: Richard Wagner – Werk und Wirkung. Hg. von Carl Dahlhaus. Regensburg 1971, S. 41–51

Carl Dahlhaus: Wagners Konzeption des musikalischen Dramas. Regensburg 1971

Dietrich Steinbeck: Richard Wagners «Lohengrin»-Szenarium. In: Kleine Schriften der Gesellschaft für Theatergeschichte 25 (1972), S. 3–44

Michael Karbaum: Studien zur Geschichte der Bayreuther Festspiele. Regensburg 1976

Hans Mayer: Richard Wagner. Mitwelt und Nachwelt. Stuttgart 1978

Reinhold Brinkmann: Wunder, Realität und die Figur der Grenzüberschreitung. In: Lohengrin-Programmheft, Bayreuth 1979

Egon Voss: Die Chöre im «Lohengrin». In: Lohengrin-Programmheft, Bayreuth 1979

Michael von Soden: Von den Schwierigkeiten, Wagners «Lohengrin» zu verstehen. In: Ders. (Hg.), Richard Wagner, Lohengrin. Frankfurt am Main 1980

Harald Fricke: «. . . wie mein Nam' und Art». Zur Zentralstellung der Personennamen im Werk Richard Wagners. In: Lohengrin-Programmheft, Bayreuth 1981

Dieter Schickling: Abschied von Walhall. Richard Wagners erotische Gesellschaft. Stuttgart 1983

Stefan Kunze: Der Kunstbegriff Richard Wagners. Regensburg 1983

Eckart Kröplin: Die zinnoberrothe Republik. Dresden, «Lohengrin» und Wagner. In: Bayreuth 1987 – Rückblick und Vorschau. Hg. von den Bayreuther Festspielen 1987

Dietmar Holland: Die tragische Dialektik Lohengrins. In: Beiheft zur Gesamtaufnahme «Lohengrin», Decca CD 421 053–2

Wolf-Dieter Peter

Anmerkungen zur Diskographie

Die schon früh bemerkte «doppelte Optik» und die dialektischen Spannungen des Werkes wirken auch in die Rollen selbst hinein. Um einer Aufnahme künstlerischen Rang zu verleihen, müssen sie über die komponierten Töne hinaus wenn möglich im Stimmtimbre, zumindest aber in der stimmdarstellerischen Gestaltung hörbar werden. So ist in der Partie des Lohengrin der diesseitig zupackende Held zu finden, aber auch Züge eines ätherisch jenseitigen Wesens; Zügen unsinnlicher, lichtweißer Unschuld stehen Phrasen von lyrisch sehnsuchtsvoller Innigkeit gegenüber, die nur durch den Einbruch der äußeren Welt von der Entladung in glutvoller Emphase abgehalten werden. Derartiges ließe sich auch für und in den anderen Partien nachweisen.

Hört man dementsprechend die historischen Aufnahmen vor der Langspielplattenzeit, so dominiert zunächst Lauritz Melchior. Doch gerade er beweist über das Etikett «Heldentenor schlechthin» hinaus, daß sein meist schlank und jugendlich gesungener Titelheld im Brautgemach zu lyrischem Pianissimo fähig ist (Busch 1946), dann aber auch selbstbewußt Vertrauen fordert, mit stolzer Attacke auf seine Herkunft verweist, schließlich leidend, fast tränenerstickt (beeindruckend bei Busch 1846, eher zu larmoyant bei Stiedry 1950) Abschied nimmt. Beide Aufnahmen lohnen; Busch ist mit frischen, unsentimentalen Tempi der bessere Dirigent, Stiedry profitiert vom deutlich verbesserten Digitalklangbild. Demgegenüber ist René Maison der schlankere, lichtere Titelheld, dem aber auch die wechselnden Haltungen vom Brautgemach bis Abschied gut gelingen. Trotz des historischen Klangbilds sind hier auch die übrigen Solisten hörenswert. In den übrigen historischen Aufnahmen ist Kirsten Flagstad (1937) eine stimmlich fast zu üppige Elsa, während Elisabeth Rethberg bezaubert (1940) und Astrid Varnay (1940/41) schon weitgehend nach Ortrud klingt.

Von den deutschen Aufnahmen wirkt die Heger-Einspielung (1941) oftmals matt oder nur vordergründig laut; das Paar Völker–Müller reicht an seine Einzelaufnahmen nicht heran; lediglich Margarete Klose besitzt als politisches Weib Ortrud Ausstrahlung. Ähnlich wie Astrid Varnay wiederholt sie diese Leistung in einer Reihe von Nachkriegsaufnahmen, am beeindruckendsten zusammen mit dem glänzend charakterisierenden Josef Metternich (1953).

In diesen Nachkriegsjahren tritt eine neue Wagner-Tenor-Generation an: Karl Liebl (1955) und George Vincent (1951) werden ins zweite Glied verwiesen von Peter Anders (1951), Rudolf Schock (1953), Lorenz Fehenberger (1953) und Wolfgang Windgassen (1953, 1954, 1960). Anders bleibt blaß, Schock und Fehenberger haben gute Momente; Wolfgang Windgassen verkörpert den unsinnlichen, gleichsam fleischlosen Lohengrin-Stimmtyp; doch in den fünfziger Jahren klingt er noch deutlich frischer und phrasiert intelligent. Der Mitschnitt der Bayreuther Neuinszenierung 1953 vereint das bessere Ensemble, da zu dem bis dahin besten «Nacht-Paar» Uhde–Varnay Eleanor Stebers Elsa in lieblicherem Kontrast steht, während die debütierende Birgit Nilsson (1954) sich zwar um Lyrik bemüht, aber schon nach «mehr» klingt. All diesen Mitschnitten ist eines gemeinsam: die sowohl unter Keilberth wie unter Jochum hochklassige Bayreuther Orchesterleistung und die von Wilhelm Pitz seither unerreicht prägnant artikulierenden und durch Klang mitagierenden Bayreuther Chöre. Das Jahr 1958 markiert einen Einschnitt. Mit Sandor Kónya debütiert in Bayreuth ein Titelheld, der erstmals italienisch sinnliches Timbre mit guter Textbehandlung, intelligenter Phrasierung und tenoralem Standvermögen vereint. André Cluytens rückt lyrische und dramatische Extreme spannungsreich weit auseinander; einzig Kieth Engen klingt überfordert; Eberhard Wächter singt den besten Heerrufer auf Platte; Ernest Blanc ist ein mächtiger Telramund voller Innenspannung; Leonie Rysanek gibt der Hell-Dunkel-Dialektik einen dritten Angelpunkt: Elsa als fast neurotisch Suchende und folgerichtig Fragende; dazu bei Telramunds Überfall der dramatisch überzeugende Rysanek-Schrei . . . insgesamt der Mitschnitt eines packenden Musiktheaterabends. Wer mehr romantische Verlorenheit auf seiten Elsas will, wird den Mitschnitt von 1959 bevorzugen: Kónya bewußter und souveräner, Franz Crass als fülliger König; Rita Gorr mit einem Tragödinnen-Porträt der Ortrud – vor allem aber Elisabeth Grümmer: statt Rysaneks verkleinerter Schwester Sentas macht die Grümmer aus Elsa eine Steigerung der Agathe durch lyrische Hingabe. Alle folgenden Aufnahmen erreichen – mit einer Ausnahme – dieses Niveau nicht. Dies gilt auch für Kónyas letzte Einspielung unter dem sehr agilen Erich Leinsdorf (1965); nur ein Aspekt ist daran interessant: Kónya singt hier die komplette Erstfassung der Gralserzählung, jene 56 Takte, die Wagner schon durch Liszt in der Weimarer Uraufführung streichen ließ. Der Scala-Mitschnitt (1965) lag bei Manuskriptabgabe noch nicht vor.

Obwohl sich das Vorurteil der «nationalheroischen Oper» bezüglich ‹Lohengrin› lange gehalten hat, sind die drei fremdsprachigen und ausländischen Aufnahmen mehr als Kuriosa. Zwar hat Samossud (1949) Chor und Orchester in Moskau nicht auf die Klangfinessen einstimmen können, doch dafür ist ein Titelheld zu erleben, der sich mit den besten deutschsprachigen Interpreten vergleichen kann: Iwan Koslowski besitzt einen jugendlich agilen, schlanken Tenor mit herrlicher Strahlkraft; klanglich scheint unschuldiges Weiß in eine grauschwarze Umwelt einzubrechen; im Brautgemach ringt er um sein Glück; die berühmte «Träne in der Stimme» ist ohne Sentimentalität zu hören. Seine Szenen lohnten eine Wiederveröffentlichung.

An den Ausschnitten von Klemperers berühmten Budapester ‹Lohengrin›-Dirigaten beeindrucken Stil und Tempi: Kristallklare Streicher ohne süßlichen Klang, feine Stimmenteilung, flüssige Tempi hin zu eruptiven Steigerungen. Joszef Szimándy bestätigt seinen Ruf als Tenorheld. Das übrige Ensemble genügt den Ansprüchen des Werkes nicht.

Kenner schwärmen noch heute von den ‹Lohengrin›-Aufführungen in der Arena di Verona 1949 und 1963. Hört man Santinis Strichfassung für Neapel (1954), so ist dies keine abstruse Begeisterung. Selbst der Live-Mitschnitt läßt Santinis Sinn für Orchesterphrasierung beeindruckend erkennen: der Kapellmeister Wagner muß seinen Bellini gut studiert haben; vergleichbare kantable

Stellen arbeitet Santini heraus. Gino Pennos schlanker, höhensicherer Tenor beweist speziell im Brautgemach Sinn für Intimität und Innigkeit. Renata Tebaldi sang 1949 in der Arena; hier besticht sie mit dolce piano-Phrasen, die an die Grümmer-Elsa denken lassen. Gerade diesem Mitschnitt gelingt es, die dialektische Anlage des Werkes hörbar zu machen: Giangiacomo Guelfi gestaltet mit mächtigem Bariton die dunkle Gegenwelt dramatisch faszinierend und löst einen Beifallssturm aus. Dazu ein gutes übriges Ensemble, angeführt von Giulio Neris König – diese Art von Italianitá verfremdet das Werk keineswegs.

Ähnliches Interesse können die Stereo-Aufnahmen bis in die jüngste Zeit nur partiell oder gar nicht wecken. Sie alle belegen den Trend, junge Stimmen zu früh zu derartigen Partien zu verführen. Ohne in das allgemeine Lamento einer «Krise der Gesangskunst» einzustimmen, muß dennoch festgestellt werden, daß die Technik des Wagner-Gesangs, nämlich Textdeklamation und Gesangslinie zu vereinen, nur noch mangelhaft weitervermittelt worden sein muß und die Sänger keine Zeit zur Reife in einer unstrapaziösen Bühnenpraxis mehr zu haben scheinen. So sind die Einspielungen von Sawallisch (1962), Leinsdorf (1965), Kubelik (1970) in hohem Maße, Karajan (1975/81) in erschreckendem und Nelsson (1982) in indiskutablem Maße von sängerischen Defiziten geprägt. Wie sehr die Marketing-Interessen vor inhaltlichen, dramaturgischen, gesangstechnischen und schließlich künstlerischen rangieren, belegt nicht nur der hochmütige Publicity-Slogan «Die endgültige Aufnahme» zur Einspielung Soltis; viel entlarvender ist etwa der Einsatz Fischer-Dieskaus als Heerrufer, sind die Probleme des Paares Randova–Nimsgern, die hochstilisierten Künstlichkeiten der beiden Protagonisten Norman und Domingo.

Als vorläufig endgültige Aufnahme ist aus künstlerischen Gründen einzig die Einspielung Kempes (1962/63) einzustufen. Schon 1951 beeindruckt sein interpretatorischer Sinn für – von pompöser «Staatsmusik» bis zu intimster Feinzeichnung – die Bandbreite des Werkes, nun kommt ein erstklassiges Ensemble hinzu. Mag der unsinnliche Tenor von Jess Thomas auch nicht jedermanns Fall sein: er beeindruckt mit deutlich sauberer Intonation und intelligenter Gestaltung, der es nur an Poesie und etwas Überschwang mangelt. Elisabeth Grümmer klingt natürlich reifer als 1959, doch kann sie lyrische Traumsehnsucht wie diesseitige Bindungswünsche suggestiv hörbar machen. Dieskaus Telramund-Intriganz klingt zwar oft geplant, aber auch planend und wird von der furios glühenden Dämonie der Ortrud Christa Ludwigs fesselnd gelenkt – kaum glaublich, daß die Ludwig diese Intensität bei einer Nachaufnahme für sie allein aufbrachte. Dazu Otto Wieners solider Heerrufer und Fricks erdiger König, die guten Wiener Chöre und die orchestrale Sinnlichkeit der Wiener Philharmoniker – auf nur drei CDs ist dies der Grundstock jeder ‹Lohengrin›-Diskographie. Hinzu kommen sollte ein Kónya-Mitschnitt, der aufregendere Cluytens oder der solidere Matacic. Von den derzeit greifbaren Vorkriegsaufnahmen sind Maison (1936) und Melchior (1946) trotz klanglicher Einschränkung hörenswert. Was «Heldentenor» und «Reife» bedeuten, können jüngere ‹Lohengrin›-Sammler an Hand digitalisierter Wiederauflage des Met-Mitschnitts von 1950 lernen: ein Monument namens Lauritz Melchior. Diese drei, vier empfehlenswerten Aufnahmen sollten aber nicht vergessen machen, daß die heutige ‹Lohengrin›-Szene dringend eines neuen erlösenden Ritters bedürfte.

Dies gilt auch für die drei Video-Aufzeichnungen. Obwohl die Bühnentechnik immer aufwendiger und raffinierter geworden ist, haben die Regisseure proportional wachsende Probleme den Einbruch einer «anderen Welt» akzeptabel oder gar faszinierend zu inszenieren. Stilisieren artet in Gestelztes aus. Die Choraufmärsche bleiben öde. Die bisher visuell fesselndste Lösung – das Nebel-Laser-Lichtspiel Werner Herzogs und Henning von Gierkes in Bayreuth 1987 – ist noch nicht aufgezeichnet. Nicht nur die Tonstudios, auch die Bühne bedarf also des oben genannten «Erlösers».

Liste der Gesamtaufnahmen

1936 Fritz Busch (Maison, Hoerner, Destal, Lawrence, Kipnis, Krenn*; Chor und Orchester des Teatron Colon Buenos Aires)
Live-Mitschnitt; Melodram-Connaisseur 310

1937 Maurice Abravanel (Maison, Flagstad, Huehn, Branzell, Hofmann, Cehanovsky; Chor und Orchester der Metropolitan Opera New York)
Live-Mitschnitt; UORC 308

1940 Erich Leinsdorf (Melchior, Rethberg, Huehn, Thorborg, List, Warren; Chor und Orchester der Metropolitan Opera New York)
Live-Mitschnitt; Golden Age of Opera-EJS

1940/41 Erich Leinsdorf (Melchior, Varnay, Sved, Thorborg, Cordon, Harrell; Chor und Orchester der Metropolitan Opera New York)
Live-Mitschnitt; UORC

1941 Robert Heger (Völker, Müller, Prohaska, Klose, Hofmann, Grossmann; Chor der Staatsoper Berlin, Staatskapelle Berlin)
Preiser LOH 1–4/ Accord 150031

1946 Fritz Busch (Melchior, Traubel, Hawkins, Harshaw, Ernster, Harrell; Chor und Orchester der Metropolitan Opera New York)
Live-Mitschnitt; Cetra Opera Live LO 24–4

1948 Otto Klemperer (Simándy, Rigó, Jámbor, Némethy, Losonczy, Reményi; Chor und Orchester der Ungarischen Staatsoper Budapest)
Live-Mitschnitt; Hungaroton LPX 12436 [unvollständig; in ungarischer Sprache]

1949 Samuel Samossud (Koslowski, Smolenkaja, Troyteszi, Stumskar, Galkin, Bogdanow; Chor und Orchester des Moskauer Rundfunks)
Melodia 04734–41 [in russischer Sprache]

1950 Fritz Stiedry (Melchior, Traubel, Janssen, Varnay, Ernster, Guerrera; Chor und Orchester der Metropolitan Opera New York)
Live-Mitschnitt; Danacorf CD 322–324

---

* *Reihenfolge der Partien: Lohengrin, Elsa, Telramund, Ortrud, König Heinrich, Heerrufer.*

1951 Rudolf Kempe (Vincent, Schech, Böhm, Klose, Böhme, Wolff; Chor und
Orchester der Bayerischen Staatsoper München)
Acanta 40.23260 HD

1951 Richard Kraus (Anders, Eipperle, Kronenberg, Braun, Greindl, Ambro-
sius; Chor und Sinfonie-Orchester des WDR Köln)
Live-Mitschnitt; Movimento Musica 04.003

1953 Wilhelm Schüchter (Schock, Cunitz, Metternich, Klose, Frick, Günter;
Chor und Orchester des NWDR Hamburg)
EMI ALP 1095–98

1953 Eugen Jochum (Fehenberger, Kupper, Frantz, Braun, von Rohr, Braun;
Chor und Orchester des Bayrischen Rundfunks München)
DG 18 119–23

1953 Joseph Keilberth (Windgassen, Steber, Uhde, Varnay, Greindl, Braun;
Chor und Orchester der Bayreuther Festspiele)
Live-Mitschnitt; Decca-France 4117 801

1954 Eugen Jochum (Windgassen, Nilsson, Uhde, Varnay, Adam, Fischer-
Dieskau; Chor und Orchester der Bayreuther Festspiele)
Live-Mitschnitt; Cetra Opera Live LO 77–4/ Melodram 541

1954 Gabriele Santini (Penno, Tebaldi, Guelfi, Nicolai, Neri, N.N., Chor und
Orchester des Teatro San Carlo Neapel)
Live-Mitschnitt; HRE 295–3 [stark gekürzt, in italienischer Sprache]

1955 Carl Bamberger (Liebl, Graf, Kunz, Schlosshauer, Wolovsky, Kunz;
Chor und Orchester der Städtischen Oper Frankfurt)
Musical Masterpiece Society M 2029 [unvollständig]

1958 André Cluytens (Kónya, Rysanek, Blanc, Varnay, Engen, Wächter; Chor
und Orchester der Bayreuther Festspiele)
Live-Mitschnitt; Replica RPL 2489–92

1959 Lovro von Matačić (Kónya, Grümmer, Blanc, Gorr, Crass, Wächter;
Chor und Orchester der Bayreuther Festspiele)
Live-Mitschnitt; Melodram 591

1960 Lorin Maazel (Windgassen, Nordmo-Loevberg, Neidlinger, Varnay,
Adam, Wächter; Chor und Orchester der Bayreuther Festspiele)
Live-Mitschnitt; Melodram 601

1962 Wolfgang Sawallisch (Thomas, Silja, Vinay, Varnay, Crass, Krause; Chor
und Orchester der Bayreuther Festspiele)
Live-Montage; Philips 6747241

1962/63 Rudolf Kempe (Thomas, Grümmer, Fischer-Dieskau, Ludwig, Frick,
Wiener; Chor der Wiener Staatsoper, Wiener Philharmoniker)
EMI CDS 7490178

1965 Erich Leinsdorf (Kónya, Amara, Dooley, Gorr, Hines, Marsh; Boston
Pro Musica Choir, Boston Symphony Orchestra)
RCA 26.35 120 [mit kompletter Erstfassung der Gralserzählung]

1965 Wolfgang Sawallisch (Thomas, Bjoner, Neidlinger, Varnay, Crass,
Krause; Philharmonischer Chor Prag, Orchester der Mailänder
Scala)
Live-Mitschnitt; Melodram CD 370 40

1968 Hans Swarowsky (Schachtschneider, Kirschstein, Imdahl, Hesse, von Rohr, Helm; Chor der Wiener Staatsoper, Prager Philharmonie) ABS-Westminster WGSO 8285–4

1970 Rafael Kubelik (King, Janowitz, Stewart, Jones, Ridderbusch, Nienstedt; Chor und Orchester des Bayerischen Rundfunks München) DG 419 291

1975/81 Herbert von Karajan (Kollo, Tomowa-Sintow, Nimsgern, Vejzovic, Ridderbusch, Kerns; Chor der Deutschen Oper Berlin, Berliner Philharmoniker) EMI CMS 7693142

1982 Woldemar Nelsson (Hofmann, Armstrong, Roar, Connell, Vogel, Weikl; Chor und Orchester der Bayreuther Festspiele) Live-Montage; CBS 79 503

1985/86 Georg Solti (Domingo, Norman, Nimsgern, Randova, Sotin, Fischer-Dieskau; Konzertvereinigung Wiener Staatsopernchor, Wiener Philharmoniker) Decca CD 421 053-2

Videographie

1978 Wolfgang Sawallisch (Kollo, Ligendza, Roar, Randova, Ridderbusch, Brendel; Chor und Orchester der Bayerischen Staatsoper München); Inszenierung: August Everding; Ausstattung: Ernst Fuchs; ARD-Fernsehaufzeichnung

1981 Claudio Abbado (Kollo, Tomowa-Sintow, Nimsbern, Connell, Haugland, Welker; Chor und Orchester der Mailänder Scala); Inszenierung: Giorgio Strehler; Bühnenbild: Ezio Frigerio; Kostüme: Franca Squarciapino; RAI-Live-Übertragung

1982 Woldemar Nelsson (Hofmann, Armstrong, Roar, Connell, Vogel, Weikl; Chor und Orchester der Bayreuther Festspiele); Inszenierung: Götz Friedrich; Ausstattung: Günther Uecker; ZDF-Fernsehaufzeichnung

Nachweise

Quellen der Texte

Ulrich Schreiber: Weltflucht eines traurigen Helden. Copyright © 1989 by Rowohlt Taschenbuch Verlag GmbH, Reinbek bei Hamburg

Gerd Uekermann: Inhalt der Oper. Textbeilage zur Schallplattenaufnahme «Lohengrin». Decca CD 421 053-2

Volker Mertens: «Lohengrin»: Märchen mit Mittelalter-«Colorit». In: Richard-Wagner-Handbuch. Unter Mitarbeit zahlreicher Fachwissenschaftler hg. von Ulrich Müller und Peter Wapnewski. Alfred Kröner Verlag, Stuttgart 1986

Wolfram von Eschenbach: Der Lohengrin-Stoff in «Parcival» (red. Titel) In: San Marte (Hg.) (Pseudonym für Albert Schulz), Parcival, Rittergedicht. Aus dem Mittelhochdeutschen zum ersten Male übersetzt (= Leben und Daten Wolframs von Eschenbach, Bd. 1) Magdeburg 1836

Jacob Grimm: Auszug aus den «Deutschen Sagen» (red. Titel). In: J. und W. Grimm, Deutsche Sagen. Vollst. Ausgabe nach dem Text der 3. Aufl. 1891 mit der Vorrede der Brüder Grimm zur 1. Aufl. 1816 und 1818. München 1956

Zwei Briefe Richard Wagners an Albert Wagner und Hermann Franck. In: Richard Wagner, Sämtliche Briefe. Hg. von Gertrud Strobel und Werner Wolf. Bd. II, VEB Deutscher Verlag für Musik, Leipzig 1970

Aus dem Briefwechsel zwischen Richard Wagner und Franz Liszt vor der Uraufführung des «Lohengrin». In: Briefwechsel zwischen Wagner und Liszt. Dritte erweiterte Auflage. Hg. von Erich Kloss. Breitkopf und Härtel, Leipzig 1910

Eine Uraufführungskritik: In: Kleine Musikzeitung. Hamburg (15. September) 1850, S. 128

Aus Briefen nach der Uraufführung des «Lohengrin». In: Briefwechsel zwischen Wagner und Liszt, a. a. O.

Franz Liszt: Richard Wagners «Lohengrin». In: Franz Liszt, Ges. Schriften. Übers. von La Mara. Breitkopf und Härtel, Leipzig 1910

Aus Briefen Richard Wagners zur Oper Lohengrin. In: Richard Wagner, Sämtliche Briefe, a. a. O.

Richard Wagner: Aus «Eine Mitteilung an meine Freunde». In: Richard Wagners Gesammelte Schriften. Hg. von Julius Kapp. Bd. 1, Hesse und Becker. Leipzig o. J. (etwa 1912)

Richard Wagner: «Programmatische Erläuterungen» zu «Lohengrin». In: Richard Wagners Gesammelte Schriften, a. a. O.

Hector Berlioz: Vorspiel zu «Lohengrin» (red. Titel). In: Hector Berlioz, Musikalische Streifzüge. Studien, Vergötterungen, Ausfälle und Kritiken. Aus dem Französischen übertragen von Elly Ellès. Breitkopf und Härtel, Leipzig 1912

Peter Tschaikowsky: Vorspiel zu «Lohengrin» (red. Titel). In: P. Tschaikowsky, Erinnerungen und Musikkritiken. Hg. von Richard Petzoldt und Lothar Fahlbusch. Philipp Reclam jun., Leipzig 1974

Charles Baudelaire: Richard Wagner und sein «Lohengrin» (red. Titel). In: Charles Baudelaire, Richard Wagner und der «Tannhäuser» in Paris. Ausgewählte Werke. Hg. von Franz Blei. München 1925 (Übersetzung von Heinrich Steinitzer)

Richard Wagner: Brief an Minna Wagner. In: Richard Wagner, Briefe an Minna Wagner. Breitkopf und Härtel. Leipzig 1908

Richard Wagner: Brief an einen italienischen Freund. In: Richard Wagners Gesammelte Schriften, a. a. O.

Heinrich Mann: Der Untertan. Philipp Reclam jun., Leipzig 1971, S. 319–321. Copyright © by Aufbau Verlag, Berlin (DDR) und Weimar

Thomas Mann: Aus «Versuch über das Theater». In: Thomas Mann, Wagner und unsere Zeit. Aufsätze, Betrachtungen, Briefe. Hg. von Erika Mann. S. Fischer, Frankfurt am Main 1963

Thomas Mann: Aus «Betrachtungen eines Unpolitischen». In: Mann, a. a. O.

Thomas Mann: Aus «An einen Opern-Spielleiter». In: Mann, a. a. O.

Thomas Mann: Aus «Erinnerungen an das Stadt-Theater». In: Mann, a. a. O.

Thomas Mann: Aus einem Brief an Emil Preetorius. In: Mann, a. a. O.

Thomas Mann: «Aber der Gegenstand ist heikel». Eine Beobachtung an der Lohengrin-Partitur (red. Titel). In: Thomas Mann, Briefe III (1948–1955). Hg. von Erika Mann. S. Fischer, Frankfurt am Main 1965

Hans Mayer: Lohengrin oder die Utopie in A-dur. In: H. Mayer, Richard Wagner – Mitwelt und Nachwelt. Belser, Stuttgart–Zürich 1978

Peter Dettmering: Die Umkehrung des Erlösungsschemas: Zur Personenkonstellation in Wagners «Lohengrin» (red. Titel). In: Peter Dettmering, Dichtung und Psychoanalyse, Bd. 1 (Thomas Mann, Rainer Maria Rilke, Richard Wagner). Nymphenburger Verlagshandlung in der F. A. Herbig Verlagsbuchhandlung GmbH, München 1969

Carl Dahlhaus: «Lohengrin». In: C. Dahlhaus, Richard Wagners Musikdramen. Friedrich Verlag, Velber 1971

Hans Mayer: Die politische Frau: Ortrud und Lohengrin. In: Hans Mayer, Außenseiter. Suhrkamp, Frankfurt am Main 1975

Reinhold Brinkmann: Wunder, Realität und die Figur der Grenzüberschreitung. In: Programmheft «Lohengrin» der Bayreuther Festspiele 1979

Egon Voss: Die Chöre im «Lohengrin» vor dem Hintergrund von «Oper und Drama». In: Programmheft «Lohengrin» der Bayreuther Festspiele 1979

Dietmar Holland: Schwierigkeiten mit Wagners «Lohengrin» heute. In: Textbeilage zur Schallplattenaufnahme «Lohengrin», Decca CD 421 053-2 (dort gekürzte Fassung mit dem Titel «Die tragische Dialektik Lohengrins»)

Das Copyright für die Zeittafel, Bibliographie und Diskographie liegt beim Rowohlt Taschenbuch Verlag GmbH, Reinbek bei Hamburg 1989

Quellen der Abbildungen

Seiten 4/5, 88, 143, 145, 149, 151, 153, 163, 165, 167, 169, 171, 173, 175, 177
Detta und Michael Petzet: Die Richard-Wagner-Bühne König Ludwigs II.
Prestel, München 1970
Seiten 38, 117, 126, 127, 128, 129, 132, 135, 137 Robert Bory: Richard Wagner
– Sein Leben und Werk in Bildern. Huber & Co., Frauenfeld–Leipzig 1938
Seiten 103, 107, 109, 113, 123 Egon Voss: Richard Wagner. Dokumentarbiographie. B. Schott's Söhne, Mainz 1982
Seite 105 Dietrich Mack und Egon Voss: Richard Wagner. Leben und Werk in
Daten und Bildern. Insel, Frankfurt 1978
Seiten 179, 203, 211, 213, 215, 223, 226, 271 Oswald Georg Bauer: Richard
Wagner – Die Bühnenwerke von der Uraufführung bis heute. Propyläen, 1982
Seiten 199, 201, 205, 209, 221, 232, 277, 285, 287, 289, 291, 293 Dietrich Mack:
Der Bayreuther Inszenierungsstil 1876–1976. Prestel, München 1976
Seite 247 Programmheft der Bayerischen Staatsoper zur Neuinszenierung des
«Lohengrin» 1978
Seite 231 Foto Elisabeth Fayer, Wien
Seite 257 Foto Sabine Toepffer, München

Über die Herausgeber

Attila Csampai, geboren 1949 in Budapest, studierte Musikwissenschaft, Theatergeschichte, Philosophie, Soziologie und Mathematik in München und arbeitet dort seit 1974 als freier Musikschriftsteller. Er verfaßte zahlreiche Einführungen und Werkkommentare für die Programmhefte namhafter Orchester und Opernhäuser sowie für Schallplatteneditionen. Daneben Rundfunksendungen und Artikel in Fachzeitschriften. Seit 1978 dramaturgische Mitarbeit und musikalische Beratung bei Opern-, Theater- und Filmproduktionen. Seit 1980 beim Bayerischen Rundfunk: zunächst als Autor und Programmgestalter, seit 1983 als Redakteur für symphonische Musik. Redaktionsbeirat und Kolumnist der «Neuen Musikzeitung». Rezensent bei «HiFi Stereophonie» (1975–78), NMZ (seit 1984) und «stereoplay» (seit 1988).

Dietmar Holland, geboren 1949, studierte in München Musikwissenschaft, Philosophie und Theatergeschichte. Seit 1972 publizistisch tätig: Essays über musikalische Sachfragen (Ästhetik, Soziologie, Musikgeschichte, Operndramaturgie). Zahlreiche Einführungen und Werkkommentare für Programmhefte (Berliner und Münchner Philharmoniker, Bayerische Staatsoper) und Schallplattenveröffentlichungen. Außerdem analytische Aufsätze und kommentierte Diskographien für die von Heinz Klaus Metzger und Rainer Riehn herausgegebene Reihe «Musik-Konzepte» und freie Mitarbeit beim Bayerischen und Norddeutschen Rundfunk (thematische Sendungen, Kritiken, vergleichende Interpretationen). Von 1975–77 Essays und Rezensionen bei «HiFi Stereophonie» und seit 1984 bei der «Neuen Musikzeitung».

Über den Verfasser des Essays

Ulrich Schreiber, geboren 1936, studierte Literaturwissenschaft und Philosophie. Seit 1964 Tätigkeit als freier Musikschriftsteller und -rezensent («HiFi-Stereophonie», «Frankfurter Rundschau», Rundfunk) sowie als Theaterkritiker. Zahlreiche Rundfunksendungen (Schwerpunkt: Komponisten der franko-flämischen Schule) und Zeitschriftenaufsätze, zum Beispiel in «Merkur» (Mauricio Kagel), «Critique» (Gustav Mahler). Verschiedene Arbeiten zur neueren Theatergeschichte, z. B. über Peter Weiss, Rolf Hochhuth, Eric Bentley, Gustaf Gründgens; Autor des Aufsatzes über deutsche Gegenwartsdramatik im «Handbuch des deutschen Dramas». Seine «Geschichte des Musiktheaters von den Anfängen bis zur Französischen Revolution» erschien 1988 («Opernführer für Fortgeschrittene»).

Über den Verfasser der Diskographie

Wolf-Dieter Peter, geboren 1942 in Reichenberg; Studium von Musik- und Theaterwissenschaft, Germanistik, Geschichte, Politik und Kunstgeschichte in München und Regensburg; Staatsexamen 1970 und Promotion 1974 in Kultur- und Landesgeschichte; seit 1970 Musik- und Theaterkritiker für mehrere Zeitungen und Fachzeitschriften, seit 1980 speziell für «FonoForum» und «Stereo»; seit 1978 ständiger freier Mitarbeiter beim Bayerischen und Hessischen Rundfunk sowie anderen Anstalten der ARD und RAI Bozen; seit 1980 Lehrtätigkeit am Münchenkolleg der Stadt München.

opernbücher

Texte,
Materialien,
Kommentare

ro
ro
ro
sachbuch

RICORDI

C 1050/13

Peter Tschaikowsky
Eugen Onegin
Mit einem Essay von Attila Csampai
(7896)

Ludwig van Beethoven
Fidelio
Mit einem Essay von Dietmar Holland
(7394)

Alban Berg
Lulu
Mit einem Essay von Dietmar Holland
(7340)
Wozzeck
Mit einem Essay von Ulrich Dibelius
(7929)

Georges Bizet
Carmen
Mit einem Essay von Egon Voss (7699)

Berthold Brecht/Kurt Weil
Die Dreigroschenoper
Igor Strawinsky
The Rake's Progress
Herausgegeben von Attila Csampai und
Dietmar Holland (8319)

Pietro Mascagni
Cavalleria rusticana
Ruggero Leoncavallo
Der Bajazzo
(8397)

Claudio Monteverdi
Orfeo
Christoph Willibald Gluck
Orpheus und Eurydike
(8398)

sachbuch
rororo
RICORDI

C 1050/13 a

opernbücher

Texte,
Materialien,
Kommentare

rororo
sachbuch

RICORDI

C 1050/10 b

RICORDI

Klavierauszüge
in musikkritischen Neuausgaben

DOMENICO CIMAROSA
Die heimliche Ehe (dt./it.)
(F. Donatoni – J. Popelka)

GAETANO DONIZETTI
Don Pasquale (dt./it.)
(P. Rattalino – J. Popelka / H. Goerges)

GIACOMO PUCCINI
La Bohème (dt./it.)
(F. Bellezza – H. Swarowsky)

Madame Butterfly (dt./it.)
(Ma. Abbado – H. Hartleb)

Tosca (dt./it.)
(F. Bellezza – G. Rennert)

GIOACCHINO ROSSINI
Der Barbier von Sevilla (dt./it.)
mit transponierten Arien
(A. Zedda – G. Rennert)

Greifen Sie beim Abhören Ihrer Tonträger zu
RICORDI-Klavierauszügen. Erhältlich im Musikalienhandel.

(Fortsetzung auf nächster Seite)

RICORDI

Klavierauszüge
in musikkritischen Neuausgaben (Fortsetzung)

GIUSEPPE VERDI

Aida (dt./it.)
(M. Parenti – J. Popelka)

Don Carlos (dt./it.)
Vieraktige Fassung (H. Swarowsky)
Vier- und fünfaktige Fassung (H. Swarowsky)
Sämtliche Fassungen, einschließlich der
Pariser Urfassung (fr./it.) (U. Günther)

Falstaff (dt./it.)
(M Parenti – H. Swarowsky)

Die Macht des Schicksals (dt./it.)
(M. Parenti – J. Popelka / G. C. Winkler)

Ein Maskenball (dt./it.)
(M. Parenti – J. Popelka / G. C. Winkler)

Nabucco (dt./it.)
(F. Testi – K. Honolka)

Othello (dt./it.)
(M. Parenti – W. Felsenstein / C. Stueber)

Simon Boccanegra (dt./it.)
(F. Bellezza – H. Swarowsky)

La Traviata (dt./it.)
(M. Parenti – J. Popelka / G. C. Winkler)

Der Troubadour (dt./it.)
(M. Parenti – J. Popelka / G. C. Winkler)

Die Werke erschienen in neugestochenen Klavierauszügen,
revidiert nach dem Autograph der Partitur, versehen mit Instru-
mentationsangaben und Studierziffern. Den Klavierauszügen
vorangestellt sind: Angaben über Personen der Handlung,
Orchesterbesetzung, Bemerkungen zum Werk und zur Auf-
führungspraxis, wie auch Revisionsbericht, Bildbeigaben
fallweise.

Greifen Sie beim Abhören ihrer Tonträger zu
RICORDI-Klavierauszügen. Erhältlich im Musikalienhandel.